中国法学会研究会支持计划
最高人民法院审判理论研究会主持

中国法院类案检索与
裁判规则专项研究

破产纠纷案件裁判规则（一）

破产债权效力与破产财产

曹守晔　主编

法律出版社
LAW PRESS·CHINA

最高人民法院审判理论研究会
类案同判专项研究首席专家组组长
曹士兵

首席专家组成员（以姓氏笔画为序）：

丁文严　王保森　王　锐　王毓莹　牛　凯　代秋影
包献荣　刘俊海　李玉萍　李　明　杨　奕　吴光荣
沈红雨　宋建宝　张勇健　陈　敏　范明志　胡田野
钟　莉　俞秋玮　姜俊禄　唐亚南　曹守晔　韩德强
黎章辉

破产纠纷案件裁判规则（一）
破产债权效力与破产财产

主　编：曹守晔
副主编：陈景善
专家组（以姓氏笔画为序）：

王晓利　韦志勇　李　娜　杨　立　杨俊芳
周家开　钟瑛嫦　徐根才　潘　静　潘玮璘

中国法院类案检索与裁判规则专项研究说明

最高人民法院“五五改革纲要”提出“完善类案和新类型案件强制检索报告工作机制”，周强首席大法官提出法官办案应当进行案件检索。为配合司法体制综合配套改革，落实周强首席大法官的指示要求，循序推进人民法院类案同判工作，中国应用法学研究所组织了最高人民法院审判理论研究会及其下设18个专业委员会的力量，开展中国法院类案索引与类判规则专项研究，并循序推出类案索引和裁判规则研究成果。

最高人民法院审判理论研究会及其分会的研究力量主要有最高人民法院法官和地方各级人民法院法官、国家法官学院和大专院校专家教授、国家部委与相关行业的专业人士，这些研究力量具有广泛的代表性，构成了专项研究力量的主体。与此同时，为体现法为公器，应当为全社会所认识，并利用优秀的社会专业人士贡献智慧力量，专项研究中也有律师、企业法务参加，为专项研究提供经验与智慧，并参与和见证法律适用的过程。以上研究力量按照专业特长组成若干研究团队开展专项研究，坚持同行同专业同平台研究的基本原则。

专项研究团队借助大数据检索平台，形成同类案件大数据报告，为使用者提供同类案件裁判全景；从检索到的海量类案中，挑选可索引的、优秀的例案，为使用者提供法律适用参考，增加裁判信心，提高裁判公信；从例案中提炼出同类案件的裁判规则，分析裁判规则提要，提供给使用者参考。从司法改革追求的目标看，此项工作能够帮助法官从浩如烟海的同类案件中便捷找到裁判思路清晰、裁判法理透彻的好判决（即例案），帮助法官直接参考，从这些好判决中提炼、固化裁判规则。如此，方能帮助法官在繁忙工作中实现类案同判。法院类案索引与类判规则专项研究，致力于统一法律适用，实现法院依法独立行使审判权与法官依法独立行使裁判权的统一。这也正是应用法学研究的应有之义。

专项研究的成果体现为电子数据和出版物(每年视法律适用的发展增减),内容庞大,需要大量优秀专业人力长期投入。有关法院裁判案件与裁判内容检索的人工智能并不复杂,算法也比较简单,关键在于"人工",在于要组织投入大量优秀的"人工"建设优质的检索内容。专项研究团队中的专家学者将自己宝贵的时间、智力投入到"人工"建设优质内容的工作中,不仅需要为统一我国法律适用、提升裁判公信力作出贡献的情怀,还需要强烈的历史感、责任感,具备科学的体系思维和强大的理性能力。此次专项研究持续得越久,越能向社会传达更加成熟的司法理性,社会也越能感受到蕴含在优质司法中的理性力量。

愿我们砥砺前行。

曹士兵

二〇一九年五月十六日

前　　言

人民法院依法审理好破产案件，对推动高质量发展、深化供给侧结构性改革、营造稳定公平透明可预期的营商环境，具有十分重要的意义。为贯彻党的十九大报告关于加快完善社会主义市场经济体制，实现企业优胜劣汰的精神，人民法院要继续深入推进破产审判工作的市场化、法治化、专业化、信息化，充分发挥破产审判公平清理债权债务、促进优胜劣汰、优化资源配置、维护市场经济秩序等重要功能。

党的十九届四中全会进一步提出要健全破产制度，五中全会要求充分发挥市场资源配置中的决定性作用，更好发挥政府作用，推动有效市场和有为政府更好结合。对此，人民法院并非无所作为，因为巨量案例当中蕴藏着全国法官的智慧，案例中的裁判规则也是破产立法完善的源泉。《民法典》作为民商事基本法，在法人终止、抵押财产和抵押债权确定、代位权保证合同和委托合同等与破产有关的内容用九个条文作了规定。然而，“无论立法有多完善，法律条文与社会生活间的鸿沟始终依赖于法官智慧的连接，变动不居的现实面前，法律空白更需法官创造性地填补。若论中国法律体系，仅看立法，只是远观骨骼；深入案例，方可领略其血肉与脉络”（梁慧星）。

统一类案裁判尺度，保障法律适用的预见性和统一性，是推进司法责任制改革的重要内容。随着全球经济化的发展变化及我们国内供给侧结构性改革进入“深水区”，破产案件审理情况在营商环境进一步改善中的重要性日益凸显，破产审判实践也紧跟改革开放的步伐砥砺前行。为减少和避免审判实践中同案不同判这种法律适用不一致的现象，稳定社会合理预期，最高法院和部分地方法院资深破产审判法官和高校破产法学教授共同组成专家组，在同案不同判的立场冲突中进行理论澄清，在法律条文滞后于实践时寻找法官应对矛盾适用法律的智慧，在法律不完备时对法官的裁判续造概括总结。我们从例案中总结出同类案件的裁判规则,提炼裁判规则价值旨趣,同时由专人运用大数据工具负责大数据报告的检索。

本书是我们开展破产债权专项研究的初步成果,希望帮助审判一线的法官们在繁忙工作中实现类案同判,统一法律适用,实现法院依法独立行使审判权与法官依法独立行使裁判权的统一,助力审理者裁判,支持裁判者负责,达到法律效果、政治效果、社会效果统一,促进改革、开放、创新。专家组在撰写裁判规则时,结合案例,融入了多年的审判实践经验和丰富的专业理论知识,尽量使内容做到系统、全面、准确。我们期望此项研究能够增进破产法律适用问题的共识,帮助读者减少查阅案例的时间,节省司法裁判成本,降低社会追求公平正义的成本。虽然专家组做出了很大的努力,但难免存在不足与缺失,敬请各位读者批评指正。

本书由首席专家组成员曹守晔高级法官负责策划和书稿修改统审,专家组成员陈景善、徐根才、周家开、李娜、韦志勇、潘玮璘、王晓利、潘静、杨俊芳、钟瑛嫦、杨立均参与了大数据报告研究和规则的提炼与撰写,陈景善教授对全书进行编校,特此说明。

凡　　例

一、法律法规

1.《中华人民共和国民事诉讼法》(1991 年 4 月 9 日通过,1991 年 4 月 9 日起施行,2007 年 10 月 28 日第一次修正,2012 年 8 月 31 日第二次修正,2017 年 6 月 27 日第三次修正),以下简称《民事诉讼法》

2.《中华人民共和国公司法》(1993 年 12 月 29 日通过,1999 年 12 月 25 日第一次修正,2004 年 8 月 28 日第二次修正,2005 年 10 月 27 日修订,2013 年 12 月 28 日第三次修正,2018 年 10 月 26 日第四次修正),以下简称《公司法》

3.《中华人民共和国建筑法》(1997 年 11 月 1 日通过,2011 年 4 月 22 日第一次修正,2019 年 4 月 23 日第二次修正),以下简称《建筑法》

4.《中华人民共和国担保法》(1995 年 10 月 1 日起施行),以下简称《担保法》

5.《中华人民共和国合同法》(1999 年 3 月 15 日发布,1999 年 10 月 1 日起施行),以下简称《合同法》

6.《中华人民共和国企业破产法》(2007 年 6 月 1 日起施行),以下简称《企业破产法》

7.《中华人民共和国合伙企业法》(2007 年 6 月 1 日起施行),以下简称《合伙企业法》

8.《中华人民共和国物权法》(2007 年 10 月 1 日起施行),以下简称《物权法》

9.《中华人民共和国民法总则》(2017 年 10 月 1 日起施行),以下简称《民法总则》

10.《中华人民共和国民法通则》(1986 年 4 月 12 日起施行,2009 年 8 月 27 日修正),以下简称《民法通则》

11.《中华人民共和国证券法》(1998 年 12 月 29 日通过,2004 年 8 月 28 日第一次修正,2005 年 10 月 27 日第一次修订,2013 年 6 月 29 日第二次修正,2014 年 8

月31日第三次修正,2019年12月28日第二次修订,2020年3月1日起施行),以下简称《证券法》

12.《中华人民共和国海商法》(1992年11月7日通过,1993年7月1日起施行),以下简称《海商法》

13.《中华人民共和国民用航空法》(1995年10月30日通过,2009年8月27日第一次修正,2015年4月24日第二次修正,2016年11月7日第三次修正,2017年11月4日第四次修正,2018年12月29日第五次修正),以下简称《民用航空法》

二、司法解释及司法文件

1. 最高人民法院《关于审理企业破产案件若干问题的规定》(法释〔2002〕23号,2002年7月30日发布,2002年9月1日起施行),以下简称《审理破产案件规定》

2. 最高人民法院《关于适用〈中华人民共和国企业破产法〉若干问题的规定(二)》(法释〔2013〕22号,2013年9月5日发布,2013年9月16日起施行),以下简称《破产法解释二》

3. 最高人民法院《关于适用〈中华人民共和国企业破产法〉若干问题的规定(三)》(法释〔2019〕3号,2019年3月27日发布,2019年3月28日起施行),以下简称《破产法解释三》

4. 最高人民法院《关于〈中华人民共和国企业破产法〉施行时尚未审结的企业破产案件适用法律若干问题的规定》(法释〔2007〕10号,2007年4月25日发布,2007年6月1日起施行),以下简称《未审结破产案件规定》

5. 最高人民法院《关于人民法院执行工作若干问题的规定(试行)》(法释〔1998〕15号,1998年7月8日起施行),以下简称《执行工作规定(试行)》

6. 最高人民法院《关于人民法院办理执行异议和复议案件若干问题的规定》(法释〔2015〕10号,2015年5月5日起施行),以下简称《执行异议和复议规定》

7. 最高人民法院《关于适用〈中华人民共和国担保法〉若干问题的解释》(法释〔2000〕44号,2000年12月8日发布,2000年12月13日起施行),以下简称《担保法解释》

8. 最高人民法院《关于执行程序中计算迟延履行期间的债务利息适用法律若干问题的解释》(法释〔2014〕8号,2014年7月7日发布,2014年8月1日起施

行),以下简称《任务利息解释》

9. 最高人民法院《关于在执行工作中如何计算迟延履行期间的债务利息等问题的批复》(法释〔2009〕6 号,2009 年 5 月 11 日发布,2009 年 5 月 18 日起施行),以下简称《债务利息批复》

10. 最高人民法院《关于审理建设工程施工合同纠纷案件适用法律问题的解释》(法释〔2004〕14 号,2004 年 10 月 25 日发布,2005 年 1 月 1 日起施行),以下简称《建设工程纠纷解释》

11. 最高人民法院《关于审理建设工程施工合同纠纷案件适用法律问题的解释(二)》(法释〔2018〕20 号,2019 年 1 月 3 日发布,2019 年 2 月 1 日起施行),以下简称《建设工程纠纷解释二》

12.《全国法院破产审判工作会议纪要》(2018 年 3 月 4 日发布),以下简称《破产工作纪要》

13. 最高人民法院《关于适用〈中华人民共和国民事诉讼法〉的解释》(法释〔2015〕5 号,2015 年 1 月 30 日发布,2015 年 2 月 4 日起施行),以下简称《民事诉讼法解释》

14. 最高人民法院《关于民事诉讼证据的若干规定》(法释〔2019〕19 号,2019 年 12 月 25 日发布,2020 年 5 月 1 日起施行),以下简称《民事诉讼证据规定》

15. 最高人民法院《关于审理民间借贷案件适用法律若干问题的规定》(法释〔2015〕18 号,2015 年 8 月 6 日发布,2015 年 9 月 1 日起施行),以下简称《民间借贷司法解释》

16. 最高人民法院《关于建设工程价款优先受偿权问题的批复》(法释〔2002〕16 号,2002 年 6 月 20 日发布,2002 年 6 月 27 日起施行),以下简称《工程价款批复》

17. 最高人民法院《关于适用〈中华人民共和国民事诉讼法〉若干问题的意见》(1992 年 7 月 14 日通过),以下简称《民事诉讼法意见》

18. 最高人民法院《关于适用〈中华人民共和国民事诉讼法〉执行程序若干问题的解释》(2008 年 9 月 8 日通过,2009 年 1 月 1 日起施行),以下简称《执行程序解释》

19. 最高人民法院《对〈关于担保期间债权人向保证人主张权利的方式及程序问题请示〉的答复》(2002 年 11 月 22 日发布),以下简称《担保期间答复》

20. 最高人民法院《关于审理企业破产案件若干问题的规定》(2002 年 7 月 18

日通过,2002 年 9 月 1 日起施行),以下简称《破产案件若干问题规定》

21. 最高人民法院《关于审理商品房买卖合同纠纷案件适用法律若干问题的解释》(2003 年 3 月 24 日通过,2003 年 6 月 1 日起施行),以下简称《商品房买卖合同纠纷解释》

三、本书法律法规适用说明

本书所涉及的法律法规为判决当时所依据的法律条文,由于部分法律法规的修订较为频繁,故现行法律法规与当时可能有所出入,敬请读者甄别适用。

目　　录

破产纠纷案件裁判规则第 1 条：
建设工程施工合同承包人行使优先受偿权的期限，自合同解除之日起计算

〔**规则描述**〕：《企业破产法》第 18 条规定，人民法院受理破产申请后，管理人对破产申请受理前成立而债务人和对方当事人均未履行完毕的合同有权决定解除或继续履行，并通知对方当事人。本案合同虽然有约定的竣工日期但实际没有竣工，管理人自破产申请受理之日起 2 个月未通知对方当事人是否解除或继续履行合同，或者自收到对方当事人催告之日起 30 日内未答复的，视为解除合同。建设工程施工合同解除或者视为解除的，承包人行使优先受偿权的期限应自合同解除之日起计算。

一、类案检索大数据报告①

时间：2020 年 1 月 30 日之前，案例来源：Alpha 案例库，案件数量：36 件，数据采集时间：2020 年 1 月 30 日。本次检索获取了 2020 年 1 月 30 日前共 36 篇裁判文书，其中判决认定自合同解除之日起计算的案件 28 件，不认定的案件 4 件，不相关的案件 1 件，重复的案件 1 件。整体情况如图 1 - 1 所示。认定建设工程施工合同承包人行使优先受偿权的期限，自合同解除之日起计算的角度来看，认定自合同解除之日起计算的案件占 78%，不认定的案件占 11%，不相关的案件占 8%，重复的案件占 3%。

① 大数据报告源于 Alpha 案例库，由中国应用法学研究所借调干部、卫辉市人民法院法官杨俊芳专职编务提供。Alpha 案例库中的裁判文书并不完全，本书例案三、四、五、六均未从中搜索出来。

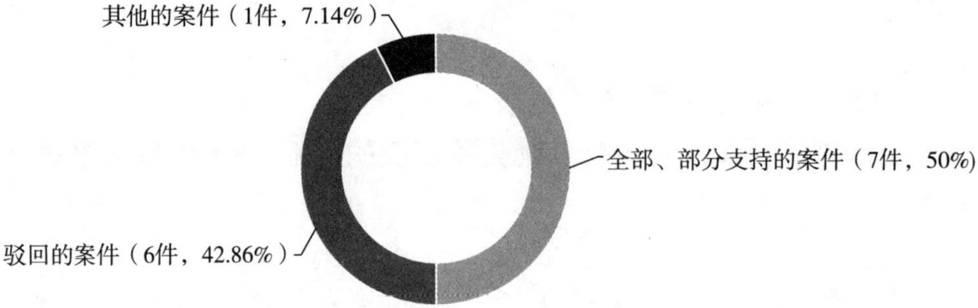

图1-1　是否认定建设工程施工合同承包人行使优先受偿权的期限,自合同解除之日起计算

如图1-2所示,从案件年份分布情况可以看出当前条件下案例数量的变化趋势。

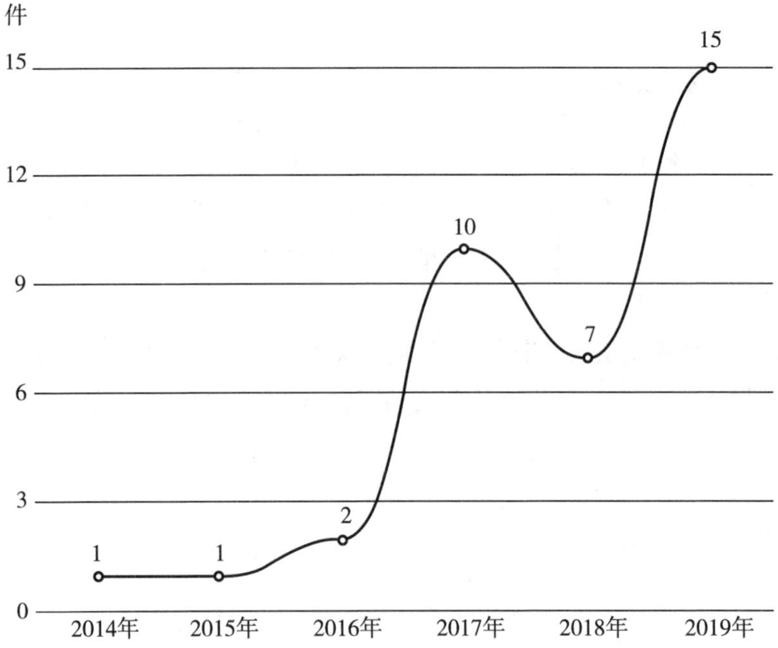

图1-2　案件年份分布情况

如图1-3所示,从案件地域分布来看,当前案例主要集中在浙江省、山东省、湖南省,分别占比约22.22%、13.89%、13.89%。其中,浙江省的案件量最多,达到8件(此处显示该条件下案例数量排名前五的省份)。

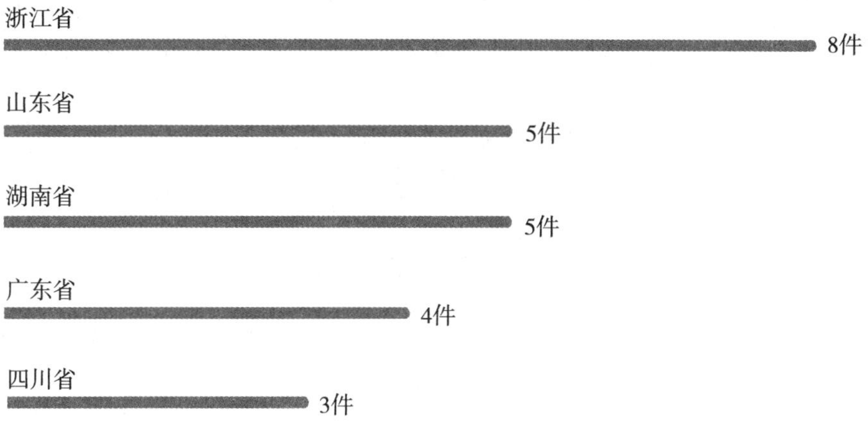

图 1－3　案件地域分布情况

如图 1－4 所示，从案件案由分类情况可以看出，当前的案由分布由多至少分别是与公司、证券、保险、票据等有关的民事纠纷，即与公司破产有关的债权别除权纠纷，合同、无因管理、不当得利纠纷。

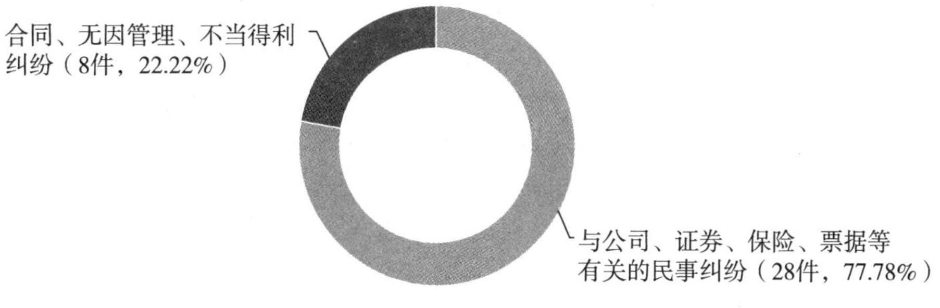

图 1－4　案件案由分类情况

时间：2020 年 1 月 30 日之前，案例来源：Alpha 案例库，案件数量：10 件，数据采集时间：2020 年 1 月 30 日。本次检索获取了 2020 年 1 月 30 日前共 10 篇裁判文书，减去一审、二审重复的一个案件，实际为 9 个案件。其中支持优先受偿的 3 件，不支持的 6 件；支持优先受偿的行使期限起算点自解除之日起算的 2 件，自从债权应受清偿时起算的 1 件。支持优先权的 3 个：一是最高法院指导性案例 73 号。二是上诉人江苏无锡二建建设集团有限公司（以下简称二建公司）因与被上诉人江苏高青国泰置业有限公司（以下简称高青公司）（2017）苏 02 民终 4661 号别除权纠纷一案，法院认为，二建公司就涉案工程剩余价款 9，289，366. 53 元享有优先受偿权。理由如下：建设工程价款优先受偿权应从债权应受清偿时起算。1. 本案中,双方签订的《建设工程施工合同》明确约定第二笔工程价款的支付时间为审核结算后的3个月内,故该笔工程价款债权对应的优先受偿权应于审核报告出具后的3个月即2015年5月7日起算,二建公司于2015年10月8日向法院主张优先受偿权并未超过6个月的法定期限。2. 5%保修金工程价款债权因高青公司已进入破产程序而到期,二建公司亦享有优先受偿权。3. 60万元投标保证金不属于工程价款范围,故二建公司对该笔债权不享有优先受偿权。该案当事人引用了最高人民法院指导性案例73号。三是原告苏州鑫能建筑装饰有限公司(以下简称鑫能装饰公司)与被告建德市世通房地产开发有限公司(以下简称世通房产公司)(2017)浙0182民初908号建设工程施工合同纠纷一案,杭州建德市法院认为,本案双方当事人签订的建筑装饰工程施工合同虽约定工程竣工时间为2014年,但庭审中被告承认案涉工程因被告资金原因未能按合同约定支付工程款导致停工,该工程至今未竣工。亦认可原告就被告停工后一直承诺资金到位后即复工故而未行使解除权的陈述,及直至2017年7月20日双方才对已完工程进行审核并确认价款的事实。且现没有证据证明在工程停工后至案涉工程项目拍卖成交前,双方签订的建设工程合同已经解除或者终止履行。参照最高人民法院全国民事审判工作会议纪要及最高人民法院指导案例(通州建总集团有限公司诉安徽天宇化工有限公司别除权纠纷案)的精神,非因承包人的原因,建设工程未能在约定期间内竣工,承包人依据《合同法》第286条规定享有的优先受偿权不受影响。承包人请求行使优先受偿权的期限,自建设工程实际竣工之日起计算;如果建设工程合同由于发包人的原因解除或终止履行,承包人行使建设工程价款优先受偿权的期限自合同解除或终止履行之日起计算。故本案原告行使优先受偿权的行使期限起算点从案涉合同解除之日起算较为合理,对原告所主张的案涉工程价款优先受偿权,予以支持。

不支持的共6个案例:一是上诉人方泰建设集团有限公司(以下简称方泰公司)与被上诉人中国华融资产管理股份有限公司浙江省分公司、原审被告忠成数码科技有限公司一审(2015)浙温民初字第7号破产债权确认纠纷一案和二审(2015)浙民终字第30号与破产有关的纠纷一案,法院认定方泰公司于2013年6月27日起诉行使优先权已经超过6个月的法定期限,依法不再享有建设工程价款优先受偿权。

二是上诉人德州天龙建筑安装有限公司第三分公司(以下简称天龙公司)因与被上诉人山东宏力集团有限公司破产管理人(以下简称宏力公司)(2014)鲁民一

终字第 307 号建设工程价款优先受偿权纠纷一案，法院认为，本案中的实际停工日应为转移占有日，依照《建设工程纠纷解释》第 14 条第 3 项之规定，原审以涉案工程的实际停工日（也是转移占有日）作为建设工程价款优先受偿权法定期限的起算日具有法律依据。天龙公司于 2005 年 10 月 18 日向宏力公司首次提出建设工程价款优先受偿权，超过了《工程价款司法解释》第 4 条规定的 6 个月的期限。

三是上诉人五原宇隆建筑有限公司（以下简称宇隆公司）因与被告乌拉特中旗昊野热力有限公司（以下简称昊野热力公司）（2017）内 08 民终 1577 号别除权纠纷一案，法院认为，本案的《建设工程施工合同》中有一系列工程项目，但宇隆公司请求确认优先权的只是已完工并投入使用的锅炉、烟囱的工程款，该部分工程款已经由双方进行了工程款结算，并经乌拉特中旗人民法院民事调解书予以确认，在民事调解书中明确认定所涉工程项目已经完工，双方关于该两部分的工程已经履行完毕或终止履行，昊野热力公司于 2011 年已接收了工程并投入使用，虽然本案的工程未经竣工验收，但按照《建设工程纠纷解释》第 14 条第 3 项“建设工程未经竣工验收，发包人擅自使用的，以转移占有建设工程之日为竣工日期”的规定，本案工程从移交占有之日为竣工日期，依照《工程价款司法解释》第 4 条“建设工程承包人行使优先权的期限为 6 个月，自建设工程竣工之日或者建设工程合同约定的竣工之日起计算”，按竣工日期从 2011 年 12 月后起算 6 个月，上诉人宇隆公司主张优先权已经超过了法定期限。

四是原告长春建工集团有限公司（以下简称长建公司）诉被告恒巨铝业（白山）有限公司（以下简称恒巨公司）及第三人交通银行股份有限公司吉林省分行（以下简称吉林交行）（2014）白山民二初字第 22 号别除权纠纷一案，原告主张就本案所涉工程拍卖价款享有优先权，但是其没有提供证据证明尚欠工程价款属于优先受偿权的范围及享有优先受偿权工程价款的数额，并且主张行使优先受偿权已超过法定期限，故其主张本院不予支持。

五是上诉人上海三菱电梯有限公司（以下简称三菱电梯公司）因与被上诉人哈尔滨汇雄房地产开发有限公司（以下简称汇雄房地产公司）（2019）黑 01 民终 9635 号破产债权确认纠纷一案，法院认为，2019 年 2 月 1 日施行的《建设工程纠纷解释二》第 22 条规定，承包人行使建设工程优先受偿权的期限为 6 个月，自发包人应当给付建设工程价款之日起算。本案中，案涉产品安装合同约定最迟付清安装费的日期为货到工地之日起 6 个月，且案涉 27 部电梯在 2016 年年底均已通过验收，即表示电梯均已安装完成，故依约全部安装费用最晚应于 2016 年 12 月末付清，并以此为准计算起算时间,三菱电梯公司应最迟在2017年6月末前向汇雄房地产公司主张工程价款优先权。而三菱电梯公司在2018年7月26日才向管理人主张优先权,已超过主张优先受偿权的法定期限。

六是上诉人北京洛卡环保技术有限公司(以下简称洛卡环保技术公司)因与被上诉人邹平齐星开发区热电有限公司(以下简称齐星热电公司)(2019)鲁16民终299号破产债权确认纠纷一案,法院认为,原、被告所签涉案合同并非建设工程合同。因此,原告要求享有建设工程优先受偿权的诉讼请求,一审法院不予支持。上诉人主张涉案债权中63,565,939.05元为建设工程价款并享有优先受偿权,缺乏事实基础且于法无据,二审法院维持原判不予支持。

如图1-5所示,从案件年份分布情况可以看出当前条件下案例数量的变化趋势。

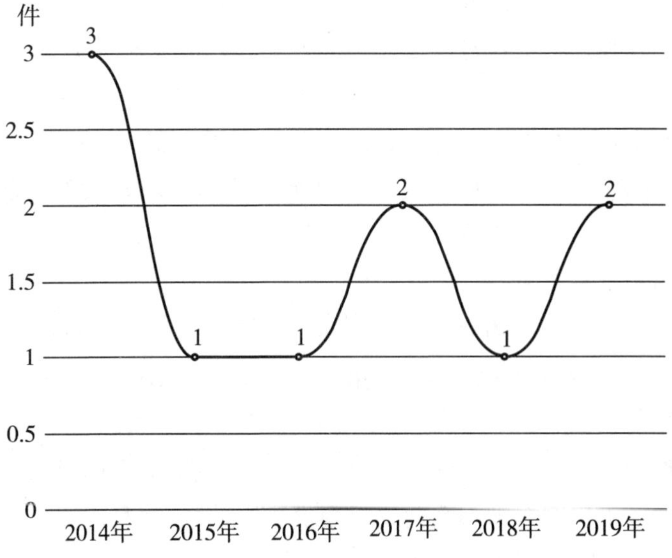

图1-5 案件年份分布情况

如图1-6所示,从案件地域分布情况来看,当前案例主要集中在浙江省、山东省、内蒙古自治区,分别占比为30.00%、20.00%、10.00%。其中,浙江省的案件量最多,达到3件。

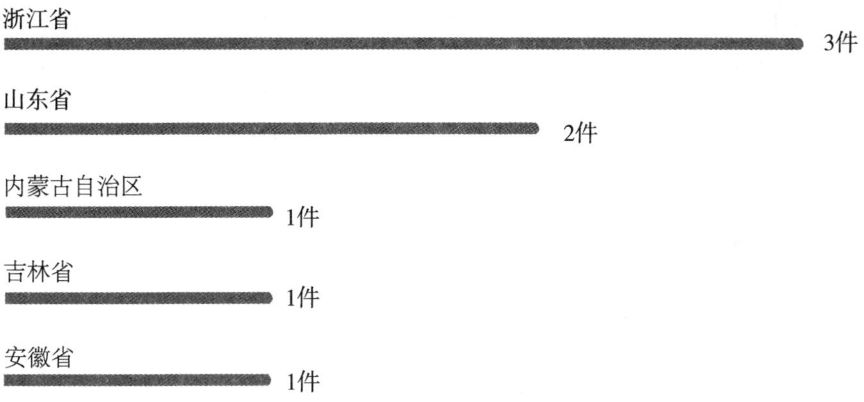

图 1－6　案件地域分布情况

如图 1－7 所示,从案件案由分类情况可以看出,当前的案由分布由多至少分别是与公司、证券、保险、票据等有关的民事纠纷,即与公司破产有关的债权、别除权纠纷,建设工程合同纠纷。

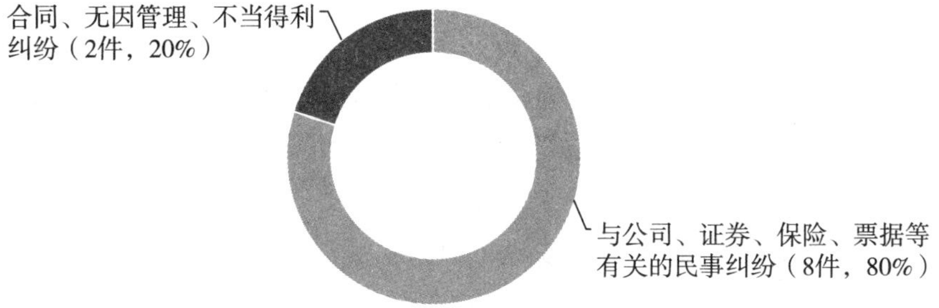

图 1－7　案件案由分类情况

二、可供参考的例案

例案一　通州建总集团有限公司、安徽天宇化工有限公司破产债权别除权纠纷案①

【法院】

安徽省高级人民法院

---

① 最高人民法院 73 号指导案例,通州建总集团有限公司诉安徽天宇化工有限公司别除权纠纷案,最高人民法院审判委员会讨论通过,2016 年 12 月 28 日发布,关键词:民事/别除权/优先受偿权/行使期限/起算点。判决日期:2014 年 7 月 14 日;生效裁判审判人员:洪平、胡小恒、台旺。来源:最高人民法院网。

【案号】

(2014)皖民一终字第00054号

【当事人】

上诉人(原审被告):安徽天宇化工有限公司

被上诉人(原审原告):通州建总集团有限公司

【基本案情】

2006年3月,安徽天宇化工有限公司(以下简称安徽天宇公司)与通州建总集团有限公司(以下简称通州建总公司)签订了一份《建设工程施工合同》,安徽天宇公司将其厂区一期工程生产厂区的土建、安装工程发包给通州建总公司承建,合同约定,开工日期:暂定2006年4月28日(以实际开工报告为准),竣工日期:2007年3月1日,合同工期总日历天数300天。发包方不按合同约定支付工程款,双方未达成延期付款协议,承包人可停止施工,由发包人承担违约责任。后双方又签订一份《合同补充协议》,对支付工程款又做了新的约定,并约定厂区工期为113天,生活区工期为266天。2006年5月23日,监理公司下达开工令,通州建总公司遂组织施工,2007年安徽天宇公司厂区的厂房等主体工程完工。后因安徽天宇公司未按合同约定支付工程款,致使工程停工,该工程至成讼时仍然未竣工。2011年7月30日,双方在仲裁期间达成和解协议,约定如处置安徽天宇公司土地及建筑物偿债时,通州建总公司的工程款可优先受偿。后安徽天宇公司因不能清偿到期债务,江苏宏远建设集团有限公司向安徽省滁州市中级人民法院申请安徽天宇公司破产还债。安徽省滁州市中级人民法院于2011年8月26日作出(2011)滁民二破字第00001号民事裁定,裁定受理破产申请。2011年10月10日通州建总公司向安徽天宇公司的破产管理人申报债权并主张工程款优先受偿权,因此,通州建总公司主张优先受偿权的时间是2011年10月10日。2011年10月10日,通州建总公司向安徽天宇公司破产管理人申报债权并主张对该工程享有优先受偿权。2013年7月19日,安徽省滁州市中级人民法院作出(2011)滁民二破字第00001－2号民事裁定,宣告安徽天宇公司破产。通州建总公司于2013年8月27日提起诉讼,请求确认其债权享有优先受偿权。理由主要是:首先,根据最高人民法院《工程价款批复》,建设工程承包人的工程款受偿权优先于抵押权和其他债权。因发包人未按约定支付工程款,导致合同无法履行的,在发包人工程被拍卖或被折价后,承包人的工程款应优先受偿。其次,人民法院受理破产申请并指定管理人后,破产管理人有权决定发包人与承包人未履行完毕的合同解除或继续履行,未通知承包人的,视为合同已经解除。最后，承包人行使优先受偿权的期限为自合同解除之日起计算。

法院认定：被告天宇公司与原告通州公司签订了《建设工程施工合同》及《合同补充协议》系双方当事人的真实意思表示，合同合法有效。根据《合同法》第 286 条规定、最高人民法院《工程价款批复》第 1 条规定以及第 4 条的规定，建筑工程的承包人的优先受偿权优于抵押权和其他债权。被告天宇公司因未按合同约定履行支付工程款的义务而致使工程停工且至今未竣工，而在仲裁期间，被告天宇公司与原告通州公司达成的和解协议明确约定如处置被告天宇公司土地及建筑物偿债时，原告通州公司的工程款有优先受偿权。人民法院受理破产申请并指定破产管理人后，原告通州公司在规定期限内申报债权，破产管理人就申报债权数额进行鉴定并审核，原告通州公司享有债权数额为 8,829,702 元，债权性质为未支付工程款。同时，原告通州公司在申报债权时已明确主张对涉案工程享有优先权。因此，原告通州公司请求确认其债权享有优先受偿权的诉求符合法律规定，予以支持。

安徽省滁州市中级人民法院于 2014 年 2 月 28 日作出（2013）滁民一初字第 00122 号民事判决：确认原告通州建总集团有限公司对申报的债权就其施工的被告安徽天宇化工有限公司生产厂区土建、安装工程享有优先受偿权。该院认为：本案双方当事人签订的建设工程施工合同虽约定了工程竣工时间，但涉案工程因安徽天宇公司未能按合同约定支付工程款导致停工。现没有证据证明在工程停工后至法院受理破产申请前，双方签订的建设施工合同已经解除或终止履行，也没有证据证明在法院受理破产申请后，破产管理人决定继续履行合同。根据《企业破产法》第 18 条"人民法院受理破产申请后，管理人对破产申请受理前成立而债务人和对方当事人均未履行完毕的合同有权决定解除或继续履行，并通知对方当事人。管理人自破产申请受理之日起二个月未通知对方当事人，或者自收到对方当事人催告之日起三十日内未答复的，视为解除合同"之规定，涉案建设工程施工合同在法院受理破产申请后已实际解除，本案建设工程无法正常竣工。按照最高人民法院全国民事审判工作会议纪要精神，因发包人的原因，合同解除或终止履行时已经超出合同约定的竣工日期的，承包人行使优先受偿权的期限自合同解除之日起计算。安徽天宇公司要求按合同约定的竣工日期起算优先受偿权行使时间的主张，缺乏依据，不予采信；安徽天宇公司认为通州建总公司行使优先受偿权的时间超过了破产债权 6 个月的申报期限，与事实不符，不予支持。该院一审宣判后，安徽天宇化工有限公司提出上诉。安徽省高级人民法院于 2014 年 7 月 14 日作出（2014）

皖民一终字第00054号二审民事判决,驳回上诉,维持原判。

【案件争点】

债权人行使建设工程价款优先受偿权的6个月法定期限起点如何确定:是自合同约定的竣工日期起算,还是自视为合同解除的日期起算。

【裁判要旨】

破产管理人自破产申请受理之日起2个月未就合同继续履行或者解除事宜通知对方当事人即建设工程承包人,视为发包人与承包人之间的合同解除;合同解除之次日起6个月以内,建设工程承包人向破产管理人申报债权并主张工程款优先受偿,均为有效,破产管理人就承包人债权予以确认,后因发包人提出异议而提起别除权确认诉讼的,人民法院予以确认。

例案二 中国华融资产管理股份有限公司浙江省分公司、忠成数码科技有限公司与破产有关的纠纷案

【法院】

浙江省高级人民法院

最高人民法院

【案号】

(2015)浙民终字第30号

(2019)最高法民申580号①

【当事人】

再审申请人(一审第三人、二审上诉人):方泰建设集团有限公司

被申请人(一审原告、二审被上诉人):中国华融资产管理股份有限公司上海市分公司

一审被告:忠成数码科技有限公司

【基本案情】

浙江省高级人民法院作出的中国华融资产管理股份有限公司浙江省分公司(以下简称华融公司)与忠成数码科技有限公司(以下简称忠成公司)与破产有关

① 最高人民法院再审合议庭审判长肖峰,审判员张华、何君,法官助理秦润芝,书记员汤陈云,裁判日期:2019年2月28日。

的纠纷二审民事判决书[(2015)浙民终字第30号]认为，根据《工程价款批复》第4条规定："建设工程承包人行使优先权的期限为六个月，自建设工程竣工之日或者建设工程合同约定的竣工之日起计算。"当工程实际竣工日与约定竣工日不一致时，原审法院按照实际竣工之日作为建设工程价款优先受偿权的起算点，并不违反规定。关于涉案工程的实际竣工日，根据业已生效的上海市金山区人民法院(2013)金民三(民)初字第1976号判决书认定的事实，涉案工程于2012年3月12日竣工并验收合格。当事人调取的涉案工程备案资料中，其中一份落款时间为2012年3月12日的《建设工程竣工验收意见表》也明确载明：工程经竣工验收，符合国家质量标准，同意使用。忠成公司盖章确认"已整改完成"。方泰建设集团有限公司(以下简称方泰公司)认为其已提交证据证明涉案工程在2012年3月12日之后仍在进行整改，足可推翻生效判决确认的事实。然而在建设工程实践中，工程竣工验收后局部、零星的整改活动并不少见。更重要的是，涉案工程业于2012年4月11日办理房屋产权证书，表明建设单位已于之前交付完工工程以及工程竣工验收资料，故方泰公司提交的证明工程整改情况的证据并不足以推翻生效判决确认的事实。鉴于涉案工程已于2012年3月12日竣工验收，方泰公司于2013年6月27日起诉行使优先权已经超过6个月的法定期限，依法不再享有建设工程价款优先受偿权。

方泰公司因与被申请人华融公司、原审被告忠成公司与破产有关的纠纷一案，不服浙江省高级人民法院(2015)浙民终字第30号民事判决，向最高法院申请再审，请求撤销(2015)浙民终字第30号民事判决，驳回华融公司的诉讼请求。主要事实和理由：(一)建设工程价款优先受偿权由《合同法》第286条赋予，为法定抵押权性质，自建设工程施工之日起形成，优先受偿权在建设工程价款请求支付的诉讼时效内受法律保护。(二)根据《工程价款司法解释》第4条的规定，优先受偿权的行使期限为6个月，自竣工之日或者合同约定竣工之日起算，该规定系对合同法第286条授予承包人的权利进行了限制性解释。从文义解释看，"或者"为选择关系，即工程竣工之日和建设工程合同约定竣工选择任一起算点计算行使期限，若在6个月之内的，优先受偿权应受司法保护。在司法解释对法定权利进行限制性解释情况下，在司法实践中，不应再进一步对法定权利进行限制性适用。二审判决在认定合同约定竣工日期为2012年12月31日、工程在竣工后一直整改并处于承包人控制情况下，方泰公司在2013年6月27日主张优先受偿权，是依据《工程价款批复》在合同约定竣工之日起6个月内行使优先受偿权，该权利应受法律保护。

(三)华融公司的诉讼请求,即确认管理人优先权认定不成立,该诉讼请求并非《企业破产法》第58条规定的破产债权确认纠纷,诉讼请求不当,当事人不适格,应予驳回。

【案件争点】

再审中双方当事人争议的焦点是:建设工程价款优先受偿权的行使期限以诉讼时效为准,还是以司法解释为准;方泰公司主张涉案建设工程价款优先受偿权有无超过法定期限。

最高人民法院经审查认为,方泰公司的再审申请不属于《民事诉讼法》第200条第6项规定的情形,理由是:(一)方泰公司认为优先受偿权在建设工程价款请求支付的诉讼时效内一直有效的主张与现行司法解释规定冲突。《工程价款批复》第4条已经规定,优先受偿权的行使期限为6个月,自竣工之日或者合同约定竣工之日起算。而《民法总则》规定的一般诉讼时效为3年。① 从尊重当事人意思自治出发,当事人可以任意约定工程价款给付时间和方式。相应地,建设工程价款请求权的诉讼时效起算也处于不固定状态,并非与上述司法解释规定总是保持一致。所以,优先受偿权行使期限与工程款债权诉讼时效期限并不一致。因此,方泰公司认为该规定缺乏法律授权不成立。二审法院依据《工程价款批复》第4条判决方泰公司主张优先受偿权已经超过法定期限并无不当。

(二)方泰公司认为其主张优先受偿权未超过法定期限于法无据。忠成公司签署的《建设工程竣工验收意见表》落款时间为2012年3月12日。该意见表显示,方泰公司承建的工程已按设计图纸及合同完成了全部工作内容,工程质量符合设计要求及预验收规范规定,工程质量等级为合格。竣工验收结论符合国家质量标准,同意使用。整改落实情况为已整改完成。(2013)金民三(民)初字第1976号民事判决进一步确认涉案工程竣工日期为2012年3月12日。之后,方泰公司仅对涉案工程进行了局部、零星的整改。涉案工程于2012年4月11日办理房屋产权证书。因此可以认定,涉案工程的竣工日期是2012年3月12日。

根据《工程价款批复》第4条规定:"建设工程承包人行使优先权的期限为六个月,自建设工程竣工之日或者建设工程合同约定的竣工之日起计算。"方泰公司据此认为行使优先权期限的起算点为2012年12月31日是错误的。首先,方泰公

① 这里应当引用《民法通则》的一般诉讼时效2年,再审引用《民法总则》并不准确,因为2012~2013年还没有《民法总则》,虽然不影响判决结论。

司与忠成公司已在补充合同中约定交付时间为 2012 年 12 月 31 日。该日期并非约定的竣工日期。事实上，交工日期与竣工日期性质不同。其次，即使该日期是约定的竣工日期，根据《建设工程纠纷解释》第 14 条规定“当事人对建设工程实际竣工日期有争议的，按照以下情形分别处理：（一）建设工程经竣工验收合格的，以竣工验收合格之日为竣工日期”，也应当以 2012 年 3 月 12 日作为方泰公司行使优先权期限的起算点。因此，二审判决依据《工程价款批复》第 4 条、建设工程纠纷解释第 14 条，认定方泰公司主张建设工程价款优先受偿权已经超过法定期限并无不当。

（三）方泰公司认为华融公司诉讼请求不当，且存在当事人不适格的问题于法无据。《企业破产法》第 58 条第 3 款规定，债权人、债务人对债权表记载的债权有异议的，可以向受理破产申请的人民法院提起诉讼。该条并未对债权人对债权表中记载的他人债权提出异议作出禁止性规定。华融公司依法承继了对忠成公司的主债权和从权利，享有对忠成公司抵押财产拍卖款的优先受偿权，方泰公司针对建设工程价款是否享有优先权直接关系到华融公司的利益。华融公司作为债权人对忠成公司破产管理人的债权确认提出异议并无不当，也不存在当事人不适格的问题。故依照《民事诉讼法》第 204 条第 1 款，《民事诉讼法解释》第 395 条第 2 款规定，驳回方泰建设集团有限公司的再审申请。

【裁判要旨】

建设工程实际竣工日与约定竣工日不一致时，按照实际竣工之日作为建设工程价款优先受偿权行使期限的起算点；超过 6 个月法定期间的，人民法院不予支持。

例案三 中国华融资产管理股份有限公司上海市分公司、南通一居房地产有限公司、南通中瑾置业有限公司等普通破产债权确认纠纷案

【法院】

南通市中级人民法院

【案号】

（2017）苏 06 民终 2915 号

【当事人】

上诉人：中国华融资产管理股份有限公司上海市分公司

被上诉人:南通一居房地产有限公司、南通中瑾置业有限公司等

【基本案情】

上诉人中国华融资产管理股份有限公司上海市分公司(以下简称华融公司)因与被上诉人南通一居房地产有限公司(以下简称一居公司)、南通中瑾置业有限公司(以下简称中瑾公司)、通州建总集团有限公司(以下简称通州建总)普通破产债权确认纠纷一案,二审民事判决书[(2017)苏06民终2915号]认为,对于非因承包人的原因,建设工程未在约定期间内竣工,承包人行使优先受偿权的期限为6个月,自建设工程合同约定的竣工之日起计算;建设工程未约定竣工日期,或者由于发包人的原因,合同解除或终止履行时已超出合同约定的竣工日期的,承包人行使优先受偿权的期限自合同解除或者终止履行之日起计算。人民法院受理破产申请后,管理人对破产申请受理前成立而债务人和对方当事人均未履行完毕的合同有权决定解除或者继续履行,并通知对方当事人。管理人自破产申请受理之日起2个月内未通知对方当事人,或者自收到对方当事人催告之日起30日内未答复的,视为解除合同。通州建总与一居公司签订的案涉工程施工合同至一居公司申请破产时,尚未履行完毕。一居公司于2015年10月12日向一审法院申请破产清算,一审法院于同年10月13日裁定受理。破产管理人自2015年10月13日起2个月内未通知通州建总解除或者继续履行案涉工程施工合同。原审因此认定案涉工程施工合同解除的时间为2015年12月12日,符合法律规定。通州建总行使工程款优先权的期限应自2015年12月12日起计算6个月,其现于2015年11月6日向破产管理人申报债权并主张工程款优先权,未超过法定期限,合法合理。

2010年11月16日、2011年7月18日,江苏银行学田支行与一居公司分别签订编号为JK051310000681、JK051311000335的《借款合同》各一份,约定一居公司分别向江苏银行学田支行借款2.8亿元、1.3亿元。2013年9月17日,华融公司作为受让方与作为转让方的江苏银行学田支行以及被告一居公司签订编号为华融沪分[2013]资字第13号债转第1号《债权转让协议》一份,约定江苏银行学田支行将其对一居公司的债权转让给华融公司。2015年10月8日,华融公司向上海市第二中级人民法院提起诉讼。2016年9月13日,该院作出(2015)沪二中民六(商)初字第141号民事判决书,判决第二项确认华融公司对一居公司提供的通州他项(2013)第709号、通州他项(2015)第219号土地他项权利证明书项下之土地使用权、通州房建先锋字第133409ZJ号在建工程抵押登记证明项下之在建工程以及64份房屋他项权证(详见所附清单)项下之房产享有抵押权。

2011年1月5日，一居公司与通州建总签订罗福宫住宅小区项目建设工程施工合同，工程内容为施工图范围内土建、安装及配套工程（甲方分包项目及甲供材按约定执行）。合同价款425,964,000元。计划开工日期2011年1月10日，计划竣工日期2013年2月10日。合同还对质量、工程款的支付竣工验收等事项进行了约定。合同签订后，通州建总对合同范围内的工程进行了施工。由于发包人未能按照合同约定按期支付工程款，导致部分项目未能按期竣工，通州建总于2015年9月停工。

2015年10月12日，中瑾置业、一居公司以不能清偿到期债务，并且资产不足以清偿全部债务为由，向一审法院申请破产清算。一审法院于同年10月13日作出（2015）通商破字第00006号民事裁定书，裁定受理。同年10月16日，一审法院作出（2015）通商破字第00006号民事决定书，指定江苏金平川律师事务所担任债务人中瑾置业、一居公司的共同管理人。同年12月15日，一审法院作出（2015）通商破字第00006－1号民事裁定书，宣告中瑾置业、一居公司破产。

管理人委托南通俊达工程造价咨询有限公司、南通市科兴造价技术咨询有限公司对罗福宫已完工程，一审法院委托南通通城建设工程项目管理有限公司（以下简称通城公司）对罗福宫在建工程的工程量及工程造价进行造价鉴定。经鉴定通州建总已完工程造价为241,491,213.61元，在建工程造价为45,296,506.23元。

2015年11月6日，通州建总向管理人申报债权，其中申报原始债权为162,799,809.48元，并主张建设工程价款优先受偿。2016年10月8日，管理人作出债权审查通知书，确认通州建总建设工程优先受偿债权为15,353,808.21元。2016年11月25日，管理人作出债权复核通知书，确认通州建总建设工程优先受偿债权为68,650,314.44元。2016年12月6日，管理人函告华融公司，确认通州建总建设工程优先受偿债权为68,650,314.44元。

【案件争点】

破产管理人对通州建总对罗福宫工程债权金额及优先受偿权的认定是否有事实和法律依据，通州建总主张优先受偿权是否超过法律规定的期限，华融公司的有财产担保的债权是否优先于通州建总的建设工程价款优先受偿权。

一审法院认为，华融公司对一居公司罗福宫项目部分土地使用权、部分在建工程及部分房产享有抵押权，其系一居公司的债权人，一居公司申请破产，与华融公司存在利害关系。管理人认定通州建总享有建设工程优先受偿债权及金额，有可能影响华融公司的合法利益，故华融公司有权提起本案诉讼。

《合同法》第286条规定,发包人未按照约定支付价款的,承包人可以催告发包人在合理期限内支付价款。发包人逾期不支付的,除按照建设工程的性质不宜折价、拍卖的以外,承包人可以与发包人协议将该工程折价,也可以申请人民法院将该工程依法拍卖。建设工程的价款就该工程折价或者拍卖的价款优先受偿。通州建总对一居公司结欠的工程款,有权在该工程折价或者拍卖的价款优先受偿。《工程价款批复》第4条规定,建设工程承包人行使优先权的期限为6个月,自建设工程竣工之日或者建设工程合同约定的竣工之日起计算。一居公司与通州建总签订的建设工程施工合同中约定,工期计划自2011年1月10日至2013年2月10日结束,但因一居公司的原因,整个工程至本院受理一居公司破产申请时仍未竣工。按照最高人民法院全国民事审判工作会议纪要精神,非因承包人的原因,建设工程未能在约定期间内竣工,承包人依据《合同法》第286条规定享有的优先受偿权不受影响;承包人行使优先受偿权的期限为6个月,自建设工程合同约定的竣工之日起计算;建设工程合同未约定竣工日期,或者由于发包人的原因,合同解除或终止履行时已经超出合同约定的竣工日期的,承包人行使优先受偿权的期限自合同解除或终止履行之日起计算。《企业破产法》第18条规定,人民法院受理破产申请后,管理人对破产申请受理前成立而债务人和对方当事人均未履行完毕的合同有权决定解除或者继续履行,并通知对方当事人。管理人自破产申请受理之日起2个月内未通知对方当事人,或者自收到对方当事人催告之日起30日内未答复的,视为解除合同。本案中,一居公司在一审法院破产申请受理之日起2个月内未通知通州建总解除或者继续履行,故本案合同解除之日为破产申请受理之日后的2个月,即2015年12月12日。通州建总在2015年11月6日向一居公司管理人申报债权并主张工程款优先受偿权,未超过6个月的建设工程承包人行使优先权的期限。故通州建总享有68,650,314.44元的优先受偿债权。华融公司请求确认破产管理人对通州建总建设工程价款优先受偿权债权68,650,314.44元的认定无效的诉讼请求,一审法院不予支持。

《工程价款批复》第1条规定,人民法院在审理房地产纠纷案件和办理执行案件中,应当依照《合同法》第286条的规定,认定建筑工程的承包人的优先受偿权优于抵押权和其他债权。本案中,管理人在对通州建总建设工程价款审查时,并未将建筑物项下的土地使用权纳入工程价款优先受偿的范围,且依照法律规定建设工程价款优先受偿权的客体仅仅为建筑物,而不包括建设用地使用权。故对华融公司请求确认华融公司的有财产担保债权优先于通州建总的建设工程价款债权的诉讼请求，一审法院不予支持。据此，根据《合同法》第286条、《企业破产法》第18条、《民事诉讼法》第64条第1款的规定，判决：一、驳回华融公司请求确认一居公司、中瑾公司破产管理人对通州建总建设工程价款优先受偿权债权68,650,314.44元认定无效的诉讼请求；二、驳回华融公司请求确认其公司的有财产担保债权优先于通州建总的建设工程价款债权的诉讼请求。案件受理费385,052元，由华融公司负担。

二审法院集中查证的上诉争议问题为：1.通州建总已完工程的造价如何确定；2.通州建总主张工程款优先权有无超过法定期限；3.通州建总行使优先受偿权的范围；4.一居公司支付通州建总的800万元是否为代海门市中盛房地产有限公司（以下简称中盛公司）支付的工程款。关于争议问题1，通州建总已完工程的造价系一审法院在破产程序中委托鉴定机构鉴定确定，该鉴定机构及鉴定人员均具有相应的资质，鉴定程序合法、鉴定意见客观公正。华融资产虽在一审、二审中均对此提出异议，并要求重新鉴定，但未提供相应的证据予以佐证。原审因此未准许华融公司重新鉴定的申请，并以案涉工程造价鉴定意见为基础认定通州建总已完工程及在建工程的造价，并无不当。关于争议问题2，对于非因承包人的原因，建设工程未在约定期间内竣工，承包人行使优先受偿权的期限为6个月，自建设工程合同约定的竣工之日起计算；建设工程未约定竣工日期，或者由于发包人的原因，合同解除或终止履行时已走出合同约定的竣工日期的，承包人行使优先受偿权的期限自合同解除或者终止履行之日起计算。人民法院受理破产申请后，管理人对破产申请受理前成立而债务人和对方当事人均未履行完毕的合同有权决定解除或者继续履行，并通知对方当事人。管理人自破产申请受理之日起2个月内未通知对方当事人，或者自收到对方当事人催告之日起30日内未答复的，视为解除合同。通州建总与一居公司签订的案涉工程施工合同至一居公司申请破产时，尚未履行完毕。一居公司于2015年10月12日向一审法院申请破产清算，一审法院于同年10月13日裁定受理。破产管理人自2015年10月13日起2个月内未通知通州建总解除或者继续履行案涉工程施工合同。原审因此认定案涉工程施工合同解除的时间为2015年12月12日，符合法律规定。通州建总行使工程款优先权的期限应自2015年12月12日起计算6个月，其现于2015年11月6日向破产管理人申报债权并主张工程款优先权，合法合理。关于争议问题3，建设工程承包人的优先受偿权优于抵押权和其他债权。发包人未按约定支付价款的，承包人可以催告发包人在合理期限内支付价款。发包人逾期不支付的，除按照建设工程的性质不宜折价、拍卖的以外,承包人可以与发包人协议将该工程折价,也可以申请人民法院将该工程依法拍卖。建设工程的价款就该工程折价或者拍卖的价款优先受偿。通州建总与一居公司签订的案涉工程施工合同所涉工程系整体系统工程,已完工部分与整体工程亦不可分割,故通州建总主张的工程款优先受偿权的范围应及于整体工程。华融公司关于对通州建总应得的工程款对应的地上建筑与其公司抵押权对应的地上建筑应作出区分的上诉请求,无事实与法律依据。至于故此,原审驳回华融公司的诉讼请求,并无不当。关于争议问题4,根据一居公司、中瑾公司破产管理人提供的情况说明、通州建总施工工程进度证明材料等证据,通州建总已完成的工程量在2011年春节前,按照其与一居公司施工合同的约定,应付进度款为1386万余元,而一居公司账面显示付款为2000万元。而通州建总承建中盛公司的相关工程有到期工程款未付,因中盛公司与中瑾公司有关联,一居公司因此根据中瑾公司负责人的指示代中盛公司支付该800万元工程款,具有事实依据。原审因此认定支付的该800万元并非案涉工程款,并无不当。基于以上事实和理由,华融公司的上诉请求被驳回。

【裁判要旨】

建设工程款优先权应当在6个月法定期间内行使,建设工程未竣工的起算点自合同解除之日起计算。

三、裁判规则提要

建设工程施工合同因发包人原因导致合同无法履行,人民法院对该工程进行相关处理时所得的价款,承包人的工程款就处理所得价款优先受偿。根据最高人民法院《工程价款批复》,建设工程承包人的工程款优先受偿权应当在6个月以内行使。人民法院受理破产申请并指定管理人后,破产管理人有权决定发包人与承包人未履行完毕的合同解除或继续履行,未通知承包人的,视为合同已经解除。在司法解释《工程价款批复》明确规定优先受偿权的期限自建设工程竣工之日或者建设工程合同约定的竣工之日起计算,但本类案例中合同工程并没有竣工的情况下,这里明确的类案规则就是:建设工程施工合同承包人行使优先受偿权的期限自合同解除之日起计算。

73号指导性案例中,双方当事人签订的建设工程施工合同虽然约定了工程竣工时间,但涉案工程因安徽天宇公司未能按合同约定支付工程款导致停工,本案建设工程无法按照约定日期正常竣工;没有证据证明在工程停工后至法院受理破产申请前，双方签订的建设施工合同已经解除或终止履行，也没有证据证明在法院受理破产申请后，破产管理人决定继续履行合同。根据《企业破产法》第 18 条“人民法院受理破产申请后，管理人对破产申请受理前成立而债务人和对方当事人均未履行完毕的合同有权决定解除或继续履行，并通知对方当事人。管理人自破产申请受理之日起二个月未通知对方当事人，或者自收到对方当事人催告之日起三十日内未答复的，视为解除合同”之规定，涉案建设工程施工合同在法院受理破产申请后已实际解除，本案建设工程无法正常竣工。按照最高人民法院全国民事审判工作会议纪要精神，因发包人的原因，合同解除或终止履行时已经超出合同约定的竣工日期的，承包人行使优先受偿权的期限自合同解除之日起计算。

根据《工程价款批复》第 4 条“建设工程承包人行使优先权的期限为六个月，自建设工程竣工之日或者建设工程合同约定的竣工之日起计算”之规定，安徽天宇公司要求按合同约定的竣工日期起算优先受偿权行使期限，虽然有司法解释依据，虽然合同约定了工程竣工时间，但涉案工程因安徽天宇公司未按合同约定支付工程款导致停工，本案建设工程无法按照约定日期正常竣工。因此，安徽天宇公司以合同约定工程竣工时间为起点计算通州建总公司行使优先受偿权超过了破产债权的申报期，并不合理：2011 年 8 月 26 日，法院裁定受理对安徽天宇公司的破产申请，2011 年 10 月 10 日通州建总公司向安徽天宇公司的破产管理人申报债权并主张工程款优先受偿权。因此，通州建总公司主张优先受偿权的时间起点应当以 2011 年 10 月 10 日为准。故安徽天宇公司以合同约定工程竣工时间为起点计算没有得到法院的支持。

《合同法》第 286 条规定，发包人逾期不支付的，承包人可以与发包人协议将该工程折价，也可以申请人民法院将该工程依法拍卖。建设工程的价款就该工程折价或者拍卖的价款优先受偿。即因发包人自身原因导致合同无法履行的，承包人就工程处理所得价款优先受偿，承包人的优先受偿权优于抵押权和其他债权。承包人行使优先受偿权的期限自合同解除或终止履行之日起计算。根据《企业破产法》的规定，人民法院受理破产申请后，破产管理人对破产申请受理前成立的、债务人和对方当事人均未履行完毕的合同有权决定解除或者继续履行，并通知对方当事人。管理人自破产申请受理之日起 2 个月内未通知对方当事人，或者自收到对方当事人催告之日起 30 日内未答复的，视为解除合同。承包人在规定的 6 个月期限内向破产管理人申报债权并主张工程款优先受偿权，后经破产法院确认，承包人有权行使优先受偿权。

建设工程承包人就工程价款有权行使优先受偿权,是相对于发包人的普通债权人而言的,并不是始终绝对优先。消费者交付购买商品房的全部或者大部分款项后,建设工程承包人就该商品房享有的工程价款优先受偿权不得对抗作为消费者的商品房买受人。

建设工程承包人虽在规定过的6个月期间内申报债权,但未明确要求行使建设工程价款优先受偿权的,超过6个月后再主张优先受偿权的,不予支持,固然有其道理。建设工程承包人一旦遇到发包人自己申请或者被申请破产且法院依法受理的情况,务必一要及时申报,二要准确申报。当然,从方便诉讼、减轻讼累、实质化解纠纷和诉讼的法律效果和社会效果等方面考虑,破产管理人或者人民法院在收交债权申报书且需要加以询问释明、认定当事人申报债权的性质时从宽从严,都应当秉持公开公平公正的立场,在追求破产财产价值最大化、破产清偿率最高化的同时,也要努力让享有人身优先权、劳动优先权、消费者优先权、工程价款优先权、担保优先权的当事人感受到破产司法的公平正义,破产清算并不是简单破"优先权"之产。

建设工程价款优先权的范围为承包人为建设工程支付的工作人员报酬、价款等实际支出的费用,不包括因发包人违约造成的损失。因发包方违约给承包人造成的损失只能认定为普通债权。

四、辅助信息

高频词条:

《合同法》

第45条 当事人对合同的效力可以约定附条件。附生效条件的合同,自条件成就时生效。附解除条件的合同,自条件成就时失效。

当事人为自己的利益不正当地阻止条件成就的,视为条件已成就;不正当地促成条件成就的,视为条件不成就。

第286条 发包人未按照约定支付价款的,承包人可以催告发包人在合理期限内支付价款。发包人逾期不支付的,除按照建设工程的性质不宜折价、拍卖的以外,承包人可以与发包人协议将该工程折价,也可以申请人民法院将该工程依法拍卖。建设工程的价款就该工程折价或者拍卖的价款优先受偿。

《企业破产法》

第18条 人民法院受理破产申请后,管理人对破产申请受理前成立而债务人和对方当事人均未履行完毕的合同有权决定解除或者继续履行，并通知对方当事人。管理人自破产申请受理之日起二个月内未通知对方当事人，或者自收到对方当事人催告之日起三十日内未答复的，视为解除合同。

管理人决定继续履行合同的，对方当事人应当履行；但是，对方当事人有权要求管理人提供担保。管理人不提供担保的，视为解除合同。

第44条 人民法院受理破产申请时对债务人享有债权的债权人，依照本法规定的程序行使权利。

第46条 未到期的债权，在破产申请受理时视为到期。

附利息的债权自破产申请受理时起停止计息。

第58条 依照本法第五十七条规定编制的债权表，应当提交第一次债权人会议核查。

债务人、债权人对债权表记载的债权无异议的，由人民法院裁定确认。

债务人、债权人对债权表记载的债权有异议的，可以向受理破产申请的人民法院提起诉讼。

《建筑法》

第26条 承包建筑工程的单位应当持有依法取得的资质证书，并在其资质等级许可的业务范围内承揽工程。

禁止建筑施工企业超越本企业资质等级许可的业务范围或者以任何形式用其他建筑施工企业的名义承揽工程。禁止建筑施工企业以任何形式允许其他单位或者个人使用本企业的资质证书、营业执照，以本企业的名义承揽工程。

《工程价款批复》

第1条 人民法院在审理房地产纠纷案件和办理执行案件中，应当依照《中华人民共和国合同法》第二百八十六条的规定，认定建筑工程的承包人的优先受偿权优于抵押权和其他债权。

第3条 建筑工程价款包括承包人为建设工程应当支付的工作人员报酬、材料款等实际支出的费用，不包括承包人因发包人违约所造成的损失。

第4条 建设工程承包人行使优先权的期限为六个月，自建设工程竣工之日或者建设工程合同约定的竣工之日起计算。

《建设工程纠纷解释》

第1条 建设工程施工合同具有下列情形之一的，应当根据合同法第五十二条第（五）项的规定，认定无效：

(一)承包人未取得建筑施工企业资质或者超越资质等级的;

(二)没有资质的实际施工人借用有资质的建筑施工企业名义的;

(三)建设工程必须进行招标而未招标或者中标无效的。

第2条 建设工程施工合同无效,但建设工程经竣工验收合格,承包人请求参照合同约定支付工程价款的,应予支持。

第14条 当事人对建设工程实际竣工日期有争议的,按照以下情形分别处理:

(一)建设工程经竣工验收合格的,以竣工验收合格之日为竣工日期;

(二)承包人已经提交竣工验收报告,发包人拖延验收的,以承包人提交验收报告之日为竣工日期;

(三)建设工程未经竣工验收,发包人擅自使用的,以转移占有建设工程之日为竣工日期。

第26条 实际施工人以转包人、违法分包人为被告起诉的,人民法院应当依法受理。

实际施工人以发包人为被告主张权利的,人民法院可以追加转包人或者违法分包人为本案当事人。发包人只在欠付工程价款范围内对实际施工人承担责任。

《建设工程纠纷解释二》

第17条 与发包人订立建设工程施工合同的承包人,根据合同法第二百八十六条规定请求其承建工程的价款就工程折价或者拍卖的价款优先受偿的,人民法院应予支持。

第22条 承包人行使建设工程价款优先受偿权的期限为六个月,自发包人应当给付建设工程价款之日起算。

第23条 发包人与承包人约定放弃或者限制建设工程价款优先受偿权,损害建筑工人利益,发包人根据该约定主张承包人不享有建设工程价款优先受偿权的,人民法院不予支持。

破产纠纷案件裁判规则第 2 条:
迟延履行期间的债务利息应确认为普通债权

〔**规则描述**〕:被执行人未按判决、裁定和其他法律文书指定的期间履行给付金钱义务的,应当加倍支付迟延履行期间的债务利息。加倍计算之后的迟延履行期间的债务利息,包括迟延履行期间的一般债务利息和加倍部分债务利息。在没有得到执行时,被执行人进入破产程序,债权人要求债务人向其支付自生效裁判文书指定的债务履行期间届满之日起计算至破产申请受理时止的加倍部分的迟延履行期间的债务利息,应确认为普通债权。本规则针对的是被申请执行人进入破产程序时,作为之前已为申请执行人的债权人申报该部分债权仅得适用。即使已取得生效法律文书,但未申请执行的申报债权时不得适用。

一、类案检索大数据报告

时间:2020 年 1 月 6 日之前,案例来源:Alpha 案例库,案件数量:223 件,数据采集时间:2020 年 1 月 6 日。本次检索获取了 2020 年 1 月 6 日前共 223 篇裁判文书。整体情况如图 2 - 1 所示。从迟延履行期间的债务利息是否应确认为普通债权的角度来看,认同的案件 28 件,占比约 12.56%;不认同的案件 14 件,占比约 6.28%;不相关的案件 181 件,占比约 81.16%。

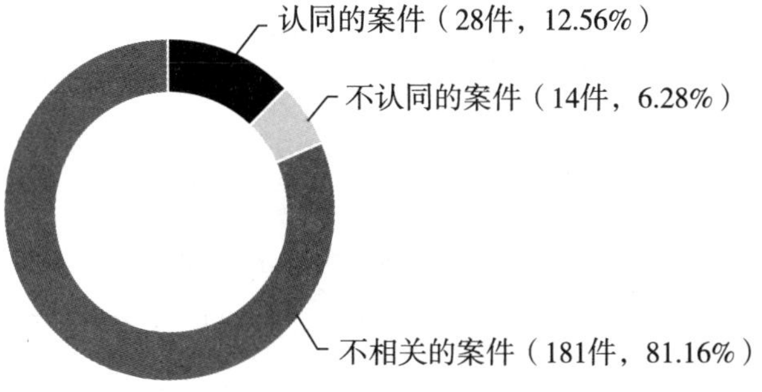

图 2 - 1　是否认同迟延履行期间的债务利息应确认为普通债权

如图 2 - 2 所示,从案件年份分布情况可以看出当前条件下破产债权确认纠纷案例数量的变化趋势。

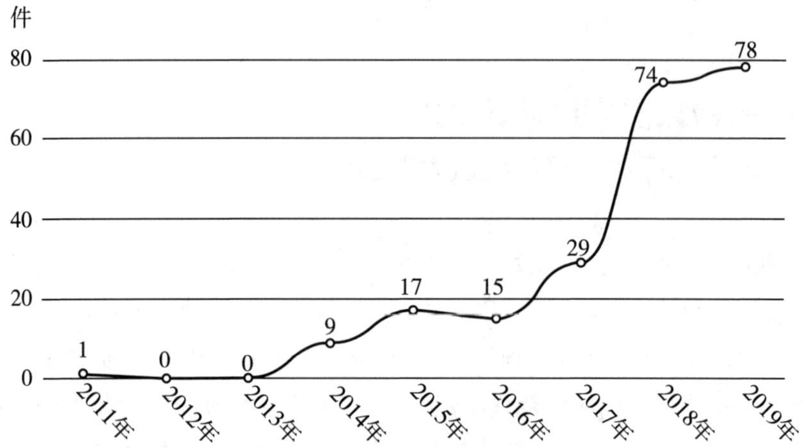

图 2－2　案件年份分布情况

如图 2－3 所示,从案件地域分布情况来看,当前破产债权确认纠纷案例主要集中在浙江省、江苏省、四川省,分别占比为 26.46%、16.59%、10.31%。其中,浙江省的案件量最多,达到 59 件。

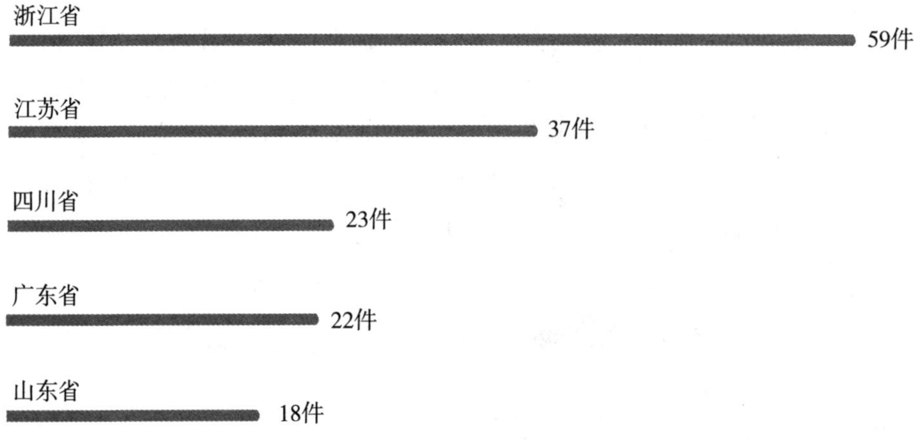

图 2－3　案件地域主要分布情况

如图 2－4 所示,从上面的案由分类情况可以看出,破产债权确认纠纷当前最主要的案由是其他破产债权确认纠纷,有 131 件,占一半以上,其次是普通破产债权确认纠纷,职工破产债权确认纠纷。

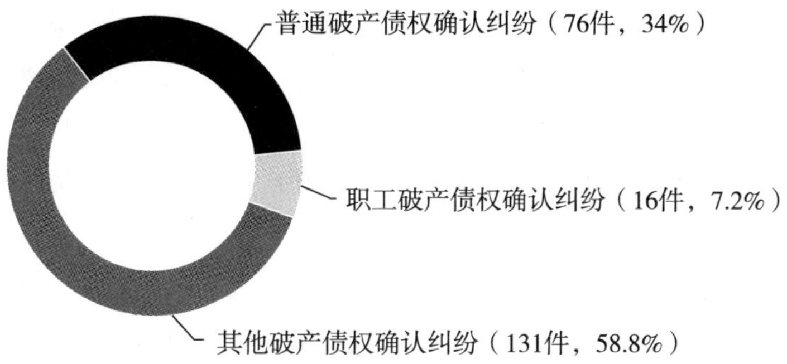

图2-4　案件案由分类情况

二、可供参考的例案

例案一　合肥高新技术产业开发区社会化服务公司与江西赛维LDK太阳能高科技有限公司破产债权确认纠纷案

【法院】

最高人民法院

【案号】

(2018)最高法民再25号

【当事人】

再审申请人(一审原告、二审上诉人):合肥高新技术产业开发区社会化服务公司

被申请人(一审被告、二审被上诉人):江西赛维LDK太阳能高科技有限公司

【基本案情】

合肥高新技术产业开发区社会化服务公司(以下简称合肥高新)、安徽赛维LDK新能源有限公司(以下简称安徽赛维)、原赛维LDK太阳能高科技(合肥)有限公司(以下简称合肥赛维)、江西赛维LDK太阳能高科技有限公司(以下简称江西赛维)、彭某峰在安徽省合肥市中级人民法院(以下简称合肥中院)主持下自愿达成调解协议。合肥中院作出(2013)合民二初字第00221号民事调解书,该调解书的内容为:一、各方确认截至2013年3月31日,安徽赛维拖欠合肥高新借款本金10亿元,利息51,275,221.03元。二、安徽赛维以其持有的合肥赛维100%的股权作价12,111.1万元抵偿上述债务中等额欠款,将上述股权于调解书生效之日起

转让给合肥高新。三、以上述股权抵偿等额债务后,安徽赛维尚欠合肥高新剩余债务930,164,221.03元,应于2014年10月15日前偿还。四、若安徽赛维不能按本协议第3条约定偿还债务,合肥高新有权就合肥赛维所有的约定的抵押财产优先受偿。五、江西赛维、彭某峰对本协议第3条约定的安徽赛维的债务承担连带清偿责任等。

2013年10月14日,合肥赛维名称变更为通威太阳能(合肥)有限公司(以下简称通威公司)。安徽赛维在将其持有合肥赛维100%股权以12,111.1万元抵偿给合肥高新后,合肥高新又于2013年9月将上述股权以87,000万元价格转让给通威集团有限公司,双方于2013年9月30日办理了股权过户手续。

合肥中院于2015年1月19日受理合肥高新对上述调解书的强制执行申请。除查封了彭某峰在苏州的两套住房,尚未执行到其他财产。2015年11月17日,江西省新余市中级人民法院裁定江西赛维破产重整。合肥高新向管理人申报的债权总额为14.3453209604亿元,管理人认定债权本金930,164,221.03元,对利息债权未予认定。

2016年8月1日,合肥高新向江西省新余市中级人民法院(以下简称新余中院)提起诉讼,请求确认:一、合肥高新对江西赛维享有因930,164,221.03元债权本金所产生的利息债权2.0485311189亿元以及其他债权2.9951476312亿元;二、合肥高新对江西赛维享有930,164,221.03元债权本金迟延履行期间的加倍部分债务利息64,785,937.99元的债权。

新余中院一审认为:经查,该调解书确认股权抵偿等额债务后,安徽赛维拖欠合肥高新剩余债务为930,164,221.03元,并未对利息支付作出安排。因该民事调解书系当事人真实意思表示,且已经生效,调解受理时停止计息,故合肥高新要求确认上述利息债权为破产债权的诉请没有事实和法律依据。于2016年12月9日作出(2016)赣05民初96号民事判决:驳回合肥高新的全部诉讼请求。

合肥高新不服一审判决,向江西省高级人民法院提起上诉。二审查明认为,一审判决认定事实清楚,适用法律正确,应予维持。于2017年6月19日作出(2017)赣民终187号民事判决:驳回上诉,维持原判。

合肥高新不服江西省高级人民法院(2017)赣民终187号民事判决,向最高人民法院申请再审。最高人民法院于2017年10月9日作出(2017)最高法民申3945号民事裁定,提审该案。

【案件争点】

被执行人未按民事调解书指定的期间履行给付金钱义务，民事调解书没有约定利息计算的，在债务人破产时，主张加倍支付迟延履行期间的利息是否应当确认为普通债权。

【裁判要旨】

最高人民法院认为，生效法律文书并未约定或确认债务利息的计算方法，不予计算。但债务人迟延履行的，债权人要求债务人向其支付自生效裁判文书指定的债务履行期间届满之日起计算至破产申请受理时止的加倍部分的迟延履行期间的债务利息，这是法定的迟延履行利息，应予计算并确认为普通债权。依照《企业破产法》第 44 条、第 46 条，《民事诉讼法》第 207 条第 1 款、第 170 条第 1 款第 2 项、第 253 条，《债务利息解释》第 1 条、第 2 条之规定，判决：确认合肥高新对江西赛维享有迟延履行期间的利息债权 64,785,937.99 元。

例案二　山东省济南医疗器械采购供应站、厦门象屿资产管理运营有限公司破产债权确认纠纷案

【法院】

山东省高级人民法院

【案号】

(2019)鲁民终 419 号

【当事人】

上诉人(原审被告)：山东省济南医疗器械采购供应站

被上诉人(原审原告)：厦门象屿资产管理运营有限公司

【基本案情】

2002 年 12 月 18 日，山东省济南医疗器械采购供应站(以下简称济南医购站)与中国工商银行股份有限公司济南市槐荫区支行(以下简称槐荫工行)签订一份《流动资金借款合同》，约定借款人济南医购站向贷款人槐荫工行借款本金 465 万元，借款期限内的利率标准为月利率 4.425‰，借款人逾期还款的还将支付逾期付款利息。同时，济南医购站以其所有的房产为上述债务设定了抵押担保，并进行了抵押登记。借款期限届满后，济南医购站未能按约还本付息，槐荫工行为此诉至济南市槐荫区人民法院。2005 年 10 月 27 日，济南市槐荫区人民法院作出(2005)槐

民初字第897号民事判决书,认定抵押有效并判令济南医购站向槐荫工行偿还借款本金及利息。济南市槐荫区人民法院(2005)槐民初字第897号民事判决书所载明的债权经转让最终由厦门象屿资产管理运营有限公司(以下简称厦门象屿公司)受让取得,并成为本案所涉债权的权利人。

2017年10月25日,山东省济南市中级人民法院受理了济南医购站破产清算案。2017年12月,厦门象屿公司向济南医购站管理人申报债权,包括本金465万元、期内利息246,915元、逾期利息725,313元、迟延履行债务期间的利息为2,311,073元(期限自2005年11月21日起至2009年3月30日)。

济南医购站对于厦门象屿公司申报的上述债权中的本金、期内利息、逾期利息共计5,622,228元,确认为对债务人的特定财产享有担保权的债权;对迟延履行期间的利息2,311,073元,认为不属于破产债权,未予确认。

济南市中级人民法院认为,《审理破产案件规定》第61条规定:"下列债权不属于破产债权:(二)人民法院受理破产案件后债务人未支付应付款项的滞纳金,包括债务人未执行生效法律文书应当加倍支付的迟延利息和劳动保险金的滞纳金。该规定所指的不属于破产债权的债权是破产案件受理日之后所产生的利息或滞纳金,而破产案件受理日之前所产生的利息或滞纳金,仍应属于破产债权。"本案中,厦门象屿公司依据最高人民法院《关于非金融机构受让金融不良债权后能否向非国有企业债务人主张全额债权的请示的答复》的规定所主张债权的截止日期系《关于审理涉及金融不良债权转让案件工作座谈会纪要》的发布之日即2009年9月30日。该日期早于2017年10月25日即山东省济南市中级人民法院受理济南医购站破产清算案的日期。故济南医购站在上述期间内因怠于履行生效判决义务而产生的迟延履行利息应属于破产债权。依照《物权法》第173条,《破产法》第44条、第58条第3款,《审理破产案件规定》第61条第2项的规定,一审法院判决:厦门象屿公司对济南医购站所欠迟延履行债务期间的利息2,311,073元系有特定财产担保的破产债权,并就该2,311,073元有特定财产担保的债权对拍卖、变卖济南医购站抵押的坐落于济南市市中区纬二路29号房产的所得价款享有优先受偿权。

上诉人济南医购站不服山东省济南市中级人民法院(2017)鲁01民初1154号民事判决,向山东省高级人民法院提起上诉。

【案件争点】

厦门象屿公司对济南医购站应当加倍支付的迟延履行期间的债务利息2,311,073元是否为破产债权。

【裁判要旨】

山东省高级人民法院认为，债务人未执行未偿还生效法律文书所确认应当支付迟延履行期间的债务利息，在破产案件受理之前产生的，迟延履行债务利息应当列入破产债权。一审判决认定事实清楚，适用法律正确，应予维持。依照《民事诉讼法》第170条第1款第1项规定，判决如下：驳回上诉，维持原判。

例案三 | 中国建设银行股份有限公司嘉兴分行与浙江华强家具有限公司破产债权确认纠纷案

【法院】

嘉兴市秀洲区人民法院

【案号】

（2017）浙0411民初1692号

【当事人】

原告：中国建设银行股份有限公司嘉兴分行

被告：浙江华强家具有限公司

【基本案情】

2008年1月18日，浙江华强家具有限公司（以下简称华强公司）因经营之需与中国建设银行股份有限公司嘉兴分行（以下简称建行嘉兴分行）签订《借款合同》，约定借款金额1180万元，借款期限至2009年1月17日，利率为固定年利率8.5905%，按月结息，贷款逾期利率为约定利率上浮50%，如未按结息日付息，则自次日起计收复利等。同日，双方签订《最高额抵押合同》，华强公司以其所有的房产及国有土地使用权对借款债务提供抵押担保，并办理了抵押登记。翁某良为上述借款提供连带责任保证。借款到期后，华强公司未按约还本付息，建行嘉兴分行向嘉兴市南湖区人民法院提起诉讼，2009年3月19日，南湖区法院作出（2009）嘉南商初字第333号民事判决：1.华强公司于判决生效后10日内支付建行嘉兴分行借款1180万元、利息83,626.45元（计算至2008年12月20日，此后按合同约定计算至判决确定的履行日止）；2.建行嘉兴分行在华强公司不能清偿上述债务时对抵押物折价或拍卖变卖的价款享有优先受偿权；3.翁某良对上述给付义务承担连带清偿责任。如果未按判决指定期间履行给付金钱义务，应当依《民事诉讼法》第229条规定加倍支付迟延履行期间的债务利息。该判决生效后于2009年4月20日履行期届满,嘉兴市南湖区人民法院于该日立案执行。2011年12月27日、2012年6月19日,原告各收到执行款项1350万元、2,320,048元。

2016年9月8日,嘉兴市秀洲区人民法院裁定受理浙江禾城农村商业银行股份有限公司新塍支行申请华强公司破产清算案。原告向管理人申报债权3,768,368.49元,管理人审查后确认债权55,459.15元,原告提出异议,管理人回复不予更正,遂提起诉讼。

2009年4月21日至2011年12月27日的债务利息,根据《债务利息批复》的规定,迟延履行期间的债务利息共计3,664,530.41元。2014年8月1日,《债务利息解释》施行,依该解释,迟延履行期间债务利息区分为一般债务利息和加倍部分债务利息。依此,一般债务利息为107,268.28元,加倍部分利息为79,759.75元(利息债务应计算至破产申请受理时)。

综上,被告结欠原告债务利息934,024.14元。

【案件争点】

华强公司应当支付建行嘉兴分行支付的迟延履行期间的债务利息是否应列入破产债权。

【裁判要旨】

嘉兴市秀洲区人民法院认为,加倍计算之后的迟延履行期间债务利息,包括为一般债务利息和加倍部分债务利息。该部分的利息应列入破产债权。迟延履行期间的一般债务利息,根据生效法律文书确定的方法计算;生效法律文书未确定给付该利息的,不予计算。依照《企业破产法》第46条、第58条,《民事诉讼法》第142条之规定,判决:确认华强家具公司应支付建行嘉兴分行债务利息934,024.14元。

三、裁判规则提要

(一)迟延履行期间的债务利息的规定

被执行人未按判决、裁定和其他法律文书指定的期间履行给付金钱义务的,应当加倍支付迟延履行期间的债务利息。加倍计算之后的迟延履行期间的债务利息,包括迟延履行期间的一般债务利息和加倍部分债务利息。

(二)加倍部分债务利息的计算方法

加倍部分债务利息自生效法律文书确定的履行期间届满之日起计算。加倍部分债务利息的计算方法为:加倍部分债务利息 = 债务人尚未清偿的生效法律文书确定的除一般债务利息之外的金钱债务×日万分之一点七五×迟延履行期间。

（三）加倍部分债务利息是法定的迟延履行利息

这种加倍支付迟延履行期间的债务利息，是立法上课加给被执行人不主动履行生效法律文书的义务。它不同于罚款，因为它不是上缴国库，也不同于损害赔偿金，因为不以造成损失为前提。它可以说是对申请执行人诚信守法的正向引导，对被执行人不主动履行生效法律文书的反向激励。

（四）破产是一种概括执行

破产是一种概括执行，个案的具体执行在破产时为破产程序中的概括执行所吸收。依照企业破产法规定，附利息的债权自破产申请受理时停止计息。债权人要求债务人向其支付自债务履行期限届满之日开始起算至自破产申请受理时止的加倍部分的迟延履行期间的利息，应确认为普通债权。

四、辅助信息

高频词条：

《民事诉讼法》

第253条 被执行人未按判决、裁定和其他法律文书指定的期间履行给付金钱义务的，应当加倍支付迟延履行期间的债务利息。

《债务利息解释》

第1条 根据民事诉讼法第二百五十三条规定加倍计算之后的迟延履行期间的债务利息，包括迟延履行期间的一般债务利息和加倍部分债务利息。迟延履行期间的一般债务利息，根据生效法律文书确定的方法计算；生效法律文书未确定给付该利息的，不予计算。加倍部分债务利息的计算方法为：加倍部分债务利息＝债务人尚未清偿的生效法律文书确定的除一般债务利息之外的金钱债务×日万分之一点七五×迟延履行期间。

第2条 加倍部分债务利息自生效法律文书确定的履行期间届满之日起计算；生效法律文书确定分期履行的，自每次履行期间届满之日起计算；生效法律文书未确定履行期间的，自法律文书生效之日起计算。

《企业破产法》

第46条第2款 附利息的债权自破产申请受理时起停止计息。

《审理破产案件规定》

第60条 下列债权不属于破产债权:

(一)行政、司法机关对破产企业的罚款、罚金以及其他有关费用;

(二)人民法院受理破产案件后债务人未支付应付款项的滞纳金,包括债务人未执行生效法律文书应当加倍支付的迟延利息和劳动保险金的滞纳金;

(三)破产宣告后的债务利息;

(四)债权人参加破产程序所支出的费用;

(五)破产企业的股权、股票持有人在股权、股票上的权利;

(六)破产财产分配开始后向清算组申报的债权;

(七)超过诉讼时效的债权;

(八)债务人开办单位对债务人未收取的管理费、承包费。

《破产法解释三》

第3条 破产申请受理后,债务人欠缴款项产生的滞纳金,包括债务人未履行生效法律文书应当加倍支付的迟延履行利息和劳动保险的滞纳金,债权人作破产债权申报的,人民法院不予确认。

《破产工作纪要》

28.破产债权的清偿原则和顺序。对于法律没有明确规定清偿顺序的债权,人民法院可以按照人身损害赔偿债权优先于财产性债权、私法债权优先于公法债权、补偿性债权优先于惩罚性债权的原则合理确定清偿顺序。因债务人侵权行为造成的人身损害赔偿,可以参照企业破产法第一百一十三条第一款第一项规定的顺序清偿,但其中涉及的惩罚性赔偿除外。破产财产依照企业破产法第一百一十三条规定的顺序清偿后仍有剩余的,可依次用于清偿破产受理前产生的民事惩罚性赔偿金、行政罚款、刑事罚金等惩罚性债权。

破产纠纷案件裁判规则第 3 条：
经管理人决定履行合同所产生的债务才能确认共益债务

〔**规则描述**〕:人民法院受理破产申请后,管理人对破产申请受理前成立而债务人和对方当事人均未履行完毕的合同有权决定解除或者继续履行,并通知对方当事人。因管理人或者债务人请求对方当事人履行双方均未履行完毕的合同所产生的债务,为共益债务。根据破产法规定,未经管理人决定,对方当事人履行双方均未履行完毕的合同所产生的债务,不属于共益债务。本规则针对的是双方均未履行完毕的合同,经管理人或者债务人请求,对方当事人履行均未履行完毕的合同所产生的债务,才能认定为共益债务。

一、类案检索大数据报告

时间:2020 年 1 月 6 日之前,案例来源:Alpha 案例库,案件数量:78 件,数据采集时间:2020 年 1 月 6 日。本次检索获取 2020 年 1 月 6 日前共 78 篇裁判文书。整体情况如图 3 -1 所示。从经管理人决定履行合同所产生的债务是否能确认共益债务的角度来看,认同的案件 22 件,约占 28. 21% ;不认同的案件 1 件,约占 1. 28% ;不相关的案件 55 件,约占 70. 51% 。

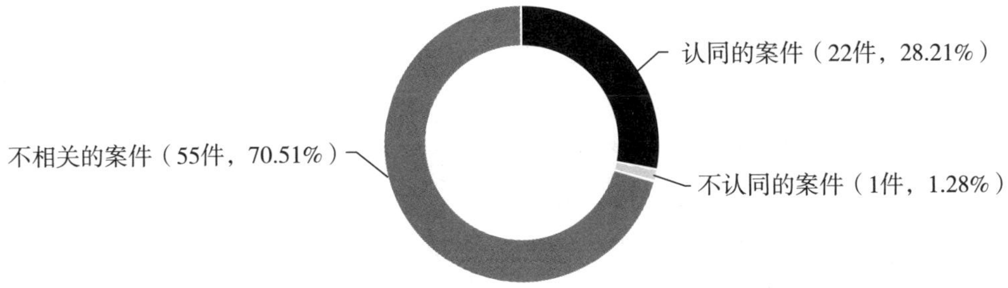

图 3 -1　经管理人决定履行合同所产生的债务是否能确认共益债务

如图 3 -2 所示,从案件年份分布情况可以看出当前条件下破产债权确认纠纷案例数量的变化趋势。

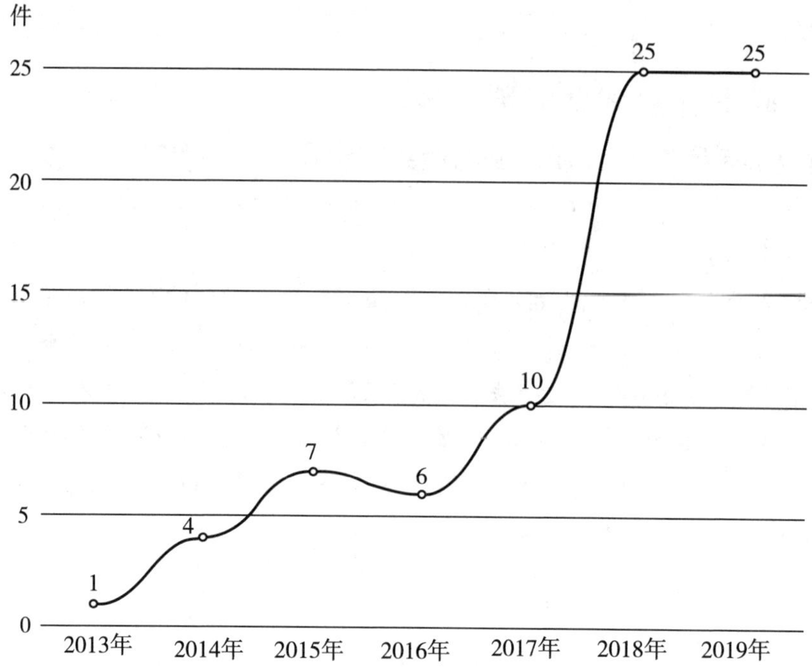

图 3－2　案件年份分布情况

如图 3－3 所示,从案件地域主要分布情况来看,当前破产债权确认纠纷案例主要集中在浙江省、山东省、江苏省,分别占比为 23.08%、16.67%、15.38%。其中,浙江省的案件量最多,达到 18 件。

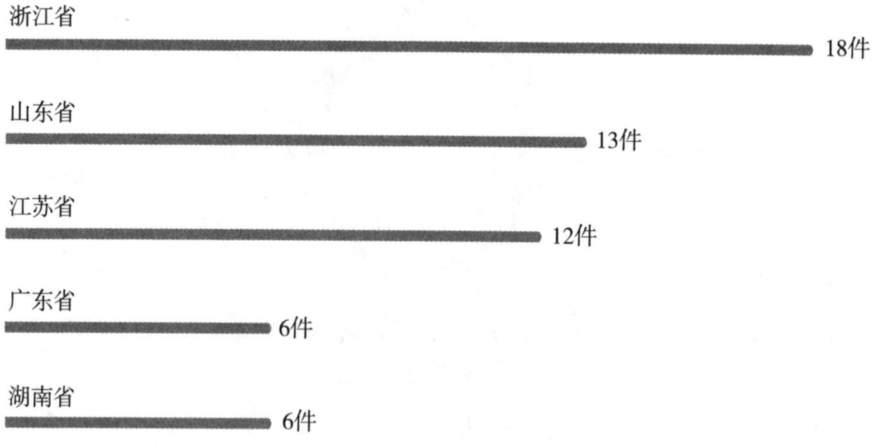

图 3－3　案件地域主要分布情况

如图3-4所示，从案件案由分类情况可以看出，破产债权确认纠纷当前的案由分布由多至少分别是其他破产债权确认纠纷，普通破产债权确认纠纷。

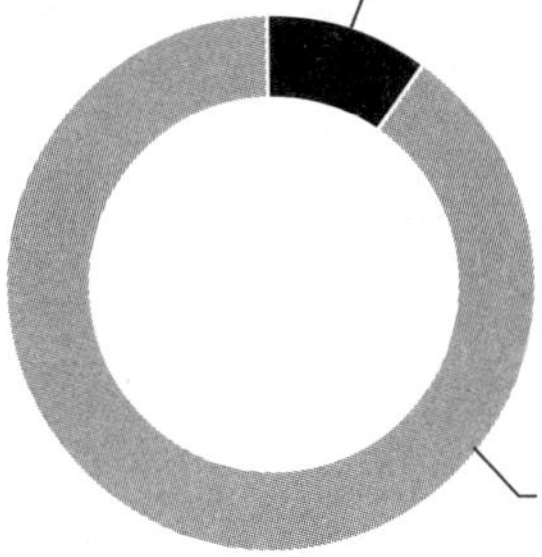

图3-4　案件案由分类情况

二、可供参考的例案

例案一 | 广东联睿律师事务所与深圳高飞电讯有限公司破产债权确认纠纷案

【法院】

广东省高级人民法院

【案号】

(2016)粤民终1597号

【当事人】

上诉人(原审原告):广东联睿律师事务所

被上诉人(原审被告):深圳高飞电讯有限公司

【基本案情】

2012年9月20日，深圳高飞电讯有限公司(以下简称高飞公司)与广东联睿律师事务所(以下简称联睿所)签订了《委托代理合同》，约定：高飞公司委托联睿所律师为代理人，代理高飞公司与深圳宝明科技股份有限公司(以下简称宝明公司)货款纠纷。高飞公司按回收金额的10%向联睿所支付律师费，每回收一笔，结算一次律师费；合同有效期自签订之日起至该案二审终结止。高飞公司诉宝明公司买卖合同纠纷案一审败诉后，联睿所律师代理高飞公司提起上诉。2013年8月15日，广东省深圳市中级人民法院对高飞公司诉宝明公司买卖合同纠纷案进行二审审理，联睿所律师参加了庭审。2014年3月20日，广东省深圳市中级人民法院作出(2013)深中法商终字第1324号判决,判令宝明公司向高飞公司返还货款652,058.22元。该判决于2014年3月27日生效。

2013年9月16日,广东省深圳市中级人民法院裁定受理深圳市比特兴电子科技有限公司对高飞公司的破产清算申请。2014年4月15日,高飞公司管理人代表高飞公司向广东省深圳市宝安区人民法院申请强制执行(2013)深中法商终字第1324号民事判决。2014年11月17日,高飞公司收到执行款684,688.13元。另查明,高飞公司管理人于2014年10月27日出具的《债权审查结论通知书》记载,联睿所向高飞公司管理人申报债权(律师费)65,205.82元,高飞公司管理人确认该笔债权金额,性质为普通债权。

联睿所对管理人认定为普通债权有异议,起诉至深圳中级人民法院,请求判令高飞公司优先支付律师费65,205.82元,庭审中明确诉讼请求为确认律师费65,205.82元为共益债务。一审判决驳回联睿所的诉讼请求。联睿所上诉至广东省高级人民法院。

【案件争点】

联睿所的律师费是否属于高飞公司破产清算案的共益债务。

【裁判要旨】

广东省高级人民法院认为:人民法院受理破产申请后,因管理人或者债务人请求,对方当事人履行双方均未履行完毕的合同,所产生的债务为共益债务。未经管理人决定,对方当事人履行双方均未履行完毕的合同所产生的债务,不属于共益债务,可以申报债权确认为普通债权。依照《企业破产法》第18条第1款、第42条第1款,《民事诉讼法》第170条第1款第1项的规定,判决:驳回上诉,维持原判。

例案二 | 衢州永宁气体有限公司、浙江中宁硅业有限公司普通破产债权确认纠纷

【法院】

浙江省高级人民法院

【案号】

(2018)浙民终421号

【当事人】

上诉人(原审原告):衢州永宁气体有限公司

被上诉人(原审被告):浙江中宁硅业有限公司

【基本案情】

2008年9月28日，衢州永宁气体有限公司（以下简称永宁气体公司）与浙江中宁硅业有限公司（以下简称中宁硅业公司）订立了《供气合同》，约定永宁气体公司按照技术附件为中宁硅业公司建设一套现场制氮气站并为中宁硅业公司提供氮气，合同期限为15年。双方另对建设氮气站所需的土地、设备以及供气价格、数量、付款等内容进行了约定。2017年6月14日，中宁硅业公司向一审法院提出破产清算申请。同年6月26日，该院裁定受理该公司破产清算申请，后于2018年2月26日裁定对中宁硅业公司进行重整。2017年8月28日，永宁气体公司向中宁硅业公司管理人申报债权，申报数额为14,373,731.17元。同年12月28日，永宁气体公司向中宁硅业公司管理人发送《债权异议书》，请求管理人回复前述《供气合同》是否解除或继续履行。2018年1月23日，永宁气体公司与中宁硅业公司及中宁硅业公司管理人三方签署《备忘录》，明确：1. 前述《供气合同》继续履行，但相关条款应根据中宁硅业公司实际生产量及生产情况作出修改，重新签订补充协议；2. 2017年6月26日以后永宁气体公司供气货款，中宁硅业公司应足额支付；3. 对2017年6月26日之前中宁硅业公司尚欠永宁气体公司的气款437.3731万元的金额已无异议。次日，永宁气体公司与中宁硅业公司订立了《补充协议》，对合同单价、履行期限等重新作出约定。同年2月12日，永宁气体公司再次向中宁硅业公司管理人发送《债权异议书》，请求管理人确认诉争的437.3731万元供气款为共益债务优先清偿。同年2月14日，中宁硅业公司管理人向永宁气体公司复函，对前述《债权异议书》中的请求不予认可。同年2月28日，第二次债权人会议就（2017）中宁破管字第23－2号重整计划草案进行表决。永宁气体公司作为债权人提交了赞成票，但在表决票上将“普通债权组”字样画除，并标明“债权性质有异议”。上述重整计划草案在共益债务一项中载明：2017年6月26日以后，中宁硅业公司与永宁气体公司履行双方均未履行完毕的合同所产生的债务（气款）合计178.5698万元，已支付152.8312万元，另25.7386万元在2018年3月前支付（该债务不包括永宁气体公司在2017年6月26日前已产生的437.3731万元气款，该437.3731万元气款根据法院生效裁判文书规定清偿）。永宁气体公司遂向衢州市中级人民法院提起诉讼，要求确认该437.3731万元气款为共益债务。

衢州市中级人民法院认为，根据《企业破产法》第42条的规定，共益债务为发生在破产程序开始之后的债务。本案诉争的437.3731万元供气款在中宁硅业公司破产程序开始前即已产生并且固定，故该笔债务不属中宁硅业公司的共益债务。

判决:驳回永宁气体公司的诉讼请求。

上诉人衢州永宁气体有限公司不服浙江省衢州市中级人民法院(2018)浙08民初106号民事判决,向浙江省高级人民法院提起上诉。

【案件争点】

中宁硅业公司于破产程序开始前欠付的437.3731万元供气款是否属于该公司的共益债务。

【裁判要旨】

浙江省高级人民法院认为,案涉供气合同具有时间上的可分性。根据《企业破产法》第42条第1项之规定,人民法院受理破产申请后,因管理人或者债务人请求对方当事人履行双方均未履行完毕的合同所产生的债务为共益债务。鉴于供气合同时间上的可分性,不宜将人民法院受理破产申请之前,债务人欠付的案涉合同债务认定为共益债务。诉争债务不具共益债务的特征。共益债务性质上,系在破产程序中为了全体债权人利益而由债务人财产负担的债务。本案诉争债务产生于破产申请受理之前,尽管客观上使得中宁硅业公司的实体财产权益有所增加和保有,但现无证据显示在诉争债务产生之时,合同双方主观上具有使全体债权人获益的意思,故诉争债务并非系为全体债权人的共同利益而产生。依照《民事诉讼法》第170条第1款第1项的规定,判决如下:驳回上诉,维持原判。

例案三 | 广州麦芽有限公司与广东活力股份有限公司、广东活力股份有限公司破产管理人等破产债权确认纠纷案

【法院】

广东省韶关市中级人民法院

【案号】

(2014)韶中法民二终字第3号

【当事人】

上诉人(原审原告):广州麦芽有限公司

被上诉人(原审被告):广东活力股份有限公司破产管理人

被上诉人(原审被告):韶关中一会计师事务所有限公司

被上诉人(原审被告):广东众同信律师事务所

【基本案情】

2010年8月20日，广东省韶关市中级人民法院受理活力股份公司破产清算一案。2010年11月30日，广东活力股份有限公司（以下简称活力股份公司）破产管理人给广州麦芽有限公司（以下简称广州麦芽公司）出具一份《关于商请供应麦芽的函》（以下简称商请函），内容有"鉴于贵公司原与韶关活力啤酒经营有限公司有供应麦芽的合作关系，并有部分货款956,502.3元未收回，现商请贵公司支持本管理人维持广东活力股份有限公司继续经营的决定，供应生产所需的麦芽。原韶关活力啤酒经营有限公司所欠贵公司麦芽货款的问题，由本管理人负责解决"之后，广州麦芽公司从2010年12月5日至2011年7月22日向活力股份公司供应麦芽。活力股份公司已付清该期间的麦芽货款。2011年3月24日，广东省韶关市中级人民法院裁定宣告活力股份公司破产。

2011年8月5日，广东省韶关市中级人民法院受理韶关活力啤酒经营有限公司破产清算一案，并于2011年10月27日裁定宣告韶关活力啤酒经营有限公司破产。广州麦芽公司将956,502.3元麦芽货款向韶关活力啤酒经营有限公司破产管理人申报了债权，韶关活力啤酒经营有限公司破产管理人确认了该笔货款为普通债权，因此成讼。

韶关市浈江区人民法院认为，《企业破产法》第42条第4项规定"为债务人继续营业而应支付的劳动报酬和社会保险费用以及由此产生的其他债务"为共益债务。显然，广州麦芽公司提供的证据也不能证实广州麦芽公司申报的956,502.3元债权为活力股份公司破产期间的共益债务。据此，一审法院驳回广州麦芽公司诉讼请求。广州麦芽公司不服原审判决，向广东省韶关市中级人民法院提起上诉。

【案件争点】

广州麦芽公司受理破产申请前所欠货款956,502.3元债权是否为活力股份公司破产期间的共益债务。

【裁判要旨】

广东省韶关市中级人民法院认为，广州麦芽公司申报的956,502.30元债权，该债权的债务人是韶关活力啤酒经营有限公司，而不是活力股份公司。广州麦芽公司认为该债权是活力股份公司破产期间的共益债权，不符合《企业破产法》第42条规定的性质。人民法院受理破产申请后，因管理人或者债务人请求对方当事人履行双方均未履行完毕的合同所产生的债务，为共益债务。破产程序前所产生的债务不能认定为共益债务。原审判决认定事实清楚，适用法律正确，本院予以维持。依照《民事诉讼法》第170条第1款第1项、第175条的规定,判决:驳回上诉,维持原判。

三、裁判规则提要

(一)履行合同产生的债务作为共益债务应由法律规定

人民法院受理破产申请后,因管理人或者债务人请求对方当事人履行双方均未履行完毕的合同所产生的债务为共益债务。

(二)双方均未履行完毕的合同的判定

管理人对破产申请受理前成立而债务人和对方当事人均未履行完毕的合同,判断的时间点是裁定受理破产申请之日。即该时间点,之前成立的、之后双方均未履行完毕的合同。

(三)继续履行的决定权在管理人

管理人对破产申请受理前成立而债务人和对方当事人均未履行完毕的合同有权决定解除和继续履行。因此,管理人或者债务人可以请求对方当事人履行双方均未履行完毕的合同。决定权在管理人,对方当事人没有解除和继续履行的选择权。

(四)没有法律依据的不能认定为共益债务

人民法院受理破产申请前成立的债务人和对方当事人的合同,即使因管理人或债务人请求对方继续履行双方均未履行完毕的合同,受理破产申请前按照合同已履行部分所产生的债务,依法不能认定为共益债务;未经管理人或者债务人请求继续履行已解除的合同所产生的债务,依法也不能认定为共益债务。

四、辅助信息

高频词条:

《企业破产法》

第18条 人民法院受理破产申请后,管理人对破产申请受理前成立而债务人和对方当事人均未履行完毕的合同有权决定解除或者继续履行,并通知对方当事人。管理人自破产申请受理之日起二个月内未通知对方当事人,或者自收到对方当事人催告之日起三十日内未答复的，视为解除合同。管理人决定继续履行合同的，对方当事人应当履行；但是，对方当事人有权要求管理人提供担保。管理人不提供担保的，视为解除合同。

第42条 人民法院受理破产申请后发生的下列债务，为共益债务：

（一）因管理人或者债务人请求对方当事人履行双方均未履行完毕的合同所产生的债务；

（二）债务人财产受无因管理所产生的债务；

（三）因债务人不当得利所产生的债务；

（四）为债务人继续营业而应支付的劳动报酬和社会保险费用以及由此产生的其他债务；

（五）管理人或者相关人员执行职务致人损害所产生的债务；

（六）债务人财产致人损害所产生的债务。

破产纠纷案件裁判规则第 4 条:
关联企业实质合并破产案件停止计息截止日期为最先破产申请受理时

〔**规则描述**〕:未到期的债权,在破产申请受理时视为到期。附利息的债权自破产申请受理时起停止计息。这是为了所有债权平等清偿,也同时为了债权基数的确定,提高破产清算效率。因此,关联企业适用实质合并原则进行破产,将最先破产企业的破产裁定受理日作为破产债权计息截止日期。本规则针对的是适用实质合并原则破产审理的案件,附利息的债权停止计息的截止日期。对于非实质合并破产审理的案件则不适用。

一、类案检索大数据报告

时间:2020 年 1 月 6 日之前,案例来源:Alpha 案例库,案件数量:75 件,数据采集时间:2020 年 1 月 6 日。本次检索获取了 2020 年 1 月 6 日前共 75 篇裁判文书。整体情况如图 4 -1 所示。从是否认同关联企业实质合并破产停止计息截止日期为最先破产申请受理时的角度来看,认同的案件 8 件,占比约 10.67%;不认同的案件 0 件,占比约 0%;不相关的案件 67 件,占比约 89.33%。

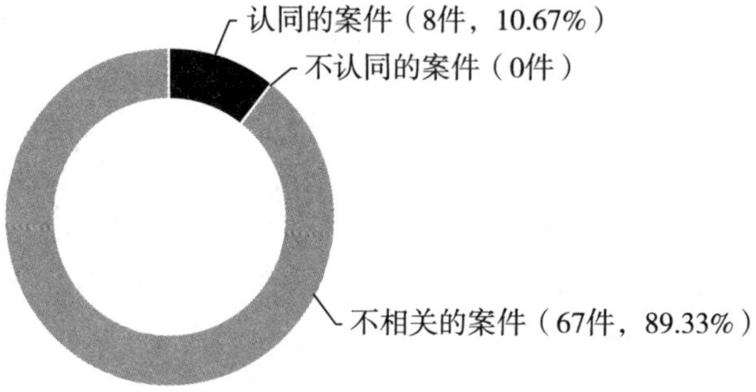

图 4 -1 是否认同关联企业实质合并破产案件停止计息截止日期为最先破产申请受理时

如图 4 -2 所示,从案件年份分布情况可以看出当前条件下破产债权确认纠纷案例数量的变化趋势。

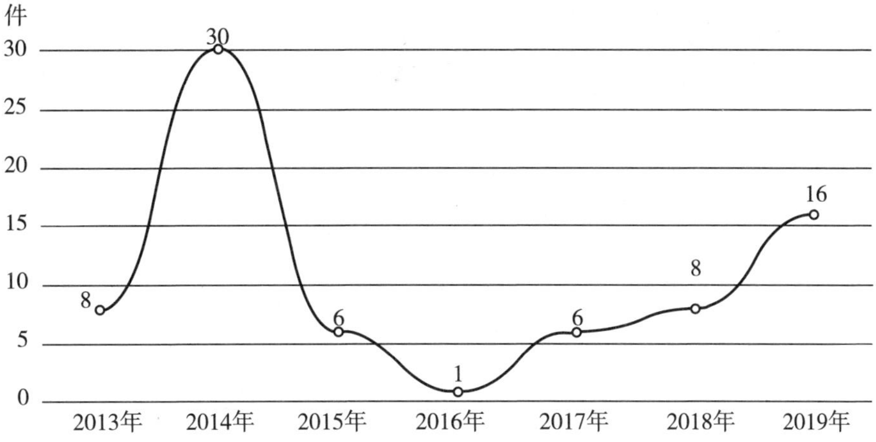

图4－2 案件年份分布情况

如图4－3所示，从案件地域主要分布情况来看，当前破产债权确认纠纷案例主要集中在北京市、浙江省、江苏省，分别占比为34.67%、29.33%、9.33%。其中，北京市的案件量最多，达到26件。

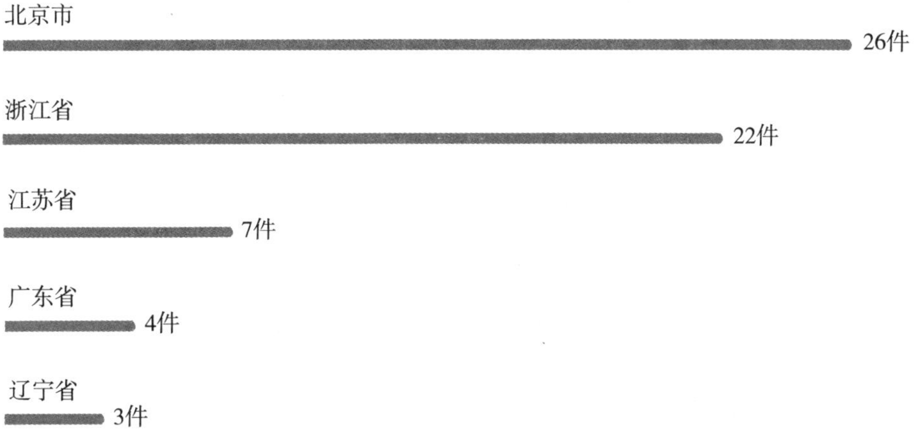

图4－3 案件地域主要分布情况

如图4－4所示，从案件案由分类情况可以看出，破产债权确认纠纷当前的案由分布由多至少分别是普通破产债权确认纠纷、其他破产债权确认纠纷。

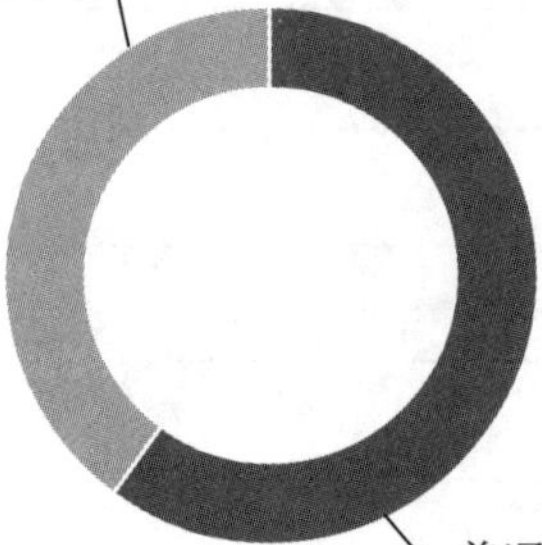

图4-4 案件案由分类情况

二、可供参考的例案

例案一 郑某锋与湖州镭宝投资有限公司、湖州天外绿色包装印刷有限公司普通破产债权确认纠纷案

【法院】

最高人民法院

【案号】

(2019)最高法民申265号

【当事人】

再审申请人(一审原告、二审上诉人):郑某锋

被申请人(一审被告、二审被上诉人):湖州镭宝投资有限公司

被申请人(一审被告、二审被上诉人):湖州天外绿色包装印刷有限公司

【基本案情】

2013年8月27日,案外人唐某松、胡某琴向郑某锋借款2300万元,之后,唐某松、胡某琴仅归还部分借款本息。2014年1月15日,唐某松、胡某琴与郑某锋就尚欠部分另行签订借款协议,约定唐某松、胡某琴向郑某锋借款2300万元,借款期限为3个月,时间为2014年1月15日至4月15日,到期后,经郑某锋同意可延期;利息按月支付,按月息20%计息;湖州镭宝投资有限公司(以下简称镭宝投资公司)、湖州天外绿色包装印刷有限公司(以下简称湖州天外公司)为以上借款承担连带清偿责任。2016年4月,郑某锋以唐某松、胡某琴未偿还借款为由诉至江苏省无锡市锡山区人民法院。江苏省无锡市锡山区人民法院作出(2016)苏0205民初1621号

民事判决，判令唐某松、胡某琴向郑某锋归还借款本金2300万元并支付逾期利息（以2300万元为基数，自2014年12月16日起至实际给付之日止。按年利率20%计算），镭宝投资公司、湖州天外公司对上述债务承担连带清偿责任。

湖州市中级人民法院于2015年9月16日裁定受理恒丰银行股份有限公司杭州分行对镭宝机械公司的破产清算申请，2016年11月15日裁定湖州天外公司、浙江天外公司与镭宝机械公司合并破产清算。2016年11月8日镭宝投资公司申请破产清算。经审查，镭宝投资公司与镭宝机械公司、湖州天外公司、浙江天外公司系关联企业，因已受理镭宝机械公司破产清算案，故将镭宝投资公司的破产清算申请一并审查受理，于2016年11月21日裁定受理镭宝投资公司的破产清算申请。2016年11月28日，裁定镭宝投资公司、湖州天外公司等7家企业合并破产清算。

郑某锋于2017年1月12日向镭宝机械破产管理人申报债权28,002,355.5元，其中本金债权20,146,800元，孳息债权自2014年12月16日至2016年11月21日共计7,855,555.5元。镭宝机械破产管理人审查后确认郑某锋债权23,191,244.4元，其中本金20,146,800元，孳息债权自2014年12月16日至2015年9月15日共计3,044,444.4元。郑某锋认为自2015年9月16日至2016年11月21日期间的孳息债权4,811,111.1元也应当予以确认，双方为此纠纷成讼。

郑某锋起诉至湖州市中级人民法院，一审法院审理认为，通过关联企业合并破产可以最大程度简化破产程序，保障全体债权人公平受偿。具体到本案，7家企业合并破产清算是将在后破产企业财产、债权归并到在先破产企业中统一进行清偿，各关联企业不再视为独立的主体，据此，将在先破产企业的破产裁定受理日作为破产债权计息截止日期符合实质公平原则，也符合破产法公平清偿的立法宗旨，故本院对原告的诉请不予支持。依照《企业破产法》第46条之规定，判决如下：驳回原告郑某峰的诉讼请求。

郑某锋上诉至浙江省高级人民法院。二审法院查明认为，一审判决认定事实清楚，适用法律正确。判决：驳回上诉，维持原判。

郑某锋不服浙江省高级人民法院（2017）浙民终808号民事判决，向最高人民法院申请再审。最高院以（2019）最高法民申265号组成合议庭审查作出再审审查与审判监督民事裁定书：驳回郑某锋的再审申请。

【案件争点】

附利息的债权利息计算截止日期应如何确定。

【裁判要旨】

最高人民法院经审查认为,根据案件基本事实及法律规定,郑某锋的申请再审事由不能成立,理由如下:

镭宝投资公司、湖州天外公司等7家关联公司资金使用和收益难以按各个企业进行区分,人财物高度混同,无法准确界定各企业资产、债权债务的对应性,构成法人人格高度混同,符合关联企业实质合并的要件。7家企业均不能清偿到期债务,本案进行合并破产清算,统一各个合并破产企业的普通债权清偿率,有利于保障债权人等各方当事人之间的实质公平,也有利于厘清各公司债权债务,提高破产清算效率。原判决有关"孳息债权计算统一截止至先破产企业镭宝机械破产裁定受理日"的做法符合《企业破产法》第1条"公平清理债权债务,保护债权人和债务人的合法权益,维护社会主义市场经济秩序"的立法目的,也不违反该法第46条"附利息的债权自破产申请受理时起停止计息"的规定,并且充分保障了全体债权人能公平有序受偿的立法目的。综上,郑某锋提出的再审申请不符合《民事诉讼法》第200条规定的情形。依照《民事诉讼法》第204条第1款、《民事诉讼法解释》第395条第2款的规定,裁定如下:驳回郑某锋的再审申请。

例案二 杭州市上城区文广小额贷款股份有限公司、杭州中都百货有限公司、中都控股集团有限公司等破产债权确认纠纷案

【法院】

杭州市上城区人民法院

【案号】

(2014)杭上商初字第1163号

【当事人】

原告:杭州市上城区文广小额贷款股份有限公司

被告:杭州中都百货有限公司

被告:中都控股集团有限公司

被告:杨某某

【基本案情】

2014年5月14日,原告杭州市上城区文广小额贷款股份有限公司(以下简称文广小贷公司)与被告中都控股集团有限公司(以下简称中都控股集团)、杨某某

签订《最高额保证合同》。合同约定：被告中都控股集团、杨某某自愿为被告杭州中都百货有限公司（以下简称杭州中都公司）与原告在2014年5月14日至2015年5月14日期间发生的最高额为5,000,000元债务提供连带保证责任；保证范围包括全部债务本金、利息、罚息、复利、违约金、损害赔偿金及诉讼费、保全费、律师费等债权人实现债权的一切费用；保证方式为连带责任保证，有多个保证人的，各保证人共同对债权人承担连带责任。保证期间为债务人履行期限届满之日起两年等事项。

2014年5月23日，原告与被告杭州中都公司签订《企业借款合同》。合同约定：被告杭州中都公司向原告借款3,000,000元，借款期限从2014年5月23日起至2014年6月23日止，借款利率为月利率18‰；借款到期后，本金一次性归还，利息在到期日一次性付清；若未按时还清借款本金的，则须按借款利率上浮50%自逾期之日起计收罚息，若未按期支付利息的，则自次日起按逾期罚息利率计收复利；借款人违约致使出借人采取诉讼或仲裁方式实现债权的，借款人应当承担出借人为此支出的诉讼费、保全费、公告费、评估费、拍卖费、律师费、差旅费及其他实现债权的费用等事项。当日，原告向被告发放借款3,000,000元。

2014年11月18日，杭州市余杭区人民法院裁定受理中都控股集团破产清算案。2016年11月24日，杭州市余杭区人民法院裁定包括杭州中都公司、中都控股集团在内的19家“中都”企业合并破产清算，对付利息的债权停止计息截止日均以中都控股集团破产清算案时间为准。原告向被告杭州中都公司、中都控股集团破产管理人申报债权，未获确认，故纠纷成讼。

【案件争点】

涉案借款利息计算截止期限及标准。

【裁判要旨】

杭州市上城区人民法院认为，企业实质合并破产案件中，附利息债权依法申报为破产债权，对各关联企业的债权应适用相同标准予以审查，债权停止计息截止日以最先破产企业案件受理日为准。后将各个破产企业的破产财产进行合并，统一清偿分配，从而保障债权公平清偿。依照《合同法》第205条、第206条、第207条，《担保法》第21条，《企业破产法》第44条、第46条之规定，判决：确认文广小贷公司对杭州中都公司、中都控股集团享有破产债权3,372,800元。

例案三 中国银行股份有限公司江山支行、江山市泰顺建材有限公司破产债权确认纠纷案

【法院】

浙江省衢州市中级人民法院

【案号】

(2019)浙08民终110号

【当事人】

上诉人(原审原告):中国银行股份有限公司江山支行

被上诉人(原审被告):江山市泰顺建材有限公司

【基本案情】

江山市泰顺建材有限公司(以下简称泰顺建材公司)与中国银行股份有限公司江山支行(以下简称中国银行江山支行)签订了《流动资金借款合同》各一份,分别向中国银行江山支行借款490万元、100万元。合同签订后中国银行江山支行按约向泰顺建材公司发放了590万元的贷款。因泰顺建材公司就上述两笔借款未按约定还本付息,中国银行江山支行遂提起诉讼。法院于2016年8月31日作出(2016)浙0881民初3262号民事判决,判决泰顺建材公司归还中国银行江山支行借款本金5,891,853.58元及利息(从2015年12月28日起至还清之日止按合同约定据实计算),并赔偿中国银行江山支行律师代理费损失20,000元,江山市永华建材有限公司(以下简称永华建材公司)以其所有的房地产对上述款项承担抵押担保责任(最高额本金余额8,420,000元)等事项。

2016年7月11日,江山市人民法院裁定受理浙江国鑫房地产有限公司(以下简称国鑫公司)的破产重整申请,后于2017年11月8日裁定终止国鑫公司的重整程序,宣告国鑫公司破产。2018年5月15日,江山法院分别裁定受理江山市国鑫农业开发有限公司(以下简称国鑫农业公司)、江山市永华建材有限公司、泰顺建材公司的破产申请。2018年7月24日,江山法院裁定国鑫公司、国鑫农业公司、泰顺建材公司、永华建材公司适用实质合并破产方式进行审理。中国银行江山支行于2018年7月12日向破产管理人申报债权,申报的金额为7,725,748.8元。管理人对中国银行江山支行申报的债权审核认为,关联企业的利息债权计算应当截至国鑫公司的破产申请受理日2016年7月11日止,因此将中国银行江山支行的债权确认为5,989,452元。中国银行江山支行遂提起诉讼。国鑫公司及关联公司合并

破产清算案于2018年11月30日召开了债权人会议，表决通过了管理人提出的关联公司债权利息计算截止日期统一确定为国鑫公司破产重整申请受理日2016年7月11日。

江山市人民法院认为，根据《破产工作纪要》第36条的规定，人民法院裁定采用实质合并方式审理破产案件的，各成员的财产作为合并后统一的破产财产，由各成员的债权人在同一程序中按照法定顺序公平受偿。因此，中国银行江山支行的涉案债权利息计算截止国鑫公司破产重整申请受理日2016年7月11日更符合《破产工作纪要》第36条规定的精神。此外，国鑫关联公司合并破产清算债权人会议债权通过利息计算的截止日期为国鑫公司破产重整申请受理日2016年7月11日的决议，对于全体债权人均有约束力。综上所述，确定涉案债权的利息计算应截止到国鑫公司破产重整申请受理日2016年7月11日。

上诉人不服浙江省江山市人民法院(2018)浙0881民初4834号民事判决，向衢州市中级人民法院提起上诉。

【案件争点】

中国银行江山支行主张的孳息债权截止日期应如何确定。

【裁判要旨】

衢州市中级人民法院认为，法院已裁定泰顺建材公司等三家公司与国鑫公司适用实质合并破产方式进行审理。根据《破产工作纪要》第36条的规定，法院裁定关联企业合并破产审理的法律后果为各关联企业不再视为独立的主体，各关联企业的财产应作为合并后统一的破产财产，由各关联企业的债权人在同一程序中按照法定顺序公平受偿。即对各关联企业的债权应适用相同标准予以审查，从而保障债权的公平清偿。现破产管理人将各关联企业孳息债权计算统一截至先进入破产程序企业国鑫公司裁定受理破产之日，此做法符合《企业破产法》第1条“公平清理债权债务，保护债权人和债务人的合法权益，维护社会主义市场经济秩序”的立法目的，也不违反该法第46条“附利息的债权自破产申请受理时起停止计息”的规定，并且充分保障全体债权人公平有序受偿。此外，本案中，涉案债权就抵押物清偿不足部分将转为普通债权，而国鑫公司及关联公司合并破产清算案中可用于普通债权分配的破产财产绝大部分系国鑫公司资产。如果按照中国银行江山支行的主张，以泰顺建材公司申请受理日确定计算孳息债权的截止日期，则严重损害国鑫公司债权人公平清偿利益。故对中国银行江山支行以泰顺建材公司的破产申请受理日为其孳息债权计算截止日期的主张，本院不予支持。依照《民事诉讼法》第

170条第1款第1项的规定,判决:驳回上诉,维持原判。

三、裁判规则提要

(一)实质合并破产适用的要件

实质合并破产案件审理适用于各关联企业成员之间的人财物高度混同,无法准确界定各企业资产、债权债务的对应性;各关联企业实际已丧失企业法人意志的独立性和财产的独立性,构成法人人格高度混同的;区分各关联企业成员财产的成本过高,严重损害了债权人公平清偿利益。

(二)实质合并破产审理的法律后果

采用实质合并方式审理的破产案件的,各成员企业的债权债务归于消灭,各成员的财产作为合并后统一的破产财产,由各成员的债权人在统一程序中,按法定顺序公平清偿。

(三)实质合并破产的目的是实现实质公平

实质合并破产,能避免各关联企业单独破产可能导致关联企业债权人的整体利益受损,破产法的程序价值难以得到体现。统一各个合并破产企业的普通债权清偿率,有利于保障债权人等各方当事人之间的实质公平。

(四)实质合并有利于提高破产审判效率

实质合并破产将最先破产企业的破产裁定受理日,作为破产债权计息截止日期符合实质公平原则,也有利于厘清各关联公司债权债务,提高破产审判效率。

四、辅助信息

高频词条:

《企业破产法》

第44条 人民法院受理破产申请时对债务人享有债权的债权人,依照本法规定的程序行使权利。

第46条 未到期的债权,在破产申请受理时视为到期。附利息的债权自破产申请受理时起停止计息。

《破产工作纪要》

36. 实质合并审理的法律后果。人民法院裁定采用实质合并方式审理破产案件的，各成员的财产作为合并后统一的破产财产，由各成员的债权人在同一程序中按照法定顺序公平受偿。采用实质合并方式进行重整的，重整计划草案中应当制定统一的债权分类、债权调整和债权受偿方案。

破产纠纷案件裁判规则第 5 条:
破产程序中优先受偿权的法定性

〔**规则描述**〕:《企业破产法》第 41 条、第 42 条、第 109 条及相关法律对优先权是有明确规定的,破产程序中的优先受偿权具有法定性。判断债权是否享有优先受偿权,其标准只能依据法律的规定,或符合法律的合意设定并且不与破产法相冲突。否则,该等债权就不享有优先受偿权。

一、类案检索大数据报告

时间:2020 年 1 月 6 日之前,案例来源:Alpha 案例库,案件数量:41 件,数据采集时间:2020 年 1 月 6 日。本次检索获取了破产债权确认纠纷 2020 年 1 月 6 日前共 41 篇裁判文书。整体情况如图 5 - 1 所示。从是否认同破产程序中优先受偿权的法定性的角度来看,认同的案件 12 件,占比约 29. 27% ;不认同的案件 0 件,占比约 0% ;不相关的案件 29 件,占比约 70. 73% 。

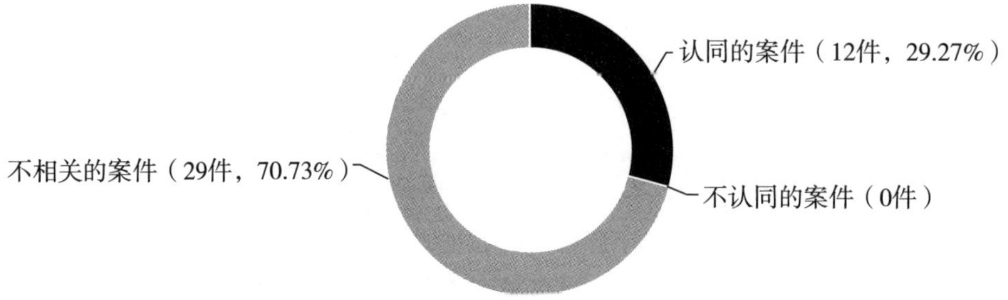

图 5 - 1　是否认同优先受偿的法定性

如图 5 - 2 所示,从案件年份分布情况可以看出当前条件下破产债权确认纠纷案例数量的变化趋势。

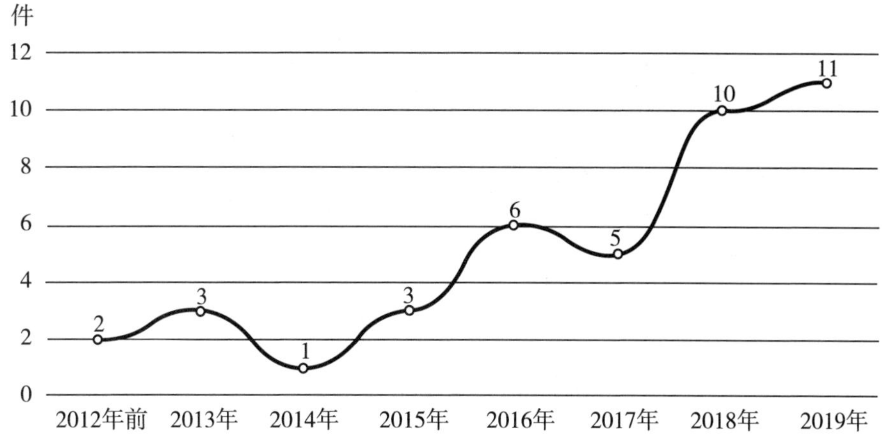

图5－2　案件年份分布情况

如图5－3所示，从案件地域主要分布情况来看，当前破产债权确认纠纷案例主要集中在浙江省、江苏省、福建省，分别占比为19.51%、17.07%、9.76%。其中，浙江省的案件量最多，达到8件。

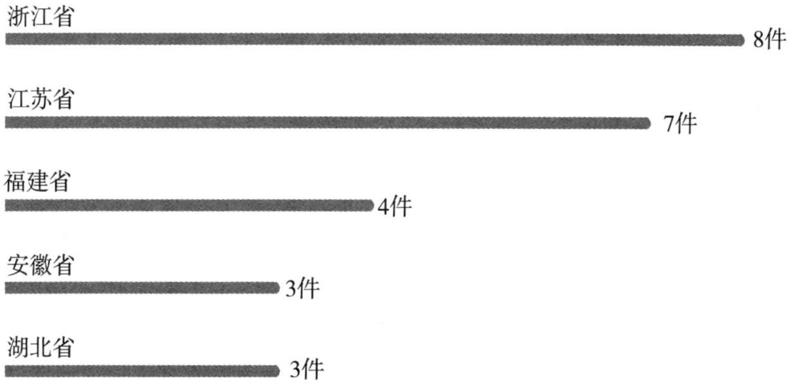

图5－3　案件地域主要分布情况

如图5－4所示，从案件案由分类情况可以看出，破产债权确认纠纷当前最主要的案由是其他破产债权确认纠纷，有29件，占一半以上，其次是普通破产债权确认纠纷、职工破产债权确认纠纷。

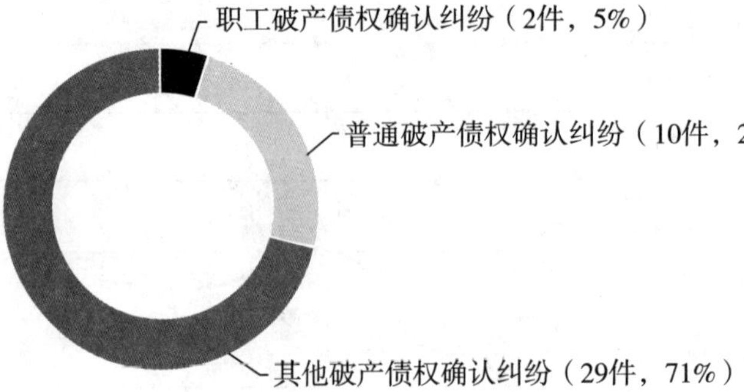

图 5-4　案件案由分类情况

二、可供参考的例案

例案一　上海市某某规划和土地管理局因与某某房地产有限公司、第三人某某银行股份有限公司青岛分行破产债权确认纠纷案

【法院】

上海市第一中级人民法院

【案号】

(2010)沪一中民四(商)终字第690号

【申请人】

上诉人(原审原告):上海市某某规划和土地管理局

被上诉人(原审被告):某某房地产有限公司

原审第三人:某某银行股份有限公司青岛分行

【基本案情】

1992年12月28日原市某局作为甲方与作为乙方的被告四名股东签订“沪土(1992)出让合同第×号上海市国有土地使用权出让合同”。双方约定:甲方出让位于本市某区×街坊×号地块土地使用权,总面积为10,230平方米,出让金为5,339,700美元。当日双方又签订“拆迁和市政配套委托合同”,约定上述地块的拆迁及市政配套任务由市某局受托实施,总费用为15,120,300美元。1994年12月8日被告通过与市某局签订“补充合同”受让了原合同中“乙方”的全面权利义务。市某局履行拆迁及市政配套义务后,被告拖欠拆迁、市政配套费折合人民币12,475,078元。至2001年被告向土地管理部门办妥了该地块的使用权初始登记。

2004年被告因资不抵债进入破产程序，原告作为市某局的职能部门依法向被告的破产清算组申报了该笔拆迁、市政配套费及利息。经被告召集的某某次债权人会议审议，会议确认原告该项债权成立，但对原告主张的该债权具有优先受偿性不予确认。

上海市黄浦区人民法院认为，破产清算程序中，权利人或债权人之权利优先与否应当有明确的法律规定，可见，破产优先债权具备法定性的特征。而该案原告主张的土地出让金及利息，既没有设定担保物权，又不属于破产费用或共益债务，不予支持原告的诉讼请求。后上海市某某规划和土地管理局上诉至上海市第一中级人民法院。

【案件争点】

涉案拆迁、市政配套费及利息是否为享有优先受偿的权利。

【裁判要旨】

上海市第一中级人民法院法院认为，根据我国《破产法》第43条、第109条的规定，破产费用和共益债务由债务人财产随时清偿。对破产人的特定财产享有担保权的权利人，对该特定财产享有优先受偿的权利。同时《破产法》第41条、第42条明确规定了破产费用和共益债务的范围。根据上述法律规定，系争拆迁和市政配套费用既不属于破产费用，也不属于共益债务。某某规划和土地管理局对某某房产公司亦不享有担保权。原审法院对本案的处理并无不当。据此，依照《民事诉讼法》第153条第1款第1项、第158条、第107条之规定，判决：驳回上诉，维持原判。

例案二 陈某某与西安深业房地产发展有限公司破产清算管理人破产债权确认纠纷案

【法院】

陕西省高级人民法院

【案号】

(2015)陕民三终字第00022号

【当事人】

上诉人（原审原告）：陈某某

上诉人（原审被告）：西安深业房地产发展有限公司破产清算管理人

【基本案情】

1999年6月15日,陈某某与西安深业房地产发展有限公司(以下简称深业公司)签订《预售商品房购销合同》和《经营管理协议书》,购买"深业商城"一层116号商铺,双方约定于2000年3月28日将该商品房交付陈某某使用。1999年6月8日,陈某某一次付清全部购房款和有关税费。合同提交西安市房管局市场产权处登记备案。1999年12月23日,深业公司与昌立达公司签订《预售商品房合同》,将"深业商城"116号商铺又出售给昌立达公司,合同提交西安市房管局市场产权处登记备案。2000年4月16日,"深业商城"建成竣工,深业公司未按合同约定向陈某某交付房屋。2000年11月23日,原告陈某某以深业公司为被告、以昌立达公司为第三人,起诉至新城法院。2002年3月4日,深业公司解除了与昌立达公司的合同。2003年8月20日,深业公司将"深业商城"一层116号商铺的产权证办在陈某某名下,但仍未向陈某某交付116号商铺。2009年4月13日,西安市中级人民法院裁定受理深业公司破产清算申请。2011年8月5日,新城法院作出判决,判令西安深业房地产发展有限公司破产清算管理人于判决生效后10日内向陈某某支付2000年5月至2011年7月期间延期履行赔偿金共计450,390.6元。诉讼费9875元,陈某某承担1086.25元,深业公司破产管理人承担8788.75元,鉴定费2000元由深业公司破产管理人承担。当事人均不服,上诉至西安中院,该院于2011年12月8日作出(2011)西民二终字第02785号民事判决,判决:维持西安市新城区人民法院(2001)新民初字第56号民事判决第一、第二、第三、第四项及诉讼费部分;陈某某于判决生效之日起10日内付给深业公司破产清算管理人房屋差价款13,632元。

2011年9月7日,被告深业公司破产管理人向原告陈某某发出《收房通知》,要求陈某某收取房屋并补交房款。之后,要求陈某某向其申报债权。2011年12月31日,陈某某提交《破产债权申报书》,向深业公司破产管理人申报无财产担保债权481,966.35元(其中10,788.75元属于破产费用),并要求深业公司破产管理人从481,966.35元中抵销陈某某应向深业公司破产管理人补交的房屋差价款13,632元,同时请求深业公司破产管理人向其交付116号商铺及房屋产权证。2012年8月16日,陈某某书面向深业公司破产管理人增加申报债权49,888.8元,并要求深业公司破产管理人将其累计申报的531,855.15元确认为破产费用和共益债务。2012年8月21日,深业公司破产管理人向陈某某发出书面函件,认为陈某某申报要求确认531,855.15元属于破产费用和共益债务的申请,不能成立。

2013年1月30日，陈某某向深业公司破产管理人提交《补充增加破产债权申报书》，增加申报债权49,888.8元，并要求确认该债权属于共益债务。同日，陈某某还致函深业公司破产管理人，要求深业公司破产管理人向其交付116号商铺。2013年2月23日，陈某某向深业公司破产管理人提交《再次补充增加破产债权申报书》，增加申报债权120,564.6元，同时要求确认该债权属于共益债务。2014年10月15日，陈某某向深业公司破产管理人提交《追加破产债权申报书》，增加申报债权199,555.2元，同时要求确认该债权属于共益债务。2014年10月25日，深业公司破产管理人向陈某某回函，认为其追加申报的债权199,555.2元不能成立，也不能确认为共益债务，因此向西安中级人民法院提起诉讼。

西安中级人民法院认为，破产管理人承担的案件受理费8788.75元，鉴定费2000元，系深业公司破产管理人代表深业公司处理诉讼案件时产生的费用，符合破产法关于破产费用的规定。由于该费用陈某某已经预付，且民事判决亦要求深业公司破产管理人向某某支付上述费用，故予以支持。关于原告陈某某起诉要求确认被告深业公司破产管理人因迟延交房，自2011年8月1日至2015年12月31日给原告造成新的租金收入损失440,684.4元属于破产债权的问题。被告深业公司破产管理人虽然已经向陈某某交付了涉案商铺的房屋产权证，但其未将涉案商铺交付给陈某某，导致陈某某无法实际控制涉案商铺，并实现使用、收益权，被告应对此承担赔偿责任。原告陈某某主张上述租金损失应按两倍计算符合《民事诉讼法意见》第295条规定。上述租金损失不符合《企业破产法》关于共益债务的规定，依法确认为破产债权。依照《企业破产法》第41条、第42条，《民事诉讼法意见》第295条，《民事诉讼证据规定》第9条之规定，遂判决：一、确认原告陈某某被告深业公司破产清算管理人申报的诉讼费8788.75元、鉴定费2000元属于破产费用；二、确认原告陈某某向被告西安深业公司破产清算管理人申报的340,906.8元为深业公司破产债权。

上诉人陈某某不服西安市中级人民法院的民事判决，向陕西省高级人民法院提起上诉。

【案件争点】

案件受理、鉴定费是否应为破产费用；破产案件受理之后商铺收益损失是破产债权还是共益债权。

【裁判要旨】

陕西省高级人民法院认为，期间租金损失应分以下三个时间段分别予以认定。

一是深业公司的破产申请受理之日至2011年7月31日期间的租金损失是何种性质的债权问题。虽然该期间的租金损失发生在深业公司破产申请受理之后,但深业公司迟延交房的初始时间为2000年4月,此时法院尚未受理深业公司的破产申请,该债权发生的法律事实即破产人未按合同约定交付涉案商铺是发生在破产受理之前,该违约呈持续状态,违约人是破产人并非破产管理人,且合同履行的依据是生效判决,并非是管理人或债务人请求对方当事人履行双方均未履行完毕的合同所产生的债务。另外,判决在生效之前,管理人所进行的诉讼行为是符合法律规定的,管理人在此期间履行行为并无不当,而该债务发生的法律事实是破产受理之前,并非管理人或者相关人员执行职务致人损害所产生的债务。因此,该期间商铺租金损失不符合《破产法》第42条第1项和第5项规定,原审法院对陈某某请求将该期间的损失认定为共益债权的诉请不予支持,而认定为破产债权并无不当。二是2011年8月1日至(2011)民二终字第02785号判决确定的履行期限最后之日期间的损失应如何认定的问题。(2011)民二终字第02785号民事判决对该期间的损失未作处理,是陈某某的诉请所致,并非判决错误。依据《民事诉讼法》及《企业破产法》的相关规定,因迟延交房呈持续状态,且该损失已实际发生,陈某某可以请求法院对此期间的损失予以确认。至于该期间的租金损失的性质认定,因该损失的发生亦源于破产人的迟延交房所致,该期间租金损失不是共益债权的理由同上。因此,该项损失应认定为破产债权,而非共益债权。三是(2011)民二终字第02785号判决确定的履行期限最后之日至交房日期间的租金损失的认定问题。根据《企业破产法》的相关规定,在破产申请受理后,作为破产人的管理人,按照生效判决确定的时间交付涉案商铺是其应尽职责,但管理人未按生效判规定时间交付涉案商铺,据此,可以认定管理人在此期间未完成涉案商铺的交付应为履行职务不当,该期间产生的租金损失实属管理人履行职务不当所致,依据《企业破产法》第42条第5项之规定,该期间的租金损失应认定为共益债权。

综上,原审查明的案件事实清楚,但部分判处不当。依照《民事诉讼法》第170条第1款第1项、第2项之规定,判决:一、维持原审判决第1项;二、撤销第2项"确认原告陈某某向被告西安深业房地产发展有限公司破产清算管理人申报的340,906.8元为西安深业房地产发展有限公司破产债权",改判为:破产受理之后至(2011)民二终字第02785号判决确定的交房最后之日期间的租金损失为破产债权,损失的计损按(2011)民二终字第02785号判决确定的方法计算;(2011)民二终字第02785号判决确定的交房最后之日至2015年2月1日期间的租金收入损失为共益债权，该项债权按（2011）民二终字第02785号判决确定的方法计损的双倍给付。

例案三｜福建碧城置业有限公司、吴某某普通破产债权确认纠纷案

【法院】

福建省南平市中级人民法院

【案号】

（2019）闽07民终32号

【当事人】

上诉人（原审被告）：福建碧城置业有限公司

被上诉人（原审原告）：吴某某

【基本案情】

2014年12月15日，福建碧城置业有限公司（以下简称碧城公司）与吴某某签订一份《福建碧城置业有限公司上海花园项目土石方场地平整施工合同》，约定：工程名称为双溪龙山路东侧C地块场地平整（含土方外运）工程，工程地点为双溪龙山路东侧C地块；工程内容包括人工土石方修边、机械开挖土石方以及土石方工程所涉及的材料、土石方回填、场地碾轧、土石方装卸、场内运输、土石方外运、土石方场内外弃置堆放等；工程量的确定为土方以天然密实体积计量；结算时结合实际开挖工程量按实结算为准；本工程中，场地平整不计价格；外运土石方综合单价按150元/立方米，场内短驳土石方综合单价按5元每立方米。2015年1月29日，吴某某出具一份《收条》，载明：收到钱某某代碧城公司支付人民币80万元。吴某某自认该款项系支付本案涉诉工程的工程款。2015年9月6日，碧城公司向案外人陈某某借款200万元，陈某某通过个人账户转入碧城公司指定的开户行（账户名吴某某）；借款期限2015年9月6日至2016年12月30日。《借据》载明，借款人碧城公司。碧城公司提供向吴某某账户转账支付的银行流水，其诉讼代表人认为200万元系向吴某某支付的工程款。庭审中，吴某某承认确有收到陈某某向其支付的200万元，但称该款系碧城置业公司向陈某某的借款，支付给吴某某系用于委托吴某某赔偿给余坊村村民迁坟的费用。2018年9月5日，评估机构福建均和测绘有限公司出具《双溪龙山路东侧C地块现状土方测量报告》，载明：经计算现状与原地形比较已经开挖土方量计238,113.1立方米、填方量为27,647.8立方米。

根据《福建碧城置业有限公司上海花园项目土石方场地平整施工合同》约定,吴某某施工的总工程款为3,295,218.5元,当事人双方均无异议。

顺昌县人民法院认为,吴某某与碧城公司签订《福建碧城置业有限公司上海花园项目土石方场地平整施工合同》并实际进行了工程施工,双方构成建设工程施工合同法律关系。虽然吴某某不具有建筑施工企业资质,其与碧城公司签订的《福建碧城置业有限公司上海花园项目土石方场地平整施工合同》应属无效,但涉讼工程已经实际施工,吴某某主张按合同约定的结算方式结算工程款,符合法律规定。经评估并经双方认可,吴某某实际施工的工程量对应的工程款为3,295,218.5元,应予以确认。吴某某自认碧城公司已经支付80万元工程款,应予以确认。碧城公司辩称另外已经向吴某某支付200万元工程款,吴某某称该款系碧城公司用于委托吴某某赔偿给余坊村村民迁坟的费用。综合吴某某提供的双溪街道余坊村民委员会出具的《证明》及证人证言,能够证明迁坟赔偿事实的存在,即吴某某对200万元的用途进行了初步证明,碧城公司应当就200万元是否是本案工程款提供进一步的证据,但碧城公司诉讼代表人未提供其他证据予以佐证,故无法认定该款项的用途,双方就该款项的争议可另案处理,故对碧城公司关于200万元系支付工程款的抗辩意见不予采纳。因此,碧城公司仍应支付吴某某工程款2,495,218.5元,确认吴某某享有碧城公司2,495,218.5元债权。吴某某主张工程款2,495,218.5元享有优先权。根据《破产法》第109条"对破产人的特定财产享有担保权的权利人,对该特定财产享有优先受偿的权利",《合同法》第286条"建设工程的价款就该工程折价或拍卖的价款优先受偿",《工程价款批复》"合同法第二百八十六条规定的建筑工程的承包人的优先受偿权优于抵押权和其他债权"的规定,建筑工程的优先受偿权属于法定优先权,且优于抵押权和其他债权。根据《破产法》规定抵押权在破产财产中享有优先受偿权,而根据《合同法》及司法解释规定,建筑工程款优先受偿权又优先于抵押权。故建筑工程款在破产程序中享有优先受偿权符合立法的精神和目的,可在破产程序中优先受偿。综上,碧城公司欠付吴某某工程款2,495,218.5元,应以拍卖、变卖碧城公司所有的坐落于顺昌县双溪龙山路东侧C地块的价款优先受偿。被告碧城公司不服提起上诉。

【案件争点】

碧城公司尚欠吴某某的工程款是否享有优先受偿权。

【裁判要旨】

福建省南平市中级人民法院认为,应认定碧城公司于2015年9月6日通过陈某旺向吴某某转账200万元是用于支付工程款，碧城公司尚欠吴碧海工程款495,218.5元。碧城公司的部分上诉请求成立，本院予以支持。依照《民事诉讼法》第170条第1款第2项的规定，改判：确认吴某某对碧城公司享有债权495,218.5元，并享有优先受偿。

三、裁判规则提要

（一）破产债权优先受偿的法定性

优先受偿权是法律规定的特定债权人优先于其他债权人甚至优先于其他物权人受偿的权利。破产法只对破产费用和共益债务有优先受偿权；对破产人的特定财产享有担保的权利人，对该特定的财产享有优先受偿的权利。

（二）破产债权优先受偿的设定性

依照《担保法》的规定，债权人可以要求债务人以债务企业特定的财产作为担保，有了当事人之间事先的设定，这样在债务企业进入破产后，债权人作为享有担保的权利人，对该特定的财产享有优先受偿的权利。

（三）破产债权优先受偿的特别规定

《物权法》第179条、第208条、第230条规定：抵押权、质权、留置权，对该特定财产享有优先受偿的权利；或者法定特别优先受偿权，依《海商法》第21条、第22条和《民用航空法》第18条、第19条的规定享有船舶和民用航空器优先的受偿权；依《合同法》第286条规定对建设工程的价款享有优先受偿权等。这些是破产法规定之外的，其他法律特别规定的，享有优先受偿权。

四、辅助信息

高频词条：

《企业破产法》

第41条　人民法院受理破产申请后发生的下列费用，为破产费用：

（一）破产案件的诉讼费用；

（二）管理、变价和分配债务人财产的费用；

（三）管理人执行职务的费用、报酬和聘用工作人员的费用。

第42条　人民法院受理破产申请后发生的下列债务，为共益债务：

(一)因管理人或者债务人请求对方当事人履行双方均未履行完毕的合同所产生的债务;

(二)债务人财产受无因管理所产生的债务;

(三)因债务人不当得利所产生的债务;

(四)为债务人继续营业而应支付的劳动报酬和社会保险费用以及由此产生的其他债务;

(五)管理人或者相关人员执行职务致人损害所产生的债务;

(六)债务人财产致人损害所产生的债务。

第 43 条 破产费用和共益债务由债务人财产随时清偿。

第 109 条 对破产人的特定财产享有担保权的权利人,对该特定财产享有优先受偿的权利。

《合同法》

第 286 条 发包人未按照约定支付价款的,承包人可以催告发包人在合理期限内支付价款。发包人逾期不支付的,除按照建设工程的性质不宜折价、拍卖的以外,承包人可以与发包人协议将该工程折价,也可以申请人民法院将该工程依法拍卖。建设工程的价款就该工程折价或者拍卖的价款优先受偿。

破产纠纷案件裁判规则第6条：
共益债务的“随时清偿”不能主张立即清偿

〔**规则描述**〕:《企业破产法》规定,人民法院受理破产申请后发生的因债务人不当得利所产生的债务为共益债务。破产费用和共益债务由债务人财产随时清偿。这并不意味着作为共益债务的债权人可以向债务人主张对该债务立即返还,对共益债务的清偿,管理人须进行核实、确认,然后根据情况进行清偿。本规则针对的是共益债务的债权人请求立即清偿时,管理人的职责是依法、及时处理,并不支持立即清偿的请求。

一、类案检索大数据报告

时间:2020年1月6日之前,案例来源:Alpha案例库,案件数量:52件,数据采集时间:2020年1月6日。本次检索获取了2020年1月6日前共52篇裁判文书。整体情况如图6-1所示。从是否认同共益债务的“随时清偿”不能主张立即清偿的角度来看,认同的案件11件,占比约21.15%不认同的案件1件,占比约1.92%;不相关的案件41件,占比约76.93%。

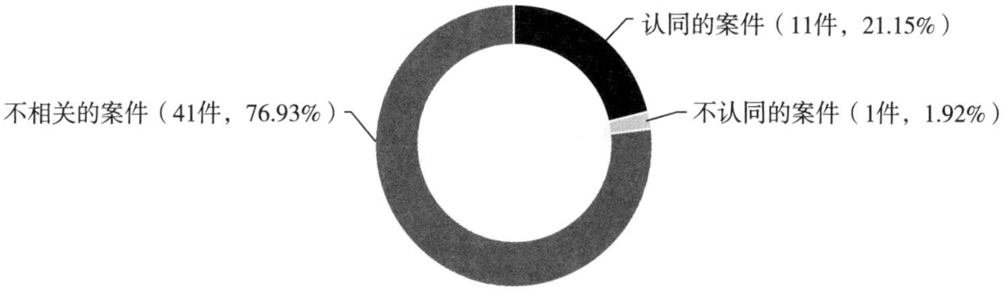

图6-1 是否认同共益债务的“随时清偿”不能主张立即清偿

如图6-2所示,从案件年份分布情况可以看出当前条件下破产债权确认纠纷案例数量的变化趋势。

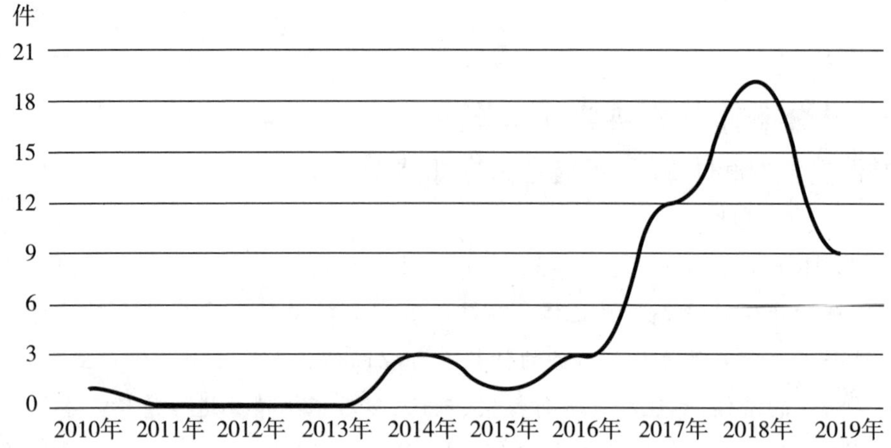

图 6 – 2　案件年份分布情况

如图 6 – 3 所示,从案件地域主要分布情况来看,当前破产债权确认纠纷案例主要集中在浙江省、广东省、江苏省,分别占比为 21.15%、19.23%、15.38%。其中,浙江省的案件量最多,达到 11 件。

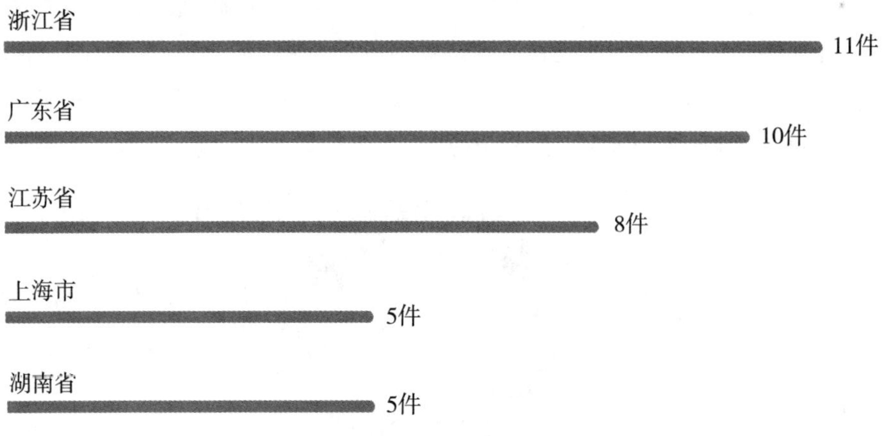

图 6 – 3　案件地域主要分布情况

如图 6 – 4 所示,从案件案由分类情况可以看出,破产债权确认纠纷当前最主要的案由是其他破产债权确认纠纷,有 44 件,占一半以上,其次是普通破产债权确认纠纷、职工破产债权确认纠纷。

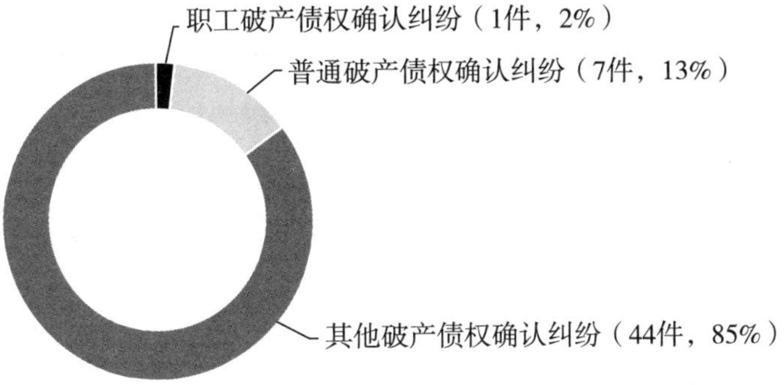

图6-4 案件案由分类情况

二、可供参考的例案

例案一 上诉人太仓仁德化纤有限公司因与被上诉人浙江南方石化工业有限公司破产债权确认纠纷案

【法院】

浙江省绍兴市中级人民法院

【案号】

(2017)浙06民终2014号

【当事人】

上诉人(原审原告):太仓仁德化纤有限公司

被上诉人(原审被告):浙江南方石化工业有限公司

【基本案情】

2017年2月15日,原告财务人员将一笔金额为349,560元的款项通过电子转账的方式从其在中国建设银行股份有限公司太仓市鹿河分理处开设的账号为32×××23-0001的账户转入被告在中国工商银行绍兴市分行营业部账号为12×××42的账户。原告当天发觉转账错误后,即向被告提出,要求其退还,未果,原告于同月20日以EMS向被告破产管理人寄送《律师函》,要求被告破产管理人尽速将上述款项返还给原告,被告管理人于翌日收件后,既不回复,亦不将款退还给原告,原告遂诉至该院要求处理。同时认定,原告、被告曾有业务往来,于2015年1月31日终止业务往来,货款两清。2016年11月1日,该院裁定受理被告的破产清算申请。

原审原告太仓仁德化纤有限公司诉至绍兴市柯桥区人民法院,请求判令被告返还不当得利349,560元及利息损失,确认诉争债务为共益债务。一审法院驳回原告立即返还的诉请。原审原告遂上诉至浙江省绍兴市中级人民法院。

【案件争点】

对共益债务"随时清偿",是共益债务的债权人可否主张对该债务立即返还。

【裁判要旨】

浙江省绍兴市中级人民法院认为,原审认定被上诉人取得上述款项构成不当得利正确。根据《企业破产法》第42条第3项之规定,人民法院受理破产申请后发生的因债务人不当得利所产生的债务为共益债务。原审确认讼争债务为共益债务,法律依据充分。破产费用和共益债务在破产分配时,要优先于债权人的破产债权从债务人的破产财产中支付,管理人应当对破产费用和共益债务进行及时的核实、确认、处理。《企业破产法》第43条明确了破产费用和共益债务的清偿顺序以及破产财产不足清偿破产费用的处理方式,即债务人财产不足以清偿所有破产费用和共益债务的,先行清偿破产费用。当债务人财产不足以清偿破产费用的,管理人应当提请人民法院终结破产程序。故而《企业破产法》第43条第1款对共益债务"随时清偿"并不意味着可以判令债务人对该债务立即返还,共益债务的债权人可以在破产程序中请求破产管理人依法及时处理。故上诉人太仓仁德化纤有限公司要求立即返还讼争款项349,560元及其利息,缺乏相应法律依据,原审在确认讼争债务为共益债务后驳回其该项诉请,并无不当。综上所述,上诉人太仓仁德化纤有限公司的上诉请求不能成立,应予驳回;一审判决认定事实清楚,适用法律正确,应予维持。依照《民事诉讼法》第170条第1款第1项之规定,判决如下:驳回上诉,维持原判。

例案二 | 玉环县坎门机械厂与浙江新大陆机械有限公司破产债权确认纠纷案

【法院】

玉环县人民法院

【案号】

(2018)浙1021民初2521号

【当事人】

原告:玉环县坎门机械厂

被告:浙江新大陆机械有限公司

【基本案情】

2013年5月1日,被告浙江新大陆机械有限公司与原告玉环县坎门机械厂签订一份《房屋租赁合同》,承租人为原告玉环县坎门机械厂,出租人为被告浙江新大陆机械有限公司,租赁物为坐落于玉环市经济开发区漩门工业城总面积为7000平方米的厂房,租赁期为10年,从2013年5月1日起免租金装修期3个月,正式租期于2013年8月1日起算至2023年7月31日。10年租金为420万元,定金为15,600元,保证金42万元。合同签订后,原告按约分别于2013年8月14日、11月15日支付了上述款项,合计4,635,600元,并将部分设备搬迁至上述承租的厂房。

2014年2月24日,被告因经营不善向本院申请破产重整被裁定受理。原告就上述款项向管理人申报了债权。管理人确认原告申报债权金额为4,635,600元,为普通债权。2017年5月26日,本院裁定终止被告的重整程序并宣告其破产。2017年8月9日,管理人向原告送达搬离房屋函告。2018年4月2日,原告与管理人签订腾退房屋协议书。之后,原告已基本搬离承租的厂房。但原告对债权是否享有优先受偿权存有异议,故起诉。

另查明:包含本案租赁物在内的厂房已于2013年4月22日设定抵押权,原抵押权人为中国农业银行股份有限公司玉环县支行。该时间早于租赁合同签订时间2013年5月1日。租赁合同签订时,被告并未书面告知原告租赁物设定抵押权的事实。

【案件争点】

合同解除所产生的债权是否属于不当得利,作为共益债务优先清偿。

【裁判要旨】

玉环县人民法院认为,根据《破产法》的规定,共益债务的不当得利之债产生的时间应在法院受理破产申请后,本合同签订的时间在破产受理前,租金的取得有合同依据和法律依据,故债权既不属于不当得利之债,又发生在破产受理前,应因按普通债权受偿,不能作为共益债务在破产财产中随时清偿。

《物权法》第190条规定:“订立抵押合同前抵押财产已出租的,原租赁关系不受该抵押权的影响。抵押权设立后抵押财产出租的,该租赁关系不得对抗已登记的抵押权。”《担保法解释》第66条规定:“抵押人将已抵押的财产出租的,抵押权实现后,租赁合同对受让人不具有约束力。抵押人将已抵押的财产出租时,如果抵押人未书面告知承租人该财产已抵押的,抵押人对出租抵押物造成承租人的损失承担赔偿责任……”就本案而言,租赁物出租前,抵押权已设立,现破产财产处置需处分抵押物,以实现抵押权,原告只能要求抵押人即出租人被告承担赔偿责任,而不能主张“买卖不破租赁”,要求继续履行租赁合同。现原告主张租赁合同因破产受理而解除,合同解除后应当返还租金等费用,本院予以支持。但租金等返还义务系基于租赁合同解除后的义务,并非原告诉称的不当得利债务。《民法总则》第122条规定:“因他人没有法律根据,取得不当利益,受损失的人有权请求其返还不当利益。”而本案被告占有原告的款项系基于双方签订的合法有效的租赁合同,现被告需履行返还义务系基于租赁合同的解除;原告的债权系因合同解除所产生的损害赔偿请求权,因此该债权并非没有法律根据的不当得利之债权,该债务的债权人应按普通债权受偿。现原告主张被告应返还的预付租金、保证金、定金款项系不当得利,应作为共益债务优先偿还(共益债务根据破产法规定应随时清偿而非作为破产债权优先受偿),与法律规定不符,本院不予支持,其诉讼请求应予以驳回。至于原被告之间的租赁合同已履行的部分,相应的租金是否应当扣除,管理人应当在破产程序债权确认中予以处理,不宜由本院在本案审理中作出评判。据此,依照《合同法》第97条,《企业破产法》第42条第3项、第53条之规定,判决:驳回原告玉环县坎门机械厂的诉讼请求。

例案三 大理鸿皓钢铝结构工程有限公司、大理州盈信物流快运有限公司不当得利纠纷案

【法院】

云南省高级人民法院

【案号】

(2017)云民终38号

【当事人】

上诉人(原审被告):大理鸿皓钢铝结构工程有限公司

上诉人(原审被告):大理州盈信物流快运有限公司

被上诉人(原审原告):大理州亚汇房地产开发有限公司

【基本案情】

2011年7月26日,大理州亚汇房地产开发有限公司(以下简称亚汇房地产)以最高价竞得时为大理鸿皓钢铝结构工程有限公司(以下简称鸿皓钢铝)所有的由

云南省大理州中级人民法院委托拍卖的大国用(2006)第 05689 号土地使用权及大理房权证开发区字第××号房产。2011 年 8 月 3 日，云南省大理州中级人民法院裁定上述房地产归亚汇房地产所有。此后，鸿皓钢铝仍实际占有使用案争房地产，并将部分案争房地产以鸿皓钢铝或大理州盈信物流快运有限公司(以下简称盈信物流)名义出租给他人使用。

2013 年 4 月 12 日，云南省大理州中级人民法院裁定受理鸿皓钢铝、盈信物流等公司作为案外人鸿元经贸公司等 18 家关联公司破产申请。2015 年 2 月 6 日，鸿皓钢铝将案争房地产实际移交给了亚汇房地产，且一并移交了上述租赁合同自 2015 年 2 月 6 日之后的剩余租金。庭审中，经亚汇房地产、鸿皓钢铝、盈信物流共同核算确认，从 2011 年 7 月 26 日亚汇房地产取得案争房地产所有权之日起至 2015 年 2 月 6 日鸿皓钢铝向亚汇房地产进行实际移交之日止，鸿皓钢铝共收取租金 434,424.44 元，盈信物流共收取不当得利 305,371.1 元。

大理白族自治州中级人民法院认为，鸿皓钢铝在 2011 年 7 月 26 日亚汇房地产竞拍获得案争房地产后，未及时将该房地产移交给新的权利人，并且通过鸿皓钢铝、盈信物流将部分案争房地产出租给他人使用并收取租金，给亚汇房地产造成了损失，鸿皓钢铝、盈信物流的上述行为已构成不当得利，鸿皓钢铝、盈信物流依法应将已实际取得的不当利益返还亚汇房地产。

《企业破产法》第 42 条第 1 款第 3 项规定：“人民法院受理破产申请后发生的下列债务，为共益债务：……(三)因债务人不当得利所产生的债务”；第 43 条第 1 款规定：“破产费用和共益债务由债务人财产随时清偿。”云南省大理州中级人民法院于 2013 年 4 月 12 日受理了鸿皓钢铝、盈信物流的破产申请，故 2011 年 7 月 26 日至 2013 年 4 月 11 日期间鸿皓钢铝收取的租金 207,273.74 元，盈信物流收取的租金 110,133.75 元，应作为各自的普通债务返还亚汇房地产；2013 年 4 月 12 日至 2015 年 2 月 6 日期间鸿皓钢铝收取的租金227,150.7元，盈信物流收取的租金 195,237.35 元应作为各自的共益债务返还亚汇房地产，由债务人财产随时清偿。综上，依据《民法通则》第 92 条，《企业破产法》第 42 条第 1 款第 3 项、第 43 条，《执行程序解释》第 10 条第 1 款之规定，判决：一、由被告鸿皓钢铝向原告亚汇房地产返还不当得利 434,424.44 元，其中 227,150.7 元属于共益债务，由破产债务人财产随时清偿；207,273.74 元属于普通债务，由原告亚汇房地产向破产管理人申请报债权依法受偿。二、由被告盈信物流向原告亚汇房地产返还不当得利 305,371.1 元，其中 195,237.35 元属于共益债务，由破产债务人财产随时清偿；110,133.75 元属于普通债务,由原告亚汇房地产向破产管理人申报债权依法受偿。

【案件争点】

出租他人财产获取利益是否构成因不当得利所产生的共益债务。

【裁判要旨】

云南省高级人民法院认为,当涉案房地产被执行拍卖后,亚汇房地产成为该财产新的所有权人。因此,当产权人变更后,鸿皓钢构、盈信物流没有合法依据继续收取租金的行为侵害了亚汇房地产的利益,构成不当得利,一审法院所做认定并无不当。鸿皓钢构、以此为由,不将房屋的占有使用权转移给亚汇房地产仍然收取租金的行为,无合法依据,侵害了亚汇房地产的利益,仍属不当得利。被上诉人请求上诉人返还租金,双方之间属于债权债务关系,因此,上诉人在其资产被拍卖后进入申请破产程序,根据《破产法》第42条第1款第3项规定,其债务因发生的时间点不同,分为一般债务和共益债务。一审法院适用法律正确,予以维持。上诉人鸿皓钢构、盈信物流的上诉理由不成立,本院不予支持。一审判决认定事实清楚,适用法律正确,本院予以维持。依照《民事诉讼法》第170条第1款第1项的规定,判决如下:驳回上诉,维持原判。

三、裁判规则提要

(一)不当得利属于共益债务的判定

人民法院受理破产申请后,因债务人不当得利所产生的债务为共益债务。

人民法院受理破产申请前,因债务人不当得利所产生的债务确认为普通债权。

管理人或者债务人依法解除合同的,对方当事人因合同解除产生的合同损害赔偿请求权,不是不当得利之债,不产生共益债务,应确认为普通债权。

(二)共益债务遇不足时的后清偿性

共益债务由债务人的财产随时清偿。债务人财产不足以清偿所有破产费用和共益债务的,应当先行清偿破产费用;当债务人财产仅够清偿破产费用时,共益债务将不予清偿;当债务人的财产清偿完破产费用后所剩财产不足以清偿全部共益债务时,各共益债务按比例清偿。

(三)"随时清偿"不等于"立即清偿"

正因为管理人在破产费用和共益债务在破产分配时,要优先于债权人的破产债权从债务人的破产财产中支付，应当对破产费用和共益债务进行及时的核实、确认、处理。这些都需要时间，因此“随时清偿”并不意味着可以判令债务人对该债务立即返还。共益债务的债权人可以在破产程序中请求破产管理人依法及时处理。

四、辅助信息

高频词条：

《企业破产法》

第42条 人民法院受理破产申请后发生的下列债务，为共益债务：

（一）因管理人或者债务人请求对方当事人履行双方均未履行完毕的合同所产生的债务；

（二）债务人财产受无因管理所产生的债务；

（三）因债务人不当得利所产生的债务；

（四）为债务人继续营业而应支付的劳动报酬和社会保险费用以及由此产生的其他债务；

（五）管理人或者相关人员执行职务致人损害所产生的债务；

（六）债务人财产致人损害所产生的债务。

第43条 破产费用和共益债务由债务人财产随时清偿。债务人财产不足以清偿所有破产费用和共益债务的，先行清偿破产费用。

债务人财产不足以清偿所有破产费用或者共益债务的，按照比例清偿。

债务人财产不足以清偿破产费用的，管理人应当提请人民法院终结破产程序。人民法院应当自收到请求之日起十五日内裁定终结破产程序，并予以公告。

第53条 管理人或者债务人依照本法规定解除合同的，对方当事人以因合同解除所产生的损害赔偿请求权申报债权。

《民事诉讼法》

第170条 第二审人民法院对上诉案件，经过审理，按照下列情形，分别处理：

（一）原判决、裁定认定事实清楚，适用法律正确的，以判决、裁定方式驳回上诉，维持原判决、裁定；

（二）原判决、裁定认定事实错误或者适用法律错误的，以判决、裁定方式依法改判、撤销或者变更；

（三）原判决认定基本事实不清的，裁定撤销原判决，发回原审人民法院重审，或者查清事实后改判；

(四)原判决遗漏当事人或者违法缺席判决等严重违反法定程序的,裁定撤销原判决,发回原审人民法院重审。

《民法总则》

第122条 因他人没有法律根据,取得不当利益,受损失的人有权请求其返还不当利益。

破产纠纷案件裁判规则第7条：
主债务人破产后，主债权停止计息的效力不及于保证人

〔**规则描述**〕：《企业破产法》第46条规定："未到期的债权，在破产申请受理时视为到期。附利息的债权自破产申请受理时起停止计息。"为此，主债务人破产后利息停止计算，其后的利息不计入破产债权。但债务人的破产并不影响担保人承担担保责任，因为债务人破产是债务人不能清偿到期债务的一种情形，主债权停止计息的效力不及于保证人。

一、类案检索大数据报告

时间：2019年9月19日之前，案例来源：Alpha案例库，案件数量：430件，数据采集时间：2019年9月19日。本次检索获取了2019年9月19日前共430篇裁判文书。整体情况如图7－1所示。从是否认可主债务人破产后，主债权停止计息的效力不及于保证人的角度来看，认可的案件236件，约占54.88%；不认可的案件106件，约占24.65%；不相关的案件88件，约占20.47%。

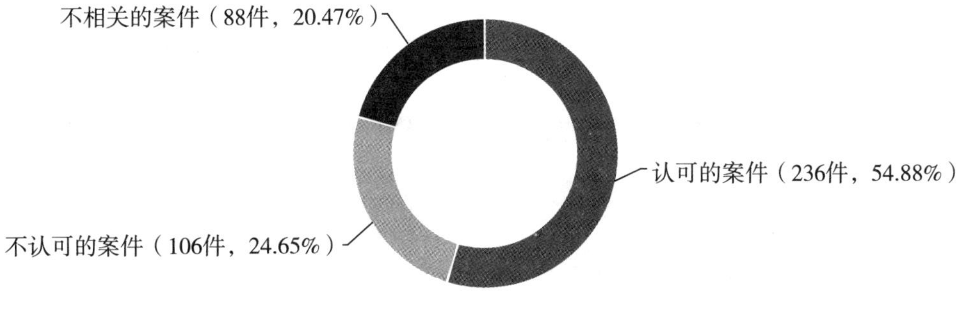

图7－1　是否认可主债务人破产后，主债权停止计息的效力不及于保证人

如图7－2所示，从案件年份分布情况可以看出当前条件下案例数量的变化趋势。从2012年开始，保证遭遇破产的纠纷呈现逐年上升趋势。这与充分发挥破产审判工作在化解企业危机、优化资源配置、促进产业升级方面的积极作用，依法服务和保障经济新常态和供给侧结构性改革大局有直接关系。

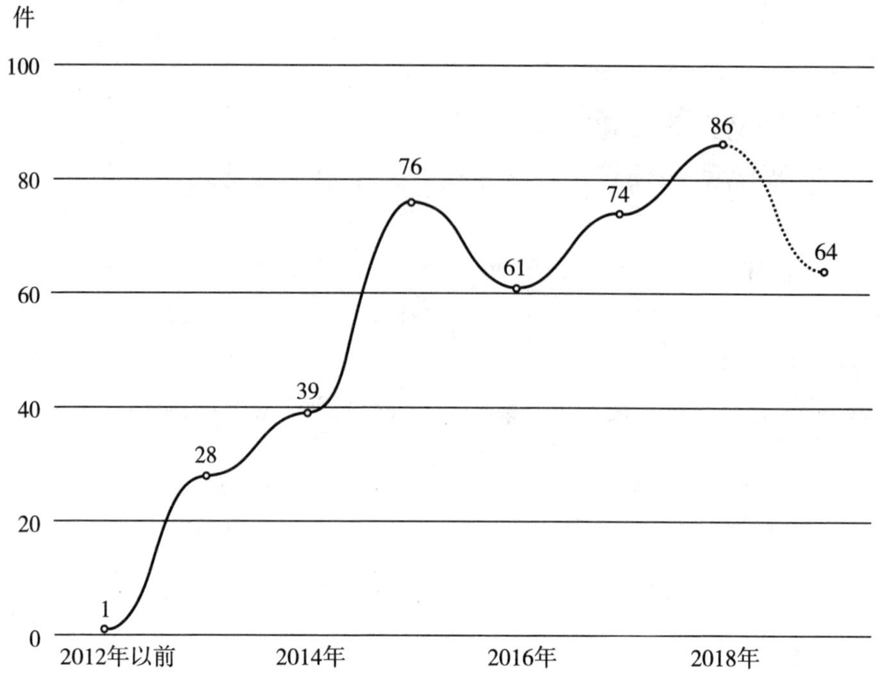

图 7－2　案件年份分布情况

如图 7－3 所示,从案件地域主要分布情况来看,当前案例主要集中在浙江省、江苏省、广东省,分别占比为 37.67%、23.02%、6.51%。其中,浙江省的案件量最多,达到 162 件。这与东部地区经济活跃具有直接关系。

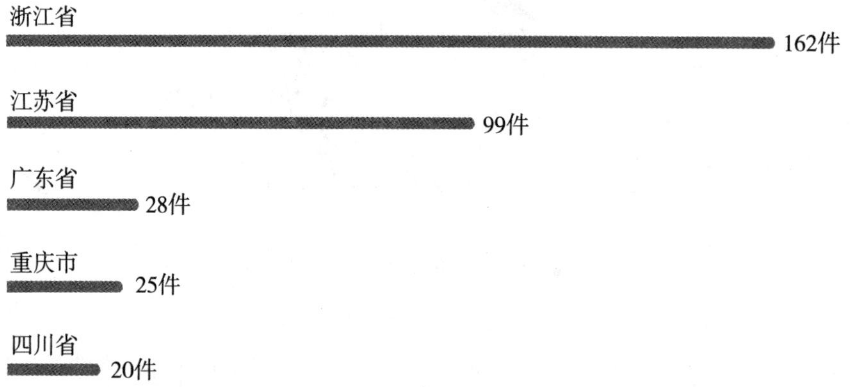

图 7－3　案件地域主要分布情况

如图 7－4 所示,从案件案由分类情况可以看出,当前的案由分布由多至少分别是民事、执行。

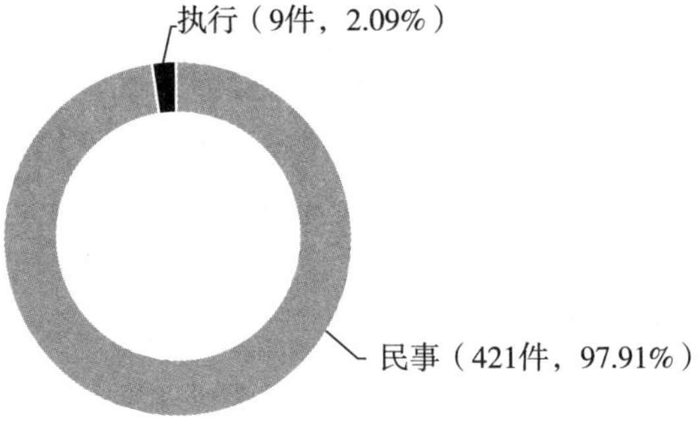

图7-4　案件案由分类情况

二、可供参考的例案

例案一　华夏银行股份有限公司台州分行与浙江双友机电集团股份有限公司、蔡某某等保证合同纠纷案

【法院】

浙江省台州市中级人民法院

【案号】

(2016)浙10民终1872号

【当事人】

上诉人(原审原告):华夏银行股份有限公司台州分行

被上诉人(原审被告):浙江双友机电集团股份有限公司

被上诉人(原审被告):蔡某某

被上诉人(原审被告):许某某

被上诉人(原审被告):中昌环保集团有限公司

被上诉人(原审被告):爱华控股集团有限公司

被上诉人(原审被告):浙江爱华房地产开发有限公司

被上诉人(原审被告):项某某

被上诉人(原审被告):陈某某

【基本案情】

上诉人华夏银行股份有限公司台州分行上诉,理由如下:一、原审法院判决保

证人在破产程序终结后履行保证义务属于适用法律错误。借款人和连带责任保证人负有同等的清偿责任,并无先后之分,上诉人有权要求各保证人承担保证责任。《担保期间答复》在认定保证人承担保证责任时,分两种情形:一是一般保证时,需裁定中止诉讼,等待破产程序终结;二是连带责任保证时,法院应在判决中明确扣除债权人在债务人破产程序中可以分得的部分,这没有限制必须在破产程序终结后承担保证责任,上诉人认为保证人承担保证责任后,可将债权人的申报债权变更至保证人名下,这既不影响保证人的追偿权,又能提高司法效率。二、保证人承担保证责任的范围不应适用于破产法关于破产债权停止计息的规定,担保制度本身是为了保障主债务人清偿能力不足时债权人的债权,借款人破产导致利息部分损失,应当由各保证人予以弥补和救济。

被上诉人浙江双友机电集团股份有限公司辩称,本案借款人浙江中捷环洲供应链集团股份有限公司于2014年10月13日进入破产重整程序,上诉人于2014年12月15日向借款人的破产管理人申报了借款本金5000万元的债权,因上诉人在破产程序中的受偿金额现在没法确定,故原审法院判令各保证人在破产程序终结后,在上诉人不能受偿部分承担保证责任并无不当。另外,上诉人在破产案件中申报的债权未包括借款利息及赔偿金要求,现在却要求各保证人承担相应利息等债务,无法律根据。综上,一审法院认定事实清楚,适用法律得当,被上诉人请求二审法院依法驳回上诉人的上诉请求。

【案件争点】

1. 各被上诉人作为保证人是否应立即偿还上诉人在借款人破产程序中未受清偿的部分;2. 各被上诉人是否应当对主债务利息承担保证责任。

【裁判要旨】

法院认为,根据《担保法解释》第44条的规定,债务人进入破产程序后,债权人可以选择申报债权或向保证人主张权利,若申报了债权,则应在破产程序终结后6个月内要求保证人承担保证责任;另外,《担保期间答复》进一步解释,对债权人既申报了债权,同时又起诉保证人的案件中,若需等待破产程序终结的,裁定中止诉讼;若径行判决的,应在判决中明确扣除债权人在破产程序中受偿的部分。可见,债权人已选择申报债权方式受偿时,保证人承担保证责任的实际履行期限应在债务人破产程序终结之后,即债权人在破产程序中实际受偿的金额确定后,保证人才对不足部分承担偿还责任,本案中上诉人作为借款人浙江中捷环洲供应链集团股份有限公司债权人,已申报了债权,并于2016年10月12日前已实际受偿了1474

万元，故原审法院认定各被上诉人在浙江中捷环洲供应链集团股份有限公司破产程序终结后偿还上诉人未受偿部分金额得当，上诉人在未放弃债权申报的情况下，要求保证人立即承担保证责任，于法无据，本院不予支持。

另外，根据《企业破产法》第46条的规定，附利息的债权自破产申请受理时起停止计息，上诉人向浙江中捷环洲供应链集团股份有限公司破产管理人申报的债权为借款本金5000万元，可见涉案主债务为5000万元借款本金，各被上诉人所负的保证责任系从债务，从债务不应超出主债务范围，故在主债务不计息的情况下，各被上诉人承担的保证责任也不应包含借款利息，原审法院对此判决得当，本院予以维持。上诉人在二审中自认受偿借款人第二期部分破产债权650万元，但因破产债权程序仍在进行中，上诉人最终受偿金额尚未确定，故本院对该650万元不在本判决中扣减。

例案二 | 久阳公司诉浙江造船公司、春和公司、临海公司、梁某借贷纠纷案

【法院】

上海市第一中级人民法院

【案号】

(2016)沪01民初98号

【当事人】

原告：久阳公司

被告：浙江造船公司、春和公司、临海公司、梁某

【基本案情】

2015年8月19日，浙江造船公司因生产经营需要，与久阳公司、春和公司、临海公司及梁某签订《借款担保协议书》一份，约定浙江造船公司向久阳公司借款5000万元，借款期限6个月。协议书同时约定，若借款期限届满浙江造船公司未能一次性归还全部款项，浙江造船公司应按照每日0.15%的标准向久阳公司支付逾期利息直至全部归还。春和公司、临海公司及梁某为浙江造船公司的还款承担不可撤销的无限连带责任保证，保证范围为浙江造船公司的借款本金、利息及因逾期还款而产生的违约金等一切费用，保证期间为借款期满后两年。

随后，因浙江造船公司未能还款，久阳公司起诉至法院请求判令：1. 浙江造船公司归还借款5000万元，并支付自2016年2月20日起至实际归还之日止按日万

分之十五计算的利息;2. 春和公司、临海公司与梁某对浙江造船公司的上述还款义务承担连带清偿责任。

法院另查明,浙江造船公司因无力偿付到期债务,符合申请破产重整的条件,浙江省奉化市人民法院已于2016年4月14日作出民事裁定书,依法裁定准许被告浙江造船公司破产重整,并指定浙江造船公司清算工作组为破产管理人,久阳公司也已就其债权本金及利息向破产管理人申报债权。

【案件争点】

春和公司、临海公司及梁某是否承担保证责任。

【裁判要旨】

法院认为,《借款担保协议书》是各方当事人的真实意思表示,各方当事人应依约履行。久阳公司依约向浙江造船公司出借款项后,浙江造船公司未按约还本付息,久阳公司有权要求浙江造船公司偿还全部借款本金并收取相应的利息。鉴于浙江造船公司已于2016年4月14日进入破产重整,故法院依法确认久阳公司对浙江造船公司享有借款本金5000万元的债权。对于利息部分,根据我国《企业破产法》第46条的规定,附利息的债权自破产申请受理时起停止计息,故久阳公司对于浙江造船公司享有的利息债权应计算至2016年4月13日。

关于春和公司、临海公司及梁某保证责任的承担。法院认为,《企业破产法》关于停止计息的规定,属于强制性豁免债务履行义务的特别规定,该规定不属于债权人同意豁免,仅适用于主债务人,并不能影响到保证人固有责任的承担,故保证人仍应按约定的担保范围承担保证责任。本案中,春和公司、临海公司及梁某除对5000万元本金及破产申请受理前的利息承担连带保证责任外,还应对久阳公司主张的其余利息承担连带保证责任。

例案三 | 中国外贸金融租赁有限公司与乐山电力股份有限公司保证合同纠纷案

【法院】

北京市第一中级人民法院

【案号】

(2015)京一中民(商)初字第2629号

【当事人】

原告:中国外贸金融租赁有限公司

被告:乐山电力股份有限公司

【基本案情】

原告中国外贸金融租赁公司起诉称:2012 年 3 月 26 日,中国外贸金融租赁公司与乐电天威公司签订《融资租赁合同》,约定由中国外贸金融租赁公司购买乐电天威公司的现有设备并出租给乐电天威公司使用,乐电天威公司向外贸金融租赁公司支付租金,租赁期限为起租日起60 个月。该合同第 18.1 条约定,承租人迟延支付租金的,按照每日万分之五(0.05%)支付迟延支付期间的违约金;第 18.3 条约定,承租人不按期支付任何一期租金,超过一个月未支付租金等情形的,外贸金融租赁公司有权采取加速到期,要求承租人立即付清全部租金及其他应付费用,并赔偿由此而给出租人造成的所有损失。

同日,中国外贸金融租赁公司与乐山电力股份有限公司(以下简称乐山电力公司)签订《保证合同》,约定乐山电力公司为乐电天威公司在《融资租赁合同》项下的债务提供保证担保,保证范围是《融资租赁合同》项下全部租金、各项费用、违约金、损害赔偿金以及实现债权的费用(包括但不限于诉讼费、律师费等),保证份额为 51%。乐山电力公司的担保行为经过该公司 2011 年度股东大会批准。

前述合同签订后,中国外贸金融租赁公司于 2012 年 4 月 6 日履行了支付租赁物货款等义务,并根据实际起租日制作《实际租金支付表》送达乐电天威公司及乐山电力公司。乐电天威公司自第 3 期租金开始陆续发生逾期等情形,乐山电力公司及其他保证人曾履行部分保证义务。2014 年 9 月 20 日,乐电天威公司应当支付第 10 期租金。但经中国外贸金融租赁公司多次催告,乐电天威公司未支付,乐山电力公司也未承担保证义务。10 月 21 日,中国外贸金融租赁公司根据《融资租赁合同》第18.3条向乐电天威公司和乐山电力公司分别发出《宣布加速到期通知书(兼催收书)》,要求乐电天威公司支付全部租金及迟延违约金等,同时要求乐山电力公司承担相应保证责任。

中国外贸金融租赁公司认为,根据合同约定和相关法律规定,其有权要求乐山电力公司承担保证责任,即要求乐山电力公司向中国外贸金融租赁公司支付《融资租赁合同》项下全部剩余租金及违约金等费用的 51%,并且根据其逾期付款的持续状态继续支付违约金。故诉至法院,请求判令:1. 乐山电力公司支付中国外贸金融租赁公司租金 53,609,149.88 元;2. 乐山电力公司支付中国外贸金融租赁公司违约金 2,962,314.23 元;3. 乐山电力公司支付中国外贸金融租赁公司自 2015 年 2 月 5 日起至实际支付租金之日止的违约金(计算方式为 53,609,149.88 元为基础,按照每日万分之五的标准,计算至实际支付租金之日止);4. 乐山电力公司负担本案全部诉讼费用。

被告乐山电力公司答辩称:第一,乐山电力公司对于中国外贸金融租赁公司与乐电天威公司之间的融资租赁合同应当承担保证责任没有异议。第二,中国外贸金融租赁公司主张的租赁与本案事实不符。乐电天威公司已经被法院裁定破产,根据《破产法》的规定,中国外贸金融租赁公司与乐电天威公司的融资租赁合同已经解除。中国外贸金融租赁公司应当向乐电天威公司主张破产合同解除后中国外贸金融租赁公司所受到的实际损失。因乐山电力公司所承担的是保证责任,保证合同属于主合同的从合同,因此乐山电力公司作为从合同的履行人所承担的责任与乐电天威公司承担的责任一致。因此,乐山电力公司承担的是因合同解除而受到的实际损失。第三,针对中国外贸金融租赁公司主张的违约金,与《破产法》规定不符。《破产法》规定,破产裁定出具之日起所有债务到期,不再计算利息,不应当计算违约金。

【案件争点】

乐山电力公司是否应当对未付租金和违约金承担保证责任。

【裁判要旨】

法院认为,被告乐山电力公司主张,本案主债务人乐电天威公司已经破产,融资租赁合同已经解除,中国外贸金融租赁公司只能主张因解除合同造成的实际损失。因保证合同是融资租赁合同的从合同,故中国外贸金融租赁公司只能向乐山电力公司主张实际损失,不能主张租金和违约金。对此本院认为,虽然乐电天威公司进入破产清算程序,但中国外贸金融租赁公司已经在法院裁定受理乐电天威公司破产申请之前依据融资租赁合同的约定宣布合同项下债务加速到期,本案中的未付租金属于在破产前已经发生而未履行的债务,应为合法债权。而且,即便融资租赁合同解除,亦并不影响保证人乐山电力公司的保证责任,其仍应当对债务人应当承担的民事责任承担保证责任。故乐电天威公司破产清算并非乐山电力公司不承担保证责任的理由,乐山电力公司仍应当对本案债务即乐电天威未付租金承担保证责任,并支付逾期还款违约金。对于违约金的标准,因乐山电力公司对合同约定的日万分之五违约金标准无异议,故本院亦不持异议。

三、裁判规则提要

根据《企业破产法》第46条规定的停止计息规则,一旦主债务人进入破产程序，主债务人即无须再承担计息债权再破产申请受理日之后的利息债务。但需要注意的是，在主债务人破产的场合，保证人应承担主债务人破产申请受理日后产生的债权利息。

因为，主债务人破产并非债权消灭的原因，债权人依照破产程序未得到全部清偿的债权，并不因主债务人破产而消灭，只是不能从已破产的主债务人处得到清偿，但并不排除从第三人处得到清偿。实际上，破产债权停止计息规则是破产制度中的一个特殊安排，是为解决破产债权之间的公平对待以及由此产生的破产程序效率而设，其针对的是破产债权的确定，对于基础债权在破产申请受理之后是否计息利息不会也不应产生任何影响。

四、辅助信息

高频词条：

《企业破产法》

第46条 未到期的债权，在破产申请受理时视为到期。

附利息的债权自破产申请受理时起停止计息。

第92条 经人民法院裁定批准的重整计划，对债务人和全体债权人均有约束力。

债权人未依照本法规定申报债权的，在重整计划执行期间不得行使权利；在重整计划执行完毕后，可以按照重整计划规定的同类债权的清偿条件行使权利。

债权人对债务人的保证人和其他连带债务人所享有的权利，不受重整计划的影响。

第124条 破产人的保证人和其他连带债务人，在破产程序终结后，对债权人依照破产清算程序未受清偿的债权，依法继续承担清偿责任。

《担保法》

第21条 保证担保的范围包括主债权及利息、违约金、损害赔偿金和实现债权的费用。保证合同另有约定的，按照约定。

当事人对保证担保的范围没有约定或者约定不明确的，保证人应当对全部债务承担责任。

《担保法解释》

第44条 保证期间，人民法院受理债务人破产案件的，债权人既可以向人民法院申报债权，也可以向保证人主张权利。

债权人申报债权后在破产程序中未受清偿的部分,保证人仍应当承担保证责任。债权人要求保证人承担保证责任的,应当在破产程序终结后六个月内提出。

第 45 条 债权人知道或者应当知道债务人破产,既未申报债权也未通知保证人,致使保证人不能预先行使追偿权的,保证人在该债权在破产程序中可能受偿的范围内免除保证责任。

第 46 条 人民法院受理债务人破产案件后,债权人未申报债权的,各连带共同保证的保证人应当作为一个主体申报债权,预先行使追偿权。

破产纠纷案件裁判规则第8条：
债务人占有的他人财产毁损、灭失而获得的代偿物与债务人财产未发生实质性混同的，财产原所有权人对于代偿物享有取回权

〔**规则描述**〕：取回权是所有人或其他权利人不受破产程序约束，向破产管理人或破产债务人请求返还其“不属于债务人的财产”的权利。《破产法解释二》第32条规定了代偿取回权。需要注意的是，代偿取回权的行使，需要以取回标的物能与债务人财产进行区分、未发生实质性混同，并且代偿物仍然存在、具备取回条件为前提。

一、类案检索大数据报告

时间：2019年9月29日之前，案例来源：Alpha案例库，案件数量：1149件，数据采集时间：2019年9月29日。整体情况如图8－1所示。从是否认同对代偿物具有取回权的角度来看，认同的案件1092件，占比约95.04%；不认同的案件10件，占比约0.87%；重复的案件47件，占比约4.09%。

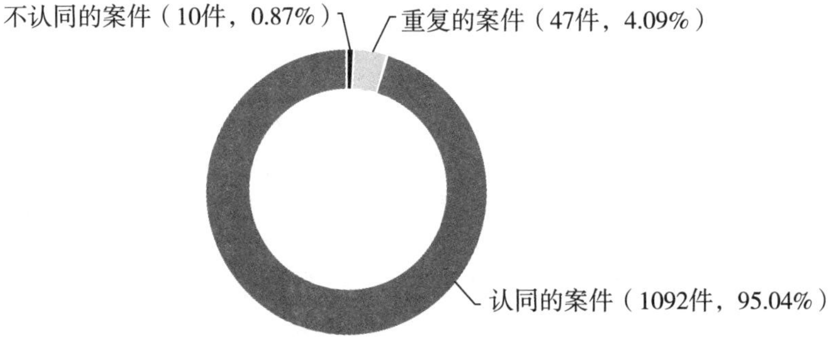

图8－1　是否认同对代偿物具有取回权

如图8－2所示，从案件年份分布情况可以看出当前条件下案例数量的变化趋势。

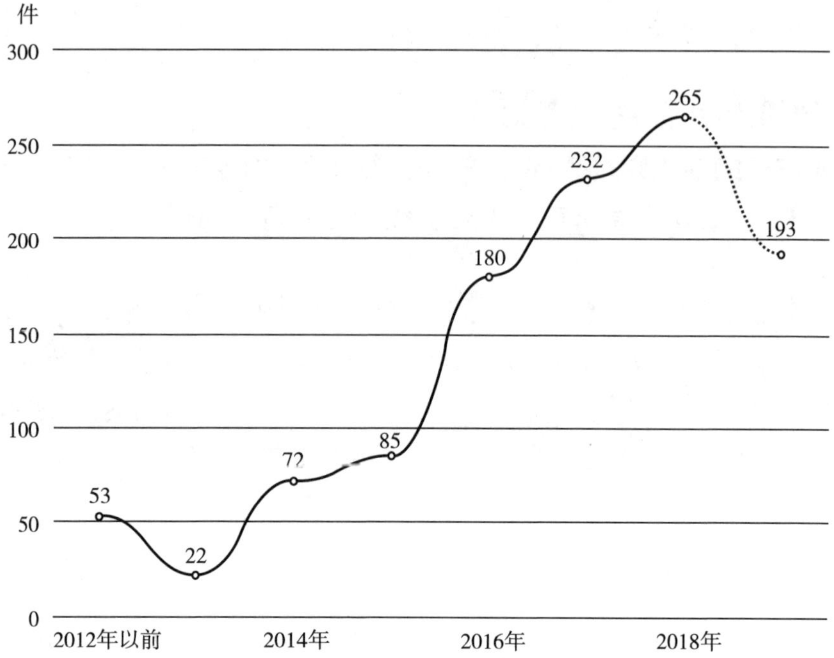

图 8－2　案件年份分布情况

如图 8－3 所示,从案件地域主要分布情况来看,当前案例主要集中在浙江省、广东省、江苏省,分别占比为 15.32%、12.45%、9.83%。其中,浙江省的案件量最多,达到 176 件。

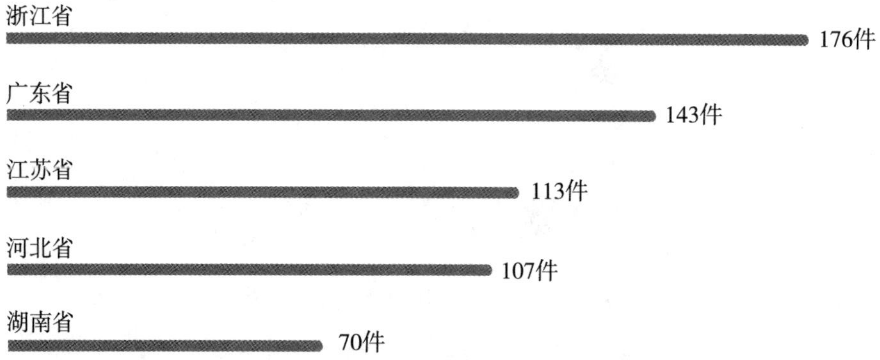

图 8－3　案件地域主要分布情况

如图 8－4 所示,从案件案由分类情况可以看出,最主要的案由是民事,有 1,142 件,其次是执行、行政。实际上,破产撤销权,指管理人对债务人在破产程序开始前的法定期间内所为的侵害债权人利益的行为，有否认其效力并申请法院撤销该行为的权利。破产法上的撤销权制度是民法上债权人撤销权制度在破产法上的延伸。

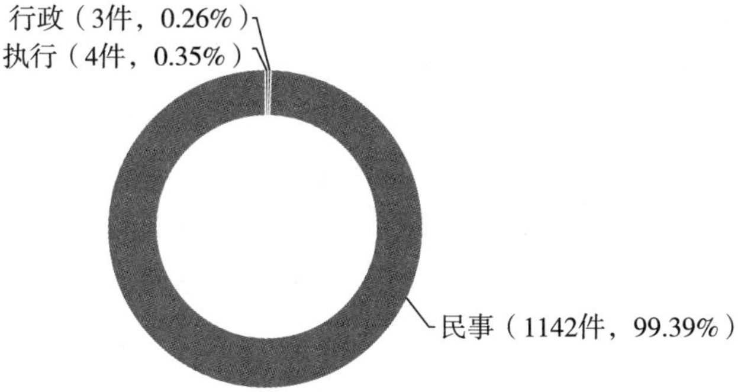

图8－4　案件案由分类情况

二、可供参考的例案

例案一 | 深圳市汇泉通投资管理有限公司与南方证券股份有限公司取回权纠纷案

【法院】

广东省高级人民法院

【案号】

(2013)粤高法民二破终字第2号

【当事人】

上诉人:深圳市汇泉通投资管理有限公司

法定代表人:凌某杏

被上诉人:南方证券股份有限公司

诉讼代表人:陶某春

【基本案情】

原审法院经审理查明,2001年6月8日,泰达热电与南方证券股份有限公司(以下简称南方证券)签订《资产委托管理协议书》,在南方证券天津建设路营业部开立账户(户名:泰达热电,资金账号:93×××18,股票账号:B88×××62)进行委托理财业务。泰达热电向93×××18账户内汇入1500万元委托资金,南方证券将泰达热电的委托资金在泰达热电账户内以封闭操作方式进行了股票买卖操作。委托期限届满后,双方又协议展期。2004年1月2日,南方证券被中国证监会和深圳市政府行政接管。2004年7月16日,南方证券行政清算组经监管部门批准,将泰达热电93×××18账户内持有的哈飞股份845,491股及哈药集团322,000股全部以非交易过户的方式集中登记至南方证券名下的统一账户内,并予以冻结。截至2006年8月,原属泰达热电账户内的哈飞股份经分红及股改送股后增至955,405股,哈药集团股票经分红及股改送股后增至418,600股。庭审中,南方证券确认,上述股份虽集中登记在南方证券名下的统一账户内,但其原始的权利人在南方证券处均有明确记载,能够相互区分。

2006年8月16日,南方证券被原审法院裁定宣告破产清算。2005年7月4日,泰达热电曾以《资产委托管理协议书》项下的合同金额,即本金1500万元向南方证券清算组(行政清算组)申报债权。2006年8月25日,泰达热电将其对南方证券清算组(行政清算组)申报的债权直接转为向南方证券破产清算组申报破产债权,申报债权本金仍为1500万元。2007年5月9日,南方证券破产清算组作出南证债发字(2007)债权第251号《权利申报审核通知书》,确认泰达热电对南方证券享有普通债权14,977,401.37元。泰达热电收到《权利申报审核通知书》后,未在异议期内提出异议。2007年11月23日,南方证券破产案第二次债权人会议表决通过了《南方证券股份有限公司破产案第一次破产财产分配方案》,确定"本次破产财产分配中,普通债权可以分得的破产财产为每100元普通债权可分得'哈飞股份'股票0.54股、'S哈药'(原哈药集团)股票2.09股、现金3.53元"的"双哈股票"分配原则。根据这一原则,在此次分配中,泰达热电共分得哈飞股份81,473股、S哈药313,642股以及现金528,376.86元。泰达热电对该次分配方案表决同意并受领了该次分配。2008年12月,南方证券破产案进行了第二次财产分配,泰达热电参加了该次财产分配。加上第一次分配获得的现金528,376.86元,泰达热电在两次分配中共获得现金人民币2,774,987.07元。此后,泰达热电未再参加南方证券破产财产分配。

2010年12月28日,泰达热电与深圳市汇泉通投资管理有限公司(以下简称汇泉通公司)签订《债权转让协议》,该协议约定:一、甲方(即泰达热电)同意将2002年6月8日与南方证券股份有限公司签订的《资产委托管理协议书》项下的全部权利转让乙方(汇泉通公司)(不含甲方已获分配的破产财产)。二、乙方同意受让甲方基于与南方证券《资产委托管理协议书》合同项下1500万元委托资产所形成和享有的除已获分配的破产财产外的全部权利。三、甲方确认向乙方转让的是:基于与南方证券《资产委托管理协议书》合同项下的1500万元委托资产形成的，在破产程序中的全部权利……同日，泰达热电与汇泉通公司共同向南方证券破产清算组发出《债权转让通知书》，将债权转让的情况告知南方证券。2011年1月10日，汇泉通公司向南方证券破产清算组提交《取回股票资产申请书》，申请取回原泰达热电在南方证券天津建设路营业部93×××18账户内1500万元委托资产形成的股票资产及分红派息、送股等资产。2012年1月10日，南方证券破产清算组向汇泉通公司发出南证债发字(2012)取回第6号《权利申报审核通知书》，认定汇泉通公司与南方证券之间系债权债务关系，汇泉通公司对南方证券享有债权，汇泉通公司提出的取回权申请不成立。

【案件争点】

本案的争议焦点为，泰达热电申报债权并参加两次破产财产分配后，是否有权要求南方证券返还原属泰达热电所有的双哈股票的对价款或有权获得等值赔偿。

【裁判要旨】

本院认为，《债权转让协议》第一、第二、第三条对泰达热电转让给汇泉通公司的权利进行了约定，在无法获知原有的股票仍然存在的情况下，这些条文的内容显示，泰达热电转让给汇泉通公司的权利为泰达热电委托南方证券对1500万元进行资产管理在南方证券破产后形成的除泰达热电已接受两次破产财产分配以外的其他全部权利，即该协议签订之日泰达热电在南方证券破产清算阶段享有的全部剩余权利，该权利包括泰达热电依法有权行使的破产取回权。

汇泉通公司申请取回的财产，是泰达热电支付了对价取得的财产，本不属于南方证券所有，汇泉通公司申请取回并不损害南方证券及其债权人的利益。根据破产案件处理的需要，破产清算组对南方证券专门账户内集中登记的股票进行了处置，部分以实物分配的方式处理，部分记账提存。因提存款实为原双哈股票的代位物，故汇泉通公司有权申请取回，且具有取回的现实条件。

例案二 | 华北电网有限公司、中国科技证券有限责任公司诉中国证券登记结算有限责任公司上海分公司、中国证券登记结算有限责任公司证券纠纷案

【法院】

最高人民法院

【案号】

(2009)民二终字第21－1号

【当事人】

上诉人(原审原告):华北电网有限公司

上诉人(原审被告):中国科技证券有限责任公司

被上诉人(原审被告):中国证券登记结算有限责任公司上海分公司

被上诉人(原审被告):中国证券登记结算有限责任公司

【基本案情】

1996年11月2日,华北电力集团公司(2003年11月2日更名为华北电网)所属社会保险事业管理局(以下简称华北电网社保局)在中国科技国际信托投资有限责任公司北京证券交易部(后更名为中国科技证券有限责任公司北京阜成路营业部)开立了号码为B880083751的机构证券账户。1999年年初至2001年4月24日,华北电网社保局分五次签订合同购买国债面值共计1.6亿元,并全部存入B880083751号账户,由中国科技证券有限责任公司(以下简称中科证券)进行托管。现中科证券已向B880083751号账户现持有人华北电网有限公司(以下简称华北电网)支付了上述面值1.6亿元国债截至2005年度利息支付日的全部利息。上述交易均经上海证券交易所确认。

2005年9月19日,华北电网社保局因发现上述1.6亿元国债被质押,致函中科证券要求立即纠正质押行为。同年9月21日,中科证券回函称:公司正值重组,该面值1.6亿元国债属于正常托管,将到年底先解付部分,待重组完成后,彻底解付。

2006年2月24日,中国证券投资者保护基金有限责任公司成立行政清理组开始对中科证券进行行政清理。同年3月30日,中国证监会信访部门复函华北电网称:中科证券已将该账户托管的国债全部挪用,建议华北电网可依法进行债权登记。同年11月7日,中科证券被撤销。2007年9月7日,北京市第二中级人民法院以(2007)二中民破字第14407－1号民事裁定书裁定宣告中科证券进入破产还债程序。华北电网遂就本案所涉国债权益向中科证券破产管理人申报了债权。2008年5月26日,中科证券破产管理人致函华北电网称:决定以《债权表》上记载的华北电网债权金额166,985,551.36元作为此后历次债权人会议表决权及破产财产分配比例等事项确定问题上的最终依据。华北电网对上述债权金额予以确认。2008年8月19日,中科证券行政清理组致函中科证券破产管理人称:华北电力账户内的1.6亿元国债已被中科证券用于回购融资，因中科证券被行政清理到期无力购回。华北电力账户因中科证券向北京营业部支付了377万元业务拓展费，被认定为非正常经纪类账户。同年10月31日，中国证监会信访部门复函中科证券破产管理人，因业务拓展费同一理由认定华北电力账户为非正常经纪账户。决定该账户债权不纳入收购，应统一参与该公司破产清偿。

2008年7月3日，中科证券破产案件第二次债权人大会决定：将华北电网向中科证券破产管理人申报的债权列为争议债权，并在第一次财产分配中按照债权比例全额予以提存。

另查，自1999年1月4日至2007年10月26日，中科证券陆续以华北电网持有的已办理指定交易的B880083751号证券账户名义，向上海证券交易所申报国债回购登记，其中包括本案所涉上述面值1.6亿元国债。截至2008年8月26日，中科证券在上海证券交易所席位质押式国债回购业务中，对上海登记结算分公司的资金透支金额为101,205,951.63元。2006年2月24日和2008年10月6日，上海登记结算分公司分别将上述面值1.6亿元国债办理了质押转移，并通过上海证券交易所场内竞价市场予以变卖处置，所得价款(净收入)共计152,264,469.3元。其中，用于弥补中科证券对上海登记结算分公司的国债回购透支款本息共计106,490,097.38元，剩余款项45,774,371.92元已由上海登记结算分公司依据相关业务规则退还至中科证券在上海登记结算分公司席位的结算备付金账户内。2008年11月10日，中科证券破产管理人致函指令其证券类资产托管方安信证券股份有限公司将上述余款中的42,939,352.03元划入了中科证券破产管理人专用账户内。2005年10月14日，华北电网将中科证券、上海登记结算分公司、登记结算公司诉至北京市高级人民法院，请求判令中科证券向华北电网偿还托管的面值1.6亿元的国债损失及1858.9万元利息损失；判令中科证券对该国债所设置的质押无效；判令上海登记结算分公司、登记结算公司对中科证券不能偿还上述国债损失部分承担连带赔偿责任，以及判令三被告承担全部诉讼费用及保全费用。

原审法院经审理认为，本案所涉国债购买协议均为有效。中科证券应对华北电网购买并存入其在中科证券B880083751号账户的面值1.6亿元国债负有谨慎保管和监护义务。但中科证券将该国债向上海登记结算分公司进行了回购质押登记，全部用于回购融资，同时又不能提交确实、充分、有效的证据证明其回购质押登记行为系华北电网指定或者经过华北电网明确许可或者华北电网明知。中科证券主张其与华北电网之间存在委托理财关系，且华北电网对此明知的抗辩理由不能成立。中科证券擅自进行回购质押登记的行为,违反《证券法》第139条第2款关于“禁止任何单位或者个人以任何形式挪用客户的交易结算资金和证券”之规定,该国债回购质押无效,中科证券对此负有主要过错,中科证券关于该国债回购质押有效的抗辩理由,不能成立。华北电网对上述面值1.6亿元国债享有所有权,中科证券应予返还,如不能返还国债,则应当按照合同约定,向华北电网偿还1.6亿元本金及相应利息的经济损失。

上海登记结算分公司仅依中科证券将华北电网B880083751号账户内的面值1.6亿元国债进行回购质押登记的申请,正向为中科证券办理国债回购质押登记,并反向为中科证券办理国债回购融资手续。至于华北电网是否指令中科证券申请国债回购质押登记,以及中科证券与华北电网之间的法律关系如何,登记结算公司及上海登记结算分公司当在所不问。另外,上海登记结算分公司将上述面值1.6亿元国债办理质押转移并变卖处置的行为,以及对所得价款的处置方式,均未违反相关法律法规规定、证券市场交易规则和清算交收规则,登记结算公司及上海登记结算分公司对本案国债回购质押无效及华北电网的国债损失均无任何过错,不应承担法律责任。

中科证券在质押的面值1.6亿元国债被上海登记结算分公司变现处置后,应按合同约定退还华北电网本金1.6亿元及相应利息。已到期国债均按照相应的国债购买合同约定的期限及利率计算利息,未到期国债均自相应的国债购买合同约定的起息日起至2007年9月7日(北京市第二中级人民法院裁定受理中科证券破产还债申请之日),按照相应的国债购买合同约定的利率计算利息。鉴于上海登记结算分公司已将面值1.6亿元国债变现处置,并将部分款项用于弥补中科证券对上海登记结算分公司的国债回购透支款后,已将余款45,774,371.92元退还至中科证券在上海登记结算分公司席位的结算备付金账户内,故华北电网对该余款享有所有权和取回权,并从上述中科证券应向华北电网退还的国债本金及利息总额中予以扣除。扣除后的余额,认定为中科证券应赔偿华北电网的经济损失,应作为华北电网对中科证券的破产债权,参与中科证券破产清算财产的分配。因此,中科证券关于上海登记结算分公司和登记结算公司实现质权后的余额部分应列入中科证券的破产清算财产的抗辩理由,不能成立。

【案件争点】

关于华北电网能否对中科证券违规挪用的证券资产行使取回权问题。

【裁判要旨】

关于华北电网能否对中科证券违规挪用的证券资产行使取回权问题。对于证券公司违规挪用客户证券资产被追回后，客户在证券公司破产程序中能否对该部分资产行使取回权问题，2007年11月20日召开的全国法院证券公司破产案件审理工作座谈会对于该问题已经明确了相关处理原则：如果证券公司违规挪用客户资金和证券，民事关系清楚，财产并未混同，管理人追回后，可由相关权利人行使代偿性取回权。代偿性取回权是一般取回权的特殊形式，即一般取回权所指向的标的物被损毁、灭失、转让时，该财产的权利人享有自破产管理人处取得该标的物的代偿替代物的法律权利。本案中，中科证券以华北电网持有的已办指定交易的B880083751号证券账户向上海证券交易所申报了回购登记。2008年10月6日，上海登记结算分公司将登记在华北电网B880083751号账户下面值1亿元国债回购质押券予以转移并在上海证券交易所竞价变卖，成交金额总计103,114,123.35元，扣除相关费用后为103,092,469.30元。华北电网证券账户内登记的其余面值4000万元质押国债在此前已兑付，兑付本金和相应兑息款项总计49,172,000元。上海登记结算分公司将上述处分所得和部分兑付兑息款用于弥补中科证券国债回购透支本息，余款45,774,371.92元退至中科证券结算备付金账户。依据上海登记结算分公司于2008年8月27日出具的"说明"以及登记结算公司于2008年11月10日出具的"说明"可以证实，该笔45,774,371.92元是华北电网证券B880083751号账户内的证券资产余款，权属关系清楚，数额明确，并未与中科证券自有或受托管的其他财产相混同。依据《破产法》第38条关于"人民法院受理破产申请后，债务人占有的不属于债务人的财产，该财产的权利人可以通过管理人取回"的规定，以及2007年11月20日全国法院证券公司破产案件审理工作座谈会明确的相关处理原则，该笔45,774,371.92元款项不属于中科证券的破产财产，华北电网可以行使取回权。对于华北电网所有的面值1.6亿元国债本金及利息全部权益中除去4,577,4371.92元的其余部分，因已经被变卖处置而无法追回，应当作为破产债权参加破产清偿。据此，原审判决划分的取回权及破产债权范围正确。原审判决中科证券退还华北电网45,774,371.92元，也未超出华北电网要求"判令中科证券向华北电网偿还托管的1.6亿元国债的损失及承担利息损失"的诉讼请求范围，属于适用法律正确，法院予以维持。上诉人中科证券关于上海登记结算分公司对B880083751号账户下质押国债的处置系对中科证券整体质押资产处置，45,774,371.92元系中科证券破产财产的上诉理由，以及华北电网关于其应在1.6

亿元范围内行使取回权的主张,因缺乏事实与法律依据,法院不予支持。

例案三 江苏爱吉斯海珠机械有限公司与江苏松林汽车零部件有限公司管理人取回权纠纷案

【法院】

江苏省泰州市中级人民法院

【案号】

(2014)泰中商终字第0247号

【当事人】

上诉人(原审原告):江苏爱吉斯海珠机械有限公司

被上诉人(原审被告):江苏松林汽车零部件有限公司管理人

【基本案情】

江苏爱吉斯海珠机械有限公司(以下简称爱吉斯公司)一审诉称,江苏松林汽车零部件有限公司(以下简称松林公司)于2012年9月初停止生产经营。我公司于2013年6月20日收到松林公司管理人递交的债权申报表,得知松林公司于2013年1月23日宣告破产。因我公司与松林公司没有发生过买卖合同关系,而我公司有价值320,861元的9293只气缸套在松林公司,既未入库,也未入账。我公司于2013年6月24日向松林公司管理人递交财产取回权申请,7月18日收到通知,其认为取回权依法不能成立。根据我公司与一汽解放汽车有限公司无锡柴油机厂(以下简称锡柴厂)长期合作所形成的交易习惯,我公司先送气缸套到锡柴厂仓库,然后由锡柴厂通知松林公司提走气缸套,并由锡柴厂开票给松林公司纳入往来账务;而我公司开票给锡柴厂,与锡柴厂进行结账。有时如遇锡柴厂装机旺季,松林公司急需要货,由我公司直接将气缸套送到松林公司,并由松林公司业务经理周思源通知锡柴厂仓库和采购部门,然后将我公司送到松林公司的气缸套直接上锡柴厂的往来账,锡柴厂再通知我公司开票给锡柴厂,由锡柴厂负责与我公司结账。现因松林公司进行破产清算,所有往来账均予以冻结,松林公司尚有我公司所送的A71气缸套4596只、A01气缸套4697只未能入库、入账,该气缸套应该纳入锡柴厂账中,却因破产清算的原因而未能纳入。以上情况松林公司业务经理周思源、仓库主管陆晓明和生产部赵国胜均知悉。故请求判决我公司取回存放在松林公司的价值320,861元的气缸套9293只(其中A71气缸套4596只、A01气缸套

4697 只）。

松林公司管理人一审辩称，爱吉斯公司曾多次向松林公司送货，松林公司也已实际使用了一部分，并已计入与锡柴厂的往来。松林公司进入破产程序后经过会计部门的清查评估，现存气缸套 8654 只应作为破产财产进行处理。爱吉斯公司对该部分气缸套不享有取回权，其主张不属于法律规定的享有取回权的范围，请求依法驳回。

一审法院经审理查明，爱吉斯公司与锡柴厂之间长期存在业务关系，双方签订有购销合同，由爱吉斯公司向锡柴厂供应各种规格的气缸套，并开具发票给锡柴厂进行结算。锡柴厂与松林公司之间亦存在长期业务关系，锡柴厂将爱吉斯公司供应的气缸套交付给松林公司进行配套生产。后因松林公司生产急需气缸套，经三方协调，由爱吉斯公司直接将气缸套送到松林公司，并由松林公司业务经理通知锡柴厂相关部门，然后将爱吉斯公司送到松林公司的气缸套直接计入松林公司与锡柴厂的往来账，爱吉斯公司再给锡柴厂开具发票，由锡柴厂负责与爱吉斯公司结算。爱吉斯公司所称的气缸套 9293 只未入库、入账。2012 年 9 月 28 日松林公司陆晓明、赵国胜确认该气缸套未入库、未入账。一审法院于 2013 年 1 月 18 日作出（2013）泰破字第 1 号民事裁定：受理松林公司的破产清算申请，松林公司往来账按规定予以冻结。2013 年 6 月，爱吉斯公司在收到松林公司管理人寄送的债权申报表后发现，在以往的交易中尚有其直接送至松林公司的部分气缸套未能计入与锡柴厂往来账目（A71 气缸套 4596 只、A01 气缸套 4697 只），遂向松林公司管理人提交申请，主张其对该部分气缸套享有取回权。同年 7 月，松林公司管理人书面通知爱吉斯公司，提出其取回权主张依法不能成立。

一审案件审理过程中，原审法院组织双方进行现场勘验，经过清点，现存气缸套中由爱吉斯公司生产供应的气缸套为 33 箱计 264 只，其余气缸套为扬州、烟台厂商生产供应。原审法院遂向爱吉斯公司行使释明权，建议其变更诉讼请求，但爱吉斯公司仍坚持其诉讼请求，对于剩余的 264 只不愿取回，坚持要求取回气缸套 9293 只。案经调解未果。

一审法院认为，根据相关法律规定，取回权是指在破产财产中，债务人占有的并不属于债务人的财产，该财产的权利人可以请求不依破产程序而直接取回其财产的权利。取回权具有如下主要特征：1. 取回权是针对特定物的返还请求权；2. 取回权是以物权为基础的请求权；3. 取回权是在破产清算程序中行使的特别的请求权，并且行使受到时间限制，仅在破产受理后至破产财产分配前发生法律效力；

4. 取回权标的物不属于破产财产,但在被取回前由破产管理人管理支配。根据本案查明的事实,爱吉斯公司与锡柴厂之间存在气缸套买卖合同关系,而锡柴厂与松林公司之间亦存在长期业务关系,在长期合作过程中,根据三方的交易习惯,爱吉斯公司将部分气缸套直接交付给松林公司,松林公司与锡柴厂联系确认后,由锡柴厂与爱吉斯公司结算相应货款。由此可见,爱吉斯公司与松林公司之间并不存在直接的债权债务关系。爱吉斯公司将相关气缸套实际交付后,即丧失了对该部分动产的所有权,但这并不属于法律规定的取回权范畴,且爱吉斯公司主张的气缸套仅剩 264 只(爱吉斯公司不愿取回),故对爱吉斯公司的主张依法不予采纳。依照《合同法》第 8 条、第 60 条,《物权法》第 23 条,《企业破产法》第 38 条,《民事诉讼法》第 142 条之规定,判决:驳回爱吉斯公司的诉讼请求。案件受理费 6120 元,由爱吉斯公司负担。

爱吉斯公司不服一审判决向本院提起上诉,其上诉理由为:1. 松林公司于 2012 年 9 月就停止生产经营,同年 9 月 28 日由松林公司业务经理周某源、仓库主管陆某明和生产部赵某胜确认上诉人有 9293 只气缸套在松林公司,既未入库又未入账,并且由陆某明、赵某胜二人共同出具两份说明交给上诉人。且松林公司管理人对此数量也表示认可,而相隔多时,一审法院却组织双方进行现场勘验,仅确认上诉人气缸套 264 只,属认定事实错误。2. 上诉人与松林公司之间并无任何业务关系,上诉人送货到松林公司的气缸套由松林公司通知锡柴厂,然后记入锡柴厂的 ERP 账中。上诉人与松林公司分别与锡柴厂形成债权债务关系,而上诉人与松林公司之间并无任何债权债务关系。在上诉人所送的气缸套没有入锡柴厂 ERP 账之前,双方的关系只是寄存关系,上诉人要求取回涉案 9293 只气缸套符合法律的规定。综上,一审法院认定事实不清,适用法律错误,请求二审撤销原判决,支持上诉人的诉讼请求。如果我公司寄售在松林公司的 9293 只气缸套已经损毁灭失或者被非法转让、隐匿、使用,请求行使相应价值 320, 861 元的代偿取回权,并由被上诉人承担一审、二审的诉讼费用。

被上诉人松林公司管理人二审辩称:1. 上诉人主张的气缸套为 9293 只,数量是准确的,但由于松林公司的管理混乱,那些气缸套当时既没有入库也没有入账。松林公司破产后,管理人根据松林公司的资产清单确认的气缸套为 8654 只,并已作为破产财产予以处理。后经现场勘验,松林公司尚存的上诉人单位生产的气缸套为 264 只。2. 关于爱吉斯公司、锡柴厂、松林公司三者之间的法律关系,认可上诉人一审、二审中所诉意见。综上,被上诉人同意上诉人取回尚存的 264 只气缸套，如果上诉人不愿意请求二审驳回上诉，维持原判决。

二审中，上诉人爱吉斯公司提交2012年度上诉人（乙方）与锡柴厂（甲方）的购销合同一份，该合同第6条约定："乙方的货物送至甲方指定的部门或者其他单位，由甲方指定的部门或者其他单位接收，保管，货物的所有权仍然属于乙方，双方尚未发生货物买卖关系，待甲方或者甲方指定的单位实际领用该货物，货物所有权转移给甲方，双方发生实际买卖关系。"该证据拟证明上诉人对送到松林公司的气缸套享有所有权。经质证，被上诉人对该证据的真实性无异议。因被上诉人无异议，同时，该证据证明指向的是上诉人、锡柴厂、松林公司之间的法律关系，因被上诉人对此亦无异议，故该证据应作为本案认定事实的依据。

经审理，一审法院查明的事实与本院查明的事实相同，本院予以确认。

另查明，松林公司破产前，上诉人爱吉斯公司送货至松林公司的气缸套为9293只，松林公司破产后至案件审理过程中，仅存264只气缸套。

又查明，松林公司宣告破产后，松林公司管理人没有向锡柴厂发送申报债权通知书，锡柴厂也没有就涉案标的物申报债权。

【案件争点】

上诉人爱吉斯公司送货至松林公司的气缸套是否属于破产财产，上诉人主张取回9293只气缸套是否符合法律规定。

【裁判要旨】

依照已经查明的事实和爱吉斯公司、锡柴厂、松林公司三方长期合作所形成的交易习惯看，爱吉斯公司与松林公司之间并无直接的买卖合同关系，爱吉斯公司在特定情况下送货至松林公司，双方之间并不建立往来关系，而均是与锡柴厂直接结算。松林公司破产前，爱吉斯公司送货9293只气缸套至该厂，该厂收货后既未入库亦未入锡柴厂的往来账目，依双方的交易习惯，以及爱吉斯公司与锡柴厂签订的买卖合同看，该批气缸套的所有权人是爱吉斯公司，松林公司管理人将其列为破产财产没有法律依据。爱吉斯公司可以基于所有权的基础法律关系依法可以行使取回权。

可是，取回权能否实现的一个重要前提是财产仍然存在，如果财产不存在，将无从取回。松林公司破产后，上诉人向管理人主张取回权时，管理人对涉案气缸套的数量9293只予以认可，而案件审理过程中经现场勘验仅剩余的264只，上诉人对仅剩余的264只气缸套又不愿取回，故一审法院所作实体判决并无不当，应予以维持。至于涉案气缸套是在松林公司管理人管理期间发生了灭失，导致爱吉斯公司无法行使取回权,其可依法向管理人主张权利。

三、裁判规则提要

代偿取回权是指一般取回权行使的标的财产毁损、灭失时,该财产的权利人依法对取回权标的物的代偿财产行使取回的权利。一般取回权是以取回物仍然存在于债务人处为基础而成立和行使的,而代偿取回权是在取回标的物毁损、灭失,一般取回权无法行使时,对一般取回权制度的必要补充。本条为了更好地平衡取回财产权利人和全体债权人的利益,一方面确立了代偿性取回权制度,另一方面又对代偿性取回权行使的代偿财产范围作出了必要的限制。即因取回财产毁损、灭失获得的保险金、赔偿金或者代偿物尚未交付债务人,或者代偿物虽然已经交付债务人但能与债务人财产相区分的,权利人可以取回就此获得的保险金、赔偿金或者代偿物。但是,如果保险金、赔偿金或者代偿物已经交付债务人且不能与债务人财产相区分的,权利人就不能行使代偿性取回权,其只能按照破产债权或者共益债务获得清偿。

破产取回权可以分为一般取回权和特别取回权。一般取回权,是指在管理人接管的破产人财产中有他人财产时,该财产的权利人享有的不依破产程序取回其财产的权利。特别取回权包括出卖人取回权、行纪人取回权和代偿取回权三种形态。我国《企业破产法》在完善一般取回权的基础上,对出卖人取回权进行了规定,但未规定行纪人取回权和代偿取回权。行纪人取回权之理论基础和逻辑机理与出卖人取回权基本相同,故可借助出卖人取回权弥补。未规定代偿取回权,就使取回权人利益的保护存在漏洞。代偿取回权的价值和功能是其他制度无法取代的。探讨代偿取回权的性质、适用范围和运作机理,对于划分破产财产与非破产财产,保护取回权人的利益有着十分重要的意义。

《企业破产法》第38条的规定是针对原财产尚存在的情形而设计的,没有规定原财产发生毁损、灭失的情形,因此,司法解释通过增加代偿取回权制度,来解决原财产毁损灭失情形下一般取回权行使的障碍问题。通常情况下,财产毁损灭失是由于他人侵权或者自然灾害所引起。这种情形下,虽然原物已不复存在,但基于财产的毁损灭失会产生占有人向侵权人或者保险公司的赔偿请求权,从而产生赔偿金、补偿金、保险金或者其他实物等代偿性资产。上述代偿性资产虽不是原财产,但本质上是原财产损毁灭失之后的替代物。因此,取回权人通过受让、行使债权可以一定程度上弥补其原财产损失,最大限度地实现自身利益。代偿资产分为现金和实物两种形态。由于原财产损毁产生的保险金、赔偿金或者种类物性质的代偿物客观上可能同债务人的财产相混淆，司法解释将原财产灭失之后对财产权利人的补救方式根据代偿资产是否与债务人资产相混同，分为两种情况处理：一种情况是，原财产毁损灭失之后的保险金、赔偿金或代偿物还没有交付给债务人，或者虽然已经交付给债务人，但能够与债务人的财产相区别。此种情形下，代偿资产与债务人资产没有混同，故可以由原财产权利人直接针对上述代偿金或代偿物行使代偿取回权。其中代偿资产未交付债务人的，债务人应将代偿金请求权转交给财产权利人；已交付债务人但能够与债务人财产相区分的，权利人向管理人就此部分代偿物向管理人主张代偿取回权。另一种情况是，保险金、赔偿金已经交付债务人或者代偿物已经交付债务人且无法与债务人财产相区分，此时出现了代偿资产与债务人资产混同。此时就不应允许原财产权利人直接行使代偿取回权，而应根据毁损灭失发生的时间及是否存在管理人或相关人员的过错分别按普通债权申报或共益债务处理。

四、辅助信息

高频词条：

《企业破产法》

第37条 人民法院受理破产申请后，管理人可以通过清偿债务或者提供为债权人接受的担保，取回质物、留置物。

前款规定的债务清偿或者替代担保，在质物或者留置物的价值低于被担保的债权额时，以该质物或者留置物当时的市场价值为限。

第38条 人民法院受理破产申请后，债务人占有的不属于债务人的财产，该财产的权利人可以通过管理人取回。但是，本法另有规定的除外。

第39条 人民法院受理破产申请时，出卖人已将买卖标的物向作为买受人的债务人发运，债务人尚未收到且未付清全部价款的，出卖人可以取回在运途中的标的物。但是，管理人可以支付全部价款，请求出卖人交付标的物。

第69条 管理人实施下列行为，应当及时报告债权人委员会：

（一）涉及土地、房屋等不动产权益的转让；

（二）探矿权、采矿权、知识产权等财产权的转让；

（三）全部库存或者营业的转让；

（四）借款；

(五)设定财产担保;

(六)债权和有价证券的转让;

(七)履行债务人和对方当事人均未履行完毕的合同;

(八)放弃权利;

(九)担保物的取回;

(十)对债权人利益有重大影响的其他财产处分行为。

未设立债权人委员会的,管理人实施前款规定的行为应当及时报告人民法院。

第76条 债务人合法占有的他人财产,该财产的权利人在重整期间要求取回的,应当符合事先约定的条件。

《破产法解释二》

第25条 管理人拟通过清偿债务或者提供担保取回质物、留置物,或者与质权人、留置权人协议以质物、留置物折价清偿债务等方式,进行对债权人利益有重大影响的财产处分行为的,应当及时报告债权人委员会。未设立债权人委员会的,管理人应当及时报告人民法院。

第26条 权利人依据企业破产法第三十八条的规定行使取回权,应当在破产财产变价方案或者和解协议、重整计划草案提交债权人会议表决前向管理人提出。权利人在上述期限后主张取回相关财产的,应当承担延迟行使取回权增加的相关费用。

第27条 权利人依据企业破产法第三十八条的规定向管理人主张取回相关财产,管理人不予认可,权利人以债务人为被告向人民法院提起诉讼请求行使取回权的,人民法院应予受理。

权利人依据人民法院或者仲裁机关的相关生效法律文书向管理人主张取回所涉争议财产,管理人以生效法律文书错误为由拒绝其行使取回权的,人民法院不予支持。

第28条 权利人行使取回权时未依法向管理人支付相关的加工费、保管费、托运费、委托费、代销费等费用,管理人拒绝其取回相关财产的,人民法院应予支持。

第29条 对债务人占有的权属不清的鲜活易腐等不易保管的财产或者不及时变现价值将严重贬损的财产,管理人及时变价并提存变价款后,有关权利人就该变价款行使取回权的,人民法院应予支持。

第30条 债务人占有的他人财产被违法转让给第三人,依据物权法第一百零六条的规定第三人已善意取得财产所有权，原权利人无法取回该财产的，人民法院应当按照以下规定处理：

（一）转让行为发生在破产申请受理前的，原权利人因财产损失形成的债权，作为普通破产债权清偿；

（二）转让行为发生在破产申请受理后的，因管理人或者相关人员执行职务导致原权利人损害产生的债务，作为共益债务清偿。

破产纠纷案件裁判规则第9条:
破产重整程序中的对外债务属于共益债务

〔**规则描述**〕:《企业破产法》规定的破产程序包括重整、和解和破产清算程序,故该法关于破产程序中共益债务的规定适用于重整程序。企业破产重整程序中,债务人对外借款、新融资债务属于重整程序中的共益债务具有合理性,在债务人进入破产清算程序后应作为共益债务清偿。

一、类案检索大数据报告

时间:2019年10月1日之前,案例来源:Alpha案例库,案件数量:1514件,数据采集时间:2019年10月1日。本次检索获取了2019年10月1日前共1514篇裁判文书,整体情况如图9-1所示。从是否认同破产重整程序中的对外债务属于共益债务的角度来看,认同的案件986件,约占65.13%;不认同的案件368件,约占24.31%;不相关的案件120件,约占7.93%;重复的案件40件,约占2.63%。

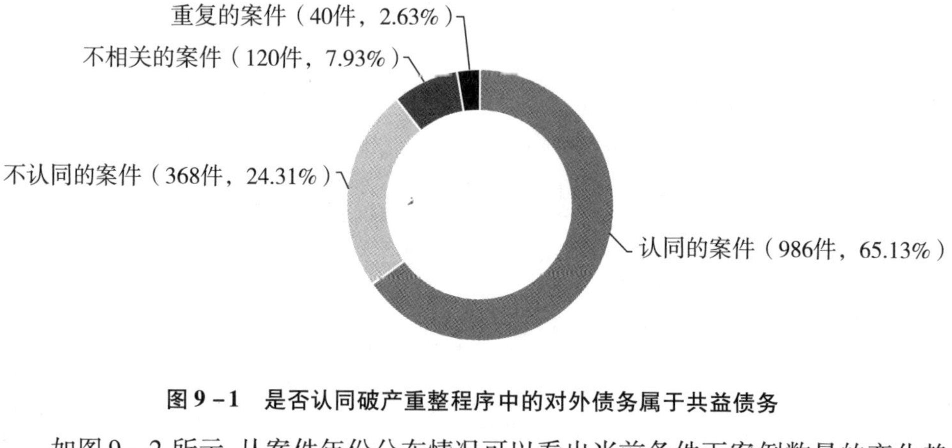

图9-1 是否认同破产重整程序中的对外债务属于共益债务

如图9-2所示,从案件年份分布情况可以看出当前条件下案例数量的变化趋势。

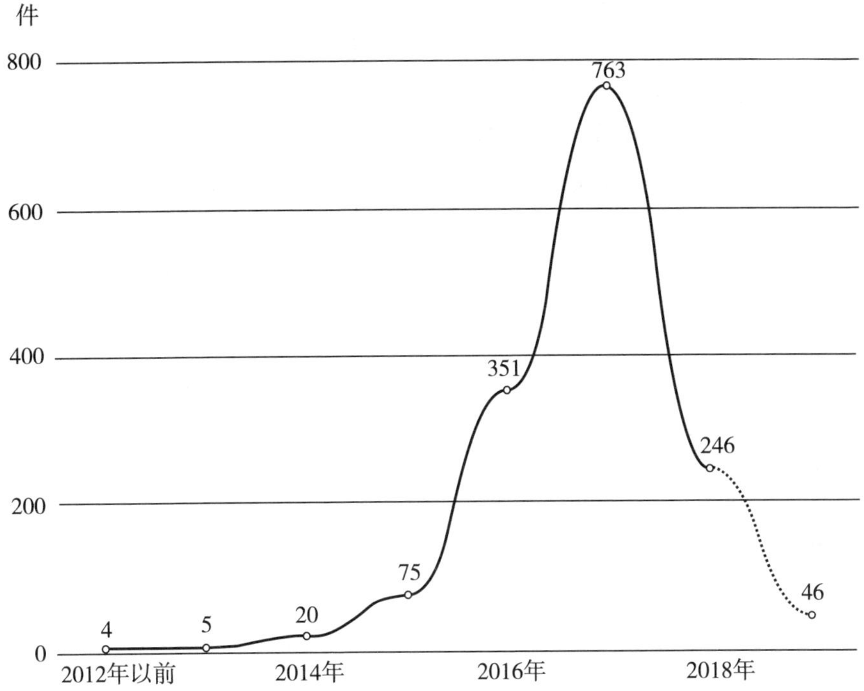

图9-2 案件年份分布情况

如图9-3所示，从案件地域主要分布情况来看，当前案例主要集中在江苏省、河南省、浙江省，分别占比为55.88%、20.74%、7.53%。其中，江苏省的案件量最多，达到846件。

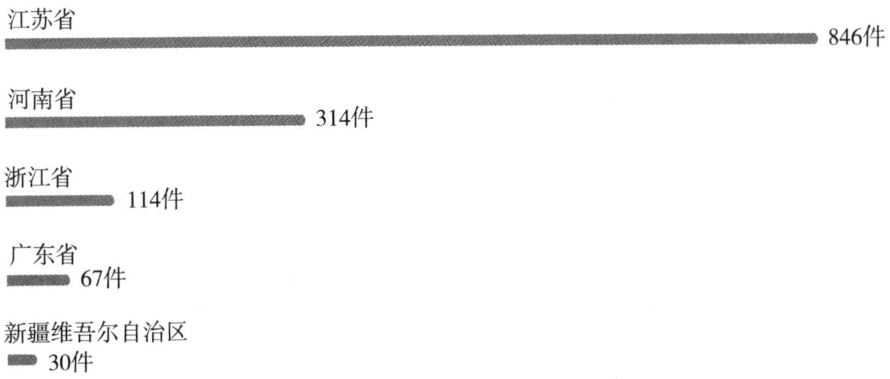

图9-3 案件地域主要分布情况

如图9-4所示,从案件案由分类情况可以看出,当前最主要的案由是民事,有1507件,占一半以上,其次是刑事、执行、国家赔偿。

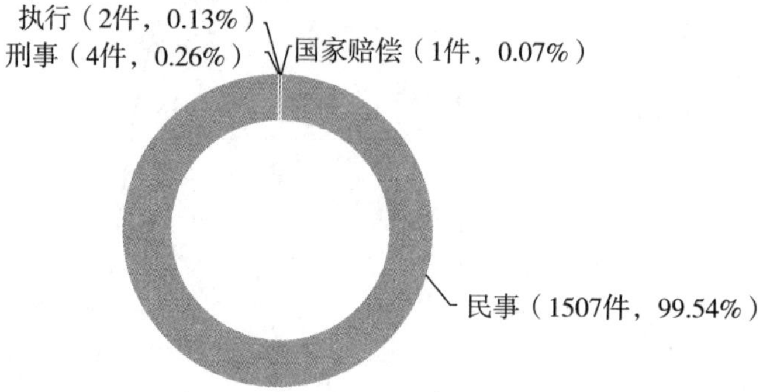

图9-4 案件案由分类情况

二、可供参考的例案

例案一 深圳市亿商通进出口有限公司与东莞市清溪金卧牛实业有限公司破产债权确认纠纷案

【法院】

广东省高级人民法院

【案号】

(2014)粤高法民二破终字第2号

【当事人】

上诉人(原审原告):深圳市亿商通进出口有限公司

被上诉人(原审被告):东莞市清溪金卧牛实业有限公司

【基本案情】

2008年8月14日,东莞市清溪金卧牛实业有限公司(以下简称东莞金卧牛公司)及其破产管理人与深圳市亿商通信息技术开发有限公司[现为深圳市亿商通进出口有限公司(以下简称亿商通公司)]签订借款协议一份,主要内容如下:一、亿商通公司借款给东莞金卧牛公司1,000,000元整。2008年8月14日交付250,000元,2008年9月5日交付250,000元,2008年10月5日交付250,000元,2008年11月5日交付250,000元。东莞金卧牛公司收到相应款项同时出具收据给亿商通公司，借款数额和交付日期以收据为准。二、东莞金卧牛公司只能把上述借款用于破产重整期间继续营业而应支付的劳动报酬、水电费用、安保费用和社会保险费用以及由此产生的其他费用（上列费用均为2008年5月28日以后发生的），不得挪作他用。如若东莞金卧牛公司挪作他用，亿商通公司有权随时追讨相应借款并追究东莞金卧牛公司的责任。三、上列应于2008年8月14日给付的250,000元以现金给付东莞金卧牛公司，余额750,000元汇入以下账户：开户行：建行东莞政法支行，收款人：广东省东莞市中级人民法院，账号：44×××38。其他借款给付方式无效。四、还款期限：1. 在东莞金卧牛公司重整期间，东莞金卧牛公司进入正常生产6个月后，一次性清偿。2. 若根据人民法院的裁定，东莞金卧牛公司进入到破产清算的程序。根据《企业破产法》第42条、第43条的规定，由东莞金卧牛公司的财产随时清偿。协议落款的下方注有手写字样如下："现金收据今收到深圳市亿商通信息技术开发有限公司现金贰拾伍万元整（￥250,000）。特立此据东莞市清溪金卧牛实业有限公司经办人：卢某禄2008年8月14日。"

上述协议签订后，东莞金卧牛公司于2008年8月14日出具编号为0001351的《收据》，东莞金卧牛公司确认收到亿商通公司以现金方式支付借款250,000元，该《收据》载有卢某禄签名及东莞金卧牛公司财务专用章。亿商通公司于2008年9月8日汇入广东省东莞市中级人民法院建行政法支行账户250,000元。2008年9月23日，东莞金卧牛公司及其破产管理人共同向亿商通公司发出函件一份，提出将协议约定的收款人更改为众泰会计师事务所，并指定银行账号，亿商通公司分别于2008年10月10日，12月2日、12日、23日向众泰会计事务所转账250,000元、160,000元、50,000元、40,000元。东莞金卧牛公司确认已收到案涉协议约定的1,000,000元借款。

2010年4月12日，亿商通公司向东莞金卧牛公司及其破产管理人提交债权申报表，申报案涉1,000,000元债权。2012年12月27日，东莞金卧牛公司破产管理人向亿商通公司出具债权审查结果通知函，对亿商通公司申报的1,000,000元债权不予确认。亿商通公司遂提起本案诉讼。

根据东莞金卧牛公司的申请，一审法院调取了（2008）东中法破字第3号案件中《报告书》一份，由一审法院委托东莞市信达会计师事务所有限公司作出的关于东莞金卧牛公司2008年5月至2009年10月破产重整期间的资产明细专项审计报告。该报告书内容显示：1. 众泰会计师事务所代东莞金卧牛公司收取一审法院汇入破产重整费用250,000元、亿商通公司借款500,000元。2. 东莞金卧牛公司于2008年5月至2009年10月破产重整期间,现金支出共6,707,794.59元,均由“卢某禄”审批,未经破产重整接管人众泰会计师事务所审核批准,鉴于东莞金卧牛公司2008年5月至2009年10月为破产重整企业,出现上述情况,东莞市信达会计师事务所有限公司无法对其2008年5月至2009年10月的现金支出共6,707,794.59元的真实性发表审计意见。东莞金卧牛公司主张前述审计报告中显示的借款数额与亿商通公司主张的借款金额不一致,且报告中无法显示亿商通公司的债权属于共益债务。亿商通公司确认该报告的真实性、合法性,但不确认与本案的关联性,其认为亿商通公司借款1,000,000元给东莞金卧牛公司,该笔借款如何使用属于东莞金卧牛公司及其破产管理人的管理职务行为,借款的用途有明确的约定,借款用途显然属于共益债务。

另查,一审法院于2009年10月26日作出(2008)东中法破字第3号之五民事裁定书,裁定终止东莞金卧牛公司重整计划的执行,并宣告东莞金卧牛公司破产。该份裁定载明如下事实:东莞金卧牛公司以不能清偿到期债务且资不抵债为由向本院申请破产重整,本院于2008年5月28日裁定受理,并于2009年5月8日裁定批准东莞金卧牛公司重整计划,后因东莞金卧牛公司不能执行重整计划,遂作出该裁定终止重整计划的执行并宣告东莞金卧牛公司破产。另,亿商通公司原名为“深圳市亿商通信息技术开发有限公司”,后于2009年12月16日经深圳市市场监督管理局核准变更为“深圳市亿商通进出口有限公司”。变更前的经营范围为:信息咨询、软件开发,并更后的经营范围为:从事货物及技术的进出口业务、国内贸易、投资兴办实业。

亿商通公司向一审法院提起诉讼称:2008年5月28日,一审法院受理东莞金卧牛公司破产重整申请,后东莞金卧牛公司进行破产重整。2008年8月14日,亿商通公司、东莞金卧牛公司、东莞金卧牛公司前任管理人东莞市众泰会计师事务所有限公司(以下简称为众泰会计事务所)签订《借款协议》。协议约定:亿商通公司向东莞金卧牛公司提供1,000,000元借款,东莞金卧牛公司只能将上述借款用于破产重整期间继续营业而应支付的劳动报酬、水电费用、安保费用和社会保障费用及由此产生的其他费用(上列费用均为2008年5月28日以后发生的),不得挪作他用。同时约定:若根据一审法院的裁定,东莞金卧牛公司进入破产清算程序,根据《破产法》的有关规定,由东莞金卧牛公司的财产随时清偿。协议签订后,亿商通公司于2008年8月14日向东莞金卧牛公司前任管理人的负责人卢某禄支付现金250,000元,于2008年9月8日向一审法院汇款250,000元。2008年9月23日,东莞金卧牛公司前任管理人致函亿商通公司要求将相关借款汇至前任管理人处，亿商通公司分别于 2008 年 10 月 10 日，12 月 2 日、12 日、23 日向东莞金卧牛公司前任管理人转款 250,000 元、160,000 元、50,000 元、40,000 元。至此，亿商通公司合计向东莞金卧牛公司及其前任管理人支付借款 1,000,000 元。2009 年 10 月 16 日，一审法院作出（2008）东中法破字第 3 号之五民事裁定书，裁定宣告东莞金卧牛公司破产。亿商通公司根据协议约定向东莞金卧牛公司前任管理人发函要求即时偿还 1,000,000 元借款，同时向前任管理人提交了案涉借款的债权申报表。2012 年 12 月 27 日，东莞金卧牛公司现任管理人向亿商通公司发出债权审查结果通知函，对亿商通公司申报的债权不予确认。亿商通公司认为管理人不予确认亿商通公司债权的行为损害了亿商通公司的合法权益，案涉 1,000,000 元借款为东莞金卧牛公司的共益债务，应从破产财产中优先受偿。据此，亿商通公司起诉至法院，请求：1. 判令东莞金卧牛公司偿还亿商通公司借款 1,000,000 元及利息 176,071 元（从 2010 年 4 月 8 日起按同期人民银行贷款利率暂计至 2013 年 2 月 8 日，直至付清止），并将上述款项列为东莞金卧牛公司共益债务，由破产财产优先支付；2. 东莞金卧牛公司承担案件诉讼费用。

东莞金卧牛公司答辩称：关于亿商通公司诉请 1,000,000 元借款的事实由法院认定，但东莞金卧牛公司认为该笔款项无法认定为共益债务，且根据协议约定，双方并未约定利息的支付，对亿商通公司诉请的利息应不予支持。

【案件争点】

本案的争议焦点为，亿商通公司主张案涉 1,000,000 元借款为东莞金卧牛公司共益债务能否成立。

【裁判要旨】

关于该笔债务是否属共益债务问题。本案中，东莞金卧牛公司向亿商通公司借款 100 万元发生于该公司破产重整期间，东莞金卧牛公司管理人（时任管理人：众泰会计事务所）亦在涉案《借款协议》上盖章确认。该 100 万元分三笔，分别由东莞金卧牛公司收取 25 万元现金、汇入一审法院账户 25 万元、众泰会计事务所代收 50 万元构成，对于亿商通公司已经支付该 100 万元给东莞金卧牛公司，双方均无异议。该笔借款系经由东莞金卧牛公司破产管理人确认且约定用于“东莞金卧牛公司破产重整期间继续营业而应支付的劳动报酬、水电费用、安保费用和社会保险费用以及由此产生的其他费用”之目的，系为维护全体权利人和破产财产利益而发生，属于《企业破产法》第 42 条第 1 款第 4 项规定“为债务人继续营业而应支付的劳动报酬和社会保险费用以及由此产生的其他债务”的情形,依法应当认定为东莞金卧牛公司的共益债务。东莞金卧牛公司在借得该笔100万元款项后,如何使用该笔款项,并非否认该笔债务为共益债务的充分依据。《企业破产法》第46条第2款规定“附利息的债权自破产申请受理时起停止计息”,因此,亿商通公司向破产企业东莞金卧牛公司主张借款利息,缺乏法律依据,本院不予支持。《企业破产法》第43条规定:“破产费用和共益债务由债务人财产随时清偿。债务人财产不足以清偿所有破产费用和共益债务的,先行清偿破产费用。债务人财产不足以清偿所有破产费用或者共益债务的,按照比例清偿……”东莞金卧牛公司应依法向亿商通公司返还涉案借款100万元。一审判决未确认东莞金卧牛公司该100万元借款为共益债务,处理不当,本院予以纠正。

例案二 | 安徽大蔚置业有限公司与上海浦东发展银行股份有限公司深圳分行、安徽庐南建设投资集团建筑安装有限公司别除权纠纷案

【法院】

安徽省高级人民法院

【案号】

(2015)皖民终491号

【当事人】

上诉人(原审被告):安徽大蔚置业有限公司

被上诉人(原审原告):上海浦东发展银行股份有限公司深圳分行

原审被告:安徽庐南建设投资集团建筑安装有限公司

【基本案情】

2012年9月21日,上海浦东发展银行股份有限公司深圳分行(以下简称浦发银行深圳分行)作为贷款人、安徽大蔚置业有限公司(以下简称大蔚置业公司)作为借款人以及案外人深圳市讯德贸易有限公司(简称讯德贸易公司)作为委托人签订了《委托贷款合同》,贷款用途及项目为支付位于安徽省六安经济开发区经二路与纬三路交叉口以南的大蔚观澜国际住宅小区项目6#楼的工程款。同日,浦发银行深圳分行与大蔚置业公司签署《抵押合同》,大蔚置业公司自愿以名下大蔚观澜国际住宅小区一期工程6#住宅楼就上述借款及利息(包括利息、罚息和复利)、违约金、损害赔偿金、手续费及其他为签订和履行本合同而发生的费用以及抵押权人

为实现担保权利和债权所发生的费用（包括但不限于诉讼费、律师费、差旅费）提供抵押担保，并办理了抵押登记手续，浦发银行深圳分行取得了房建经开字第01303号《在建工程抵押登记证明》。

2013年5月2日，浦发银行深圳分行就上述借款及担保起诉大蔚置业公司、安徽美雅达铝业有限公司、王某慧、王某友，深圳市福田区人民法院于2014年3月14日作出（2013）深福法民二初字第4089号民事判决：一、大蔚置业公司应于判决生效之日起10日内向浦发银行深圳分行归还借款2500万元；二、大蔚置业公司应于判决生效之日起10日内向浦发银行深圳分行归还借款利息76,590.57元及罚息和复利（罚息以尚欠本金为基数，复利则以尚欠利息为基数，罚息及复利均以合同约定的贷款年利率22.32%上浮50%为计算标准，自2013年3月27日起计至判决确定的付款期限届满之日）；三、浦发银行深圳分行对依法处分抵押物（大蔚置业公司名下位于安徽省六安市经济开发区纬三路以南经二路以东大蔚观澜国际住宅小区一期工程6#住宅楼，权利证书号为房建经开字第01303号）所得价款享有优先受偿权；……案件受理费173,788元，财产保全费5000元，共计178,788元，由浦发银行深圳分行负担2912元，大蔚置业公司等负担175,876元。该判决已于2014年4月21日生效。

2014年4月8日，原审法院受理了六安市经济开发区管委会等申请人对大蔚置业公司的破产申请，并指定安徽大别山律师事务所担任大蔚置业公司的管理人，2014年12月22日，原审法院宣告大蔚置业公司破产。

2014年5月28日，庐南建设公司向大蔚置业公司管理人申报破产债权，债权总额114,284,924.88元，其中工程款优先债权86,967,353.08元。2014年6月26日，浦发银行深圳分行向大蔚置业公司管理人申报债权，债权总额为36,400,556.26元，其中本金2500万元，利息76,590.57元，罚息和复利为11,148,089.69元（计算至2014年4月30日），案件受理费175,876元。浦发银行深圳分行要求就上述债权对大蔚置业公司名下位于安徽省六安市经济开发区纬三路以南经二路以东大蔚观澜国际住宅小区一期工程6#住宅楼享有优先受偿权，并将处分抵押物所得价款未能完全受偿的债权申报为普通债权。2014年7月12日，大蔚置业公司管理人出具初审结论通知书，认定浦发银行深圳分行具备债权申报的主体资格，初审认定有效破产债权总额31,414,507.23元，其中本金2500万元，利息76,590.57元，罚息6,337,916.66元，核减债权4,986,049.03元；优先权2500万元（不抵抗购房户及建设工程优先权），普通债权6,414,507.23元，求偿权0元。

另查明:截至2014年4月8日,大蔚观澜国际小区一期包括6#楼在内的部分工程尚未完工。2014年6月14日,大蔚置业公司管理人与庐南建设公司签订《安徽大蔚观澜国际项目工程施工补充合同》,约定由庐南建设公司就一期工程未完工部分继续施工,六安市经济开发区管委会出借650万元给庐南建设公司,该款六安市经济开发区管委会委托大蔚置业公司管理人从后续工程款中扣回返还。

再查明:大蔚观澜国际小区一期6#住宅楼未对外销售。

浦发银行深圳分行向一审法院起诉称:1.在管理人初审认定的其对大蔚置业公司享有债权本金2500万元和利息76,590.57元,罚息6,337,916.66元的基础上,追加确认其另外对大蔚置业公司享有罚息、复利债权4,131,216.7元,以及大蔚置业公司仍应向其返还案件受理费、财产保全费175,876元,要求追加确认的债权金额合计4,307,092.7元;2.确认其对大蔚置业公司享有的全部债权可以从处分大蔚置业公司名下位于安徽省六安经济开发区纬三路以南经二路以东大蔚观澜国际住宅小区一期工程6#住宅楼的所得价款中优先受偿;3.确认就处分大蔚置业公司名下位于安徽省六安经济开发区纬三路以南经二路以东大蔚观澜国际住宅小区一期工程6#住宅楼所得价款,其债权清偿顺序优先于庐南建设公司及购房户;4.确认其依法行使优先受偿权后,仍未清偿的债权为普通债权;5.本案全部诉讼费用由大蔚置业公司负担。

大蔚置业公司上诉请求:依法撤销一审判决第二项,改判浦发银行深圳分行对大蔚观澜国际小区一期工程6#住宅楼11,994,847.8元价值范围内享有优先受偿权,并不得对抗庐南建设公司建设工程款优先受偿权,二审诉讼费用由浦发银行深圳分行负担。事实和理由:大蔚置业公司进入破产清算时,大蔚观澜国际小区一期工程6#住宅楼尚未完工,管理人接管资产后,委托工程造价公司对抵押给浦发银行深圳分行的大蔚观澜国际小区6#楼已完工的工程量进行审计,审计结论为:截至2014年4月8日,6#楼已完工的工程造价为11,994,847.8元。之后管理人继续营业,借款完成了6#楼未完成的土建、安装、装饰工程。竣工验收后,经评估6#楼的市场价值为42,437,636元。依据《担保法解释》第51条"抵押人所担保的债权超出其抵押物价值的,超出的部分不具有优先受偿的效力"的规定,管理人投入部分以及因工程完工后抵押物增值部分,不能用于优先偿还浦发银行深圳分行借款本息,浦发银行深圳分行只能在抵押登记时抵押物的价值范围内享有优先受偿权。

【案件争点】

债务人在破产重整程序中的对外借款,如何认定,是否属于共益债。

【裁判要旨】

法院认为，2012年9月21日，浦发银行深圳分行与大蔚置业公司签订抵押合同，约定大蔚置业公司以其名下位于安徽省六安市经济技术开发区纬三路以南经二路以东的大蔚观澜国际住宅小区一期工程6#住宅楼作为担保，并办理了抵押登记手续。据此，浦发银行深圳分行依法取得案涉6#在建工程抵押权。其后，深圳市福田区人民法院(2013)深福民二初字第4089号生效民事判决也确定了浦发银行深圳分行对依法处分抵押物所得价款享有优先受偿的权利，该优先受偿权次于建设工程价款优先受偿权，原审已作出认定，当事人对此无异议。大蔚置业公司上诉主张浦发银行深圳分行的优先权数额应当以2014年4月8日，即破产受理日的工程造价11,994,847.8元为限，本院不予支持。理由如下：1. 工程造价与在建工程抵押权实现价值并非同一概念。工程造价是为完成一定工程所需的人力、物力、财力等方面投入；在建工程抵押权实现价值是在建工程通过折价、拍卖、变卖等方式实现抵押权所得价款，在建工程处置时可能不限于工程本身，在一定程度上包含其占有的土地使用权。2.《物权法》第179条规定，抵押权是为担保债务的履行，债务人或者第三人不转移财产的占有，将财产抵押给债权人，债务人不履行到期债务或者发生当事人约定的实现抵押权的情形，债权人有权就该财产优先受偿；第198条规定，抵押财产折价或者拍卖、变卖后，其价款超过债权数额的部分归抵押人所有，不足部分由债务人清偿。从该两条规定可以看出：抵押权人可以就抵押权实现时所得价款优先受偿，并不以抵押登记时或破产受理时经评估的市场价值或工程造价为限；在建工程抵押本质上是浮动价值抵押，因工程建设，在建工程的价值始终处于不断变化之中，在建工程抵押权范围应当及于办理抵押登记后的新建工程。债务人破产时应当是浮动抵押固定之日，债务人不得擅自变更、处分抵押物。3. 破产管理的目标在于实现普遍清偿的最大化，破产法虽已明定抵押权的财产仍系债务人，但管理人在管理已设定担保物权财产时不能损害抵押权人等相关权利人的利益。本案中，破产管理人在未取得抵押权人同意的情形下，对抵押财产进行了管理。双方亦未就抵押权实现价值范围进行约定，在此情况下，破产管理人要求限定抵押权实现价值范围，没有法律依据。

二审中，大蔚置业公司新提交证据，证明进入破产程序后，管理人为管理包括6#楼在内的破产财产投入工程款及相应借款。《企业破产法》第42条规定："人民法院受理破产申请后发生的下列债务，为共益债务：(一)因管理人或者债务人请求对方当事人履行双方均未履行完毕的合同所产生的债务；(二)债务人财产受无因管理所产生的债务;(三)因债务人不当得利所产生的债务;(四)为债务人继续营业而应支付的劳动报酬和社会保险费用以及由此产生的其他债务;(五)管理人或者相关人员执行职务致人损害所产生的债务;(六)债务人财产致人损害所产生的债务。"第43条规定,破产费用和共益债务由债务人财产随时清偿。从该规定可以看出,因施工人对6#楼续建部分新增工程款仍将基于共益债务和建设工程价款优先受偿权双重优先权,先于在建工程抵押权。破产受理后破产管理人因管理6#楼产生的债务,包括清偿6#楼续建工程款的债务,作为共益债务,也应优先受偿。但本案中大蔚置业公司提供的借款合同从用途上不能区分为清偿6#楼工程款所借,而6#楼之外的其他共益债务等只能在抵押权人实现抵押权之后剩余部分得到清偿。故原审认定作为抵押权人的浦发银行深圳分行就6#楼处置款项享有优先受偿的权利,但不得对抗庐南建设公司的建设工程优先受偿,并无不当。因此,大蔚置业公司上诉请求限定浦发银行深圳分行的优先权数额在11,994,847.8元,没有法律依据,本院不予支持。

例案三 曲阜金皇活塞股份有限公司与河北立中有色金属集团有限公司买卖合同纠纷案

【法院】

河北省保定市中级人民法院

【案号】

(2015)保民四终字第162号

【当事人】

上诉人(原审被告):曲阜金皇活塞股份有限公司

被上诉人(原审原告):河北立中有色金属集团有限公司

【基本案情】

2014年4月10日,原告、被告协商签订了《铸造铝合金锭购销合同》(以下简称《合同》),《合同》约定,需方:曲阜金皇活塞股份有限公司(以下简称曲阜金皇公司),供方:河北立中有色金属集团有限公司(以下简称河北立中公司);第2条规定了产品的名称为AOEM铸造铝合金锭、品牌规格为AC8A;第3条供货数量及供货方式约定,每月订货量约为100吨,需方每月21日前将下月的需求数量以订货单形式下发给供方,供方确认后,按照订货单要求准备原材料并安排生产及发货,具体数量以双方每月共同确认的《订货单》为准；第5条产品定价方式：AC8A产品单价=AOO铝锭市场单价×84.4%+金属铜市场单价×1.05%+金属铁镍市场单价×1.15%+金属硅市场单价×12.25%+金属镁市场单价×1.15%+加工费1700元/吨，每月24日前双方以《定价单》方式确认当月所供产品单价及数量，双方以此作为本月产品定价的依据，供方于28日前将当月发票寄交至需方；第6条结算方式及期限：结算时间采取月结方式，即供方当月所供产品需方于次月5日前将全部货款结清。第10条违约责任第2款规定，如需方应付货款逾期超过5日，供方有权在需方未付清逾期货款前暂停供货或者终止本协议，供方不承担由此造成的任何损失，但需方应继续履行本协议规定的未履行完毕的义务，供方有权要求需方赔偿因逾期未付款给其造成的实际经济损失（主要为逾期货款的资金占压费用）需方每日向供方支付违约总金额的2‰作为违约金；合同还对履行期限作出规定，协议有效期自2014年4月1日至12月31日。合同签订后，原告河北立中公司按照双方约定的履行方式履行合同。原告于2014年4月20日前向被告发货共计49.985吨，单价每吨16,286.03元，货款总计814,057.21元。5月20日前共发货101.6195吨，单价每吨16,913.36元，货款总计1,718,727.19元。原告于5月24日至5月30日，三次共计供货40.806吨，单价每吨17,009.67元，货款总计694,096.59元。被告于2014年5月8日向原告支付76万元承兑汇票。2014年6月17日，（原告与被告未含40.806吨）经双方对货款对账作出"截至2014年6月17日曲阜金皇公司欠河北立中公司货款1,767,986.52元"的对账单，被告由其采购部部长张峰书写核对无误签名并加盖被告曲阜金皇公司采购部章，原告河北立中公司加盖合同专用章。因被告未按合同约定"结算时间采取月结方式，即供方当月所供产品需方于次月5日前将全部货款结清"的方式结清货款，原告诉于法院。截至2014年6月30日被告曲阜金皇欠原告货款2,461,974.16元。原告、被告双方对上述欠款额均无异议。7月1日，被告曲阜金皇公司经曲阜市人民法院宣告进入重整阶段。由于原告河北立中公司销售的产品系国家认证的产品，而被告曲阜金皇公司生产活塞须进购经过认证的产品。被告为了企业的生存及全部债权人的利益，于7月10日与原告协商一致订立补充协议，协议规定："需方曲阜金皇公司，供方河北立中公司，经供需双方友好协商，双方就2014年4月10日签订的《合同》补充变更如下：1.原合同第5条第1款：AC8A产品单价=AOO铝锭市场单价×84.4%+金属铜市场单价×1.05%+金属镍市场单价×1.15%+加工费1700元，变更为：AC8A产品单价=AOO铝锭市场单价×84.4%+金属铜市场单价×

1.05% + 金属镍市场单价 ×1.15% + 加工费 1500 元。2. A356.2 产品单价 = AOO 铝锭市场单价 + 加工费 1550 元。3. 其他条款不变。本补充协议是对编号为 JHH20140408《合同》的修改和补充,自 2014 年 7 月起执行,与原合同具有同等法律效力,经双方代表人签字盖章后生效,传真件具有同等法律效力。4. 未尽事宜双方另行协商。需方:曲阜金皇公司加盖合同专用章,代表人张某玲,2014 年 7 月 10 日,供方:河北立中公司加盖合同专用章。代表人李某山,2014 年 7 月 10 日。”补充协议签订后,原告继续供被告货物,被告陆续给付原告货款。自 7 月 10 日至 10 月 7 日,被告累计欠原告货款 516,307.26 元。原告提交的证据有:《铸造铝合金锭购销合同》及补充协议各 1 份、订单及定价单各 3 份、出库单 9 份、原告向被告开具的增值税发票 3 张、对账单 2 张、承兑汇票 1 张。被告对原告提交上述证据均认可无异议;对原告主张的违约金分期计算标准无异议。被告曲阜金皇公司提交的证据有:曲阜市人民法院作出的(2014)曲民破字第 2-1 号民事裁定书;(2014)曲民破字第 2-1 号决定书;郎天元的承诺;《关于曲阜金皇活塞股份有限公司在重整期间申请自行管理财产和营业事务的申请》及(2014)曲民破字第 2-5 号《复函》:“同意曲阜金皇公司管理人关于曲阜金皇公司在重整继续营业期间自行管理财务和营业事务的申请。”原告河北立中质证对被告曲阜金皇公司提交的上述证据的真实性无异议。

原审法院认为,原告河北立中公司与被告曲阜金皇公司协商一致于 2014 年 4 月 10 日签订的《合同》及 2014 年 7 月 10 日签订的补充协议是原、被告双方的真实意思表示,上述《合同》及补充协议均合法有效,原审法院予以确认。因双方约定的合同终止期限至 2014 年 12 月 31 日,现期限已届满,故原告诉请解除合同义务无意义。截至 2014 年 6 月 30 日,被告欠原告货款 2,461,974.16 元,原告、被告双方对上述欠款额均无异议。被告曲阜金皇公司进入重整程序后。被告曲阜金皇公司管理人为了企业的生存及债权人的利益,与原告协商一致在执行原《合同》其他条款的前提下,河北立中公司继续提供曲阜金皇公司产品,自 7 月 10 日至 10 月 7 日,被告累计欠原告货款 516,307.26 元。双方对上述事实均认可无异议,本院予以确认。被告曲阜金皇公司辩称,其支付河北立中公司的 1,627,624.92 元应当返还给曲阜金皇公司。因被告曲阜金皇公司支付的该款项是按合同约定的滚动式付款,其主张将已付货款退回,没有法律依据,且被告未就此提起反诉,故对其主张原审法院不予支持。被告曲阜金皇公司进入重整后,管理人为了企业自救及全体债权人的利益而履行合同形成的欠款,属于共益债务,依照相关法律规定,被告曲阜金皇公司应予给付,原告的诉讼请求予以支持。原告按照《合同》约定请求被告按每日支付违约总金额的2‰标准支付违约金:①截至2014年5月5日曲阜金皇公司应支付原告河北立中公司货款814,057.21元,实际支付760,000元,扣除预付货款4797.88元,尚欠49,259.33元。自2014年5月6日起至2014年6月5日共计31天,被告曲阜金皇公司应向原告河北立中支付违约金3054.08元(49,259.33元×2‰×31天)。②被告曲阜金皇公司欠原告河北立中公司的货款2,461,974.16元,自2014年6月6日起至7月22日,共计47天,被告应向原告支付违约金231,425.57元(2,461,974.16元×2‰×47天),两项共计违约金234,479.65元,属于原告履行上述合同形成的合法债权,原审法院予以确认。后原审法院依照《合同法》第159条;《企业破产法》第25条第1款第6项、第7项,第42条第4项,第43条第1款,第46条第2款和《民事诉讼证据规定》第2条第2款的规定判决:一、被告曲阜金皇公司本判决书生效之日起5日内给付原告河北立中公司货款516,307.26元及违约金234,479.65元;二、驳回原告河北立中公司其他诉讼请求。如果未按本判决指定的期间履行给付金钱义务,应当依照《民事诉讼法》第253条之规定,加倍支付迟延履行期间的债务利息。案件受理费26,496元,财产保全费5000元,共计31,496元,由原告河北立中公司负担15,196元,由被告曲阜金皇公司负担16,300元。

原审法院判决后,被告曲阜金皇公司不服判决上诉称:1.一审法院认定事实错误。根据《企业破产法》第16条的规定,人民法院受理破产申请后,债务人对个别债权人的债务清偿无效。被上诉人私自克扣的行为不应视为上诉人偿还债务,即使偿还也是无效的。况且,被上诉人的业务人员郎某元也作出了承诺。2.一审法院适用法律错误。共益债务是在重整期间产生的债务,而非重整前的债务,因此,优先偿还共益债务并不包含重整前的债务。重整前的债务,被上诉人应向金皇公司管理人申报债权;且该笔债权是否属于共益债务,应由金皇公司管理人在被上诉人依法申报债权后根据《企业破产法》相关规定作出认定,并报该重整案件的受理法院审核裁定,不属于一审法院的管辖和审理范围。综上,一审法院认定事实和适用法律均有错误,恳请二审法院依法改判。

【案件争点】

管理人选择继续履行合同后,因继续履行合同产生的债务发生在破产重整受理前,此时是否属于共益债务。

【裁判要旨】

法院认为,《企业破产法》第18条规定:"人民法院受理破产申请后,管理人对破产申请受理前成立而债务人和对方当事人均未履行完毕的合同有权决定解除或者继续履行……管理人决定继续履行合同的,对方当事人应当履行……"《企业破产法》的此条规定赋予了管理人对合同的选择履行权。管理人决定是否继续履行合同并不是代表原合同当事人的意思,而是以原合同的价值取向决定合同是否该继续履行。也就是说,管理人决定解除或继续履行合同是以维护破产企业的权益和破产财产利益为标准,继续履行合同有利于破产财产的增值。《企业破产法》第42条规定:"人民法院受理破产申请后发生的下列债务,为共益债务:(一)因管理人或者债务人请求对方当事人履行双方均未履行完毕的合同所产生的债务……"此条规定确定了债务人请求对方当事人履行均未履行完毕的合同所产生的债务为共益债务,该规定并没有对债务做分割性排除,所以,当管理人决定继续履行合同时,因该合同而产生的所有债务无论发生在破产案件受理前后,均应作为共益债务优先清偿。本案中,被上诉人河北立中公司与上诉人曲阜金皇公司于2014年4月10日签订的《合同》中约定了结算方式、期限及违约责任。2014年7月1日上诉人由法院裁定受理对其进行重整后,2014年7月10日上诉人又与被上诉人又签订了补充协议,双方约定继续履行合同,被上诉人给上诉人供货近900万元,且上诉人是滚动付款,截至2014年10月7日,上诉人累计欠被上诉人货款516,307.26元及按合同约定计算违约金的方法计算违约金(234,479.65元)上诉人并无异议。既然上诉人决定继续履行合同,所产生的债务应属共益债务。共益债务由债务人财产随时清偿。原审法院认定其为共益债务,判决上诉人给付欠款及违约金并无不当。上诉人称,偿还重整前的欠款无效,共益债务不包含重整前的债务的主张,法院不予支持。

三、裁判规则提要

所谓共益债务,是指在破产申请受理后,为全体债权人的共同利益或者为进行破产程序所必需而负担的债务。共益债务和破产费用既有联系又有区别。两者的相同之处在于都是为债权人的共同利益而发生,都应当在债务人财产中优先拨付;不同之处在于破产费用是为破产程序顺利进行,为管理、变价和分配债务人财产而必须支出的"成本性"费用,而共益债务则是管理人执行破产程序中因合同、侵权、无因管理和不当得利等民事行为而使债务人财产承担的债务。

共益债务是指在破产程序进行中,为全体债权人利益或程序进行之必需而产生的一切请求权的统称。其基本特征如下:1. 在发生时点上,是在法院已经受理了破产申请之后产生的债务;2. 在用途上,是为了全体债权人的共同利益而增加的负债;3. 共益债务的负债主体是债务人财产;4. 在清偿上,其可以由债务人财产随时清偿。

那么在实践中,重整企业如何以共益债务的形式进行债权融资?对出借人或者投资人来说,风险和收益需要对等。虽然出借给危困企业可能获得相对较高的收益,但其还远远不足以覆盖其巨大的风险。因此,将破产企业的该部分新融资定义为"共益债务",使债权人有权获得"优先"清偿显得尤为重要。该"优先权",是出借人或投资人为降低其风险、匹配收益的必要条件。

我国《企业破产法》并没有明确是否将企业破产重整过程中破产企业的债权融资认定为共益债务,只能通过《企业破产法》第42条第4项"为债务人继续营业而应支付的劳动报酬和社会保险费用以及由此产生的其他债务"作扩大性解释。《企业破产法》第六章对进入破产程序后债权的申报及行使程序进行了明确的规定,但共益债务原则上是发生于破产申请受理后,显然不适用于该等规定,则共益债务的确认及行使应履行什么程序呢?

根据《企业破产法》"随时清偿"原则,共益债务的债权人可根据民事程序随时主张,在破产程序中,管理人负责决定债务人的日常开支和其他必要开支、管理和处分债务人的财产,故共益债务自然应由破产管理人负责进行确认并清偿。但具体的确认程序及清偿程序并未明文规定,且其中关键点在于管理人对共益债务进行确认前或清偿前,是否需要法院确认,乃至债权人会议确认,根据《企业破产法》第23条第7款、第68条第8款的规定,管理人依照本法规定执行职务的,向人民法院报告工作,并接受债权人会议和债权人委员会的监督,未明确向法院事前报告还是事后报告,且债权人会议或委员会仅行使监督权,但在司法实践中,破产管理人为避免纠纷产生并且免责,一般都会事前报告法院,经法院裁定通过后,甚至依据《企业破产法》第61条第8款规定由债权人会议通过后,再行确认或再行支付。

若管理人不予以确认或拒绝支付的,当事人可就向破产受理法院提起诉讼,如在前述的太仓仁德化纤有限公司、浙江南方石化工业有限公司破产债权确认纠纷一案中,债权人主张确认共益债务且要求管理人立即返还,法院认为"破产费用和共益债务在破产分配时,要优先于债权人的破产债权从债务人的破产财产中支付,管理人应当对破产费用和共益债务进行及时的核实、确认、处理"。《企业破产法》

第43条明确了破产费用和共益债务的清偿顺序以及破产财产不足以清偿破产费用的处理方式,即债务人财产不足以清偿所有破产费用和共益债务的,先行清偿破产费用。当债务人财产不足以清偿破产费用的,管理人应当提请人民法院终结破产程序。故而《企业破产法》第43条第1款对共益债务"随时清偿"并不意味着可以判令债务人对该债务立即返还,共益债务的债权人可以在破产程序中请求破产管理人依法及时处理。

四、辅助信息

高频词条:

《企业破产法》

第41条 人民法院受理破产申请后发生的下列费用,为破产费用:

(一)破产案件的诉讼费用;

(二)管理、变价和分配债务人财产的费用;

(三)管理人执行职务的费用、报酬和聘用工作人员的费用。

第42条 人民法院受理破产申请后发生的下列债务,为共益债务:

(一)因管理人或者债务人请求对方当事人履行双方均未履行完毕的合同所产生的债务;

(二)债务人财产受无因管理所产生的债务;

(二)因债务人不当得利所产生的债务;

(四)为债务人继续营业而应支付的劳动报酬和社会保险费用以及由此产生的其他债务;

(五)管理人或者相关人员执行职务致人损害所产生的债务;

(六)债务人财产致人损害所产生的债务。

第43条 破产费用和共益债务由债务人财产随时清偿。

债务人财产不足以清偿所有破产费用和共益债务的,先行清偿破产费用。

债务人财产不足以清偿所有破产费用或者共益债务的,按照比例清偿。

债务人财产不足以清偿破产费用的,管理人应当提请人民法院终结破产程序。人民法院应当自收到请求之日起十五日内裁定终结破产程序,并予以公告。

第75条 在重整期间,对债务人的特定财产享有的担保权暂停行使。但是,担保物有损坏或者价值明显减少的可能,足以危害担保权人权利的,担保权人可以向人民法院请求恢复行使担保权。

在重整期间,债务人或者管理人为继续营业而借款的,可以为该借款设定担保。

第78条 在重整期间,有下列情形之一的,经管理人或者利害关系人请求,人民法院应当裁定终止重整程序,并宣告债务人破产:

(一)债务人的经营状况和财产状况继续恶化,缺乏挽救的可能性;

(二)债务人有欺诈、恶意减少债务人财产或者其他显著不利于债权人的行为;

(三)由于债务人的行为致使管理人无法执行职务。

破产纠纷案件裁判规则第 10 条:
债权加速到期后债务人的清偿行为不可撤销

〔**规则描述**〕:债务的加速到期,既包括合同约定的加速到期,也包括破产申请受理时视为到期。此时债务人对视为到期债权的清偿行为不属于《企业破产法》第31 条规定的对未到期的债务提前清偿,因此不可撤销。

一、类案检索大数据报告

时间:2019 年 9 月 27 日之前,案例来源:Alpha 案例库,案件数量:26 件,数据采集时间:2019 年 9 月 27 日。本次检索获取了 2019 年 9 月 27 日前共 26 篇裁判文书。整体情况如图 10 - 1 所示。从是否支持债权加速到期后债务人的清偿行为不可撤销的角度来看,支持撤销的案件 6 件,占比约 23.08%;不支持撤销的案件20 件,占比约 76.92%。

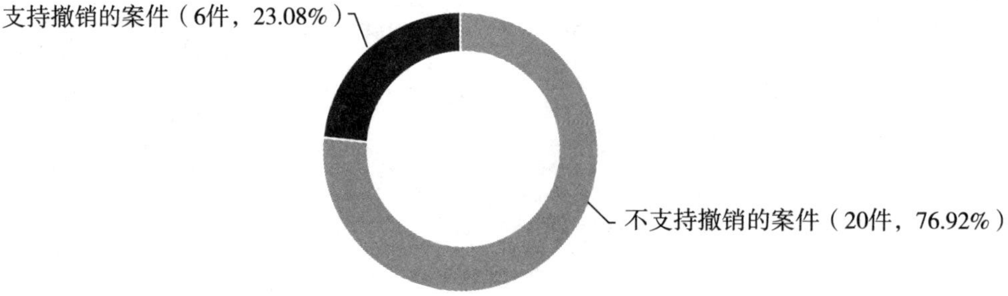

图 10 - 1　是否支持债权加速到期后债务人的清偿行为不可撤销

如图 10 - 2 所示,从案件年份分布情况可以看出当前条件下案例数量的变化趋势。实际上,在供给侧结构性改革的大背景下,类似撤销的案件呈现明显的上升趋势。

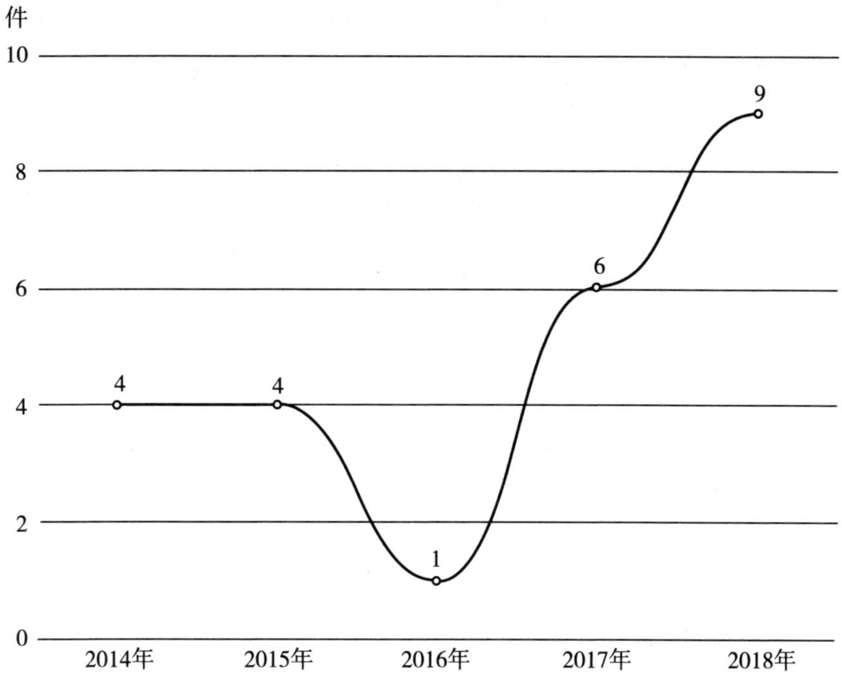

图 10－2　案件年份分布情况

如图 10－3 所示，从案件地域主要分布情况来看，当前案例主要集中在上海市、江苏省、山东省，分别占比为 19.23%、19.23%、15.38%。其中，上海市的案件量最多，达到 5 件。这种分布与经济发展的区域化是成正比的。

图 10－3　案件地域主要分布情况

如图 10－4 所示,从案件案由分类情况可以看出,当前的案由分布由多至少分别是合同、无因管理、不当得利纠纷,与公司、证券、保险、票据等有关的民事纠纷,知识产权与竞争纠纷,适用特殊程序案件案由。

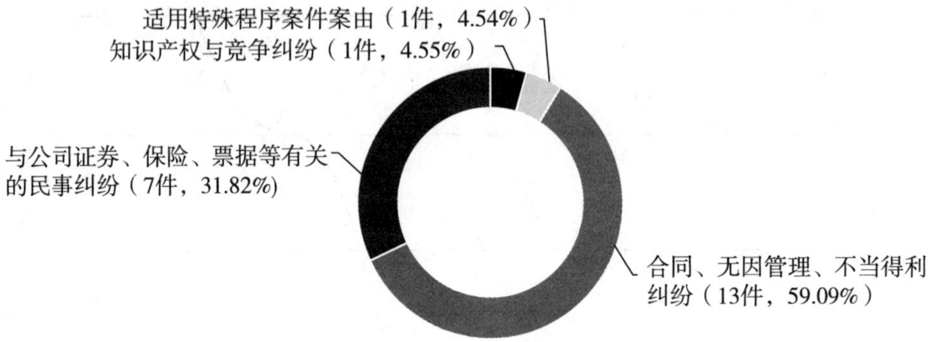

图 10－4　案件案由分类情况

二、可供参考的例案

例案一　中国农业银行股份有限公司南京雨花台支行与南京宇扬金属制品有限公司管理人破产撤销权纠纷案

【法院】

江苏省南京市中级人民法院

【案号】

(2013)宁商终字第 241 号

【当事人】

上诉人(原审被告):中国农业银行股份有限公司南京雨花台支行

被上诉人(原审原告):南京宇扬金属制品有限公司

【基本案情】

原审法院经审理查明:2010 年 11 月 15 日,中国农业银行股份有限公司南京雨花台支行(以下简称农行雨花台支行)与南京宇扬金属制品有限公司(以下简称宇扬公司)签订流动资金借款合同,宇扬公司向农行雨花台支行借款 1000 万元用于流动资金,借款期限自 2010 年 11 月 16 日起一年,以及约定了借款人未按合同约定期限归还借款本金的、贷款人对逾期的借款从逾期之日起在约定的借款利率基础上上浮百分之五十计收罚息、直至本息清偿为止等。此外，该合同第3条3.7.1.2约定“贷款人依照法律规定或者合同约定行使抵销权的，借款人异议期间为七日，自贷款人以书面、口头或者其它形式通知借款人之日起计算”、第4条4.2约定“贷款人如发现有不利贷款人信贷资金安全的风险因素及借款人经营出现滑坡时，贷款人有权提前收回贷款”、第5条5.2约定“有下列情形的，贷款人可以解除本合同以及双方签订的其它合同：……(2)借款人或者保证人还款能力可能发生重大不利变化；……贷款人解除合同的，借款人的异议期间为7日，自贷款人以书面、口头或者其他形式通知借款人之日起计算”等条款。合同订立后，农行雨花台支行按约于2010年11月16日向宇扬公司管理人出借借款1000万元，在借款凭证上言明：借款年利率6.116%，到期时间2011年11月15日。

另查明，2011年8月31日，宇扬公司法定代表人突然下落不明，该企业生产经营停止。

又查明，2011年9月2日，农行雨花台支行扣收宇扬公司在农行雨花台支行处开立账户上的存款44,041.93元用于归还宇扬公司的上述借款。

再查明，2012年3月15日，原审法院裁定受理了宇扬公司破产清算一案，并指定北京市大成（南京）律师事务所为宇扬公司破产清算案件管理人。

宇扬公司管理人一审诉称：2010年11月16日，农行雨花台支行向宇扬公司出借1000万元用于流动资金，借款期限至2011年11月15日。2011年9月2日，农行雨花台支行在借款未到期的情况下，自行在宇扬公司的账户上扣划金额44,041.93元用于还款。2012年3月15日，南京市六合区人民法院（以下简称六合法院）裁定受理宇扬公司破产清算一案。根据《企业破产法》的规定，农行雨花台支行在人民法院受理破产申请前一年内，对未到期债务提前清偿的行为，属可撤销行为。故请求：撤销农行雨花台支行于2011年9月2日自行扣收宇扬公司未到期借款44,041.93元的提前清偿行为，并立即返还宇扬公司管理人44,041.93元。

农行雨花台支行一审辩称：1.农行雨花台支行对宇扬公司的债权已于2011年9月1日到期，并不是如宇扬公司管理人所称的未到期；2.农行雨花台支行收取债务人宇扬公司的款项并不属于宇扬公司管理人所称的提前清偿，提前清偿是指宇扬公司主动还款，而本案情形并不是宇扬公司的主动作为，不存在不作为的可撤销性；3.根据合同法的相关规定，农行雨花台支行收取债务人宇扬公司的款项属于法定的抵销行为，同时，这种债务抵销也符合农行雨花台支行和宇扬公司所签订的借款合同的约定；4.按《企业破产法》关于债务抵销的相关规定，农行雨花台支行目前依然有权主张抵销,换句话说,农行雨花台支行收取宇扬公司款项的行为符合企业破产法关于债务抵销的相关规定;5. 根据《企业破产法》的规定,即使按《企业破产法》第31条规定的有需要撤销的行为,宇扬公司管理人也漏列了主体,即宇扬公司的法定代表人或直接负责人应参加本案的诉讼。综上,请求法院驳回宇扬公司管理人的诉请。

【案件争点】

1. 农行雨花台支行扣划宇扬公司存款时,案涉借款是否到期;

2. 宇扬公司管理人是否有权撤销农行雨花台支行的扣划行为。

【裁判要旨】

法院认为,农行雨花台支行与宇扬公司签订的借款合同系双方当事人的真实意思表示,双方均应依约履行。关于第一个争议焦点,法院认为,双方签订的借款合同已约定,当贷款人发现有不利于贷款人信贷资金安全的风险因素及借款人经营出现滑坡时,贷款人有权提前收回贷款,该条款系双方对贷款提前到期情形的约定。2011年8月31日,宇扬公司法定代表人突然下落不明,企业生产经营停止。此时,合同约定的贷款人提前收回贷款的条件已经成就。因此,农行雨花台支行于2011年9月2日扣划宇扬公司存款时,案涉借款已提前到期。农行雨花台支行关于债务已提前到期的上诉理由成立,法院予以采信。

关于第二个争议焦点,法院认为案涉债权于2012年9月2日已到期,在宇扬公司未主动归还借款时,农行雨花台支行从宇扬公司的账户中扣划款项用于归还其到期款项,并不违反法律规定,且该行为发生于原审法院受理申请人对宇扬公司的破产清算申请6个月之前,故宇扬公司管理人申请撤销该债务清偿的请求缺乏法律依据,法院不予支持。关于农行雨花台支行主张的应追加宇扬公司原法定代表人参加诉讼的上诉理由,因缺乏依据,法院不予采纳。综上,上诉人农行雨花台支行的上诉请求成立,法院予以支持。原审法院认定基本事实清楚,但关于案涉债务未到期的认定不当,法院予以纠正。

例案二 浙江鼎联律师事务所与兴业银行股份有限公司台州玉环支行破产撤销权纠纷案

【法院】

浙江省台州市中级人民法院

【案号】

(2015)浙台商终字第358号

【当事人】

上诉人(原审原告):浙江鼎联律师事务所

被上诉人(原审被告):兴业银行股份有限公司台州玉环支行

【基本案情】

浙江欣尔利洁具股份有限公司(以下简称欣尔利公司)于2014年4月向人民法院申请破产清算。2014年6月10日,原审法院作出(2014)台玉破(预)字第2号民事裁定书,受理欣尔利公司破产清算申请。2014年7月1日,原审法院作出(2014)玉破字第2-1号决定书,指定浙江鼎联律师事务所担任欣尔利公司管理人。2013年6月4日,欣尔利公司与被告签订编号为兴银台玉二短贷(2013)106号的《流动资金借款合同》一份,约定欣尔利公司向被告借款700万元,借款期限为2013年6月4日至2014年5月28日,月利率5.5‰。被告已按约提供借款。2013年6月5日,欣尔利公司与被告签订编号为兴银台玉二短贷(2013)108号的《流动资金借款合同》一份,约定欣尔利公司向被告借款700万元,借款期限为2013年6月5日至2014年5月28日,月利率为5.5‰。被告已按约定提供借款。2013年9月5日,欣尔利公与被告签订编号为兴银台玉二短贷(2013)152号的《流动资金借款合同》一份,约定欣尔利公司向被告借款500万元,借款期限为2013年9月5日至2014年5月28日,月利率为5.5‰。被告已按约提供借款。2013年12月2日,欣尔利公司与被告签订编号为兴银台玉二短贷(2013)222号的《流动资金借款合同》一份,约定欣尔利公司向被告借款400万元,借款期限从2013年12月2日至2014年5月28日,月利率为5.3‰。被告已按约提供借款。被告于2014年4月22日从欣尔利公司开立在被告处的账户内划扣122,468.92元;于2014年4月21日从账户内划扣56,000元用于偿还欣尔利公司拖欠被告的贷款本金。被告于2014年4月21日、22日所扣划的178,468.92元系偿还2013年6月4日欣尔利公司与被告签订编号为兴银台玉二短贷(2013)106号的《流动资金借款合同》项下的借款本金。该合同约定借款期间,借款人或担保人在发生一定情况时,贷款人有权单方决定停止支付借款人尚未使用的借款,并提前收回部分或全部借款本息。2013年12月11日,欣尔利公司因资金周转所需,向被告另行申请短期借款200万元,合同号为兴银台玉二短贷(2013)226号。借款期限为2013年12月11日至2014年3月11日。同时该笔借款由案外人浙江陆通物流有限公司提供1600万元的最高额保证。2014 年 3 月 11 日,即贷款到期日,被告从欣尔利公司账户上扣划人民币 583.86 元,由浙江陆通物流有限公司于次日担保代偿 1,999,416.14 元。

原告鼎联所于 2014 年 9 月 28 日,以欣尔利公司在破产申请前 6 个月进行个别清偿为由,向原审法院提起诉讼,请求判令:撤销欣尔利公司对被告在 2014 年 4 月 21 日、22 日合计 178,468.92 元的清偿行为并返还给原告 178,468.92 元。

被告兴业银行玉环支行在原审中答辩称:第一,原告扣划两笔款项的行为不属于《破产法》第 31 条第 4 项规定的对未到期的债务提前清偿的行为。贷款的时间是 2013 年 6 月 4 日,贷款到期是 2014 年 5 月 28 日,法院申请受理日期是 2014 年 6 月 10 日,在破产申请受理前已到期的,管理人请求撤销的行为是不能支持的。第二,因原告在编号为(2013)226 号流动资金借款合同中存在违约,被告基于此有权提前收贷。并且按照合同约定直接扣划,该扣划行为系符合双方合同约定的行为。故请求驳回原告的诉讼请求。

另认定:2011 年 12 月 30 日,欣尔利公司与兴业银行股份有限公司台州分行签订编号为兴银台业三高抵(2012)007 号《最高额抵押合同》,约定欣尔利公司以自有房产对在 2011 年 12 月 30 日至 2013 年 12 月 29 日期间发生的债务,在人民币 2019.2 万元限额内进行抵押担保,并于 2012 年 1 月 12 日在玉环县工商行政管理局办理了抵押登记。同时约定前述的(2012)007 号《最高额抵押合同》为四笔借款的担保合同之一。2014 年 1 月 8 日,欣尔利公司与被上诉人签订编号为兴银台玉二高抵(2014)009 号《最高额抵押合同》,约定欣尔利公司以自有房产对在 2014 年 1 月 8 日至 2019 年 1 月 8 日期间发生的债务,在人民币 2500 万元限额内提供抵押担保;并对抵押权设立之前已存在的上述四份《流动资金借款合同》及合同号为兴银台玉二短贷(2013)226 号《流动资金借款合同》提供担保,并在玉环县房地产管理处办理抵押登记。2014 年 1 月 10 日,欣尔利公司与被上诉人签订《补充协议》四份,约定追加兴银台玉二高抵(2014)009 号《最高额抵押合同》为前述四份《流动资金借款合同》的担保合同。

【案件争点】

被告分两次从债务人欣尔利公司扣划的行为是否符合破产法相关规定。

【裁判要旨】

法院认为:一、(2012)007 号《最高额抵押合同》在玉环县工商行政管理局办理了抵押登记,根据《担保法》第 42 条第 2 项"以城市房地产或者乡(镇)、村企业的厂房等建筑物抵押,为县级以上地方人民政府规定的部门"的规定,房地产抵押登记部门由地方人民政府确定。而在浙江省统一房地产抵押登记部门前，确实存在地方人民政府将工商行政管理部门作为办理房地产抵押登记手续的部门。故该抵押登记符合法律规定，相对应的抵押合同应具有法律效力。但由于欣尔利公司分别在2013年6月4日、5日，9月5日，12月2日向被上诉人兴业银行玉环支行借款700万元、700万元、500万元、400万元，合计2300万元，超出了被担保债权的最高限额2019.2万元。根据该四份借款合同签订的先后顺序，2013年6月4日700万元借款在被担保债权的最高限额2019.2万元范围内，故对该笔债权被上诉人享有抵押权。二、鉴于(2014)009号《最高额抵押合同》中约定的担保物与(2012)007号《最高额抵押合同》中约定的担保物相同，担保的债权亦为上述四笔借款，故在被有效担保的2019.2万元债权范围内，其并非为被上诉人的债权提供新的担保，对于2013年6月4日的700万元借款被上诉人仍然享有抵押权。三、被上诉人扣划款项的性质。被上诉人于2014年4月21日、22日在欣尔利公司的银行账户内扣划了178,468.92元，本案双方对偿还2013年6月4日欣尔利公司与被上诉人签订编号为兴银台玉二短贷(2013)106号的《流动资金借款合同》项下的借款本金没有异议，故本院予以确认。由于该笔借款700万元由欣尔利公司的自有房产进行抵押，根据《破产法解释二》第14条"债务人对以自有财产设定担保物权的债权进行的个别清偿，管理人依据《企业破产法》第32条的规定请求撤销的，人民法院不予支持。但是，债务清偿时担保财产的价值低于债权额的除外"的规定，故上诉人请求撤销被上诉人扣划欣尔利公司银行账户内的款项178,468.92元与法不符，本院不予支持。而《企业破产法》第32条并没有规定撤销权成立以债权人是否知道债务人有该法第2条第1款的情形为构成要件，且债务人的个别清偿行为也不仅仅限于单方主动清偿行为，故上诉人的上诉理由均不能成立。

例案三 威海绿能供热有限公司管理人与威海市商业银行股份有限公司张村支行破产撤销权纠纷案

【法院】

山东省威海市中级人民法院

【案号】

(2015)龙民一初字第666号

【当事人】

上诉人(原审被告):威海市商业银行股份有限公司张村支行

被上诉人(原审原告):威海绿能供热有限公司管理人

【基本案情】

2013年9月2日,威海魏桥科技工业园有限公司以威海绿能供热有限公司(以下简称绿能公司)不能清偿到期债务且资不抵债、明显缺乏清偿能力为由,向威海市中级人民法院申请对绿能公司进行破产重整。威海市中级人民法院审查后于2013年9月22日作出(2013)威破字第2-1号民事裁定书,裁定绿能公司重整。2013年9月23日,威海市中级人民法院又分别作出(2013)威破字第2-2号民事裁定书、(2013)威破字第1-1号指定管理人决定书,指定山东胶东律师事务所担任威海绿能供热有限公司管理人。此前,威海弘理联合会计师事务所对绿能公司资产负债等情况进行评估,并出具了威弘会师企审字(2013)第A-348号审计报告中资产负债表显示,绿能公司自2013年1月1日起全部资产小于全部负债,自2013年3月23日起具有资不抵债的情形。

另查,2012年12月21日,原告绿能公司与被告威海市商业银行股份有限公司张村支行(以下简称商业银行张村支行)签订了《流动资金借款合同》一份,合同约定,被告向原告提供借款400万元用于购煤,借款期限自贷款人向借款人实际发放贷款之日起至约定还款之日止,最长不超过12个月,实际起讫日期以借款凭证的记载为准;本合同项下借款自实际发放贷款之日起按日计息,按月结息,结息日为每月的20日;还款方式为借款人按月付息,到期一次性还本;原告须在被告处开立结算账户(账号:×××1139),并保证在付息日、计划还款日、借款期限届满日前或借款被宣布提前到期之日主动存入足额的应付借款本息,同时不可撤销地授权贷款人于上述日期届满之日起从该账户内直接扣收应付借款本息;合同还对违约责任等事项进行了约定,借款人未按照约定偿还本合同项下借款本息及其他应付款项,或未履行本合同项下任何其他义务,或违背在本合同项下的陈述、保证或承诺的,被告有权宣布本合同和贷款人与借款人之间其他合同项下未偿还的借款和其他融资款项立即到期,立即收回未偿还的借款和其他融资款项,要求借款人赔偿因其违约给贷款人造成的损失;借款到期(含被宣布立即到期)借款人未按约偿还的,贷款人有权自逾期之日起按本合同约定的逾期罚息利率计收罚息,对借款人未按时支付的利息,按逾期罚息利率计收复利,直至清偿本息为止。合同签订后,原、被告均按合同约定履行了相应的义务。

又查，被告分别于2013年4月21日从原告还息账户扣划利息28,933.33元、5月21日扣划利息28,000元、6月21日扣划利息28,933.33元、7月21日扣划利息28,000元、8月21日扣划利息28,933.33元、9月21日扣划利息28,933.33元，共计171,733.32元。

2013年3月18日，原告绿能公司管理人以上述支付行为属于个别清偿行为应予撤销为由诉至原审法院，要求撤销商业银行张村支行2013年4月至破产重整前收取绿能公司贷款利息171,733.32元。被告商业银行张村支行辩称，《企业破产法》中的个别清偿行为是针对恶意损害其他债权人理由的清偿行为，绿能公司按时偿还利息，没有损害其他债权人利益，且对债务人的经营活动有益，不符合《企业破产法》中的可撤销情形。

原审法院认为，人民法院受理破产申请前6个月内，债务人存在资不抵债的情形，仍对个别债权人进行清偿的，管理人有权请求人民法院予以撤销。但是，个别清偿使债务人财产受益的除外。破产撤销权的立法目的是限制债务人的不当清偿行为，以保护其整体债权人的利益。本案中，绿能公司向被告支付涉案款项时确系已存在资不抵债的情形，符合法律规定的管理人可行使法定撤销权的期间，因此管理人有权请求撤销。银行与其他债权人的债权地位平等，即使被告依照合同约定扣划债务人绿能公司账户的利息，亦属清偿个别债权人的行为。对银行的债权实行偏颇性清偿，没有使破产债务人财产受益，而使其破产后可供分配的财产减少，损害了其他债权人可获清偿的利益，此行为有违法律规定，应予撤销。故原告要求撤销被告于2013年4月至破产重整受理前收取绿能公司贷款利息171,733.32的行为，并由被告返还上述款项的诉讼请求，理由正当，予以支持。依照《企业破产法》第32条、《破产法解释二》第9条之规定，判决：撤销绿能公司于2013年4月至破产重整受理前收取绿能公司贷款利息171,733.32元的行为；被告于判决生效后10日内返还已收取绿能公司的利息171,733.32元。如果被告未按判决指定的期间履行金钱给付义务，应依照《民事诉讼法》第253条之规定，加倍支付迟延履行期间的债务利息。案件受理费1918元，由被告负担。

宣判后，商业银行张村支行不服，向法院提起上诉，请求撤销原判，依法改判。理由为：1.原审法院认定绿能公司向上诉人支付涉案款项时已经存在资不抵债的情形，符合管理人可行使撤销权的期间，该认定错误。在上诉人与绿能公司签订借款合同及偿还利息时，绿能公司提供给上诉人的财务报表均显示绿能公司处于盈利状态，不存在被上诉人主张的破产情形的出现；即使被上诉人能够提供证据证明绿能公司有破产情形,上诉人对此也完全不知晓,上诉人与绿能公司之间的借款还款均是按照相关程序进行的,不存在任何违法违规之处,上诉人完全是善意的。2. 原审法院认定绿能公司向上诉人还款系个别清偿,没有使债权人受益,违反了法律规定,应予以撤销,该认定错误。3. 原审法院认为《企业破产法》属于特别法,其效力优于普通法,应该撤销上诉人扣收的利息,该认定错误。

被上诉人答辩称,《企业破产法》第 32 条规定撤销权的行使不以债权人与债务人的恶意或串通作为前提,上诉人称其为善意不存在恶意,不应撤销的理由不成立。绿能公司偿还利息的行为属于普通的个别清偿行为,该清偿行为未使债务人的财产受益,依法应该属于被撤销的情形,请求依法驳回上诉人的诉讼请求。

【案件争点】

本案的破产撤销权是否成立。

【裁判要旨】

根据《企业破产法》第 32 条的规定,人民法院受理破产申请前六个月内,在债务人不能清偿到期债务,并且资产不足以清偿全部债务或者明显缺乏清偿能力的情况下,债务人仍对个别债权人进行清偿的,管理人有权请求人民法院予以撤销。但是个别清偿使债务人财产受益的除外。从《企业破产法》第 32 条和第 2 条第 1 款的规定,可以看出对个别清偿行为行使撤销权的条件为:一是清偿行为发生在人民法院受理破产申请前 6 个月内;二是债务人出现了《企业破产法》第 2 条第 1 款规定的破产原因,即债务人不能清偿到期债务,并且资产不足以清偿全部债务或者明显缺乏清偿能力;三是受偿债权人在主观上应当明知债务人出现了《企业破产法》第 2 条第 1 款规定的破产原因。本案中,商业银行张村支行在借款合同履行后,按月从绿能公司账户扣款,并非绿能公司主动向债权人支付,且被上诉人并没有证据证明商业银行张村支行知道绿能公司存在《企业破产法》第 2 条第 1 款规定的情形。《企业破产法》第 32 条规定,是为了赋予获得受偿权的债权人以善意抗辩权,即只有当债权人明知债务人出现了《企业破产法》第 2 条第 1 款规定的破产原因而仍然为个别受偿时,人民法院才能依据管理人的申请对其进行撤销。因此,原审认定商业银行张村支行扣划贷款利息的行为属于《企业破产法》中规定的个别清偿行为有误,应予纠正。综上,上诉人的上诉理由成立,法院予以支持。

三、裁判规则提要

《企业破产法》第 31 条、第 32 条肯定了由破产管理人行使撤销权,并规定了破产管理人行使撤销权的具体条件。破产撤销权，是指破产人在破产宣告前的临界期内，实施有害于债权人团体利益的行为，破产管理人有权请求法院撤销该行为。破产法规定撤销权的目的，在于恢复因破产人不当处分而失去的利益，保护全体债权人公平受偿的机会。

贷款银行宣布贷款提前到期后的所有贷款的偿还，无论其偿还方式如何，都只能是对提前到期贷款的清偿，而不是对未到期贷款的清偿，因此，《企业破产法》第31条规定的可撤销的“对未到期债务提前清偿”的情形在适用加速到期条款后不再适用，管理人也不可以依据此条请求人民法院撤销债务人的清偿行为。

四、辅助信息

高频词条：

《企业破产法》

第31条 人民法院受理破产申请前一年内，涉及债务人财产的下列行为，管理人有权请求人民法院予以撤销：

（一）无偿转让财产的；

（二）以明显不合理的价格进行交易的；

（三）对没有财产担保的债务提供财产担保的；

（四）对未到期的债务提前清偿的；

（五）放弃债权的。

第32条 人民法院受理破产申请前六个月内，债务人有本法第二条第一款规定的情形，仍对个别债权人进行清偿的，管理人有权请求人民法院予以撤销。但是，个别清偿使债务人财产受益的除外。

《合同法》

第99条 当事人互负到期债务，该债务的标的物种类、品质相同的，任何一方可以将自己的债务与对方的债务抵销，但依照法律规定或者按照合同性质不得抵销的除外。

当事人主张抵销的，应当通知对方。通知自到达对方时生效。抵销不得附条件或者附期限。

破产纠纷案件裁判规则第 11 条:

出资不实股东因向公司外部债权人承担出资不实的股东责任并被扣划款项后,不能参与被扣划股东执行款的分配

〔**规则描述**〕:《公司法》第 3 条第 2 款规定有限责任公司的股东以其认缴的出资额为限对公司承担责任;股份有限公司的股东以其认购的股份为限对公司承担责任。公司破产清算时,未全额缴纳认缴出资的股东,需要缴纳不足的认缴部分,但当该股东同时又作为公司债权人时,不能够与其他债权人对于被扣划的股东执行款获得同一顺位的分配。

一、类案检索大数据报告

时间:2019 年 8 月 14 日之前,案例来源:Alpha 案例库,案件数量:58 件,数据采集时间:2019 年 8 月 14 日,本次检索获取了破产纠纷 2019 年 8 月 14 日前共 58 篇裁判文书。整体情况如图 11 -1 所示,从出资不实股东因向公司外部债权人承担出资不实的股东责任并被扣划款项后,法院是否认同出资不实股东不参与被扣划股东执行款的分配的角度来看,认同的案件 33 件,约占 57%;不认同的案件 13 件,约占 22%;不相关的案件 12 件 ,约占 21%。

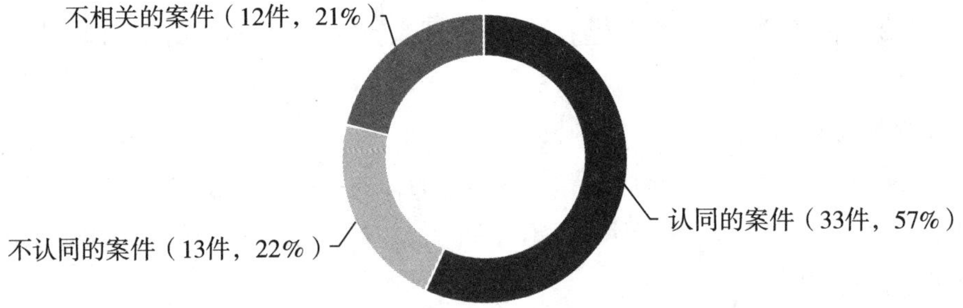

图 11 -1 是否认同出资不实股东因向公司外部债权人承担出资不实的股东责任并被扣划款项后,不参与被扣划股东执行款的分配

如图 11 -2 所示,从案件年份分布情况可以看出当前条件下与破产有关的纠纷案例数量的变化趋势。

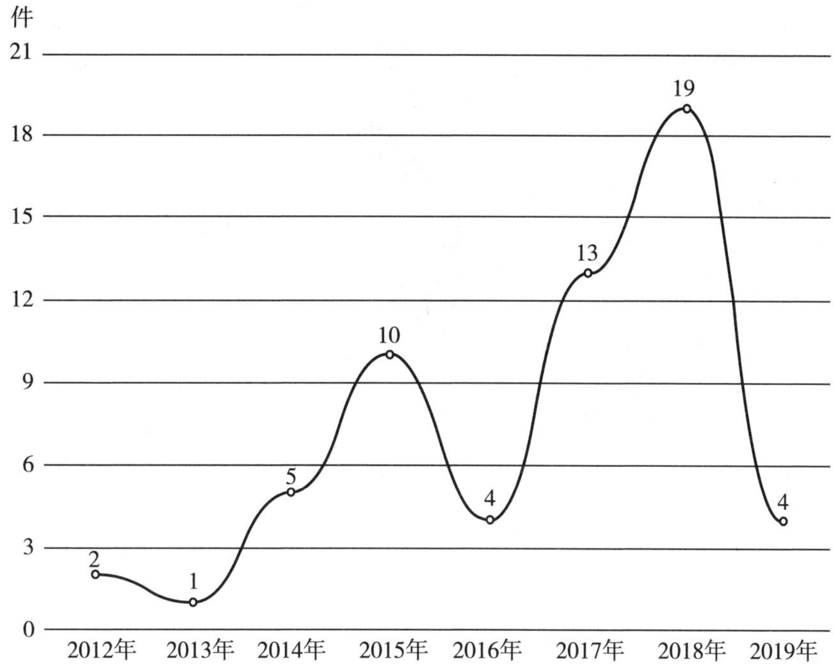

图 11 -2　案件年份分布情况

如图 11 -3 所示，从案件地域主要分布情况来看，当前与破产有关的纠纷案例主要集中在浙江省、广东省、山东省，分别占比为 32.76%、20.69%、6.90%。其中，浙江省的案件量最多，达到 19 件。

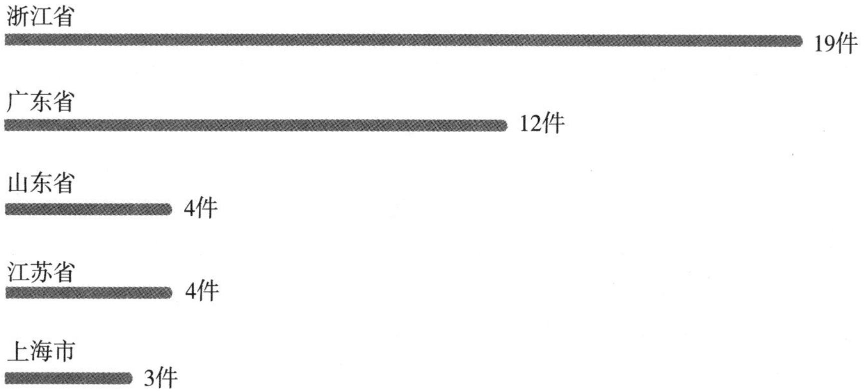

图 11 -3　案件地域主要分布情况

如图 11 -4 所示，从案件案由分类情况可以看出当前条件下案件的案由分布由多至少分别是破产债权确认纠纷、其他案由、对外追收债权纠纷、申请破产清算和追收未缴出资纠纷。

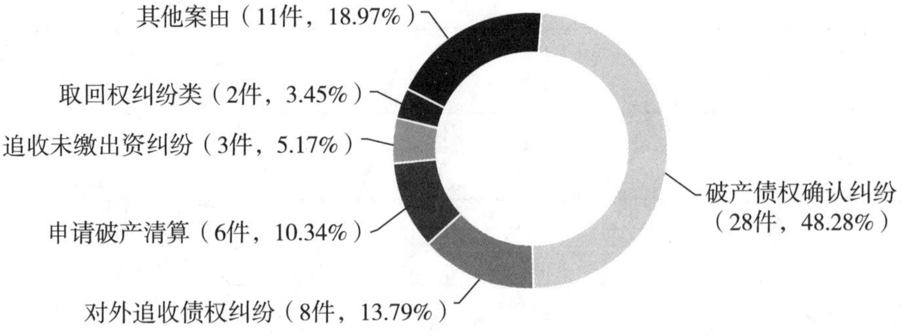

图 11－4　案件案由分类情况

二、可供参考的例案

例案一　黄某湘与黄某文等执行分配方案异议案

【法院】

湖南省郴州市中级人民法院

【案号】

(2017)湘10民终1231号

【当事人】

上诉人(原审原告):黄某湘

被上诉人(原审被告):黄某文

被上诉人(原审被告):黄某国

被上诉人(原审被告):黄某生

被上诉人(原审被告):黄某付

被上诉人(原审被告):黄某太

被上诉人(原审被告):黄某亿

原审被告:黄某兴

【基本案情】

上诉人黄某湘诉称:一、截至2014年3月31日,新山达公司的净资产为7,550,000元(资产总额52,250,000元－总负债44,700,000元),而新山达公司在

2014年转让给湖南天沅化工有限公司（以下简称天沅化工）时的转让价格为53,800,000元，且天沅化工已支付45,700,000元转让款，新山达公司的资产足以支付全部负债。但在法院执行阶段，新山达公司仍有26,966,227元的债务没有清偿，以上事实明显可以看出新山达公司的股东滥用股东权利，侵占或挪用了公司的转让款。二、根据《公司法》第20条、第21条的规定和最高人民法院发布的相关典型案例（沙港公司诉开天公司执行分配方案异议案），黄某文、黄某国、黄某生、黄某付、黄某太、黄某亿等人作为新山达公司的股东滥用股东权利，应承担赔偿责任，并且黄某文、黄某国、黄某生、黄某付、黄某太、黄某亿等人作为新山达公司股东的债权应当劣后于与非股东债权的偿还。三、黄某湘在起诉时优先采取了财产保全措施，根据《民事诉讼法解释》第516条的规定，法院在处理该被保全财产时应当按照保全的先后顺序清偿。综上所述，黄某文、黄某国、黄某生、黄某付、黄某太、黄某亿等人对新山达公司的债权作为劣后债权，在黄某湘等非股东债权未获清偿的情况下，无权参与分配新山达公司的资产，请求二审支持黄某湘的上诉请求。

被上诉人黄某文、黄某国、黄某生、黄某付、黄某太、黄某亿辩称：一、新山达公司经全体股东会决议将公司资产作价53,800,000元转让给天沅化工，并委托黄某文、黄某国、黄某生处理公司资产转让交接事宜，黄某文等股东在股东会决议表决签字的行为符合公司法规定和公司的章程，并没有擅自处置公司资产，损害公司及其他债权人的利益，而且黄某湘没有提供证据证明黄某文等股东侵占、挪用了公司资产；二、黄某文等人已经足额履行了出资义务，黄某文等人与黄某湘对新山达公司的债权均为普通债权，无偿还先后顺序之分，我国法律亦未明文规定非股东债权优先于股东债权清偿，因此，应当依照一审法院作出的执行分配方案所确定的比例进行清偿；三、《民事诉讼法解释》第516条适用的前置程序是"当事人不同意移送破产或者被执行人住所地人民法院不受理破产案件"，黄某湘未提交证据证明债权人和债务人均不同意移送破产，或者宜章县人民法院不受理该破产案件，黄某湘应承担举证不能的不利后果。综上，黄某湘的上诉请求及理由均不能成立，一审认定事实清楚，适用法律正确，请求二审驳回上诉，维持原判。

法院查明，宜章县人民法院已生效的（2017）湘1022民初716号民事判决认定黄某文、黄某国、黄某生、黄良忠、黄某亿、黄某太、黄某付、黄某、黄某元等九名股东怠于履行清算义务以及滥用公司法人独立地位和股东有限责任，逃避债务，严重损害了公司债权人的利益，判决黄某文、黄某国、黄某生、黄某付、黄某太、黄某亿对新山达公司在宜章县人民法院（2015）宜民二初字第385号民事判决中确定的应向黄某湘清偿的债务承担连带清偿责任。二审查明的其他事实与一审法院查明的事实一致。

【案件争点】

针对新山达公司的执行款,黄某文、黄某国、黄某生、黄某付、黄某太、黄某亿作为新山达公司的股东,能否与外部债权人同等的参与分配。

【裁判要旨】

法院认为,本案系执行分配方案异议之诉。因宜章县人民法院已生效的(2017)湘1022民初716号民事判决认定黄某文、黄某国、黄某生、黄良忠、黄某亿、黄某太、黄某付、黄某、黄某元等九名股东怠于履行清算义务以及滥用公司法人独立地位和股东有限责任,逃避债务,严重损害了公司债权人的利益。根据《公司法》第20条第3款的规定,公司股东滥用公司法人独立地位和股东有限责任,逃避债务,严重损害公司债权人利益的,应当对公司债务承担连带责任。由于新山达公司的外部债务尚未完全清偿,黄某文、黄某国、黄某生、黄某付、黄某太、黄某亿作为新山达公司的股东仍应当对新山达公司的债务承担连带责任,因此,对法院执行新山达公司的执行款,黄某文、黄某国、黄某生、黄某付、黄某太、黄某亿显然不能与外部债权人同等的参与分配。宜章县人民法院作出的黄某茂等22人对新山达公司系列案执行款的分配方案违反法律规定,应予以撤销。黄某湘认为黄某文、黄某国、黄某生、黄某付、黄某太、黄某亿应劣后于黄某湘参与分配新山达公司财产的上诉理由成立,法院予以支持。

例案二 | 黄某华与黄某文等执行分配方案异议案

【法院】

湖南省郴州市中级人民法院

【案号】

(2017)湘10民终1232号

【当事人】

上诉人(原审原告):黄某华

被上诉人(原审被告):黄某文

被上诉人(原审被告):黄某国

被上诉人(原审被告):黄某生

被上诉人(原审被告):黄某付

被上诉人(原审被告):黄某太

被上诉人(原审被告):黄某亿

原审被告:黄某兴

【基本案情】

黄某华诉称:一、截至2014年3月31日,新山达公司的净资产为7,550,000元(资产总额52,250,000元 - 总负债44,700,000元),而新山达公司在2014年转让给湖南天沅化工有限公司(以下简称天沅化工)时的转让价格为53,800,000元,且天沅化工已支付45,700,000元转让款,新山达公司的资产足以支付全部负债。但在法院执行阶段,新山达公司仍有26,966,227元的债务没有清偿,以上事实明显可以看出新山达公司的股东滥用股东权利,侵占或挪用了公司的转让款。二、根据《公司法》第20条、第21条的规定和最高人民法院发布的相关典型案例(沙港公司诉开天公司执行分配方案异议案),黄某文、黄某国、黄某生、黄某付、黄某太、黄某亿等人作为新山达公司的股东滥用股东权利,应承担赔偿责任,并且黄某文、黄某国、黄某生、黄某付、黄某太、黄某亿等人作为新山达公司股东的债权应当劣后于与非股东债权的偿还。三、黄某华在起诉时优先采取了财产保全措施,根据《民事诉讼法解释》第516条的规定,法院在处理该被保全财产时应当按照保全的先后顺序清偿。综上所述,黄某文、黄某国、黄某生、黄某付、黄某太、黄某亿等人对新山达公司的债权作为劣后债权,在黄某华等非股东债权未获清偿的情况下,无权参与分配新山达公司的资产,请求二审支持黄某华的上诉请求。

黄某文、黄某国、黄某生、黄某付、黄某太、黄某亿辩称:一、新山达公司经全体股东会决议将公司资产作价53,800,000元转让给天沅化工,并委托黄某文、黄某国、黄某生处理公司资产转让交接事宜,黄某文等股东在股东会决议表决签字的行为符合公司法规定和公司的章程,并没有擅自处置公司资产,损害公司及其他债权人的利益,而且黄某华没有提供证据证明黄某文等股东侵占、挪用了公司资产;二、黄某文等人已经足额履行了出资义务,黄某文等人与黄某华对新山达公司的债权均为普通债权,无偿还先后顺序之分,我国法律亦未明文规定非股东债权优先于股东债权清偿,因此,应当依照一审法院作出的执行分配方案所确定的比例进行清偿;三、《民事诉讼法解释》第516条适用的前置程序是"当事人不同意移送破产或者被执行人住所地人民法院不受理破产案件",黄某华未提交证据证明债权人和债务人均不同意移送破产,或者宜章县人民法院不受理该破产案件,黄某华应承担举证不能的不利后果。综上,黄某华的上诉请求及理由均不能成立,一审认定事实清楚,适用法律正确,请求二审驳回上诉,维持原判。

法院二审查明,宜章县人民法院已生效的(2017)湘1022民初717号民事判决认定黄某文、黄某国、黄某生、黄某某、黄某亿、黄某太、黄某付、黄某、黄某甲等九名股东怠于履行清算义务以及滥用公司法人独立地位和股东有限责任,逃避债务,严重损害了公司债权人的利益,判决黄某文、黄某国、黄某生、黄某付、黄某太、黄某亿对新山达公司在宜章县人民法院(2015)宜民二初字第860号民事判决中确定的应向黄某华清偿的债务承担连带清偿责任。二审查明的其他事实与一审法院查明的事实一致。

【案件争点】

针对新山达公司的执行款,黄某文、黄某国、黄某生、黄某付、黄某太、黄某亿作为新山达公司的股东,能否与外部债权人同等的参与分配。

【裁判要旨】

法院认为,本案系执行分配方案异议之诉。因宜章县人民法院已生效的(2017)湘1022民初717号民事判决认定黄某文、黄某国、黄某生、黄某某、黄某亿、黄某太、黄某付、黄某、黄某甲等九名股东怠于履行清算义务以及滥用公司法人独立地位和股东有限责任,逃避债务,严重损害了公司债权人的利益。根据《公司法》第20条第3款的规定,公司股东滥用公司法人独立地位和股东有限责任,逃避债务,严重损害公司债权人利益的,应当对公司债务承担连带责任。由于新山达公司的外部债务尚未完全清偿,黄某文、黄某国、黄某生、黄某付、黄某太、黄某亿作为新山达公司的股东仍应当对新山达公司的债务承担连带责任,因此,对法院执行新山达公司的执行款,黄某文、黄某国、黄某生、黄某付、黄某太、黄某亿显然不能与外部债权人同等的参与分配。宜章县人民法院作出的黄某茂等22人对新山达公司系列案执行款的分配方案违反法律规定,应予以撤销。黄某华认为黄某文、黄某国、黄某生、黄某付、黄某太、黄某亿应劣后于黄某华参与分配新山达公司财产的上诉理由成立,法院予以支持。

例案三 | 白某某与王某某与曾某文执行分配方案异议案

【法院】

海口市龙华区人民法院

【案号】

(2015)龙民一初字第 666 号

【当事人】

原告:白某某

被告:王某某

【基本案情】

原告诉称,原告与被告曾某文借款合同纠纷执行一案,业经海口市中级人民法院作出的(2014)海中法执字第 242 号《执行裁定书》裁定由龙华区法院执行,并参与龙华区法院处置曾某文名下海南誉鑫房地产开发有限公司(以下简称誉鑫公司)10%股权财产的分配,法院依法予以受理,执行案号为(2014)龙执字第 2229 号。龙华区法院同时另案执行的还有申请执行人王某某与被执行人曾某文民间借贷纠纷案[执行案号(2012)龙执字第 1325 号]、申请执行人黎某华、谭某、谭某峰与被执行人曾某文房屋买卖合同纠纷案[执行案号(2013)龙执字第 4704 号]、申请执行人阮某康与被执行人曾某文民间借贷纠纷案[执行案号(2013)龙执字第 3629 号]。龙华区法院在执行过程中,将曾某文目前唯一可供执行的财产即名下的誉鑫公司 10%股权进行依法拍卖,所得价款××元,扣除评估费、公告费等费用外,实际剩余可分配款项××元。2015 年 1 月 9 日,龙华区法院作出(2012)龙执字第 1325 号《关于对被执行人曾某文财产拍卖款的分配方案》,告知上述申请执行人拟按照各申请执行人查封涉案股权的先后顺序优先受偿,并征求各申请执行人意见。原告在法定期限内提出书面异议并主张按照各债权人占全部申请参与分配债权数额的比例受偿分配,被告王某某针对原告提出的异议提出反对意见。申请执行人黎某华、谭某、谭某峰、阮某康目前未提出反对意见。原告认为,对实际剩余可分配款项××元应按照各债权人占全部申请参与分配债权数额的比例受偿分配,既符合法律、司法解释规定,又与最高院公布的指导判例相一致,同时又确保各债权人能公平合理地实现相关权益。

被告王某某辩称,(2012)执字第 1325 号《分配方案》符合当时的法律规定。为王某某诉被告曾某文借款纠纷一案,王某某曾于 2011 年 3 月 7 日向法院申请保全曾某文名下誉鑫公司 10%股权,法院据此做出裁定,查封了该部分股权。后王某某于 2011 年 3 月 16 日向法院起诉,案件经过一审、二审,2012 年 4 月 18 日由海口市中级人民法院作出终审判决,判令曾某文向王某某偿还欠款并赔偿损失。后王某某向法院申请执行,进入执行程序,并对查封的曾某文名下的誉鑫公司 10%

的股权进行了评估拍卖。《执行工作规定(试行)》第88条规定:多份生效法律文书确定金钱给付内容的多个债权人分别对同一被执行人申请执行,各债权人对执行标的均无担保物权的,按照法院采取执行措施的先后顺序受偿。王某某诉曾某文借款纠纷一案先于原告诉曾某文借款纠纷一案进入执行程序并对执行财产采取执行措施,因此根据上述规定,对于曾某文财产的分配其债权应优先受偿。原告要求按债权比例分配不符合上述规定。最高人民法院关于民诉法的司法解释是2015年2月4日生效的,《分配方案》是2015年1月9日作出的,当时司法解释并未生效,法院按最高人民法院《执行工作规定(试行)》第88条,按照采取执行措施的先后进行分配,符合当时的法律规定。白某某与曾某文同为誉鑫公司股东,其借款债权不应与其他债权人的债权同等顺位受偿。最高人民法院2015年3月31日发布四起典型案例,其中"沙港公司诉开天公司执行分配方案异议案"中,最高法院首次引入了美国判例法中的"深石原则",在阐述其典型意义时明确指出"若允许出资不实的问题股东就其对公司的债权与外部债权人处于同等受偿地位,既会导致对公司外部债权人不公平结果,也与公司法对于出资不实股东课以的法律责任相悖"。最高人民法院借鉴"深石原则"的目的,是防止股东利用其特殊地位虚构债务,损害公司外部债权人的利益。本案中曾某文与白某某同为誉鑫公司股东,根据最高人民法院上述指导性案例的精神,白某某的债权不应与王某某的债权同等受偿。

经审理查明,因原告与被告曾某文借款纠纷一案,海口市中级人民法院于2013年4月22日作出(2013)海中法民二初字第13号《民事调解书》,内容为:"一、曾某文确认截至白某某起诉之日,曾某文欠白某某人民币××万元整。其中包括白某某代为垫付股权转让金××万元、利息××万元及违约金××万元;曾某文自签收本调解书之日起七日内向白某某偿还上述欠款××万元;二、本案案件受理费××元减半收取××元,由白某某承担。白某某可向本院申请清退××元。"2014年8月19日,海口市中级人民法院作出(2014)海中法执字第242号《执行裁定书》,裁定(2013)海中法民二初字第13号《民事调解书》由本院执行。本院于2014年8月26日立案后,于2014年12月13日作出(2014)龙执字第2229号《执行裁定书》,以该案在执行过程中,没有发现被执行人可供执行的财产,申请执行人也未能提供被执行人可供执行的财产线索为由,裁定终结对海口市中级人民法院(2013)海中法民二初字第13号《民事调解书》的执行程序。

另查,因被告王某某与被告曾某文民间借贷纠纷一案,王某某于2011年3月7

日向本院申请诉前保全，查封了曾某文拥有的誉鑫公司 10% 的股权。同年 3 月 16 日，王某某向本院起诉请求曾某文偿还借款 × × 万元及利息。本院于 2011 年 8 月 15 日作出(2011)龙民一初字第 881 号《民事判决书》，判决驳回了王某某的诉讼请求。判后王某某上诉，海口市中级人民法院于 2012 年 4 月 18 日作出(2012)海中法民一终字第 241 号《民事判决书》，撤销了本院(2011)龙民一初字第 881 号《民事判决书》，限曾某文向王某某偿还借款 × × 万元及利息(利息自 2011 年 2 月 1 日起至判决限定履行之日止，按中国人民银行规定的同期 6 个月以内流动资金贷款利率的四倍计算)。后因曾某文未依判决书履行支付义务，王某某即向本院申请执行，即本院(2012)龙执字第 1325 号执行案件。本院在执行过程中经三次拍卖曾流文在誉鑫公司拥有的 10% 股权，成交价款为 × × 元，扣除诉讼费 × × 元、评估费 × × 元、公告费 × × 元，实际剩余可分配款项为 × × 元。

【案件争点】

债务人实际剩余可分配款项是否应按照各债权人占全部申请参与分配债权数额的比例受偿分配。

【裁判要旨】

法院认为，当事人对自己提供的诉讼请求所依据的事实或者反驳对方诉讼请求所依据的事实有责任提供证据加以证明。没有证据或者证据不足以证明当事人的事实主张的，由负有举证责任的当事人承担不利后果。原告主张应根据《执行工作规定(试行)》第 90 条以及第 94 条规定进行被执行人财产的分配。依照上述条款进行执行财产分配的前提应为被执行人其全部或主要财产已被人民法院因执行确定金钱给付的生效法律文书而查封、扣押或冻结，无其他财产可供执行或其他财产不足清偿全部债务，而在本案中，两个案件均为民间借贷案件，均未对曾某文在誉鑫公司拥有的股权拥有质权，原告未能举证证明曾某文在誉鑫公司拥有的股权为其唯一可执行的财产，应承担不利的法律后果。故原告的主张没有事实和法律依据，法院不予支持。

三、裁判规则提要

2015 年 3 月 31 日最高人民法院公布的典型案例“沙港公司诉开天公司执行分配方案异议案”以较为明确的表述，在一定程度上承认了美国破产法上“衡平居次规则”。本类案件当事人对执行分配方案的“主要争议在于，出资不实股东因向公司外部债权人承担出资不实的股东责任并被扣划款项后，能否以其对于公司的债权与外部债权人就上述款项进行分配”。对此,“我国法律尚未明确规定,而美国历史上深石案所确立的衡平居次原则对本案的处理具有一定的借鉴意义。在该类案件的审判实践中,若允许出资不实的问题股东就其对公司的债权与外部债权人处于同等受偿顺位,既会导致对公司外部债权人不公平的结果,也与公司法对于出资不实股东课以的法律责任相悖。经过衡量,最终否定了出资不实股东进行同等顺位受偿的主张,社会效果较好,对同类案件的处理也有较好的借鉴意义”。[①]

四、辅助信息

高频词条:

《公司法》

第 3 条 公司是企业法人,有独立的法人财产,享有法人财产权。公司以其全部财产对公司的债务承担责任。有限责任公司的股东以其认缴的出资额为限对公司承担责任;股份有限公司的股东以其认购的股份为限对公司承担责任。

第 20 条 公司股东应当遵守法律、行政法规和公司章程,依法行使股东权利,不得滥用股东权利损害公司或者其他股东的利益;不得滥用公司法人独立地位和股东有限责任损害公司债权人的利益。

公司股东滥用股东权利给公司或者其他股东造成损失的,应当依法承担赔偿责任。

公司股东滥用公司法人独立地位和股东有限责任,逃避债务,严重损害公司债权人利益的,应当对公司债务承担连带责任。

第 21 条 公司的控股股东、实际控制人、董事、监事、高级管理人员不得利用其关联关系损害公司利益。

违反前款规定,给公司造成损失的,应当承担赔偿责任。

① 沙港公司诉开天公司执行分配方案异议案,载人民法院网:https://www.chinacourt.org/article/detail/2015/03/id/1576570.shtml,2015 年 3 月 31 日最后访问。

破产纠纷案件裁判规则第 12 条：

破产管理人对于不动产租赁合同具有选择履行权，即使租赁人已支付租金，租期未满时破产管理人亦可以选择解除租赁合同

〔**规则描述**〕：《企业破产法》第 18 条第 1 款规定："人民法院受理破产申请后，管理人对破产申请受理前成立而债务人和对方当事人均未履行完毕的合同有权决定解除或者继续履行，并通知对方当事人。管理人自破产申请受理之日起二个月内未通知对方当事人，或者自收到对方当事人催告之日起三十日内未答复的，视为解除合同。"法律赋予破产管理人于选择履行权，被申请破产企业的不动产出租给承租人，承租人支付租金而租赁合同未到期时，管理人可以选择解除租赁合同。

一、类案检索大数据报告

时间：2019 年 8 月 16 日之前，案例来源：Alpha 案例库，案件数量：446 件，数据采集时间：2019 年 8 月 16 日，本次检索获取 2019 年 8 月 16 日前共 446 篇裁判文书，整体情况如图 12－1 所示。从是否认同破产管理人可以解除租赁合同的角度来看，认同的案件 389 件，占比约 87%；不认同的案件 31 件，占比约 7%；不相关的案件 26 件，占比约 6%。

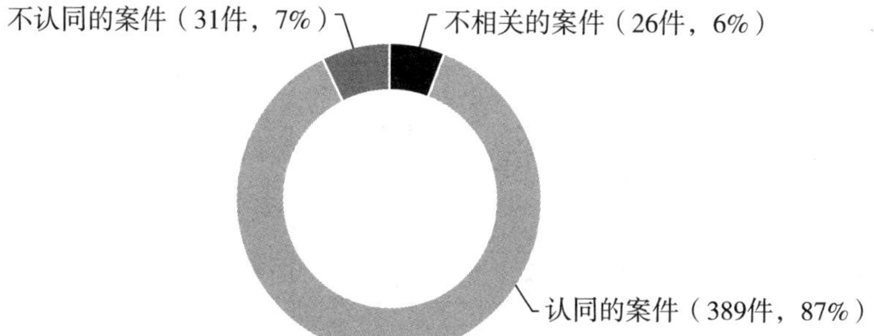

图 12－1　是否认同破产管理人可以解除租赁合同

如图 12－2 所示，从案件年份分布情况可以看出当前条件下合同纠纷案例数量的变化趋势。

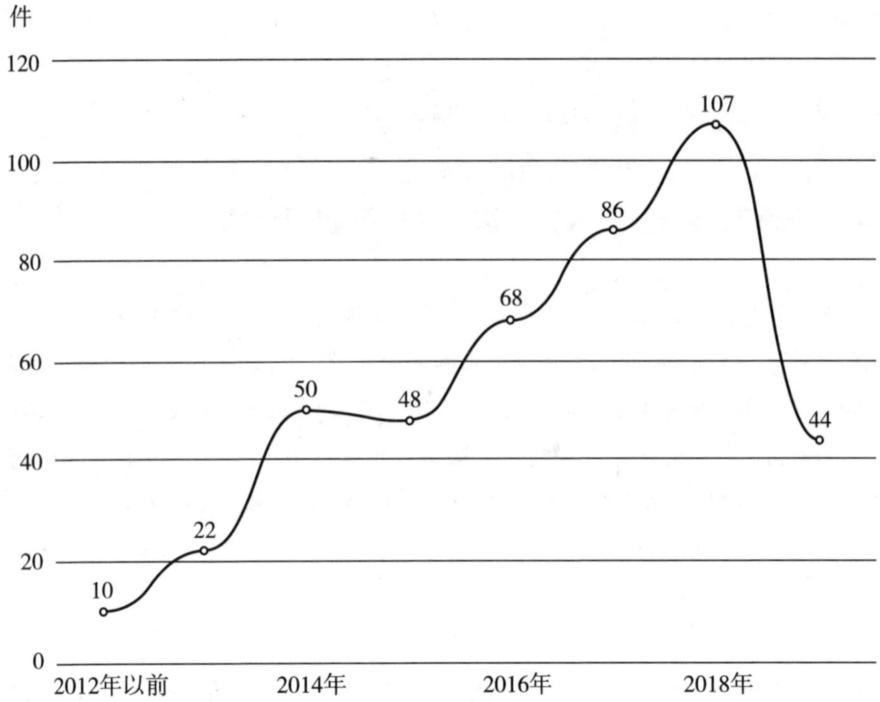

图 12 - 2　案件年份分布情况

如图 12 - 3 所示,从案件地域主要分布情况来看,当前合同纠纷案例主要集中在江苏省、湖南省、浙江省,分别占比为 23.32%、11.21%、9.42%。其中,江苏省的案件量最多,达到 104 件。

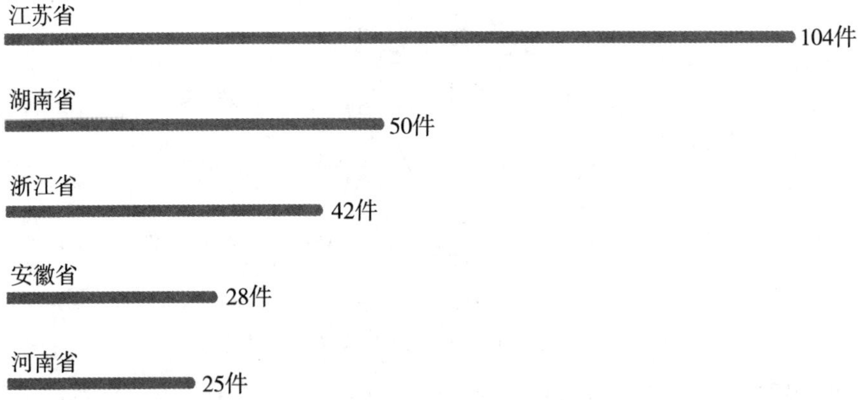

图 12 - 3　案件地域主要分布情况

如图12－4所示，从案件案由分类情况可以看出，合同纠纷当前最主要的案由是租赁合同纠纷，有329件，占一半以上，其次是其他案由，确认合同效力纠纷，融资租赁合同纠纷，借款合同纠纷。

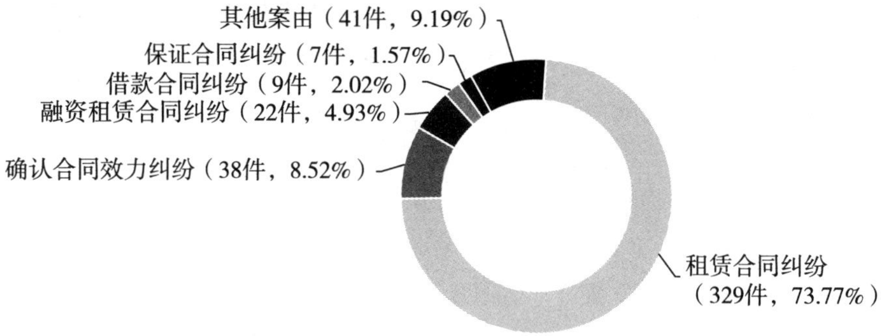

图12－4　案件案由分类情况

二、可供参考的例案

例案一　绍兴市金灵文具有限公司、绍兴市清灵文具制品有限公司房屋租赁合同纠纷案

【法院】

浙江省绍兴市中级人民法院

【案号】

(2017)浙06民终4175号

【当事人】

上诉人(原审被告)：绍兴市金灵文具有限公司

被上诉人(原审原告)：绍兴市清灵文具制品有限公司

【基本案情】

上诉人绍兴市金灵文具有限公司(以下简称金灵公司)上诉请求：一、依法改判(2016)浙0602民初10925号民事判决书第2项判决内容，即上诉人金灵公司应于一审判决生效后30日内腾空位于皋北北大桥东侧厂区内北面两幢综合楼的1～2层、2幢厂房、钢棚、6幢厂房、7幢配电房，并返还给被上诉人绍兴市清灵文具制品有限公司(以下简称清灵公司)，改判为腾空2#厂房、钢棚、6#厂房、7#配电房。二、上诉费用由被上诉人负担。事实与理由：一、上诉人金灵公司因帮助被上诉人

清灵公司承担620万元银行贷款债务,故双方签订了《厂房租赁合同》,上诉人金灵公司取得被上诉人清灵公司厂区内东面约2000平方米的2号办公楼和南面约2000平方米的车间,系善意取得。且无证的办公楼,被上诉人清灵公司不能提供其权属证明,无权主张腾退;二、一审判决主文与一审诉请不完全一致,将2#厂房、6#厂房、7#配电房错判成2幢厂房、6幢厂房、7幢配电房,与事实不符。

清灵公司答辩称:上诉人金灵公司的上诉理由没有事实与法律依据,一审判决应依法维持。一、2号综合楼确系被上诉人清灵公司所建,因未付清工程款而未能竣工验收,所以尚未办理权证,但这并不影响被上诉人清灵公司对该建筑物享有相应的权利。上诉人金灵公司法定代表人诸某舟是被上诉人清灵公司法定代表人诸某庆之子,金灵公司是清灵公司为规避债务而设立的关联企业,其非常清楚清灵公司的资产状况,故金灵公司关于部分建筑物权属问题的理由不能成立。二、关于上诉人金灵公司提出因债务承担而善意取得的房屋不予腾退,本案是因合同解除并基于排除妨碍而请求腾退,合同解除的事实一审已经进行确认,上诉人没有提出异议。上诉人所说的是非抵押部分,处于抵押物之上,需要一并处置,管理人出于保护债权人的整体利益,对外行使合同解除权。三、关于善意取得,没有法律依据,其继续占有房屋没有合法依据。

根据上述认定事实,清灵公司与金灵公司的15年期《厂房租赁合同》尚未届满。根据《企业破产法》第18条第1款"人民法院受理破产申请后,管理人对破产申请前成立而债务人和对方当事人均未履行完毕的合同有权决定解除或者继续履行,并通知对方当事人。管理人自破产申请受理之日二个月内未通知对方当事人,或者自收到对方当事人催告之日起三十日内未答复的,视为解除合同"的规定,法律赋予了破产企业管理人有选择解除合同或继续履行合同的权利,以求实现处理破产企业资产的价值最大化。清灵公司的破产管理人决定解除与金灵公司之间的房屋租赁合同,但其提供的证据不足以证明其在起诉前已向金灵公司行使法定解除权的事实,而清灵公司于2016年11月9日向该院起诉,以法定解除租赁关系为由要求金灵公司腾退占用房屋,应视为清灵公司管理人向金灵公司发出的要求解除合同的意思表示,故该院确认双方当事人之间的房屋租赁合同于该案副本送达日即2016年11月24日解除。在上述合同解除后,根据相关法律规定,属于租赁合同项下的金灵公司实际占有使用的房屋应恢复原状,非合同项下的占用房屋系被告无权占有,故对清灵公司要求金灵公司腾空其实际占有使用的位于皋北北大桥东侧厂区内北面两幢综合楼的实际占用部分(1~2层)、2幢厂房、6幢厂房、钢棚、7幢配电房的诉请，证据充分，于法有据，该院予以支持。关于金灵公司提出的清灵公司无权要求腾退无产权证部分房屋的抗辩意见，依据不足，该院不予采纳。综上，依照《企业破产法》第18条第1款，《合同法》第97条、第98条之规定，判决：一、确认清灵公司与金灵公司签订的《厂房租赁合同》于2016年11月24日解除；二、金灵公司应于本判决生效后30日内腾空位于皋北北大桥东侧厂区内北面两幢综合楼的1～2层、2幢厂房、钢棚、6幢厂房、7幢配电房，并返还给清灵公司；三、驳回清灵公司的其他诉讼请求。案件受理费依法收取80元，由金灵公司负担，于判决生效之日起7日内付清。

【案件争点】

上诉人金灵公司是否应当腾退皋北北大桥东侧厂区内北面两幢综合楼的1～2层。

【裁判要旨】

法院认为：上诉人金灵公司实际占有使用该房屋的1～2层，系无权占有，应当予以腾退并返还。东侧综合楼系案涉《厂房租赁合同》项下租赁物，该合同约定租期15年，截至2030年4月30日，目前尚未履行完毕。现破产管理人为求实现处理破产企业资产的价值最大化，依据《企业破产法》第18条第1款之规定，行使合同解除权，并要求上诉人金灵公司腾退房屋，于法有据，应予支持。关于上诉人所称占用相关建筑物系善意取得，因本案系房屋租赁合同纠纷，不适用善意取得制度。关于上诉人所称原审判决文字表述存在问题，原审判决关于“2幢厂房、钢棚、6幢厂房、7幢配电房”的表述符合日常用语，不存在误解。

例案二 重庆长安群力汽车配件有限公司与重庆上熙汽车配件有限公司房屋租赁合同纠纷案

【法院】

重庆市第一中级人民法院

【案号】

(2016)渝01民终1926号

【当事人】

上诉人(原审被告)：重庆上熙汽车配件有限公司

被上诉人(原审原告)：重庆长安群力汽车配件有限公司

【基本案情】

重庆长安群力汽车配件有限公司(以下简称群力公司)诉称,2014年8月15日,群力公司与重庆上熙汽车配件有限公司(以下简称上熙公司)签订了《房屋及场地租赁合同》,约定群力公司将位于重庆市江北区劳动村的房屋及其现有厂区的场地租赁给上熙公司使用;期限3年,截至2017年8月14日;租金包干为7万元/月,总计租金为28万元/季度,当季第一个月的15天前支付。2014年11月4日,群力公司被江北区人民法院裁定受理其破产清算申请;此时,双方均未履行完毕上述合同。根据《企业破产法》第18条的相关规定,群力公司的破产管理人对群力公司未履行完毕的合同,有权决定解除或者继续履行。经过管理人调查核实,因上熙公司支付租金的方式是直接支付给群力公司债权人徐某菊,其用租赁的方式达到对徐某菊个别清偿的目的。管理人认为此行为侵害了其他债权人的合法权益,已于2015年6月30日向上熙公司送达了解除房屋及场地租赁合同的《通知书》,以及要求上熙公司在3日内向管理人交付解除合同项下的厂房及机器设备等的《通知书》;并告知上熙公司,如有异议请于3日内向管理人书面提出。但是上熙公司于2015年7月17日才提出异议,且经管理人核实,上熙公司的异议理由不成立。群力公司与上熙公司的合同在管理人将解除通知送达上熙公司时已经解除。因合同已经解除,上熙公司应当立即向群力公司返还合同所涉的房屋及场地。但上熙公司至今仍将其强行占有,拒不交还。综上所述,起诉至法院请求:上熙公司及时向群力公司交付《房屋及场地租赁合同》项下的房屋及场地。

上熙公司辩称:1. 双方签订的租赁合同尚未到期,该合同为有效合同,群力公司无权要求上熙公司归还房屋及场地。2. 群力公司无权解除合同,故其向上熙公司发出的解除合同通知书不能直接发生解除的法律效力;且上熙公司也及时提出了异议,合同是否解除,应由司法机关裁决。3. 群力公司和房屋产权人的租赁合同已经到期,故群力公司无权要求上熙公司返还房屋及场地,应由产权人进行主张。4. 该厂区和房屋内还有上熙公司大量资产设备,由于群力公司的工人阻碍,导致我方无法搬走该资产设备;因此,群力公司要求上熙公司交付厂房是不合理的。

法院查明,2014年7月15日,群力公司与上熙公司签订《房屋及场地租赁合同》。该合同约定,群力公司将位于重庆市江北区劳动村的房屋及群力公司现有厂区的场地租赁给上熙公司使用;其中,包含重庆长安工业(集团)有限责任公司(以下简称长安公司)出租给群力公司的房屋(建筑面积6,865.58平方米)及群力公司自行搭建的全部无证房屋;租赁物的功能为生产、经营用房等。合同确定的租赁期限为3年，自2014年8月15日至2017年8月14日止；在本协议签订后至2014年8月15日期间，上熙公司可在租赁场地堆放物资、设备等。租金包干计7万元/月，总计租金为28万元/季度；租金支付方式为上熙公司直接支付给群力公司债权人徐某菊，用于清偿群力公司所欠徐某菊借款债务；当季第1个月的15天前支付。

2014年11月4日，群力公司因负债巨大不能清偿到期债务，向江北区人民法院申请破产清算，并由该院依法裁定受理。2015年6月9日，法院作出(2014)江法民破字第00003号《决定书》，指定重庆丽达律师事务所担任群力公司的管理人。2015年9月17日，法院又作出(2014)江法民破字第00003－2号《民事裁定书》，裁定自2015年10月1日起对群力公司进行重整。

2015年6月25日，重庆长安群力汽车配件有限公司破产管理人(××)向上熙公司送达《通知书》，通知上熙公司，其依据《企业破产法》第18条之规定，决定解除2014年7月15日签订的《房屋及场地租赁合同》；并告知上熙公司如因合同解除产生损失的，可以损害赔偿请求权向管理人申报债权。同日，管理人还向上熙公司送达另外一份《通知书》，要求上熙公司在接到通知后3日内，将其占有群力公司位于重庆市江北区劳动村的房屋、自行搭建的无证房屋及群力公司承租的长安公司的厂房，以及上述厂区房屋内的机器设备、原材料、办公设备、资料等资产，交付于管理人；并告知上熙公司可就上述事项在3日内书面提出异议。前述两份《通知书》首页均有“收到；李××；2015.6.30”字样，群力公司陈述其系于2015年6月30日前往涉讼房屋地址送达通知，签收人“李××”是上熙公司值班保安。上熙公司认可收到了两份通知，但具体时间已记不清。

2015年7月3日，上熙公司以电子邮件形式向管理人发送异议书，就管理人要求其交付房屋、场地及资产的通知提出异议。2015年7月17日，上熙公司再次就前述事项向管理人发送《异议书》。上熙公司关于本案涉讼房屋及场地提出的异议，主要为其认为该房屋及场地的合法权利人是长安公司，故只有长安公司才有权要求收回；同时，该厂区和房屋内还有上熙公司大量资产、设备和材料无法运出，不同意移交厂区和房屋。

一审审理中，群力公司另举示一份其与长安公司于2014年2月18日签订《房屋租赁合同》(复印件)，该合同约定长安公司将位于重庆市江北区劳动村的部分用房租赁给群力公司使用，租赁房屋建筑面积为6865.58平方米(附有明细清单)；租赁期限为1年，自2014年1月1日起至2014年12月31日止；群力公司不可将租赁物进行转租(门面除外)。上熙公司质证称无法确认该证据的真实性，同时认为该合同已经到期,涉讼房屋的产权人不是群力公司而是长安公司,故群力公司无权要求返还房屋。

【案件争点】

群力公司与上熙公司签订的《房屋及场地租赁合同》是否可以解除。

【裁判要旨】

法院认为:人民法院受理破产申请后,管理人对破产申请受理前成立而债务人和对方当事人均未履行完毕的合同有权决定解除或者继续履行,并通知对方当事人;管理人自破产申请受理之日起2个月内未通知对方当事人,或者自收到对方当事人催告之日起30日内未答复的,视为解除合同。关于合同是否解除的问题,法院认为,群力公司与上熙公司签订了《房屋及场地租赁合同》,合同已经实际履行。群力公司的破产管理人依据法律规定,通知上熙公司解除该合同。合同自该通知抵达上熙公司之日起即告解除。故上熙公司的上诉理由不成立,法院不予支持。

关于群力公司能否要求上熙公司返还租赁物的问题。法院认为,上熙公司取得讼争房屋及场地的使用权系依据其与群力公司之间签订的《房屋及场地租赁合同》,上熙公司未举示证据证明其与产权人重庆长安工业(集团)有限责任公司具有法定或约定的可以占有使用该房屋及场地的情形。合同解除后,上熙公司即无权占有本案讼争的房屋及场地,依据合同的相对性,应及时向出租人返还租赁物。故,上熙公司的上诉理由不成立,法院不予支持。

关于上熙公司认为群力公司阻碍其搬迁的问题。法院认为,当事人对自己提出的诉讼请求所依据的事实有责任提供证据加以证明,没有证据或者证据不足以证明其事实主张的,由负有举证责任的当事人承担不利后果。上熙公司未举示证据证明群力公司阻碍其搬迁。因此,上熙公司的上诉理由不成立,法院不予支持。

例案三 重庆景华汽车配件制造有限公司与中国移动通信集团重庆有限公司大足分公司房屋租赁合同纠纷案

【法院】

重庆市第一中级人民法院

【案号】

(2017)渝01民终2425号

【当事人】

上诉人（原审被告）：中国移动通信集团重庆有限公司大足分公司

被上诉人（原审原告）：重庆景华汽车配件制造有限公司

【基本案情】

2015年4月22日，中国移动通信集团重庆有限公司大足分公司（以下简称中国移动大足分公司）与案外人贺某华签订房屋租赁合同一份，合同约定中国移动大足分公司（承租方，乙方）向贺某华（出租方，甲方）租用位于重庆市双桥区双路镇景华汽车配件有限公司（以下简称景华公司）8楼和楼顶（建筑面积168.32平方米，实际使用面积85平方米），租赁期限自2015年4月22日至2020年4月21日共计5年，租金为12,600元一年，5年租金63,000元一次性付清。2015年5月6日，贺某华向中国移动大足分公司出具发票一张，发票上载明收款方为贺某华。2015年5月12日，中国移动大足分公司向贺某华个人账户汇款63,000元，并注明汇款用途为"大足租赁费"。中国移动大足分公司占用涉案房屋用于安放移动通信设备至今。

另查明，景华公司的法定代表人为贺某华，景华公司于2015年6月16日经重庆市大足区人民法院（2015）足法民破（预）字第00001号民事裁定书裁定受理破产清算申请。2015年7月1日，重庆市大足区人民法院以（2015）足法民破字第00001－1号决定书指定重庆峡阳律师事务所担任重庆景华汽车配件制造有限公司破产清算管理人。2016年3月24日，重庆景华汽车配件制造有限公司破产管理人向涉案房屋租赁户发出书面通知，告知各房屋租赁户相关权利义务事宜。中国移动大足分公司占用的房屋系景华公司修建，目前主体及基础配套已经完成建设，但尚未取得相应的产权证书，也未取得相应的街道、门牌、楼栋编号。

中国移动大足分公司举示了景华公司出具的收据复印件一份，该复印件加盖中国移动大足分公司印章。该收据时间为2015年5月23日，注明中国移动大足分公司电费3730元，拟证明该公司与景华公司第二次建立租赁合同关系。景华公司破产管理人不认可该收据的真实性，不能证明景华公司是合同相对人。法院认为，该收据加盖了中国移动大足分公司印章，且内容与本案具有关联性，法院予以采信。

贺某华（甲方）与中国移动大足分公司（乙方）于2010年3月22日签订《房屋租赁合同》，约定乙方租用甲方房屋用于增设移动通信基站，房屋地址为双桥区双路镇中小企业园（重庆景华汽车配件制造有限公司），面积85平方米，租赁期限为

5年,从2010年3月22日起至2015年3月21日,乙方一次性给付甲方租金34,000元,支付方式为转账,中国移动大足分公司于2013年1月向贺某华支付上述租金。2011年5月10日,中国移动大足分公司(甲方)与景华公司(乙方)签订《水电分摊协议》,双方对甲方租用乙方房屋的用水、用电费用支付及甲方用电价格等进行了约定。该协议乙方加盖景华公司印章,经办人贺某华签名。景华公司于2015年8月18日向中国移动大足分公司出具4500元的收据并注明系电费。

【案件争点】

中国移动大足分公司占有涉案争议房屋是否系无权占有。

【裁判要旨】

中国移动大足分公司与贺某华于2015年4月22日签订的房屋租赁合同,不违反《合同法》第52条关于合同无效的规定。同时,涉案争议房屋至今未办理产权,贺某华在与中国移动大足分公司签订涉案房屋租赁合同之前,也于2010年与该公司签订了房屋租赁合同,约定将涉案争议房屋出租给中国移动大足分公司使用;且中国移动大足分公司与景华公司在2011年签订的《水电分摊协议》,以及中国移动大足分公司举示的2015年5月、8月的电费缴款收据,均表明景华公司对贺某华一直将该房屋出租给中国移动大足分公司的事实是清楚、确认的。综上,中国移动大足分公司与贺某华于2015年4月22日签订的房屋租赁合同合法有效,双方建立租赁合同关系,应当受到法律保护。租赁合同签订后,中国移动大足分公司即按照合同约定于2015年5月12日向贺某华一次性支付租金63,000元,该公司支付租金的义务已经履行完毕,故该公司系合法占有使用涉案争议房屋,应当受到法律保护。因此,一审认定中国移动大足分公司对涉案争议房屋系无权占有不当,应予纠正。

二审审理中,景华公司破产管理人关于重庆市大足区人民法院于2015年6月16日裁定受理景华公司破产申请,若双方建立租赁合同关系,则该租赁合同于2015年8月15日视为解除,中国移动大足分公司从2015年8月16日起占有房屋的行为系侵权行为的辩称理由,法院认为,《企业破产法》第18条规定:"人民法院受理破产申请后,管理人对破产申请受理前成立而债务人和对方当事人均未履行完毕的合同有权决定解除或者继续履行,并通知对方当事人。管理人自破产申请受理之日起二个月内未通知对方当事人,或者自收到对方当事人催告之日起三十日内未答复的,视为解除合同。"该规定关于破产管理人有权决定解除或者继续履行合同的前提是合同虽然在破产申请受理前成立但债务人和对方当事人均未履行完毕，而本案中中国移动大足分公司在破产申请受理前已经支付完毕租金，即该公司已经履行完毕合同义务，本案不符合上述法律适用的情形，故景华公司破产管理人上述辩称理由不能成立，法院不予支持。

三、裁判规则提要

企业进入破产程序后，仍然会由于之前的商事经营活动存在一些并未履行完毕的合同。这些合同是基于双方平等自愿而订立的。而合同一方进入破产程序后，由于企业不再进行商事经营活动，只由管理人开展与破产程序相关的事务，其进入破产程序前签订的合同如何处理，是否能够继续如约履行，对破产企业及其债权人和合同相对人而言十分重要。如果合同长期处于未置可否的状态会影响商事活动的稳定性。为了维护商事活动的确定性，确保各方损失最小化，我国《企业破产法》第 18 条赋予管理人合同选择履行权。所谓管理人选择履行权就是在企业进入破产程序后，企业管理人针对企业已经签订的待履行合同有权单方面决定是否解除或者继续履行合同的权利。

破产管理人是否能够行使选择履行权要看该规则的具体适用条件，《企业破产法》第 18 条第 1 款规定：“人民法院受理破产申请后，管理人对破产申请前成立而债务人和对方当事人均未履行完毕的合同有权决定解除或者继续履行，并通知对方当事人。管理人自破产申请受理之日二个月内未通知对方当事人，或者自收到对方当事人催告之日起三十日内未答复的，视为解除合同。”由此可见，管理人选择履行权的时间条件是“破产申请前成立”，这个是较为明确的，而法官和学者对于该规则的适用条件（“当事人均未履行完毕的合同”）的理解就大不相同了。有法官和学者指出：就租赁合同而言，出租人交付租赁物，承租人支付租金后即完成了合同的主要义务，应视为当事人均履行完毕合同，而认为出租人应尽的房屋修缮义务、租赁物的瑕疵担保义务均为附随义务，承租人应当承担的按照约定使用标的物也应当是附随义务。这种观点不尽全面，房屋修缮、按照约定使用房屋等义务也是合同履行的必要条件，特别是在出租人濒临破产之际，对于出租标的物可能缺少监管，承租人非合理使用或者非法转租，更可能给租赁合同的履行带来不小的影响，因此这些所谓的“附随义务”更应当视为合同履行中的重要环节，仅仅履行交付房屋和支付租金义务并不能视为合同履行完毕，而应当视为“当事人均未履行完毕的合同”。故而，该类租赁合同满足法律规定的适用条件，破产管理人具有选择履行权，即使租赁人已支付租金，租期未满时破产管理人亦可以选择解除租赁合同。

四、辅助信息

高频词条:

《企业破产法》

第18条 人民法院受理破产申请后,管理人对破产申请受理前成立而债务人和对方当事人均未履行完毕的合同有权决定解除或者继续履行,并通知对方当事人。管理人自破产申请受理之日起二个月内未通知对方当事人,或者自收到对方当事人催告之日起三十日内未答复的,视为解除合同。管理人决定继续履行合同的,对方当事人应当履行;但是,对方当事人有权要求管理人提供担保。管理人不提供担保的,视为解除合同。

第53条 管理人或者债务人依照本法规定解除合同的,对方当事人以因合同解除所产生的损害赔偿请求权申报债权。

《合同法》

第97条 合同解除后,尚未履行的,终止履行;已经履行的,根据履行情况和合同性质,当事人可以要求恢复原状、采取其他补救措施,并有权要求赔偿损失。

第219条 承租人未按照约定的方法或者租赁物的性质使用租赁物,致使租赁物受到损失的,出租人可以解除合同并要求赔偿损失。

破产纠纷案件裁判规则第 13 条：
破产管理人对于不动产租赁合同具有选择履行权，解除租赁合同给承租人造成损失的可以作为普通债权进行申报

〔**规则描述**〕：破产管理人依据《企业破产法》第 18 条赋予的选择履行权，解除租赁合同后，给承租人带来的损失应当给予赔偿，但基于出租企业已进入破产程序，因此损害赔偿款可以作为普通债权进行申报，而不能视为共益债务。

一、类案检索大数据报告

时间：2019 年 8 月 16 日之前，案例来源：Alpha 案例库，案件数量：184 件，数据采集时间：2019 年 8 月 16 日，本次检索获取了 2019 年 8 月 16 日前共 184 篇裁判文书如图 13－1 所示。从是否认同解除租赁合同后承租人损失作为普通债权申报的角度来看，认同的案件 156 件，占比约 84%；不认同的案件 14 件，占比约 8%；不相关案件 14 件，占比约 8%。

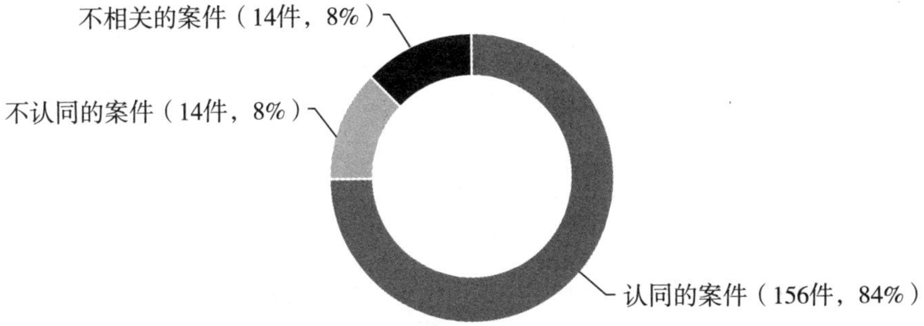

图 13－1　是否认同解除租赁合同后承租人损失作为普通债权申报

如图 13－2 所示，从案件年份分布情况可以看出当前条件下房屋租赁合同纠纷案例数量的变化趋势。

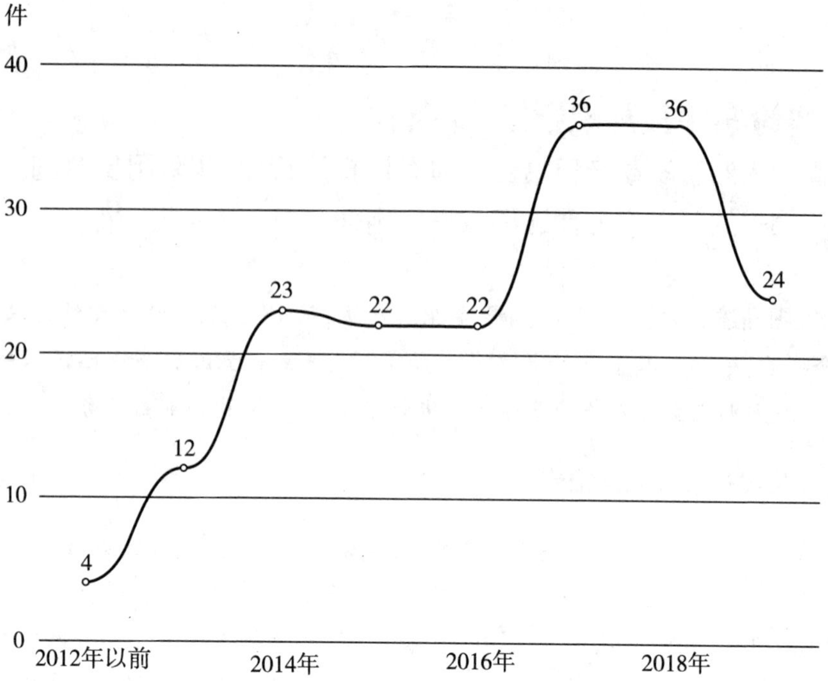

图 13－2　案件年份分布情况

如图 13－3 所示,从案件地域主要分布情况来看,当前房屋租赁合同纠纷案例主要集中在江苏省、浙江省、安徽省,分别占比为 22.83%、17.93%、10.33%。其中,江苏省的案件量最多,达到 42 件。

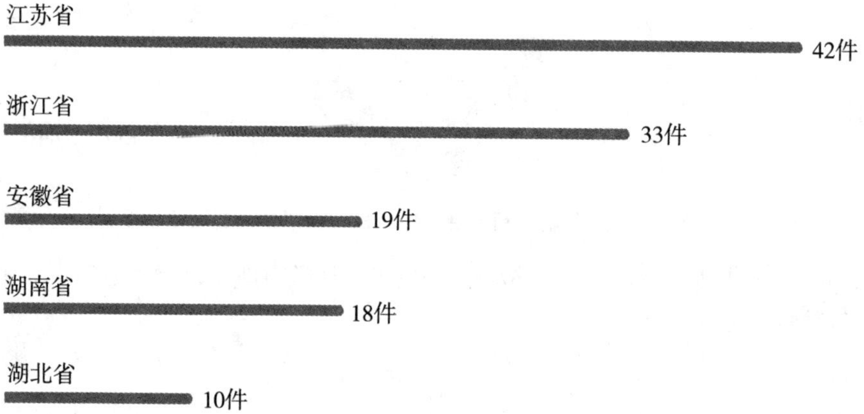

图 13－3　案件地域主要分布情况

二、可供参考的例案

例案一 | 王某香与凤城市民族制鞋皮件总厂房屋租赁合同纠纷案

【法院】

辽宁省丹东市中级人民法院

【案号】

(2013)丹民一终字第 00548 号

【当事人】

上诉人(原审被告)：王某香

被上诉人(原审原告)：凤城市民族制鞋皮件总厂

【基本案情】

原审原告凤城市民族制鞋皮件总厂(以下简称制鞋皮件总厂)一审诉称，原告、被告签订自 2009 年 1 月 1 日至 3 月 30 日，租赁期为 10 年房屋租赁合同。2012 年 7 月 2 日，原告由于经营不善，经凤城市人民法院裁定宣告破产。2012 年 7 月 9 日、9 月 5 日，原告向被告下发两份书面通知，要求与被告解除租赁合同，同时将所承租房屋腾出，但被告至今未予腾出，请求依法判令原、被告终止租赁合同，被告立即倒出租赁房屋。

原审被告王某香一审辩称：一、原告是破产管理人，而被告没有与破产管理人签订房屋租赁合同，原告所诉的事实不存在；二、原告所请求的房屋已经于 2013 年 7 月 15 日通过合法的拍卖程序将房屋的所有权转移给案外人，故破产管理人或者制鞋皮件总厂无诉讼主体资格。

上诉人王某香二审诉称：1. 原审认定事实清楚，被上诉人不具有解除合同权利的诉讼主体资格，正如上诉人在上诉状中称，被上诉人在进入破产程序之后，已依法对破产财产进行处分，按合同法的规定，财产被处分后，原所有人即丧失了对于物的占有、使用、处分、收益的权利，就不再享有任何诉权。本案被上诉人在处分相应争议财产后，又向人民法院就该财产的相关权益提起诉讼，显然没有事实和法律依据，不是解除合同之诉的适格诉讼主体；2. 本案争议财产是曾经在破产程序当中，但破产管理人依据破产法的规定已经将破产财产进行了处分，在此过程中，需要适用的法律不再是破产法，而应该是合同法及处分财产行为适用的拍卖法，拍卖法也是特殊法。当财产进入拍卖程序，拍卖师依据拍卖规则，敲槌之后所形成的结果就具有了形成权的概念,即买受人在拍卖师的槌声之后即取得相应购买物的所有权,原审法院适用破产法显属不当。请求撤销原判,依法裁定驳回被上诉人的起诉。

被上诉人制鞋皮件总厂二审辩称:1. 2012 年 7 月 2 日被上诉人经凤城市人民法院裁定宣告破产,所以该案应适用《企业破产法》而不适用《合同法》的规定,特别法优于普通法,依据辽宁省高级人民法院辽高法〔2009〕220 号《关于印发全省商事审判工作座谈会会议纪要的通知》,关于破产受理后的诉讼主体案件,应以破产企业作为诉讼主体,破产管理人作为诉讼代表人。因此主体没有错误;2. 2012 年 7 月 9 日、同年 9 月 5 日,被上诉人分两次向上诉人下发了解除合同的通知,在被上诉人诉讼期间上诉人仍不同意解除合同,所以引起本案的诉讼,本案诉讼并不影响 2013 年 7 月 25 日破产管理人将企业拍卖。综上,原判认定事实清楚,证据确实充分,请求二审法院维持一审判决。

法院经审理查明,被告王某香系个体经营凤城市祥园浴池业主。2006 年 3 月 18 日,原告制鞋皮件总厂(为甲方)与被告王某香及其丈夫王某某(为乙方)签订承租合同续签协议。合同约定:一、甲方将 4 号楼一层和其它主楼一层左右平房(1. 主楼 322 平方米;2. 主楼左侧平房 30 平方米;3. 主楼右侧平房 63 平方米及 4 号楼侧面偏厦)承租给乙方。二、(1)续签年限为 10 年,原合同时间到 2008 年年末。本合同执行日期自 2009 年 1 月 1 日开始至 2019 年 3 月 30 日。(2)租金计算及交纳方式,本合同自 2009 年 1 月 1 日起,主楼及左侧平房共 350 平方米,年租金为 5 万元,主楼右侧平房 63 平方米,年租金为 3000 元。(3)租金交纳方式,乙方按季度向甲方交纳租金,如乙方拖欠租金超过 1 个月,甲方有权终止合同,造成经济后果,甲方不负一切经济和其他责任。原告、被告均在合同上签字盖章。

2012 年 4 月 20 日,凤城市人民法院受理制鞋皮件总厂的破产清算申请,同时指定制鞋皮件总厂破产清算组为管理人。

2012 年 7 月 3 日,原告经凤城市人民法院裁定宣告破产。原告分别于 2012 年 7 月 9 日、9 月 5 日两次向被告下达解除租赁合同通知。2013 年 7 月 24 日制鞋皮件总厂破产管理人委托凤城市拍卖行将制鞋皮件总厂整体出售。现原告要求终止租赁合同、立即倒出租赁房屋而诉至人民法院。

二审查明的事实与一审法院查明的事实相同。

【案件争点】

原、被告双方签订租赁合同所造成的损失,可否向管理人申报债权。

【裁判要旨】

关于诉讼主体问题，《民法通则》第2条规定，民法调整的范围为平等主体的公民之间、法人之间、公民和法人之间的财产关系和人身关系。企业破产受理后的诉讼主体问题，以破产企业为被告的案件，仍列破产企业为当事人，既然破产企业列为被告的诉讼主体适格，破产企业作为原告参加诉讼，不违反法律的禁止性规定，破产企业以原告身份参加诉讼应为适格的诉讼主体。

关于法律适用问题，《企业破产法》第18条第1款规定："人民法院受理破产申请后，管理人对破产申请受理前成立而债务人和对方当事人均未履行完毕的合同有权决定解除或者继续履行，并通知对方当事人。管理人自破产申请受理之日起二个月内未通知对方当事人，或者自收到对方当事人催告之日起三十日内未答复的，视为解除合同。"本案中，被上诉人亦于2012年7月、同年9月两次向上诉人送达解除租赁合同的通知，其已对合同的继续履行与否作出了明确的意思表示，故对被上诉人解除租赁合同，上诉人倒出房屋的诉讼请求，予以支持。基于本案为涉及企业破产的房屋租赁案件，按照特别法优于普通法的原则，此案应适用企业破产法的相关规定，而不适用合同法的有关解除权的相关规定，故对上诉人的上诉请求，法院不予支持。

例案二 | 仪征市悍马汽车精修有限公司破产管理人与杨某琴房屋租赁合同纠纷案

【法院】

江苏省扬州市中级人民法院

【案号】

(2018)苏10民终73号

【当事人】

上诉人(原审被告)：杨某琴

被上诉人(原审原告)：仪征市悍马汽车精修有限公司

【基本案情】

一审认定事实：2013年11月15日，仪征市悍马汽车精修有限公司与仪征市仁和堂大药房签订房屋租赁协议，约定仪征市悍马汽车精修有限公司将其所有的位于仪征市沿山河东路58号门市房西第一层圆弧面积220平方米房屋出租给仪征市仁和堂大药房作经营使用，租期10年，自2013年11月15日至2023年11月15

日。租期内每年租金38,000元。仪征市悍马汽车精修有限公司已一次性收取房租380,000元,该房租系仪征市悍马汽车精修有限公司以借款抵冲。双方还对其他事项进行了约定。2015年5月14日,一审法院裁定受理申请人江某华对被申请人仪征市悍马汽车精修有限公司的破产清算申请。2016年4月18日,一审法院指定中兴华会计师事务所扬州分所担任仪征市悍马汽车精修有限公司破产管理人。2016年11月6日,江苏华朋律师事务所受仪征市悍马汽车精修有限公司破产管理人的委托,向仪征市仁和堂大药房发出律师函,载明收函后租赁合同立即解除,并要求尽快交还租赁房屋,如因租赁合同未履行完毕而造成的租金损失,可作为债权于收到此函后15日内向管理人进行申报。

一审另查明,仪征市仁和堂大药房注册日期为2010年4月6日,类型为个体工商户,经营者杨某琴,2015年1月19日注销。

一审法院认为,《破产法》第18条规定:"人民法院受理破产申请后,管理人对破产申请受理前成立而债务人和对方当事人均未履行完毕的合同有权决定解除或者继续履行,并通知对方当事人。管理人自破产申请受理之日起二个月内未通知对方当事人,或者自收到对方当事人催告之日起三十日内未答复的,视为解除合同。管理人决定继续履行合同的,对方当事人应当履行;但是,对方当事人有权要求管理人提供担保。管理人不提供担保的,视为解除合同。"该院于2015年5月14日已受理了申请人江某华对被申请人仪征市悍马汽车精修有限公司的破产清算申请,并于2016年4月18日指定了仪征市悍马汽车精修有限公司破产管理人。破产管理人自破产申请受理之日起2个月内未曾通知过被告,视为破产管理人解除了该合同。破产管理人于2016年11月6日委托律师向被告发函,告知租赁合同已依法解除并要求交付房屋,故原告要求被告返还租赁房屋的诉讼请求,有事实和法律依据,予以支持。被告因解除合同所遭受的损失可向破产管理人申报债权,对债权数额有异议的,可以向人民法院提起诉讼。仪征市仁和堂大药房已被依法注销,被告杨某琴作为仪征市仁和堂大药房的经营者,实际投资人,应当履行返还租赁房屋之义务。综上,依据《企业破产法》第18条、《合同法》第94条、第97条之规定,判决:被告杨某琴于本判决生效之日起90日内将位于仪征市沿山河东路58号门市房西第一层圆弧面积220平方米房屋交付给原告仪征市悍马汽车精修有限公司破产管理人。案件受理费80元,依法减半收取40元,由被告杨某琴负担;此款原告已垫付,由被告于本判决生效之日起10日内给付原告。

二审法院经审理查明,一审法院认定事实无误,予以确认。

杨某琴上诉请求：撤销原判，驳回仪征市悍马汽车精修有限公司管理人的诉讼请求；一审、二审诉讼费由仪征市悍马汽车精修有限公司管理人承担。事实与理由：1. 一审判决适用法律错误。本案租赁合同期限为10年，杨某琴的合同义务是支付房租，且已一次性交纳了10年的房租，合同义务履行完毕，故不属于《企业破产法》第18条规定的"双方均未履行完毕的合同"的情形，仪征市悍马汽车精修有限公司管理人无权解除合同；2. 房屋租赁合同为普通债权合同，仪征市悍马汽车精修有限公司管理人无权解除。

仪征市悍马汽车精修有限公司管理人答辩意见：一审法院判决认定事实清楚，适用法律正确。请求驳回杨某琴的上诉请求，维持原判。

【案件争点】

仪征市悍马汽车精修有限公司管理人是否有权解除案涉租赁合同？案涉租赁合同是否已经解除？损害赔偿如何承担？

【裁判要旨】

法院认为，《企业破产法》第18条规定，人民法院受理破产申请后，管理人对破产申请受理前成立而债务人和对方当事人均未履行完毕的合同有权决定解除或者继续履行，并通知对方当事人。管理人自破产申请受理之日起2个月内未通知对方当事人，或者自收到对方当事人催告之日起30日内未答复的，视为解除合同。根据上述法律规定，仪征市悍马汽车精修有限公司管理人有权解除案涉房屋租赁合同。

本案中，仪征市悍马汽车精修有限公司与原仪征市仁和堂大药房之间的房屋租赁合同尚未期满，合同未履行完毕，仪征市悍马汽车精修有限公司管理人自仪征市悍马汽车精修有限公司破产申请受理之日起2个月内未通知过原仪征市仁和堂大药房经营者，视为破产管理人解除了该合同。此后仪征市悍马汽车精修有限公司管理人通知原仪征市仁和堂大药房经营者杨某琴合同已解除，要求杨某琴交付房屋，符合法律规定。据此，法院依法认定案涉房屋租赁合同已经解除。

杨某琴对于其所主张的损失，可向仪征市悍马汽车精修有限公司管理人申报债权。

例案三 北京海世兴贸易有限责任公司与北京市农工商开发贸易公司租赁合同纠纷案

【法院】

北京市高级人民法院

【案号】

(2014)高民终字第4655号

【当事人】

上诉人(原审被告):北京海世兴贸易有限公司

被上诉人(原审原告):北京市农工商开发贸易公司

【基本案情】

2008年5月28日,北京市农工商开发贸易公司(以下简称农工商公司)与北京海世兴贸易有限公司(以下简称海世兴公司)签订租赁合同,之后多次签订补充协议。双方确认租赁期自2009年1月1日始至2028年12月31日止,前10年租金共计407万元,海世兴公司已交付了180万元,对其中剩余款项海世兴公司分二期交付,第1期于2010年12月31日前付70万元,第2期于2011年12月31日前付80万元。海世兴公司享有对该不动产的优先承租权和优先购买权。农工商公司将承租的房产列入"破产程序"中待处理的财产时,应先行与相关部门进行协商,由二者对承租的房屋进行变卖、自买,不进入拍卖程序。2011年3月30日法院作出宣告农工商公司破产的裁定。2012年2月3日,管理人向海世兴公司发出通知,要求海世兴公司向管理人交付涉诉房屋。

农工商公司诉称,在其通知海世兴公司解除租赁合同之日起,合同即告解除,海世兴应当返还租赁房屋。海世兴公司未予以腾退该房屋而一直占有使用,由此产生了对农工商公司的房屋占用费。上述房屋占用费与预付租金性质不同,不得主张抵销。

海世兴公司辩称,依据相关合同约定及实际缴付情况,租金已交至2017年3月31日。至本案发生诉讼时,并未欠付租金,且合同是否履行并不明确,没有恶意侵占的行为,其房屋占有费应当按照约定租金金额从预付租金中扣除。而农工商公司单方面解除租赁合同,属于违约行为,应当支付其损害赔偿,且该赔偿应当作为共益债务。

【案件争点】

出租人主张的房屋占用费与承租人预付的租金能否抵销，出租人解除合同对承租人的损害赔偿是作为普通债权还是共益债务。

【裁判要旨】

法院认为，依据《企业破产法》第 18 条的规定，本案中，农工商公司破产管理人自破产申请受理之日起 2 个月内未通知海世兴公司，故农工商公司与海世兴公司签订的租赁合同及多份补充协议书已于 2011 年 5 月 31 日被依法解除。农工商公司要求海世兴公司腾退交还涉诉房屋，应予支持。关于补充协议书中有关涉诉房屋不进入拍卖程序的约定，违反法律规定，应属无效。在合同解除后，至房屋腾退前海世兴公司对房屋占有的使用费用的处理，一审法院认为，应当参照双方租金另外支付房屋使用费。该房屋使用费与海世兴公司预付的租金性质不同，不能相互抵销，应当由海世兴公司向农工商公司支付房屋使用费，至于海世兴公司预付的租金应当向对方申报债权。关于该问题，法院认为，海世兴公司在农工商公司管理人通知之前并不知道农工商公司的破产事实，且其已经预付了相当长一个周期的租金，故海世兴公司在农工商公司给予的上述腾退期限内继续使用涉诉房屋并非恶意侵占，此前的房屋使用费应从海世兴公司已预付的租金中扣除。但在农工商公司给予的腾退期限届满后即自 2012 年 3 月 6 日起，海世兴公司继续占用涉诉房屋已无任何依据，此后的房屋使用费应视为新发生的债务，不得与预付租金相抵销，海世兴公司应当按照此前双方约定的租金标准支付房屋使用费。由于合同解除而给海世兴公司造成的损失，海世兴公司可以向农工商公司破产管理人申报债权，作为普通债权处理。

三、裁判规则提要

根据《企业破产法》第 53 条的规定："管理人或者债务人依照本法规定解除合同的，对方当事人以因合同解除所产生的损害赔偿请求权申报债权。"管理人依法解除租赁合同后，由此产生的损害赔偿，债务人应当承担赔偿责任，损失部分通过债权申报的方式予以保障。针对该部分损害赔偿的范围，笔者认为应当根据双方的合同约定及实际损失综合评判后最终确定，包括但不限于装修损失、搬迁费用、停业损失。但该部分债权也只能作为普通债权进行处理。

需要进一步说明的是，虽然管理人享有法定解除权，但是否解除应当综合评判，而非单一标准。例如，某企业的租赁合同解除后，企业应当承担退还预付租金和由此带来的损失赔偿责任,若该部分金额明显高于企业能够获得的利益时,管理人需要谨慎对待。因此,需对管理人的解除权加以限制,由此来保障合方的合法权益。

四、辅助信息

高频词条:

《企业破产法》

第18条 人民法院受理破产申请后,管理人对破产申请受理前成立而债务人和对方当事人均未履行完毕的合同有权决定解除或者继续履行,并通知对方当事人。管理人自破产申请受理之日起二个月内未通知对方当事人,或者自收到对方当事人催告之日起三十日内未答复的,视为解除合同。管理人决定继续履行合同的,对方当事人应当履行;但是,对方当事人有权要求管理人提供担保。管理人不提供担保的,视为解除合同。

第53条 管理人或者债务人依照本法规定解除合同的,对方当事人以因合同解除所产生的损害赔偿请求权申报债权。

《合同法》

第97条 合同解除后,尚未履行的,终止履行;已经履行的,根据履行情况和合同性质,当事人可以要求恢复原状、采取其他补救措施,并有权要求赔偿损失。

第219条 承租人未按照约定的方法或者租赁物的性质使用租赁物,致使租赁物受到损失的,出租人可以解除合同并要求赔偿损失。

第221条 承租人在租赁物需要维修时可以要求出租人在合理期限内维修。

第229条 租赁物在租赁期间发生所有权变动的,不影响租赁合同的效力。

破产纠纷案件裁判规则第 14 条：
破产管理人对于不动产租赁合同具有选择履行权，解除租赁合同后，承租人预付的租金应作为债权申报

〔**规则描述**〕：破产管理人行使对于不动产租赁合同的选择履行权将合同解除后，若承租人已经支付租金的，要将解除租赁合同后未使用的租金退还承租人，该退还的租金应作为债权申报而非共益债权。

一、类案检索大数据报告

时间：2019 年 8 月 16 日之前，案例来源：Alpha 案例库，案件数量：73 件，数据采集时间：2019 年 8 月 16 日，本次检索获取了 2019 年 8 月 16 日前共 73 篇裁判文书，整体情况如图 14 - 1 所示。从是否认同返还的租金为共益债务的角度来看，认同的案件 51 件，占比约 70%；不认同的案件 16 件，占比约 22%；不相关案件 6 件，占比约 8%。

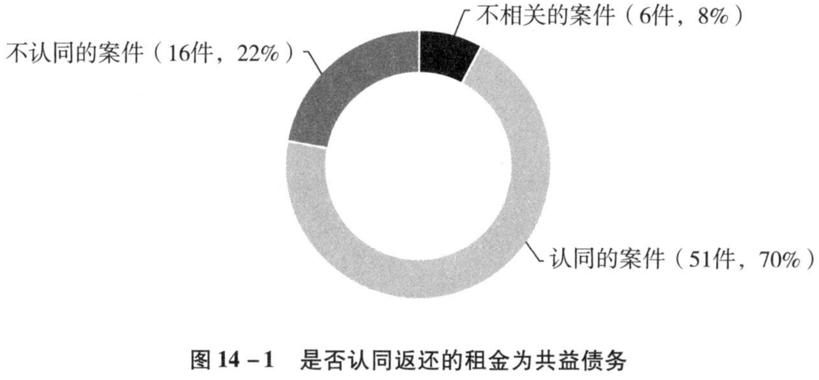

图 14 - 1　是否认同返还的租金为共益债务

如图 14 - 2 所示，从案件年份分布情况可以看出当前条件下与破产有关的纠纷案例数量的变化趋势。

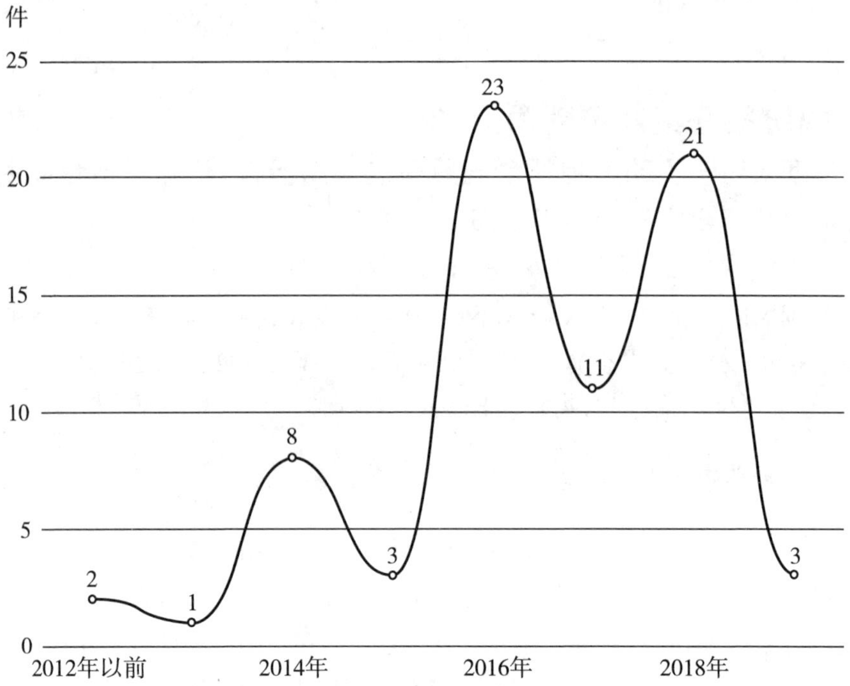

图 14－2　案件年份分布情况

如图 14－3 所示,从案件地域主要分布情况来看,当前与破产有关的纠纷案例主要集中在浙江省、湖南省、山西省,分别占比为 31.51%、13.70%、6.85%。其中,浙江省的案件量最多,达到 23 件。

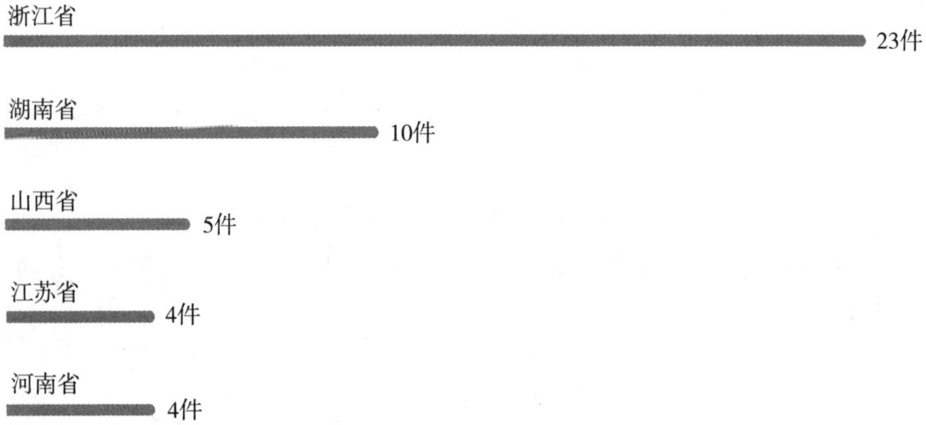

图 14－3　案件地域主要分布情况

如图14－4所示，从案件案由分类情况可以看出与破产有关的纠纷当前的案由分布，破产债权确认纠纷，取回权纠纷，其他案由是最为主要的三个，其次是对外追收债权纠纷和管理人责任纠纷。

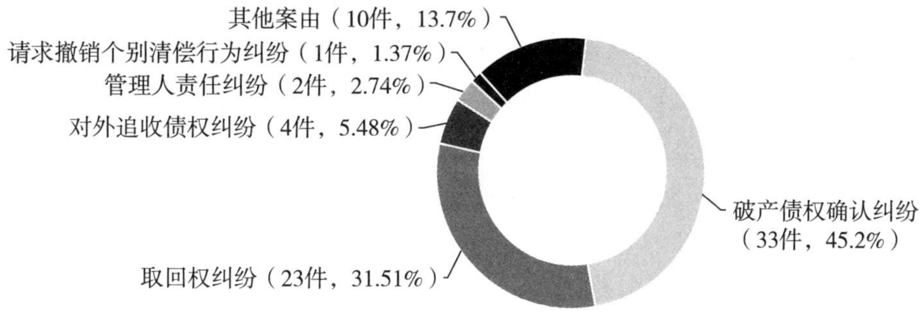

图14－4　案件案由分类情况

二、可供参考的例案

例案一｜湖南阿里贸易有限公司与杨某广房屋租赁合同纠纷案

【法院】

湖南省高级人民法院

【案号】

(2016)湘民终412号

【当事人】

上诉人(原审被告、反诉原告)：杨某广

被上诉人(原审原告、反诉被告)：湖南阿里贸易有限公司

【基本案情】

杨某广上诉请求：撤销原判，改判租赁合同继续履行或确认杨某广多付的1320万元租金在破产债权中享有优先受偿权，本案诉讼费用全部由湖南阿里贸易有限公司(以下简称阿里公司)承担。事实和理由：一、涉案房屋租赁合同不能解除，原审法院判令解除合同，属于事实认定以及适用法律错误。1.阿里公司破产案件被法院受理后，其破产管理人并没有及时解除与杨某广的租赁合同，而是将原租赁合同变更为不定期租赁合同；2.本案租金已经交付至2021年8月14日，故租赁合同已经履行完毕，不属于《企业破产法》规定的“双方均未履行完毕的合同”，管理人

无权解除;3. 根据买卖不破租赁原则,管理人应当从债权人利益出发,不解除合同;4. 破产管理人对同栋大楼的株洲点石装饰工程有限公司、五矿证券有限公司株洲营业部的房屋租赁合同选择继续履行。二、如解除涉案房屋租赁合同,就应该确认合同解除后杨建广多付的租金在阿里公司破产债权中享有优先受偿权。1. 上诉人享有的财产权利不属于《企业破产法》第53条的规定范畴;2. 上诉人请求返还多付租金的债权可以归为共益债权;3. 阿里公司继续占有杨某广多付租金的情形符合《企业破产法》关于不当得利的规定,依法应归入共益债务。

阿里公司辩称:1. 双方签订的合同是没有履行完毕的合同,根据《合同法》第94条、《企业破产法》第98条,破产管理人可以依法解除本案租赁合同;2. 因《企业破产法》第42条的规定采取的是列举式的说明,杨某广多付的租金不是属于该列举范围,不属于共益债务,不能在阿里公司的破产债权中享有优先受偿权;3. 因阿里公司取得杨某广的租金是基于双方订立的房屋租赁合同,而不当得利是指没有法律依据造成他人的损失,故杨某广认为阿里公司继续占有租金属于不当得利,不符合相关法律规定。综上,请求驳回杨某广的上诉请求,全案维持原判。

阿里公司向一审法院的起诉请求:由杨某广返还保利大厦一楼商铺(房屋所有权证号:1000232892、1000232893、1000232894、1000232895)及负一楼地下车位65个。

杨某广向一审法院的反诉请求:确认房屋租赁合同解除后,杨某广预付的租金在阿里公司破产债权中享有优先受偿权。

法院认定事实:2013年7月12日,阿里公司与杨某广签订房屋租赁合同。双方约定:阿里公司自愿将位于株洲市天元区长江北路保利大厦106号物业租赁给杨某广经营。租赁房屋建筑面积共计3125.68平方米,包括房屋(所有权证号为株房字第1000232892、1000232893、1000232894、1000232895号)和地下停车库共计65个车位,车位免费使用。租赁期限15年,自2013年7月15日至2028年7月14日。每月租金20万元,租金总额3600万元。杨某广须在2013年7月15日前支付租金1800万元给阿里公司。自2021年起租金按季度在每季度前10日支付。阿里公司同意杨某广市场策划期7个月,自2013年7月15日至2014年2月15日,市场策划期免收租金。阿里公司应向杨某广提供租金收取银行账户,开户行为中国建设银行股份有限公司九天支行,开户名为李某英,账号为43×××39。合同签订后,杨某广于同年7月19日、7月22日分两次向阿里公司汇款共计1800万元。阿里公司向杨某广交付租赁房屋。

2014 年 10 月 14 日，湖南省株洲市中级人民法院裁定受理李某喜等人对阿里公司的破产清算申请。2015 年 3 月 6 日，阿里公司管理人通知杨某广解除房屋租赁合同，要求杨某广于收到该通知之日起 15 日内返还租赁房屋。同年 3 月 23 日杨某广复函称，管理人无权解除合同，不同意返还租赁房屋。

【案件争点】

1. 本案合同关系的性质是民间借贷关系还是房屋租赁合同关系；

2. 涉案房屋租赁合同是否应该解除；

3. 杨某广超付租金能否享有取回权，或认定为共益债务优先清偿。

【裁判要旨】

法院认为，一、本案合同关系属于房屋租赁合同关系。阿里公司主张双方当事人首先存在民间借贷关系，为保证债权实现才签订房屋租赁合同。但阿里公司的主张缺乏证据证明，其既不能提供借款合同，也不能提供借条、借据等凭证，阿里公司主张的民间借贷关系不能成立。即使双方先有民间借贷关系，之后为了保证债权实现，双方签订房屋租赁合同并实际交付了租赁房屋，也不能因此否认双方之间真实存在的房屋租赁合同关系。

二、涉案房屋租赁合同已经解除。《企业破产法》第 18 条第 1 款规定："人民法院受理破产申请后，管理人对破产申请受理前成立而债务人和对方当事人均未履行完毕的合同有权决定解除或者继续履行，并通知对方当事人。管理人自破产申请受理之日起二个月内未通知对方当事人，或者自收到对方当事人催告之日起三十日内未答复的，视为解除合同。"本案中，阿里公司管理人自破产申请受理之日起 2 个月内未通知杨某广解除合同，应视为合同已经解除。合同解除后，杨某广应当将租赁房屋及车位返还阿里公司。

三、杨某广超付租金既不享有取回权，也不是共益债务。本案中，杨某广一次性向原告湖南阿里公司交付租金 1800 万元，自交付时该租金所有权已经转移，杨某广已不是该财产的权利人，无权取回租金。杨某广主张的超付租金既不是人民法院受理破产申请后发生的债务，也不在《企业破产法》第 42 条规定的共益债务六种情形当中，不属于共益债务，不能优先清偿。杨某广主张的超付租金应当依据《企业破产法》第 53 条的规定申报债权。

例案二 | 俞某德、衢州市海湖水产批发有限公司房屋租赁合同纠纷案

【法院】

浙江省衢州市中级人民法院

【案号】

(2017)浙08民终387号

【当事人】

上诉人(原审原告):俞瑞德

被上诉人(原审被告):衢州市海湖水产批发有限公司

【基本案情】

俞某德上诉请求:撤销原判改判支持其一审起诉请求,本案诉讼费用由被上诉人承担。事实和理由:1.管理人单方解除2007年8月11日房屋租赁合同的行为无效(已另案提起上诉),房屋产权实际属于周某木,管理人无权作出解除处理,该合同应继续履行;2.双方均同意解除2007年8月11日签订的返租赁合同,但解除时点应以(2017)浙0802民初387号判决生效之日确定;3.合同解除后,被上诉人应将冷库返还上诉人;4.被上诉人支付租金应从2015年8月11日至冷库返还之日。

衢州市海湖水产批发有限公司(以下简称海湖公司)辩称,一审已经查明案涉房产属于海湖公司。合同解除的时间是2016年11月30日。由于房屋租赁合同和返租赁合同均已解除,要求返还租赁物没有依据。综上,一审程序合法,适用法律正确,请求二审驳回上诉,维持原判。

俞某德向一审法院起诉请求:1.解除双方于2007年8月11日签订的返租赁合同,海湖公司向俞某德返还坐落于衢州市××城××市场水产楼××号小冷库;2.海湖公司支付俞某德自2015年8月11日起至返还之日止按年租金25,000元计算的占用费;3.诉讼费由海湖公司承担。

一审法院认定事实:2007年8月11日,双方签订房屋租赁合同一份,约定:海湖公司将坐落于衢州市农贸城内二期工程2005号小冷库出租给俞某德,租赁期限为20年,租金140,000元,于交付冷库时付清。同日,俞某德依约交付租金,海湖公司向俞某德出具收据一份,载明:今收到俞某德2005号小冷库租金140,000元整。2007年8月11日,双方签订返租赁合同一份,载明:俞某德将该2005号小冷库返租给海湖公司使用,租赁期限20年,自2007年8月11日至2027年8月10

日，返租金每年25,000元，于每年8月11日前一次性付清当年返租款。同日，海湖公司支付俞某德第一年返租金25,000元。后海湖公司按约支付返租金至2015年8月10日，自2015年8月11日起的租金至今未付。俞某德催讨无果，遂起诉。2016年7月11日，俞某德向海湖公司寄送催款函一份，载明：2015年8月11日至2016年8月10日的租金应于2015年8月11日付清，但海湖公司至今未付，已属违约，特发函要求于2016年7月25日前付清租金，逾期我方将依法解除返租赁合同。后海湖公司仍未支付租金。

另查明，2016年9月18日，占某山申请对海湖公司进行破产清算。浙江省衢州市柯城区人民法院于2016年9月30日依法作出（2016）浙0802破申5号民事裁定书，裁定受理占某山对海湖公司破产清算申请，并指定浙江中桥律师事务所担任管理人。现该案尚未审理终结。后管理人一直未通知俞某德解除或继续履行该合同。

二审期间，俞某德提交2002年5月29日关于租赁衢州农贸城二期项目的协议书复印件一份，拟证明案涉房屋产权并非属于海湖公司，海湖公司管理人无权作出解除合同处理。海湖公司质证认为，因签协议时海湖公司并未成立，所以周某木以其个人名义签订协议。案涉标的物归属于海湖公司，且案涉合同是上诉人与被上诉人签订，管理人有权解除。法院认证如下：俞某德在一审期间曾明确放弃对案涉房屋权属的异议，且其提交的证据不足以证明海湖公司及其管理人无权处置案涉标的物，该组证据与本案亦缺乏关联性，法院不予采信。

海湖公司未向本院提供新的证据材料。

二审法院对一审判决认定的事实予以确认。

【案件争点】

合同解除后，已支付的租金是否返还、以何种方式返还。

【裁判要旨】

法院认为，人民法院受理破产申请后，管理人对破产申请受理前成立而债务人和对方当事人均未履行完毕的合同有权决定解除或者继续履行，并通知对方当事人。俞某德与海湖公司于2007年8月11日签订房屋租赁合同和返租赁合同，约定：海湖公司将坐落于衢州市农贸城内二期工程2005号小冷库出租给俞某德，租赁期限为20年；俞某德将该案涉租赁物返租给海湖公司使用，租赁期限20年，自2007年8月11日至2027年8月10日。现浙江省衢州市柯城区人民法院于2016年9月30日裁定受理对海湖公司的破产清算申请。其后，海湖公司管理人发布公告,宣布海湖公司签订的租赁合同于2016年11月30日解除。海湖公司管理人享有待履行合同的挑拣履行权,因此房屋租赁合同和返租赁合同自该日解除。俞某德主张返租赁合同的解除时点应以(2017)浙0802民初387号案件判决生效之日确定无事实和法律依据。海湖公司应支付俞某德合同解除前,即2015年8月11日起至2016年11月30日止未支付的返租租金。基于房屋租赁合同和返租赁合同均于2016年11月30日解除,案涉租赁物最终应实际返还给海湖公司。俞某德基于返租赁合同的解除,要求海湖公司返还返租赁标的物的主张不能成立。

例案三 北京海世兴贸易有限责任公司与北京市农工商开发贸易公司租赁合同纠纷案

【法院】

北京市高级人民法院

【案号】

(2015)高民终字第4655号

【当事人】

上诉人(原审被告):北京海世兴贸易有限公司

被上诉人(原审原告):北京市农工商开发贸易公司

【基本案情】

2008年5月28日,北京市农工商开发贸易公司(以下简称农工商公司)与北京海世兴贸易有限公司(以下简称海世兴公司)签订租赁合同,之后多次签订补充协议。双方确认租赁期自2009年1月1日始至2028年12月31日,前10年租金共计407万元,海世兴公司已交付了180万元,对其中剩余款项海世兴公司分两期交付,第1期于2010年12月31日前付70万元,第2期于2011年12月31日前付80万元。海世兴公司享有对该不动产的优先承租权和优先购买权。农工商公司将承租的房产列入"破产程序"中待处理的财产时,应先行与相关部门进行协商,由二者对承租的房屋进行变卖、自买,不进入拍卖程序。2011年3月30日法院作出宣告农工商公司破产的裁定。2012年2月3日,管理人向海世兴公司发出通知,要求海世兴公司向管理人交付涉诉房屋。

农工商公司诉称,在其通知海世兴公司解除租赁合同之日起,合同即告解除,海世兴应当返还租赁房屋。海世兴公司未予以腾退该房屋而一直占有使用,由此产生了对农工商公司的房屋占用费。上述房屋占用费与预付租金性质不同，不得主张抵销。

海世兴公司辩称，依据相关合同约定及实际缴付情况，租金已交至2017年3月31日。至本案发生诉讼时，并未欠付租金，且合同是否履行并不明确，没有恶意侵占的行为，其房屋占有费应当按照约定租金金额从预付租金中扣除。而农工商公司单方面解除租赁合同，属于违约行为，应当支付其损害赔偿，且该赔偿应当作为共益债务。

【案件争点】

出租人主张的房屋占用费与承租人预付的租金能否抵销，出租人解除合同对承租人的损害赔偿是作为普通债权还是共益债务。

【裁判要旨】

法院认为，依据《企业破产法》第18条的规定，本案中，农工商公司破产管理人自破产申请受理之日起2个月内未通知海世兴公司，故农工商公司与海世兴公司签订的租赁合同及多份补充协议书已于2011年5月31日被依法解除。农工商公司要求海世兴公司腾退交还涉诉房屋，应予支持。关于补充协议书中有关涉诉房屋不进入拍卖程序的约定，违反法律规定，应属无效。在合同解除后，至房屋腾退前海世兴公司对房屋占有的使用费用的处理，一审法院认为，应当参照双方租金另外支付房屋使用费。该房屋使用费与海世兴公司预付的租金性质不同，不能相互抵销，应当由海世兴公司向农工商公司支付房屋使用费，至于海世兴公司预付的租金应当向对方申报债权。关于该问题，法院认为，海世兴公司在农工商公司管理人通知之前并不知道农工商公司的破产事实，且其已经预付了相当长一个周期的租金，故海世兴公司在农工商公司给予的上述腾退期限内继续使用涉诉房屋并非恶意侵占，此前的房屋使用费应从海世兴公司已预付的租金中扣除。但在农工商公司给予的腾退期限届满后即自2012年3月6日起，海世兴公司继续占用涉诉房屋已无任何依据，此后的房屋使用费应视为新发生的债务，不得与预付租金相抵销，海世兴公司应当按照此前双方约定的租金标准支付房屋使用费。由于合同解除而给海世兴公司造成的损失，海世兴公司可以向农工商公司破产管理人申报债权，作为普通债权处理。

三、裁判规则提要

破产案件中，认定不动产承租人预付的租金主要有两种不同的性质，分为企业对外承担的共益债务和债权人享有的破产债权。共益债务是在破产程序中为了全体债权人的共同利益而产生的债务。破产债权是在破产宣告前成立的,由于企业破产前从事企业法人活动而由他人对其产生的财产请求权。由于两者成立的时间和原因不同,导致在破产程序中的清偿顺位不同,清偿率不同,故对该问题的认定将直接影响租赁合同双方及破产企业的全体债权人的利益。因此将租金确定为共益债务还是破产债权具有重要的意义。然而,司法实践中对于此问题并没有定论,有专家学者指出,在不动产租赁合同中,由于其受到"买卖不破租赁"等特殊法律保护,导致在签订合同的时候租赁双方,尤其是承租人对该交易的信赖利益远远高于其他合同。故对其利益保护还是应该多于其他合同。

但事实上,因不动产租赁而产生的债权并不能超越债权的范畴定性为共益债务。因为,不动产租赁虽然在《合同法》中被债务物权化了,但是其预付租金返还的法律后果不应当高于抵押权在内的别除权。破产案件中,尚有抵押权的债权人其债权可能因为抵押物不足值而无法获得全额清偿,何谈租赁权应当百分百清偿。抵押权属于物权的范畴尚存在风险,租赁权仅为债权的一种,其保障的力度理所应当公平对待。因此,不动产租赁合同解除后,预付的租金应当通过债权申报方式获得,而非作为共益债务返还。

四、辅助信息

高频词条:

《企业破产法》

第18条 人民法院受理破产申请后,管理人对破产申请受理前成立而债务人和对方当事人均未履行完毕的合同有权决定解除或者继续履行,并通知对方当事人。管理人自破产申请受理之日起二个月内未通知对方当事人,或者自收到对方当事人催告之日起三十日内未答复的,视为解除合同。管理人决定继续履行合同的,对方当事人应当履行;但是,对方当事人有权要求管理人提供担保。管理人不提供担保的,视为解除合同。

第53条 管理人或者债务人依照本法规定解除合同的,对方当事人以因合同解除所产生的损害赔偿请求权申报债权。

《合同法》

第97条 合同解除后,尚未履行的,终止履行;已经履行的,根据履行情况和合同性质,当事人可以要求恢复原状、采取其他补救措施,并有权要求赔偿损失。

第 219 条 承租人未按照约定的方法或者租赁物的性质使用租赁物，致使租赁物受到损失的，出租人可以解除合同并要求赔偿损失。

第 221 条 承租人在租赁物需要维修时可以要求出租人在合理期限内维修。

第 229 条 租赁物在租赁期间发生所有权变动的，不影响租赁合同的效力。

破产纠纷案件裁判规则第 15 条:

主债权停止计息的效力应当及于保证人

〔**规则描述**〕:人民法院裁定受理主债务人破产申请后,附利息的债权停止计息,主债权停止计息的效力同时应及于保证人。

一、类案检索大数据报告

时间:2020 年 1 月 13 日之前,案例来源:Alpha 案例库,案件数量:10 件,数据采集时间:2020 年 1 月 13 日。本次检索获取了 2020 年 1 月 13 日前共 10 篇裁判文书,整体情况如图 15 - 1 所示。从是否认同主债权停止计息的效力应当及于保证人的角度来看,认同的案件 4 件,占比约 40%;不认同的案件 6 件,占比约 60%;不相关案件 0 件。

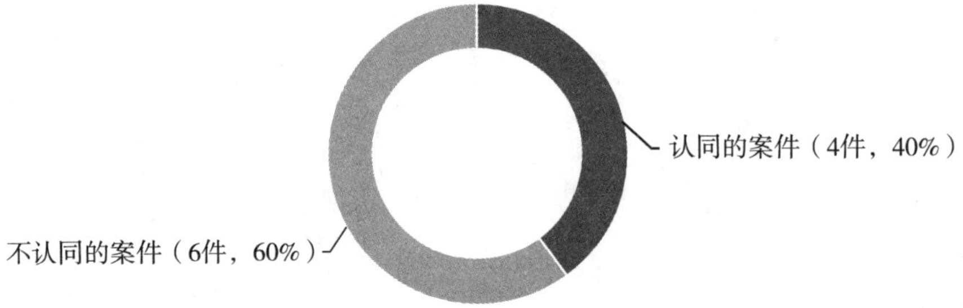

图 15 - 1　是否认同主债权停止计息的效力应当及于保证人

如图 15 - 2 所示,从案件年份分布情况可以看出当前条件下案例数量的变化趋势。

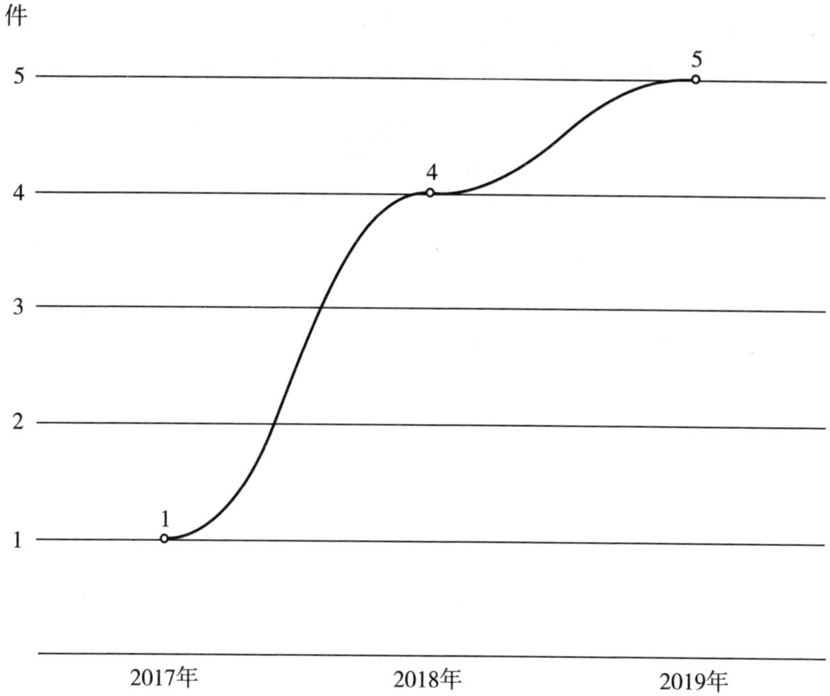

图 15 －2　案件年份分布情况

如图 15 －3 所示，从案件地域主要分布情况来看，当前案例主要集中在河南省、浙江省、广东省，分别占比为 30.00%、30.00%、20.00%。其中，河南省的案件量最多，达到 3 件。

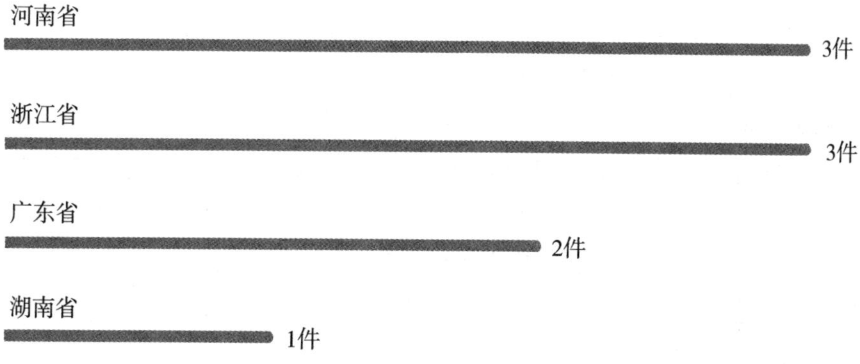

图 15 －3　案件地域主要分布情况

如图 15 －4 所示，从案件案由分类情况可以看出，当前最主要的案由是借款合同纠纷,有6件,占一半以上,其次是保证合同纠纷,其他合同纠纷。

应当注意的是,合同纠纷其自身亦具有相当数量的案例。

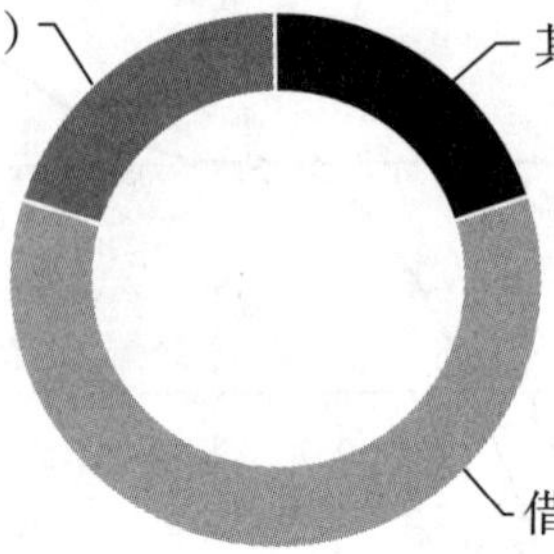

图15-4　案件案由分类情况

二、可供参考的例案

例案一　中国信达资产管理股份有限公司河北省分公司与沧州市人民商场破产债权确认纠纷案

【法院】

河北省高级人民法院

【案号】

(2017)冀民终721号

【当事人】

上诉人(原审原告):中国信达资产管理股份有限公司河北省分公司

被上诉人(原审被告):沧州市人民商场

【基本案情】

中国信达资产管理股份有限公司河北省分公司(以下简称信达资产管理公司河北分公司)申报的债权为担保债权,主债务人(借款人)为沧州市天宝购物中心,沧州市人民商场为保证人,保证合同约定保证方式为连带责任保证,保证范围为借款本金及其相应的利息、费用。沧州市天宝购物中心于2009年12月2日由沧州市中级人民法院裁定受理破产,至今还在清算过程中。

沧州市人民商场于2015年12月31日由沧州市中级人民法院裁定受理破产。在债权申报期限内,信达资产管理公司河北分公司向法院申报债权,债权总额79,729,602.02元,其中本金17,630,000.00元,利息62,099,602.02元,计息截至

2015年12月31日。2016年10月11日,一审法院主持召开第一次债权人会议。信达资产管理公司河北分公司2017年1月25日收到沧州市人民商场破产管理人寄发的《部分债权确认通知书》,对信达资产管理公司河北分公司申报的债权本金17,630,000.00元予以确认,利息62,099,602.02元不予确认。沧州市人民商场主张担保债权利息应计算至主债务人沧州市天宝购物中心破产受理日2009年12月2日,利息总额为32,623,106.09元。

信达资产管理公司河北分公司主张《企业破产法》第46条、第124条并未明确规定担保的主债务利息应计算至主债务人破产申请受理之日,不能据此免除被沧州市人民商场保证责任。《企业破产法》第46条第2款规定系对进入破产清算程序的债务人对外所负债务停止计息的规定,不能据此得出保证人应当承担的保证责任项下的债务利息应当在主债务申请破产受理时起停止计算的结论。免除保证人或者限制保证人责任应当有明确的法律依据,在现行有效的法律、法规、司法解释对保证人不承担主债务人破产后的债务利息无明确规定情况下,不应免除保证人该部分责任。《企业破产法》第124条亦不能反向推定保证人的保证责任仅限于破产程序中认定的债权人享有的主债权范围,破产受理后的主债务利息同样属于破产清算程序未受清偿的债权,债权人对保证人享有的权利,不应受主债务人破产清算影响。针对一审法院认为被上诉人所承担的保证责任范围不超过破产债权中主债务人承担的责任违背当事人真实意思表示,违反意思自治原则。信达资产管理公司河北分公司主张依据《保证合同》第3条规定,保证担保范围包括主债权及利息、违约金、损害赔偿金、实现债权费用。保证人沧州市人民商场承担破产申请受理后的主债务利息属于其应当承担的保证责任范围,属于其真实意思表示,其承担的保证责任亦未超过沧州市天宝购物中心未破产情形下其可能承担的保证责任范围,不会因此加重其清偿责任。

沧州市人民商场主张《企业破产法》第92条、第101条不适用本案,本案是破产清算。《企业破产法》第46条和第124条是适用本案的,都是关于破产清算做出的规定,附利息的债权自破产申请之日起停止计息,第46条并没有说担保债权排除在外,担保债权从属于主债权,第46条对停止计息的日期规定得非常明确,上诉人主张的利息停止计息日应该是主债务人沧州市天宝购物中心申请破产的日期2009年12月2日,破产人、保证人和其他责任人依照破产程序未受偿的债权规定的也很明确,企业破产以后保证人对主债务承担责任,没有清偿的那部分由保证人继续承担保证责任,但是在主债务人清偿时对本金及利息已经计算好了,不是具有可变性的,并不是利息还可以继续计算。

【案件争点】

债权利息的计算截至主债务人破产受理之日还是担保人破产受理之日。

【裁判要旨】

一审法院认为该案争议焦点为涉案债权利息计算的截止日期,是主债务人沧州市天宝购物中心破产受理之日,还是担保人沧州市人民商场破产受理之日。《企业破产法》第46条规定:"未到期的债权,在破产申请受理时视为到期。附利息的债权自破产申请受理时起停止计息。"据此,债权人的债权自人民法院受理破产申请时即最终确定,主债务人破产申请受理后债务利息停止计算,其后的利息不计入破产债权。债权人在无权向主债务人主张破产申请受理后债务利息的前提下,却向从债务人即保证人主张请求偿付,既不合逻辑,又有失公允。因此,主债务人进入破产程序,对于主债务人和保证人都应停止计息。

《企业破产法》第124条规定:"破产人的保证人和其他连带债务人,在破产程序终结后,对债权人依照破产清算程序未受清偿的债权,依法继续承担清偿责任。"根据该条规定,债权人在破产程序中按照确定的比例获得清偿后,未获清偿的债权在破产程序终结后可继续向保证人主张权利。故此,保证人的保证责任应限于在破产程序中未获清偿的部分。

综上所述,债权人所享有的主债权范围为破产债权,则保证人所承担的保证责任所指向的亦应为该破产债权,故主债务人破产受理后,保证债务亦应停止计算利息。

二审法院认为,《企业破产法》第46条规定:"未到期的债权,在破产申请受理时视为到期。附利息的债权自破产申请受理时起停止计息。"本案中信达河北分公司对沧州天宝购物中心附利息的债权自沧州市天宝购物中心破产申请受理时(即2009年12月2日)停止计息,一审判决并无不当。

例案二 中信银行股份有限公司郑州分行、河南开元金属制品有限公司金融借款合同纠纷案

【法院】

郑州市中级人民法院

【案号】

(2019)豫01民终22136号

【当事人】

上诉人(原审原告):中信银行股份有限公司郑州分行

被上诉人(原审被告):河南开元金属制品有限公司

被上诉人(原审被告):河南开启电力实业有限公司

被上诉人(原审被告):郑州市中州铝业有限公司

被上诉人(原审被告):张某利

被上诉人(原审被告):刘某鹏

被上诉人(原审被告):王某洲

被上诉人(原审被告):刘某甫

被上诉人(原审被告):郅某霞

被上诉人(原审被告):王某玉

【基本案情】

2016 年 7 月 27 日河南开元金属制品有限公司(以下简称开元金属公司)与中信银行股份有限公司郑州分行(以下简称中信银行郑州分行)签订《人民币流动资金贷款合同》[合同编号:(2016)信银豫贷字第 1632520 号]。借款合同约定:为偿还购买线材,开元金属公司贷款金额 2,000,000 元,期限 12 个月,到期日为 2017 年 7 月 27 日,按月还息到期还本还款法。

2016 年 7 月 28 日开元金属公司与中信银行郑州分行签订《人民币流动资金贷款合同》[合同编号:(2016)信银豫贷字第 1632521 号]。2016 年 7 月 28 日开元金属公司与中信银行郑州分行签订《人民币流动资金贷款合同》[合同编号:(2016)信银豫贷字第 1632522 号]。借款合同约定:为偿还购买线材,开元金属公司贷款金额 3,000,000 元,期限 12 个月,到期日为 2017 年 7 月 27 日,按月还息到期还本还款法。

郑州市中州铝业有限公司(以下简称中州铝业公司)于 2016 年 7 月 26 日与中信银行郑州分行签订了《最高额保证合同》[合同编号:(2016)信豫银最保字第 1632520 - 2 号],合同约定,为确保开元金属公司对中信银行郑州分行债务的履行,中州铝业公司为中信银行郑州分行与开元金属公司在 2016 年 7 月 26 日至 2018 年 7 月 26 日期间发生的债权提供最高额保证担保,合同项下担保的债权最高额度为人民币 8,000,000 元整。

河南开启电力实业有限公司(以下简称开启电力公司)于 2016 年 7 月 26 日与中信银行郑州分行签订了《最高额保证合同》[合同编号:(2016)信豫银最保字第

1632520－1号];王某洲于2016年7月26日与中信银行郑州分行签订了《最高额保证合同》[合同编号:(2016)信豫银最保字第1632520－3号];郅某霞于2016年7月26日与中信银行郑州分行签订了《最高额保证合同》[合同编号:(2016)信豫银最保字第1632520－4号];刘某鹏于2016年7月26日与中信银行郑州分行签订了《最高额保证合同》[合同编号:(2016)信豫银最保字第1632520－5号];刘某甫、张某利于2016年7月26日与中信银行郑州分行签订了《最高额保证合同》[合同编号:(2016)信豫银最保字第1632520－6号],张某利以保证人配偶的身份签字,确认:已知晓合同约定,并对于其配偶依据该合同承担担保责任(包括但不限于处分夫妻共同财产)不持任何异议;王某玉于2016年7月26日与中信银行郑州分行签订了《最高额保证合同》[合同编号:(2016)信豫银最保字第1632520－7号],合同均约定,为确保开元金属公司对中信银行郑州分行债务的履行,开启电力公司、王某洲、郅某霞、刘某鹏、刘某甫、王某玉为中信银行郑州分行与开元金属公司在2016年7月26日至2018年7月26日期间发生的债权提供最高额保证担保,合同项下担保的债权最高额度为人民币10,000,000元整。

2019年3月14日河南省巩义市人民法院作出案号为(2019)豫0181破申2号裁定书裁定受理开元金属公司重整申请,并指定河南明天律师事务所担任开元金属公司重整一案的管理人,负责人为花某昌。2019年6月25日开元金属公司债权申报表中写明,截至2019年3月14日本金8,000,000元,孳息1,232,417.38元,合计9,306,008.38元。

上诉人诉称,依据中信银行郑州分行与开启电力公司、中州铝业公司、王某洲、郅某霞、刘某鹏、刘某甫、张某利、王某玉所签订的《最高额保证合同》约定,开启电力公司、中州铝业公司、王某洲、郅某霞、刘某鹏、刘某甫、张某利、王某玉应当在最高额保证额度内担保连带保证责任。开元金属公司破产重整于2019年3月14日被巩义市人民法院受理。根据相关法律规定,中信银行郑州分行要求开启电力公司、中州铝业公司、王某洲、郅某霞、刘某鹏、刘某甫、张某利、王某玉承担连带清偿责任的范围不应计算至开元金属公司破产重整受理之日,而应计算至全部贷款本息结清之日止。

被上诉人开元金属公司答辩称,根据我国《企业破产法》相关规定,开元金属公司所负的利息、罚息应计算至破产重整之日止,即2019年3月14日。中信银行郑州分行上诉2019年3月14日之后的利息与我国《破产法》相关规定不符,依法不应支持。

【案件争点】

债务人进入破产程序后，主债权停止计息的效力是否及于保证人。

【裁判要旨】

一审法院认为：开元金属公司偿还2019年3月14日以前欠中信银行郑州分行借款本金8,000,000元，孳息1,232,417.38元，合计9,306,008.38元。开启电力公司、中州铝业公司、王某洲、郅某霞、刘某鹏、刘某甫、王某玉对开元金属公司第一项判决内容承担连带清偿责任；张某利在与刘某甫夫妻共同财产范围内，对第一项判决内容承担共同还款责任。

二审法院认为：债务人进入破产程序后，主债务人停止计息的效力不应及于保证人。理由如下：1.就法律关系而言，债权人与债务人之间形成的是普通债权债务法律关系，合同相对主体是债权人和债务人。而债权人与保证人之间形成的是担保法律关系，合同相对主体是债权人和保证人。二者法律关系相对独立。《企业破产法》第46条第2款规定："付利息的债权自破产受理时起停止计息……"该条规定的债权停止计息是针对债务人进入破产程序后，债权利息如何止付所作的特别规定。由于保证人并未进入破产程序，故该条规定并非明确债权人与保证人的权利义务范围，保证人对债权人所承担的保证债务，在债务人进入破产程序后，缺乏停止计息的法律依据。2.就立法目的而言，《企业破产法》第46条规定意在确认职权数额并推进破产程序的进行，而非侧重于债务人的经济承受能力及保证人利益的保护，保证人不停止计息并未与《企业破产法》第46条规定相悖。破产程序对于破产债权的限制，不影响保证人固有责任的承担，保证人仍应按照保证合同的约定承担保证责任，以保障债权的实现。3.就主从关系而言，债权停止计息是对进入破产程序的主债务人所作的特别规定，而非对保证人所作的特别规定。保证人未进入破产程序，于保证人而言，其担保债权债务虽从属于主债权债务，但担保债权债务并不是破产债权，而是在破产法之外的民商事一般债权。故上诉人中信银行郑州分行要求保证人河南开启电力实业有限公司、郑州市中州铝业有限公司、王某洲、郅某霞、刘某鹏、刘某甫、王某玉对河南开元金属制品有限公司破产被法院受理后至贷款结清之日止的全部利息、罚息、复利承担还款责任的上诉请求，予以支持。

例案三 偃师中岳耐火材料有限公司、上海浦东发展银行股份有限公司洛阳分行保证合同纠纷案

【法院】

最高人民法院

【案号】

(2018)最高法民申6063号

【当事人】

再审申请人(一审被告、二审上诉人):偃师中岳耐火材料有限公司

被申请人(一审原告、二审被上诉人):上海浦东发展银行股份有限公司洛阳分行

原审被告:史某国

原审被告:曲某展

原审被告:史某迎

原审被告:上海嵩声贸易有限公司

【基本案情】

2014年2月27日,上海浦东发展银行股份有限公司洛阳分行(以下简称浦发银行洛阳分行)与偃师中岳耐火材料有限公司(以下简称中岳公司)、史某国分别签订最高额保证合同,合同约定中岳公司、史某国分别为浦发银行洛阳分行在自2014年2月27日至2017年2月27日的期间内,与河南嵩声公司办理各类融资业务所发生的债权提供连带责任保证,主债权余额在债权确定期间内均以最高不超过人民币6000万元为限,保证期间均为自每笔债权合同债务履行期届满之日起,至该债权合同约定的债务履行期届满之日后两年止。同日,史某国妻子曲某展签署《关于同意执行共同财产的承诺函》,同意史某国最高额保证合同的签署和履行,承诺发生保证人承担保证责任时,浦发银行洛阳分行有权处分共同财产。2015年9月7日,浦发银行洛阳分行与史某迎、上海嵩声贸易有限公司(以下简称上海嵩声公司)分别签订最高额保证合同,合同约定史某迎、上海嵩声公司为浦发银行洛阳分行在自2015年9月7日至2018年9月7日期间内,与河南嵩声公司办理各类融资业务所发生的债权提供连带责任保证,担保的主债权余额在债权确定期间内均以不超过人民币6000万元为限,保证期间均为自每笔债权合同债务履行期届满之日起,截至该债权合同约定的债务履行期届满之日后两年。上述最高额保证合

同的保证范围为:主债权及利息(包括利息、罚息和复利)、违约金、债权人实现担保权利和债权所产生的费用等。

2016年9月5日,浦发银行洛阳分行与河南嵩声公司签订流动资金借款合同(合同编号13212016280944),借款本金600万元,期限从2016年9月5日起至2017年9月4日。2016年9月6日,浦发银行洛阳分行与河南嵩声公司签订三份流动资金借款合同(合同编号分别为13212016280949、13212016280951、13212016280952),借款本金均为600万元,其中编号为13212016280949、13212016280951的流动资金借款合同期限从2016年9月6日起至2017年9月5日。编号为13212016280952的流动资金借款合同期限从2016年9月6日起至2017年6月5日。2016年9月7日,浦发银行洛阳分行与河南嵩声公司签订流动资金借款合同(合同编号13212016280957),借款本金576万元,期限从2016年9月7日起至2017年9月6日。上述五份借款合同贷款利率均为5.655%,结息方式为利随本清,逾期罚息利率按照计收罚息日适用的贷款利率加收50%执行,并约定了违约金为借款本金金额的10%,合同还对违约事件及处理等作出详细约定。浦发银行洛阳分行按照借款合同的约定,分别履行了5笔贷款的发放义务。

2017年6月5日,编号为13212016280952的流动资金借款合同还款日到期,但河南嵩声公司未能还本付息。连带责任保证人中岳公司、史某国、史某迎、上海嵩声公司也未履行保证责任。

2016年10月24日,偃师法院作出(2016)豫0381民破第3号民事裁定,受理河南嵩声公司的重整申请。2017年3月10日,偃师法院作出(2016)豫0381民破字第3-1号民事裁定,确认河南偃师农村商业银行股份有限公司等10位债权人的11笔债权,河南嵩声公司重整一案无争议债权表显示:浦发银行洛阳分行债权金额为2998.91029万元(其中本金2976万元、利息22.91029万元),连带保证责任人为中岳公司、上海嵩声公司、史某国、史某迎。

二审查明,2014年2月27日债权人浦发银行洛阳分行与保证人中岳公司签订《最高额保证合同》,其中第1条1.2 保证范围约定:本合同项下的保证范围除了本合同所述之主债权,还及于由此产生的利息(本合同所指利息包括利息、罚息和复利)、违约金、损害赔偿金、手续费及其他为签订或履行本合同而发生的费用以及债权人实现担保权利和债权所产生的费用(包括但不限于诉讼费、律师费、差旅费等),以及根据主合同经债权人要求债务人需补足的保证金。1.3 保证期间约定:保证期间为,按债权人对债务人每笔债权分别计算,自每笔债权合同债务履行期届满之日起至该债权合同约定的债务履行期届满之日后两年止。……本合同所指“到期”“届满”包括债权人宣布主债权提前到期的情形。……债权人宣布包括债权人以起诉书或申请书或其他文件向有权机构提出的任何主张。1.4 主合同变更约定:保证人在此确认,债权人给予债务人的任何宽限或债权人与债务人对主合同的任何条款的修改或变更等情形,如未加重保证人责任的,无须经保证人同意,债权人在本合同项下的权利和权益将不受该等变更的影响,保证人的担保责任不因此而减免。

再审申请人称,《企业破产法》第46条第2款明确规定,附利息的债权自破产申请受理时起停止计息。被申请人作为主债权人,其对嵩声电缆公司的债权额已由偃师市人民法院(2016)豫0381民破字第3-1号民事裁定书确认,即使法院判决再审申请人需要承担保证责任,也应以裁定书确认的债权额为准(在此基础上应当减去浦发银行因自身过错应当承担的部分损失),不应再计算债权确定之日至实际受偿期间的利息。

再审被申请人辩称,《企业破产法》第46条第2款系对破产企业债务计息的规定,不适用于未破产的担保人。浦发银行洛阳分行与中岳公司签订的担保合同对保证范围约定清楚明确,中岳公司主张担保人不应承担破产宣告至实际受偿日的利息,依据不足。

【案件争点】

主债务人破产后,主债权停止计息的效力是否及于保证人。

【裁判要旨】

二审法院认为:就担保的法理和性质而言,担保人并非自己对债权人负担独立的债务,而只是担保主债务人的债务,即仅就主债务人对债权人所负担之债务而向债权人承担担保责任。换言之,担保人承担的担保责任不应大于主债务及其利息等费用的范围。如果要求担保人承担比主债务人更大的责任,则应当有法律的明确规定或当事人之间的特别约定,在无法定依据,本案双方亦未就此作出约定的情况下,主债权停止计息的效力应及于保证人。中岳公司主张即使其应承担保证责任,也应按破产程序确认的债权数额为限的理由成立,本院予以支持。浦发银行洛阳分行申报的债权属于本案保证责任范围,经偃师法院2017年3月10日裁定确认债权金额为2998.91029万元(其中本金2976万元、利息22.91029万元),中岳公司应就浦发银行洛阳分行对河南嵩声公司的2998.91029万元债权承担保证责任。史某国、史某迎、上海嵩声公司虽未提出上诉,但基于其应承担同样的保证责任，本院据实予以调整。各保证人从2017年3月10日主债权确认之日起，即负有履行上述保证责任的义务。浦发银行洛阳分行诉请按流动资金借款合同计算主债权本息和违约金，本院不予支持，但保证人未履行保证责任，应在履行保证责任的同时，以2998.91029万元为基数从2017年3月10日起按中国人民银行同期同类贷款利率支付逾期付款利息。一审判决明确，如浦发银行洛阳分行在河南嵩声公司破产程序中已分得款项，应予以扣减，符合《担保期间答复》中"对于债权人申报了债权，同时又起诉保证人的保证纠纷案件，人民法院应当受理；人民法院如径行判决保证人承担保证责任，应当在判决中明确应扣除债权人在债务人破产程序中可以分得的部分"的意见，故予以维持。

再审法院认为：债务人进入破产程序后，主债务停止计息的效力不应及于保证人。理由如下：1.就法律关系而言，债权人与债务人之间形成的是普通债权债务法律关系，合同相对主体是债权人与债务人。而债权人与保证人之间形成的是担保法律关系，合同相对主体是债权人与保证人。二者法律关系相对独立。《企业破产法》第46条第2款规定："付利息的债权自破产受理时起停止计息。"该条规定的"债权停止计息"是针对债务人进入破产程序后，债权利息如何止付所作的特别规定。基于法律关系及合同的相对性，该条规定确定了债务人与债权人之间的权利义务范围。由于保证人并未进入破产程序，故该条规定并非明确债权人与保证人的权利义务范围，保证人对债权人所承担的保证债务，在债务人进入破产程序后，缺乏停止计息的法律依据。2.就立法目的而言，《担保法》第1条规定："为促进资金融通和商品流通，保障债权的实现，发展社会主义市场经济，制定本法。"即担保法的主要立法目的是保障债权的实现。而《企业破产法》的立法目的是公平地清理各方债权债务。其中，《企业破产法》第46条规定意在确认债权数额并推进破产程序的进行，而非侧重于债务人的经济承受能力及保证人利益的保护，故保证人不停止计息并未与《企业破产法》第46条规定相悖。破产程序对于破产债权的限制，不影响保证人固有责任的承担，保证人仍然应当依照保证合同的约定承担保证责任，以保障债权的实现。3.就风险承担而言，保证人承担保证责任本身就具有一定风险性，即担保就意味着保证人应承担债务人不能偿还债务时，债权人向其追偿担保债务的风险。保证人承担破产程序期间的主债务利息，未超出保证人应有的风险预判。且保证人不停止计息亦能督促保证人及时偿还债务，防止其有意拖延偿债而损害债权人利益。4.就主从关系而言，债权停止计息是对进入破产程序的主债务人所作的特别规定，而非对保证人所作的特别规定。保证人未进入破产程序，于保证人而言,其担保债权债务虽从属于主债权债务,但担保债权债务并不是破产债权,而是在破产法之外的民商事一般债权。

三、裁判规则提要

债权人所享有的主债权范围为破产债权,保证人所承担的保证责任的指向亦为该破产债权,债权人的债权自人民法院受理破产申请时即最终确定,主债务人破产申请受理后债务利息停止计算,其后的利息不计入破产债权。债权人在破产程序中按照确定的比例获得清偿后,未获清偿的债权在破产程序终结后可继续向保证人主张权利,保证人的保证责任应限于在破产程序中未获清偿的部分(例案一、例案二)。

人民法院裁定受理主债务人破产申请后,附利息的债权停止计息,债权人不能向主债务人主张破产申请受理后所产生的利息。但对于未破产的保证人而言,主债务人破产,保证债权并不停止计息,保证人仍应承担破产申请受理后所产生的利息,并不得就已承担的该部分利息向主债务人追偿(例案三)。

说明

在目前尚未统一的审判实践环境,例案三中二审和再审的认定内容,已经能够较为全面地反映出目前审判实践中对于债权止息效力是否应当及于担保人这一问题,持截然相反两种立场的观点所主要依据的理由,可供参考。

四、辅助信息

高频词条:

《企业破产法》

第 44 条 人民法院受理破产申请时对债务人享有债权的债权人,依照本法规定的程序行使权利。

第 46 条 未到期的债权,在破产申请受理时视为到期。

附利息的债权自破产申请受理时起停止计息。

第 92 条 经人民法院裁定批准的重整计划,对债务人和全体债权人均有约束力。

债权人未依照本法规定申报债权的,在重整计划执行期间不得行使权利;在重整计划执行完毕后,可以按照重整计划规定的同类债权的清偿条件行使权利。

债权人对债务人的保证人和其他连带债务人所享有的权利,不受重整计划的影响。

第124条 破产人的保证人和其他连带债务人，在破产程序终结后，对债权人依照破产清算程序未受清偿的债权，依法继续承担清偿责任。

《合同法》

第107条 当事人一方不履行合同义务或者履行合同义务不符合约定的，应当承担继续履行、采取补救措施或者赔偿损失等违约责任。

第205条 借款人应当按照约定的期限支付利息。对支付利息的期限没有约定或者约定不明确，依照本法第六十一条的规定仍不能确定，借款期间不满一年的，应当在返还借款时一并支付；借款期间一年以上的，应当在每届满一年时支付，剩余期间不满一年的，应当在返还借款时一并支付。

第206条 借款人应当按照约定的期限返还借款。对借款期限没有约定或者约定不明确，依照本法第六十一条的规定仍不能确定的，借款人可以随时返还；贷款人可以催告借款人在合理期限内返还。

第207条 借款人未按照约定的期限返还借款的，应当按照约定或者国家有关规定支付逾期利息。

《担保法》

第12条 同一债务有两个以上保证人的，保证人应当按照保证合同约定的保证份额，承担保证责任。没有约定保证份额的，保证人承担连带责任，债权人可以要求任何一个保证人承担全部保证责任，保证人都负有担保全部债权实现的义务。已经承担保证责任的保证人，有权向债务人追偿，或者要求承担连带责任的其他保证人清偿其应当承担的份额。

第18条 当事人在保证合同中约定保证人与债务人对债务承担连带责任的，为连带责任保证。

连带责任保证的债务人在主合同规定的债务履行期届满没有履行债务的，债权人可以要求债务人履行债务，也可以要求保证人在其保证范围内承担保证责任。

第21条 保证担保的范围包括主债权及利息、违约金、损害赔偿金和实现债权的费用。保证合同另有约定的，按照约定。

当事人对保证担保的范围没有约定或者约定不明确的，保证人应当对全部债务承担责任。

第33条 本法所称抵押，是指债务人或者第三人不转移对本法第三十四条所列财产的占有，将该财产作为债权的担保。债务人不履行债务时，债权人有权依照本法规定以该财产折价或者以拍卖、变卖该财产的价款优先受偿。

前款规定的债务人或者第三人为抵押人,债权人为抵押权人,提供担保的财产为抵押物。

第53条 债务履行期届满抵押权人未受清偿的,可以与抵押人协议以抵押物折价或者以拍卖、变卖该抵押物所得的价款受偿;协议不成的,抵押权人可以向人民法院提起诉讼。

抵押物折价或者拍卖、变卖后,其价款超过债权数额的部分归抵押人所有,不足部分由债务人清偿。

《担保法解释》

第44条 保证期间,人民法院受理债务人破产案件的,债权人既可以向人民法院申报债权,也可以向保证人主张权利。

债权人申报债权后在破产程序中未受清偿的部分,保证人仍应当承担保证责任。债权人要求保证人承担保证责任的,应当在破产程序终结后六个月内提出。

破产纠纷案件裁判规则第16条：

仅凭公司会计账簿的记载及破产程序中债权审查确认等事实，即可证明债权的存在

〔**规则描述**〕：证明破产债权存在的证据可表现为多种形式。其中，公司会计账簿、审计报告、评估报告、管理人债权审查工作报告等可作为确认破产债权的直接证据。

一、类案检索大数据报告

时间：2020年1月13日之前，案例来源：Alpha案例库，案件数量：61件，数据采集时间：2020年1月13日。本次检索获取了2020年1月13日前共61篇裁判文书，整体情况如图16－1所示，从是否认同仅凭公司会计账簿的记载及破产程序中债权审查确认等事实，即可证明债权的存在的角度来看，认同的案件22件，占比约36.07%；不认同的案件4件，占比约6.56%；不相关案件35件，占比约57.37%。

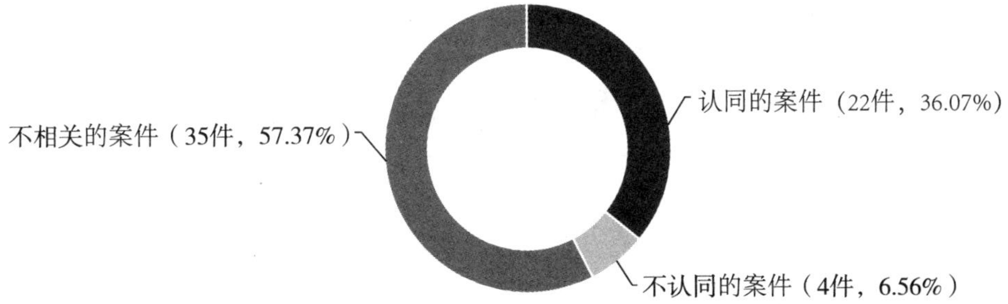

图16－1　是否认同仅凭公司会计账簿的记载及破产程序中债权审查确认等事实，即可证明债权的存在

如图16－2所示，从案件年份分布情况可以看出当前条件下案例数量的变化趋势。

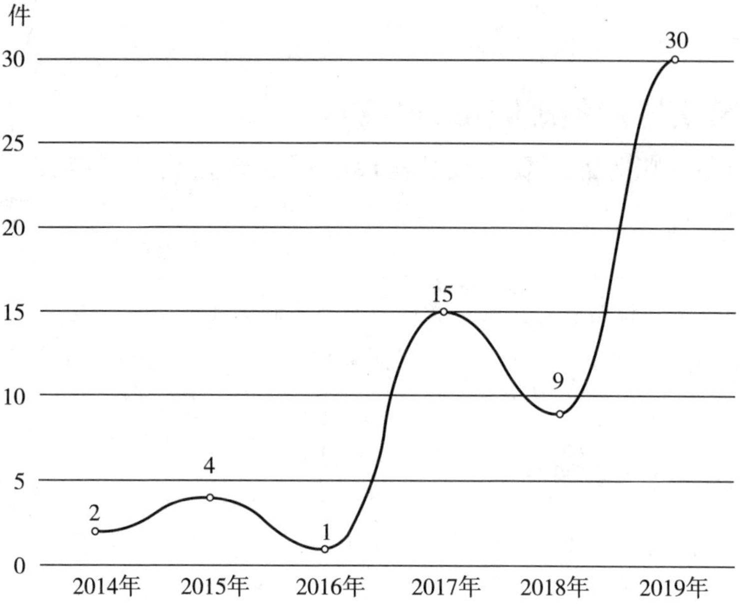

图 16 – 2　案件年份分布情况

如图 16 – 3 所示,从案件地域主要分布情况来看,当前案例主要集中在浙江省、广东省、江苏省,分别占比为 47.54%、8.20%、4.92%。其中,浙江省的案件量最多,达到 29 件。

图 16 – 3　案件地域主要分布情况

如图 16 – 4 所示,从案件案由分类情况可以看出,当前的案由分布由多至少分别是与公司、证券、保险、票据等有关的民事纠纷,合同、无因管理、不当得利纠纷。

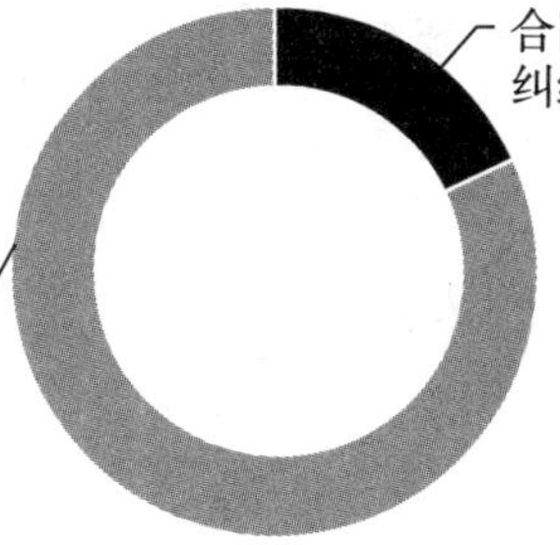

图16－4　案件案由分类情况

二、可供参考的例案

例案一｜明途控股有限公司与无锡尚德太阳能电力有限公司企业借贷纠纷案

【法院】

江苏省无锡市中级人民法院

【案号】

(2015)锡商外初字第11号

【当事人】

原告:明途控股有限公司(Bright Path Holding Limited)

被告:无锡尚德太阳能电力有限公司

【基本案情】

(一)涉案债权债务关系的事实

2011年4月30日,明途控股有限公司(以下简称明途公司)、无锡尚德太阳能电力有限公司(以下简称尚德公司)、案外人GDI Partners Consulting Limited(以下简称GDI)、GSF Capital Pte. Ltd.(以下简称GSF)签订补充协议,约定将GDI对尚德公司享有的4,458,908欧元佣金债权转让给GSF;对于GSF应付给明途公司以购买股份的部分转让价款,则由尚德公司付给明途公司。

同日,明途公司、尚德公司、GDI、GSF签订终止协议,约定GDI和尚德公司同意关于佣金协议的最终总和解金额为4,458,908欧元,协议一经签署,GDI永久免除在佣金协议下提出对尚德公司及其关联方、关联人员的主张。

同日,明途公司、GSF签订股权购买协议,约定明途公司同意以每股6114.727欧元出售其在SICAR的2000股股份,且GSF同意以12,229,454欧元的对价于交割日从明途公司购买转让股份,并通过抵销4,458,908欧元未偿佣金(如补充协议所定义)的方法来对购买价格进行部分偿付。该股权购买协议的附件为上述补充协议和终止协议。

(二)尚德公司破产重整的事实

2013年3月20日,无锡中院作出(2013)锡破字第5号民事裁定,裁定尚德公司重整,并于同日指定尚德公司清算组担任管理人。2013年8月,尚德公司出具债权审查工作报告,报告中未申报债权基本情况:公司账面有记载,但截至目前尚未申报的债权人共254家,合计金额13.74亿元。其中包括明途公司债权的审计金额为30,763,874.59元,备注写明的原因为西班牙公司GDI为尚德公司介绍业务,按合同成交额收取佣金,尚德公司未能支付该笔佣金,GDI将该笔应收款转让给明途公司。破产重整程序中,尚德公司审计报告(清产核资基准日为2013年3月20日)在其他应付款余额明细表中列明了该笔应付款,序号为66。评估报告(评估基准日为2013年3月20日)在其他应付款评估明细表中亦列明了该笔应付款,序号为69,发生日期为2011年12月31日,业务内容为佣金,评估价值与账面价值一致。2013年11月,尚德公司管理人出具重整计划草案。

2013年11月15日,无锡中院作出(2013)锡破字第5-2号民事裁定,裁定批准尚德公司重整计划草案,终止重整程序。2014年4月18日,无锡中院作出(2013)锡破字第5-8号民事裁定,裁定尚德公司重整计划执行完毕。

明途公司在诉讼中陈述,其在破产重整期间向尚德公司管理人申报过债权,但管理人未处理。其提供的债权申报表显示,明途公司申报的债权为本金人民币31,025,567元,申报日期为2013年11月12日。

明途公司诉至法院,要求判令尚德公司返还明途公司人民币10,947,922元。

【案件争点】

尚德公司是否为明途公司相应垫付款项的债务人。

【裁判要旨】

一审法院认为,尚德公司为明途公司相应垫付款项的债务人,理由如下:

根据补充协议的内容,尚德公司应当支付给GDI的佣金与GSF应当支付给明途公司的股份转让款相抵销,实际是由明途公司代尚德公司支付了佣金,承担了尚德公司的债务,应视为双方之间形成了借贷关系。终止协议证明了GDI因补充协议的订立不再向尚德公司主张佣金,股权购买协议则证明了GSF向明途公司购买了其在SICAR的2000股股份。上述三份协议可以相互印证,足以反映涉案债权债务产生的整个过程。

即使明途公司提交的前述证据存疑，尚德公司亦已将相应款项作为对明途公司的其他应付款计入会计账簿，上述债务在尚德公司的破产重整程序中通过审计、评估的方式得以确认，管理人债权审查工作报告中所披露的债务来源亦与前述证据所反映的事实基本一致。因此，在排除前述证据的情况下，仅凭尚德公司会计账簿的上述记载内容及破产重整中债权审查确认等事实，即可充分证明尚德公司与明途公司形成合意，接受了前述证据中所反映的债权债务安排。尚德公司关于双方未约定尚德公司需要向明途公司返还相应垫付款项的抗辩意见，本院不予采纳。《企业破产法》第92条第2款规定，债权人未依照本法规定申报债权的，在重整计划执行期间不得行使权利；在重整计划执行完毕后，可以按照重整计划规定的同类债权的清偿条件行使权利。依据上述规定，即使如尚德公司所称，明途公司未在破产重整程序中申报债权，其亦可在重整计划执行完毕后，按重整计划规定的同类债权的清偿条件行使权利。本案中，明途公司诉讼请求中主张的金额略高于尚德公司会计账簿记载的金额。鉴于后者在破产重整程序中经审计及评估报告认可，尚德公司管理人对此予以确认，故尚德公司应负债务应由其会计账簿中的记载数额为准。

例案二 | 李某宁与威海中天房地产有限公司破产债权确认纠纷案

【法院】

山东省威海市中级人民法院

【案号】

(2019)鲁10民终1909号

【当事人】

上诉人(原审原告)：李某宁

被上诉人(原审被告)：威海中天房地产有限公司

【基本案情】

李某宁与威海中天房地产有限公司(以下简称中天公司)存在资金融通的关系。其中2014年4月1日至7月9日根据借款记录尚欠20万元本金；2012年10月13日李某宁向林某雄个人账户转100万元，该笔借款有中天公司账簿记载并标注由林某雄个人卡代收。

2017年6月6日,中天公司被一审法院裁定重整,并指定山东利得清算事务有限公司为管理人。

李某宁向一审法院起诉请求:请求确认李某宁对中天公司享有借款债权9,026,656元。

【案件争点】

李某宁对中天公司享有的债权数额为何。

【裁判要旨】

一审法院认为,中天公司向李某宁借款中的至2014年7月9日尚欠20万元本金及2012年10月13日的100万元,有中天公司的有关会计账簿或支付款单据证实,可以认定。该两笔借款的逾期利息计息期为逾期日至一审法院裁定中天公司重整之前一日的2017年6月5日。上述债权确认为普通债权。根据《民间借贷司法解释》第16条第2款的规定,李某宁主张的其他借款,欠缺法律规定的相关证据予以佐证,无相关财务会计账簿记录,或与借款合同的相对性不符,经询问其本人亦不能作出合理解释或提供充分证据,故不予认定。

二审法院认为,李某宁主张的其他借款,借款协议与转账凭证、中天公司的财务会计账册记录等不能相互印证,对于借款、还款的情况,也不能进行清晰的说明。故一审认为依据李某宁提供的借款协议,不足以认定上述借款已经实际发生,符合民事诉讼证据认证规则。

例案三 | 周某源与郴州五连冠酒店有限公司破产债权确认纠纷案

【法院】

湖南省郴州市中级人民法院

【案号】

(2019)湘10民初251号

【当事人】

原告:周某源

被告:郴州五连冠酒店有限公司

【基本案情】

周某源于2010年9月15日应酒店承包者周余清聘请,担任郴州五连冠酒店有限公司(以下简称五连冠酒店)物资采购员。五连冠酒店因资不抵债、不能偿还到期债务，于 2018 年 8 月 8 日被宣告进入破产程序。周某源向五连冠酒店破产清算管理人申报了其因采购赊欠应付款 480,000 元债权。五连冠酒店破产清算管理人于 2018 年 10 月 23 日公布的《郴州五连冠酒店有限公司债权表》中将周某源申报的债权列为不予认定范围。周某源于 2019 年 3 月 20 日以郴州五连冠酒店有限公司为被告、郴州五连冠酒店有限公司管理人为第三人提起对其申报的 480,000 元债权的确认之诉。

五连冠酒店破产清算管理人对 2018 年 8 月 8 日止资产、负债和所有者权益情况，依法委托湖南华鑫会计师事务所有限公司进行了会计审计。湖南华鑫会计师事务所有限公司出具的审计报告中载明，周某源采购物资形成的往来账累计金额为 364,476.16 元，扣减已经债权人会议通过认定的陈某英、刘某、陈某官、李某华等 4 户债权 150,290.1 元后，审定数为 214,196.06 元。

【案件争点】

周某源申报的债权是否应该认定为破产债权以及认定的金额问题。

【裁判要旨】

一审法院认为，对于湖南华鑫会计师事务所有限公司的审计结果，当事人双方均认可，且该审计结论中有关周某源的债权情况，与周某源所提交的证据和五连冠酒店提供的证据相印证。据此，对审定的 214,196.06 元应该认定为周某源名下的普通债权；对数额为 214,196.06 元之外的主张，周某源没有提供证据证明，依法不予支持。虽然周某源的采购行为有职务行为特征，但在五连冠酒店发布了对债权人申报债权的公告后，与 214,196.06 元相对应的物资供应商没有向破产清算组申报债权，且周某源主张该部分款已由其垫付的理由有一定的合理性，可以视为涉金额为 214,196.06 元的物资供应商债权已经转移给周某源，因此，对五连冠酒店关于该部分债权应该由货物供货商主张权利，周某源无权利主张的抗辩理由不予采信。周某源债权的性质，非职工劳动债权，也不是《物权法》等法律所规定的优先权范围，应属于普通债权，因此，周某源关于应该按照职工债权优先支付的诉讼主张，与事实和法律的规定不符，不能成立。

三、裁判规则提要

证明破产债权存在的证据可表现为多种形式。其中，公司会计账簿、审计报告、评估报告、管理人债权审查工作报告等可作为确认破产债权的直接证据。理由在于，公司会计账簿完整记录了债权人、债务人、债权数额、债权性质等信息，而审计报告、评估报告、管理人债权审查工作报告是对债权的直接确认,所以仅凭公司会计账簿的记载及破产程序中债权审查确认等事实,即可证明债权的存在。

四、辅助信息

高频词条:

《企业破产法》

第92条第2款 债权人未依照本法规定申报债权的,在重整计划执行期间不得行使权利;在重整计划执行完毕后,可以按照重整计划规定的同类债权的清偿条件行使权利。

《民间借贷司法解释》

第16条第2款 原告仅依据借据、收据、欠条等债权凭证提起民间借贷诉讼,被告抗辩借贷行为尚未实际发生并能作出合理说明,人民法院应当结合借贷金额、款项交付、当事人的经济能力、当地或者当事人之间的交易方式、交易习惯、当事人财产变动情况以及证人证言等事实和因素,综合判断查证借贷事实是否发生。

破产纠纷案件裁判规则第 17 条：
所有权保留买卖合同中的债务是否属于共益债务，应当适用《破产法解释二》第 37 条的规定进行认定

〔**规则描述**〕：判断所有权保留买卖合同中的债务是否属于共益债务，应当依照《破产法解释二》第 37 条关于所有权保留买卖合同中共益债务认定的特别规定加以认定。

一、类案检索大数据报告

时间：2020 年 1 月 13 日之前，案例来源：Alpha 案例库，案件数量：8 件，数据采集时间：2020 年 1 月 13 日。本次检索获取了 2020 年 1 月 13 日前共 8 篇裁判文书，整体情况如图 17－1 所示。从是否认同所有权保留买卖合同中的债务是否属于共益债务，应当适用《破产法解释二》第 37 条的规定进行认定的角度来看，认同的案件 2 件，占比约 25%；不认同的案件 0 件；不相关案件 6 件，占比约 75%。

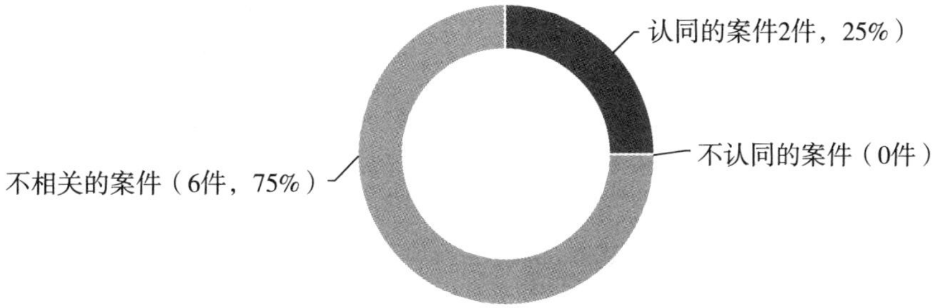

图 17－1　是否认同所有权保留买卖合同中的债务是否属于共益债务，应当适用《破产法解释二》第 37 条的规定进行认定

如图 17－2 所示，从案件年份分布情况可以看出当前条件下案例数量的变化趋势。

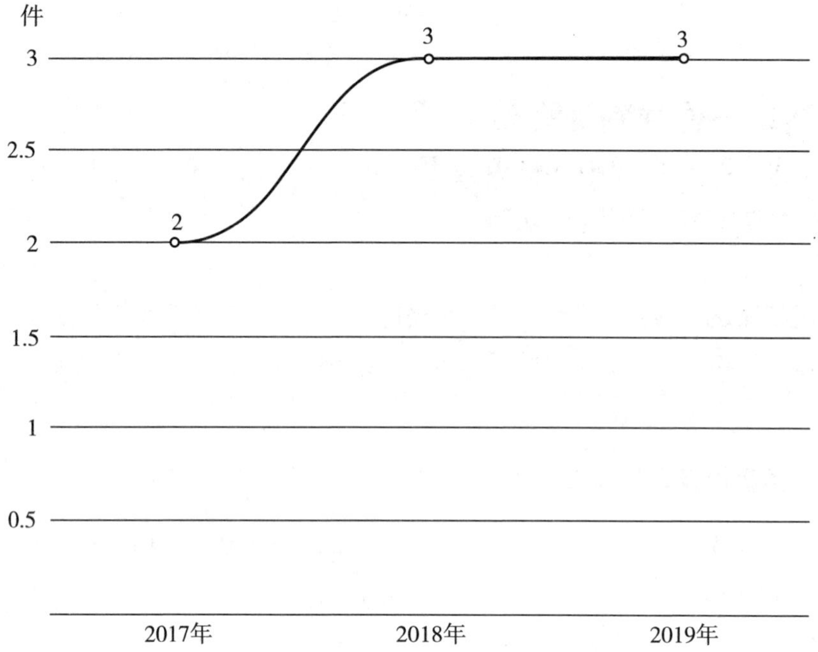

图 17 -2　案件年份分布情况

如图 17 -3 所示,从案件地域主要分布情况来看,当前案例主要集中在江苏省、辽宁省、河北省,分别占比为 50.00%、25.00%、12.50%。其中,江苏省的案件量最多,达到 4 件。

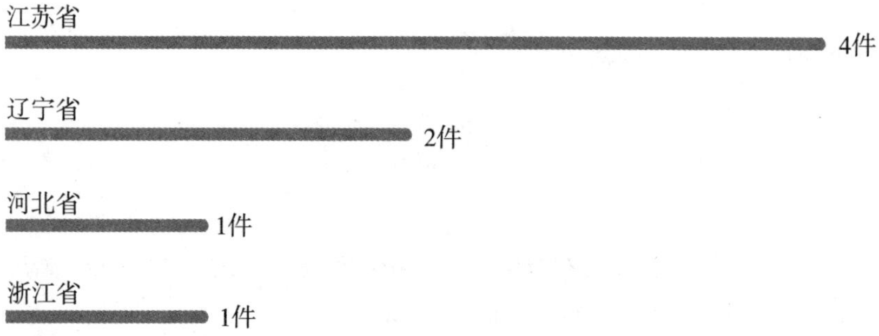

图 17 -3　案件地域主要分布情况

如图 17 -4 所示,从案件案由分类情况可以看出,当前的案由分布由多至少分别是破产债权确认纠纷、取回权纠纷。

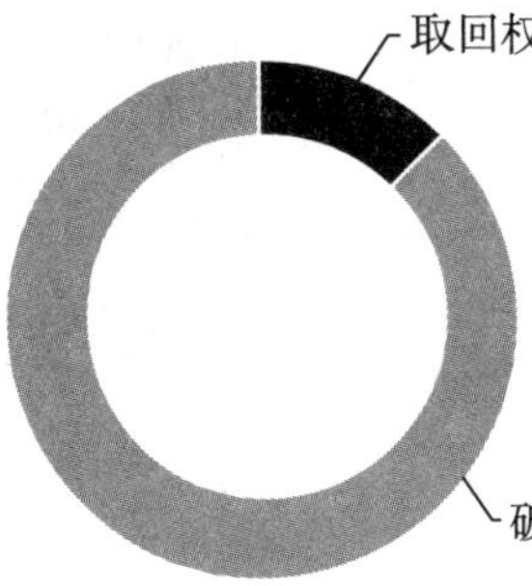

图 17－4　案件案由分类情况

二、可供参考的例案

例案一｜中国第一重型机械股份公司与东北特殊钢集团有限责任公司破产债权确认纠纷案

【法院】

辽宁省高级人民法院

【案号】

(2018)辽民终 359 号

【当事人】

上诉人(原审被告)：东北特殊钢集团有限责任公司

被上诉人(原审原告)：中国第一重型机械股份公司

【基本案情】

2008 年 4 月 12 日，中国第一重型机械股份公司(以下简称一重公司)与东北特殊钢集团有限责任公司(以下简称东特公司)签订编号为 08－A01010－ZZ 的《扁钢可逆热连轧机及其辅助设备供货合同》，一重公司为卖方，东特公司为买方，合同第 14.4 条约定在买方未全部给付卖方合同货款之前，卖方享有未付款设备部分的产权。之后，2009 年 10 月 30 日、2010 年 9 月 18 日，双方当事人又就该合同分别签订两份补充合同。

2008 年 7 月 2 日，一重公司与东特公司签订编号为 08－A01011－ZZ 的《大棒生产线初轧机、热锯、热剪设备供货合同》，合同第 17.4 条约定在买方未全部给付卖方合同货款之前，卖方享有未付款设备部分的产权。之后，2009 年 7 月 15 日，

2010年3月9日,双方当事人又就该合同分别签订两份补充合同。

2009年8月28日,一重公司与东特公司签订编号为09 - A01010 - LZ的《引进瑞士CONCAST三机三流380×490mm大方坯连铸机国内分交设备供货合同》,合同第15.4条约定在买方未全部给付卖方合同货款之前,卖方享有未付款设备部分的产权。

2009年11月13日,一重公司与东特公司签订编号为09 - A01013 - ZZ的《600四辊可逆冷轧机及其辅助设备供货合同》,合同第14.4条约定在买方未全部给付卖方合同货款之前,卖方享有未付款设备部分的产权。

2010年8月18日,一重公司与东特公司签订编号为10 - A01006 - LZ的《引进瑞士CONCAST二机二流800mm大圆坯连铸机国内分交设备供货合同》,合同第15.4条约定在买方未全部给付卖方合同货款之前,卖方享有未付款设备部分的产权。

2010年9月13日,一重公司与东特公司签订编号为10A01E9337的《工业产品买卖合同》,合同第7条约定标的物所有权:买方支付货款后所有权归买方。

双方当事人还签订了另外三份供货合同。

九份合同签订后,一重公司履行了供货义务,因东特公司未完全履行付款义务,一重公司于2016年7月15日将东特公司诉至辽宁省高级人民法院,请求东特公司支付相应欠付的货款及利息等。该案审理过程中,东特公司管理人作为东特公司诉讼代表人进行诉讼。

2016年12月30日,辽宁省高级人民法院作出(2016)辽民初48号民事判决书,判决宣判后,双方当事人双方均未提起上诉,该判决已经生效。该判决对本案的六份合同欠付货款的情况,作出了具体认定:

2008年4月12日编号为08 - A01010 - ZZ合同及补充合同的总金额为150,628,600元,东特公司欠付货款三笔分别是1,452,966.36元、7,033,375元、7,033,375元;2008年7月2日编号为08 - A01011 - ZZ合同及补充合同的总金额为59,662,900元,东特公司欠付货款三笔分别是10,117,935元、2,983,145元、2,983,145元;2009年8月28日编号为09 - A01010 - LZ合同的总金额为44,104,300元,东特公司欠付货款两笔分别是6,615,645元、4,410,430元;2009年11月13日编号为09 - A01013 - ZZ合同的总金额为14,304,000元,东特公司欠付货款两笔分别是2,145,600元、1,430,400元;2010年8月18日编号为10 - A01006 - LZ合同的总金额为67,018,100元,东特公司欠付货款两笔分别是

10,052,715 元、6,701,810元；2010 年 9 月 13 日编号为 10A01E9337 合同的总金额为 4,621,200 元，东特公司欠付货款三笔分别是 14,110 元、693,180 元、462,120 元。该判决认为，一重公司已经履行了合同项下的供货义务，东特公司未按约支付货款构成违约，应当继续履行支付货款的义务并承担相应的违约责任，据此判令东特公司于判决生效后 10 日内给付一重公司包括本案六份合同的尚欠货款共计 69,786,651.36 元。

2016 年 10 月 10 日，因案外人阿拉善盟金圳冶炼有限责任公司申请东特公司重整，一审法院作出(2016)辽 02 破申 2 号民事裁定，受理阿拉善盟金圳冶炼有限责任公司提出的对东特公司进行重整的申请。

2017 年 6 月 5 日，一重公司向东特公司管理人发送一份取回权申请书，请求根据案涉 6 份合同的约定，取回由东特公司占有的但所有权归一重公司的设备。2017 年 8 月 4 日，一重公司向东特公司管理人发送一份关于一重公司债权性质的异议，认为对案涉 6 份合同的债务认为应确认为共益债务，并非普通债务。2017 年 8 月 9 日、2017 年 8 月 16 日一重公司向东特公司管理人发送督促函及行使取回权告知函、对管理人未尽勤勉责任及一重公司债权性质的异议，请求取回案涉 6 份合同一重公司享有所有权的设备并对该 6 份合同所涉债务的性质向东特公司管理人提出异议。庭审中东特公司认可收到上述材料。

一重公司向东特公司申报债权后，2017 年 8 月 21 日，一重公司向东特公司发送关于经营类和债券类普通债权清偿方式选择结果告知书，在其他说明中对案涉六份所涉债务认为是共益债务，不应认定为普通债务予以说明。

【案件争点】

东特公司所欠一重公司案涉 6 份合同的货款应否属于共益债务。

【裁判要旨】

一审法院认为：考虑到案涉设备均系成套设备，一重公司虽对案涉设备享有部分所有权，但该成套设备在客观上无法分割，无法部分返还给一重公司，一重公司主张取回部分所有权在客观上也不存在可能性。对此情况如何处理，法律也作出了相应规定，《破产法解释二》第 37 条规定“买受人破产，其管理人决定继续履行所有权保留买卖合同的，原买卖合同中约定的买受人支付价款或者履行其他义务的期限在破产申请受理时视为到期，买受人管理人应当及时向出卖人支付价款或者履行其他义务。买受人管理人无正当理由未及时支付价款或者履行完毕其他义务，或者将标的物出卖、出质或者作出其他不当处分，给出卖人造成损害，出卖人依据《合同法》第134条等规定主张取回标的物的,人民法院应予支持。但是,买受人已支付标的物总价款75%以上或者第三人善意取得标的物所有权或者其他物权的除外。因本条第2款规定未能取回标的物,出卖人依法主张买受人继续支付价款、履行完毕其他义务,以及承担相应赔偿责任的,人民法院应予支持。对因买受人未支付价款或者未履行完毕其他义务,以及买受人管理人将标的物出卖、出质或者作出其他不当处分导致出卖人损害产生的债务,出卖人主张作为共益债务清偿的,人民法院应予支持。"东特公司作为案涉6份合同的买受人并未支付相应欠款,一重公司主张取回其享有所有权的货物及设备的主张亦存在法律及事实上的障碍,在此情形下案涉欠款应系因东特公司原因导致的对一重公司产生的债务,在一重公司主张作为共益债务清偿的情况下,按照上述规定,一审法院予以支持……

二审法院认为:《破产法解释二》第37条第3款的规定是所有权保留买卖合同中共益债务认定的特别规定,本案中的所有权保留买卖合同中的债务是否属于共益债务,应当适用上述司法解释的规定进行认定本案中,因东特公司的付款均已超过全部货款的75%,东特公司一直占有使用而不予返还,而且因为尚欠部分货款,出卖人一重公司与买受人东特公司对案涉设备实际处于共有状态,导致一重公司数次主张取回相关设备而未能实现,符合《破产法解释二》第37条第3款关于共益债务认定的条件。

例案二 巴州新正泰新成套电气制造有限公司与新疆新沛新材料有限公司破产管理人一般取回权纠纷上诉案

【法院】

新疆维吾尔自治区高级人民法院

【案号】

(2017)新民终115号

【当事人】

上诉人(原审原告):巴州新正泰新成套电气制造有限公司

被上诉人(原审被告):新疆新沛新材料有限公司

【基本案情】

2012年9月26日,2013年9月11日、11月19日,巴州新正泰新成套电气制造有限公司(以下简称新正泰公司)与新疆新沛新材料有限公司(以下简称新沛公司）分别签订了3份工业品买卖合同，新沛公司购买110kV开关站材料、110kV低压柜铜排等设备，合同价款总计463,060元。合同第5条约定：标的物的所有权转移自甲方付清全款起转移，但甲方未履行支付义务，标的物仍属于乙方所有。上述合同签订后，新正泰公司按约定履行了交付标的物的义务，但新沛公司未支付货款，欠新正泰公司合同价款463,060元。新正泰公司向新沛公司提供的设备设施及配件，已全部投入使用。

【案件争点】

新正泰公司是否享有取回权，相关损失能否认定为共益债务。

【裁判要旨】

一审法院认为：《物权法》第23条规定：动产物权的设立和转让，自交付时发生效力，但法律另有规定的除外。虽然《合同法》第134条规定当事人可以在买卖合同中约定买受人未履行支付价款或者其他义务的，标的物的所有权属于出卖人，但本案中新正泰公司通过向新沛公司破产管理人申报债权的方式，要求支付全部货款。新正泰公司申报债权主张全部货款的行为应当视为不再保留合同项下标的物的所有权，合同项下标的物的所有权已转移到新沛公司。现新正泰公司再次主张标的物所有权的请求，不符合法律规定，不予支持。

二审法院认为：《破产法解释二》第27条规定，权利人依据《企业破产法》第38条的规定向管理人主张取回相关财产，管理人不予认可，权利人以债务人为被告向人民法院提起诉讼请求行使取回权的，人民法院应予受理。新正泰公司可根据《破产法解释二》第34条、第37条的相关规定，向新沛公司破产管理人申请继续履行《工业品买卖合同》，支付货款或就该合同形成的债务申请作为共益债务清偿。

例案三 江苏鑫吴输电设备制造有限公司与泰州扬光金属结构有限公司加工合同纠纷上诉案

【法院】

江苏省泰州市中级人民法院

【案号】

（2016）苏12民终2740号

【当事人】

上诉人（原审被告）：江苏鑫吴输电设备制造有限公司

被上诉人(原审原告):泰州扬光金属结构有限公司

【基本案情】

2013年3月15日至2015年5月7日,江苏鑫吴输电设备制造有限公司(以下简称鑫吴公司)与泰州扬光金属结构有限公司(以下简称扬光公司)曾签订工业品买卖系列合同6份,所涉标的物分别为变电构支架、泰兴110kV胜利变电站扩建工程钢管杆、句容华晟电厂110kV工程钢管杆、永泰220kV变电所110kV出线配套工程铁塔、徐州地区10kV配网工程钢管杆、南京高淳、六合、江宁配网10kV钢管杆工程,合同中均约定"标的物所有权自到货日时起转移,但买受人未履行支付价款义务的,标的物属于出卖人所有",交货时间及数量基本为具体按照现场要求供货,结算方式为两种:合同生效后验收合格,交付现场,出卖人开具全额增值税发票,买受人发票入账后次月支付货款或者买受人根据收到货款比例进度支付相应比例货款。系列合同订立后,鑫吴公司与案外人江苏省电力公司物资供应公司针对案涉工程签订具体的采购合同,扬光公司按照计划量进行备货,待通知运送至工程现场。2015年10月8日,双方就合同具体履行情况形成加工合同履约函,详细记载物品名称、项目名称、重量、单价、加工费、双方合同号、江苏省电力公司配送单号,并在备注栏确认了相应的货物"已交货验收,配送单已办理"或"已按计划加工完成,待收货方通知发货",注明总开票金额19,341,062.66元,总收加工费7,200,084.11元,欠扬光加工费12,140,978.55元。同日,鑫吴公司出具对账单,确认尚欠扬光公司货款12,140,978.55元。

江苏省苏州市吴江区人民法院于2016年1月5日裁定受理鑫吴公司的破产清算申请,并于1月13日复函鑫吴公司破产管理人"债务人江苏鑫吴输电设备制造有限公司可以继续营业"。2016年3月5日,扬光公司基于所有权保留的合同约定向鑫吴公司破产管理人申报物的取回权,鑫吴公司破产管理人于当月15日回函,函复"取回权所涉标的物已由江苏鑫吴输电设备制造有限公司于吴江区人民法院裁定受理破产申请前交付客户并由客户取得所有权。贵公司现就该部分标的物主张取回权或等值价款优先受偿没有事实和法律依据。"扬光公司即向被告发出《所有权保留货物未取回的价款催收函》,要求鑫吴公司在收函起5日内支付价款。

鑫吴公司曾于2015年11月19日向案外人江苏省电力公司物资供应公司发出申请合同取消函明细,其中涉及本案2013年3月15日工业品买卖合同项下的镇××山220千伏输变电工程,价款为175,350元,扬光公司因该合同取消即未履行发货义务。扬光公司将其诉讼请求变更为诉请确认鑫吴公司支付货款

11,965,628.55 元以共益债务形式进行清偿。

【案件争点】

为案涉货款系破产普通债权还是共益债务。

【裁判要旨】

一审法院认为：本案中，双方在系列买卖合同中均约定“标的物所有权自到货日时起转移，但买受人未履行支付价款义务的，标的物属于出卖人所有”，即标的物所有权保留，鑫吴公司作为买受人没有支付完货款前扬光公司依约享有货物的所有权，合同履行过程中鑫吴公司破产清算，案涉合同即为双方均未履行完毕的合同。鑫吴公司管理人在扬光公司向其申报物的取回权时，没有通知扬光公司解除双方间的合同，仅要求扬光公司申报债权，对其继续履行合同，支付货款不持异议；且根据扬光公司提交的鑫吴公司破产清算后继续供货的证据，结合鑫吴公司认可扬光公司交货义务已全部完成的陈述，亦可以认定双方间的买卖合同实际继续履行。又因鑫吴公司在未取得案涉货物所有权的情况下将货物出卖交付给案外人江苏省电力公司物资供应公司，致扬光公司无法实现物的取回权，扬光公司主张鑫吴公司继续支付价款，应予支持，由此形成的债务依法应当归属为共益债务予以清偿。鑫吴公司辩称本案货款应当作为普通债权向管理人申报，于法无据，倘若将本案货款纳入普通破产债权序列清偿，与以买卖标的物担保价款支付权益的所有权保留制度设定的意义相冲突，出卖人约定所有权保留则毫无价值，实质为鑫吴公司在未支付对价的情况下取得扬光公司货物的所有权，将扬光公司的财产用于清偿鑫吴公司的破产债务，显然违反公平原则，故对该辩解不予采信。据此，依照《企业破产法》第 42 条、第 43 条第 1 款、第 46 条第 1 款，《破产法解释二》第 34 条、第 37 条之规定，判决：确认鑫吴公司欠付扬光公司货款人民币 11,965,628.55 元的债务系共益债务，由鑫吴公司公司财产清偿。

二审法院认为：双方一共签订了 6 份所有权保留买卖合同，并于 2015 年 10 月 8 日以加工合同履约函的形式对双方 6 份合同的履行进行了梳理。扬光公司在一审中举证证明了加工合同履约函第 32、35、41、62 四个批次的货物系在鑫吴公司破产清算案申请受理后履行供货义务，鑫吴公司对此不予认可，认为所有批次货物均已在破产申请受理前供货完毕，但其在一审、二审中均未提供相应证据予以反驳，本院不予采信。从加工合同履约函中可以看出，第 32、35、41、62 四个批次的货物分别对应 2013 年 3 月 15 日和 2014 年 11 月 15 日（合同编号为 ××× -11，加工物名称为句荣华晟电厂 110kV 工程钢管杆）的工业品买卖合同，该两份合同实际继续履行。鑫吴公司称2013年3月15日的工业品买卖合同中仅有3个单项订单系进入破产程序后供货,不应认定全部价款为共益债务的上诉理由,法院认为,我国《企业破产法》明确规定,因合同继续履行所产生的债务属于共益债务,对该债务法律并没有作分割性排除。2013年3月15日的工业品买卖合同项下有59个单项订单,当案涉合同实际继续履行时,应当维持合同的不可分性,因该合同而产生的所有债务无论发生在破产清算案之前还是之后,均应作为共益债务优先清偿,鑫吴公司的该点上诉理由不成立。鑫吴公司未及时向扬光公司支付合同价款,且货物均已实际用于江苏省电力公司物资供应公司相关工程项目,扬光公司客观上已无法行使取回权,根据《企业破产法解释二》第37条之规定,扬光公司有权就该两份已实际继续履行的买卖合同向鑫吴公司管理人主张以共益债务清偿其损失。

三、裁判规则提要

1.所有权保留买卖合同中,卖方申报债权主张全部货款的行为应视为不再保留标的物所有权,合同项下标的物的所有权转移至买方。

《物权法》第23条规定:动产物权的设立和转让,自交付时发生效力,但法律另有规定的除外。虽然《合同法》第134条规定当事人可以在买卖合同中约定买受人未履行支付价款或者其他义务的,标的物的所有权属于出卖人,但若卖方通过向新沛公司破产管理人申报债权的方式,要求支付全部货款,该行为应当视为不再保留合同项下标的物的所有权,合同项下标的物的所有权转移至买方。

2.所有权保留买卖合同中的债务是否属于共益债务,应当适用《破产法解释二》第37条的规定进行认定。

所有权保留买卖合同中的债务是否属于共益债务,应当适用《破产法解释二》第37条的规定进行认定,若买方付款均已超过全部货款的75%,则符合《破产法解释二》第37条第3款关于共益债务认定的条件。

四、辅助信息

高频词条:

《合同法》

第107条 当事人一方不履行合同义务或者履行合同义务不符合约定的,应当承担继续履行、采取补救措施或者赔偿损失等违约责任。

第134条 当事人可以在买卖合同中约定买受人未履行支付价款或者其他义

务的，标的物的所有权属于出卖人。

《物权法》

第23条 动产物权的设立和转让，自交付时发生效力，但法律另有规定的除外。

《企业破产法》

第42条 人民法院受理破产申请后发生的下列债务，为共益债务：

（一）因管理人或者债务人请求对方当事人履行双方均未履行完毕的合同所产生的债务；

（二）债务人财产受无因管理所产生的债务；

（三）因债务人不当得利所产生的债务；

（四）为债务人继续营业而应支付的劳动报酬和社会保险费用以及由此产生的其他债务；

（五）管理人或者相关人员执行职务致人损害所产生的债务；

（六）债务人财产致人损害所产生的债务。

第43条 破产费用和共益债务由债务人财产随时清偿。

债务人财产不足以清偿所有破产费用和共益债务的，先行清偿破产费用。

债务人财产不足以清偿所有破产费用或者共益债务的，按照比例清偿。

债务人财产不足以清偿破产费用的，管理人应当提请人民法院终结破产程序。人民法院应当自收到请求之日起十五日内裁定终结破产程序，并予以公告。

第46条 未到期的债权，在破产申请受理时视为到期。

附利息的债权自破产申请受理时起停止计息。

《破产法解释二》

第34条 买卖合同双方当事人在合同中约定标的物所有权保留，在标的物所有权未依法转移给买受人前，一方当事人破产的，该买卖合同属于双方均未履行完毕的合同，管理人有权依据企业破产法第十八条的规定决定解除或者继续履行合同。

第37条 买受人破产，其管理人决定继续履行所有权保留买卖合同的，原买卖合同中约定的买受人支付价款或者履行其他义务的期限在破产申请受理时视为到期，买受人管理人应当及时向出卖人支付价款或者履行其他义务。

买受人管理人无正当理由未及时支付价款或者履行完毕其他义务，或者将标的物出卖、出质或者作出其他不当处分，给出卖人造成损害，出卖人依据合同法第一百三十四条等规定主张取回标的物的,人民法院应予支持。但是,买受人已支付标的物总价款百分之七十五以上或者第三人善意取得标的物所有权或者其他物权的除外。

因本条第二款规定未能取回标的物,出卖人依法主张买受人继续支付价款、履行完毕其他义务,以及承担相应赔偿责任的,人民法院应予支持。对因买受人未支付价款或者未履行完毕其他义务,以及买受人管理人将标的物出卖、出质或者作出其他不当处分导致出卖人损害产生的债务,出卖人主张作为共益债务清偿的,人民法院应予支持。

破产纠纷案件裁判规则第 18 条：

破产申请受理时属于破产企业的全部财产均为破产财产，破产企业不得对个别债权人的债务进行清偿

〔**规则描述**〕：破产申请受理时属于债务人的全部财产，以及破产申请受理后至破产程序终结前债务人取得的财产，为债务人财产，破产企业应向所有债权人进行公平清偿，不应以债务人资产对个别债权人进行清偿。

一、类案检索大数据报告

时间：2020 年 1 月 13 日之前，案例来源：Alpha 案例库，案件数量：253 件，数据采集时间：2020 年 1 月 13 日。本次检索获取了 2020 年 1 月 13 日前共 253 篇裁判文书，整体情况如图 18 - 1 所示。从是否认同破产申请受理时属于破产企业的全部财产均为破产财产，破产企业不得对个别债权人的债务进行清偿的角度来看，认同的案件 130 件，占比约 51.38%；不认同的案件 0 件；不相关案件 123 件，占比约 48.62%。

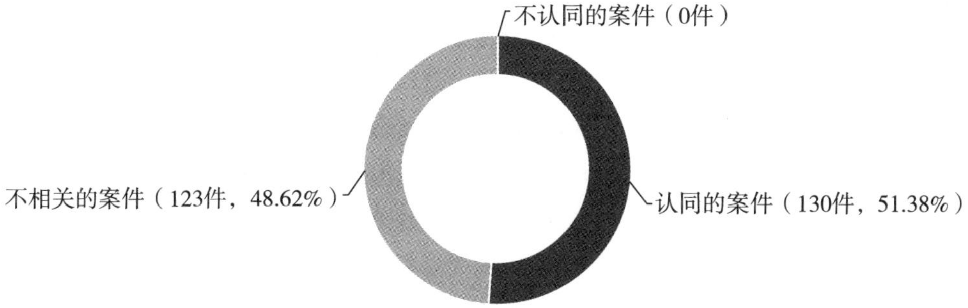

图 18 - 1 是否认同破产申请受理时属于破产企业的全部财产均为破产财产，破产企业不得对个别债权人的债务进行清偿

如图 18 - 2 所示，从案件年份分布情况可以看出当前条件下案例数量的变化趋势。

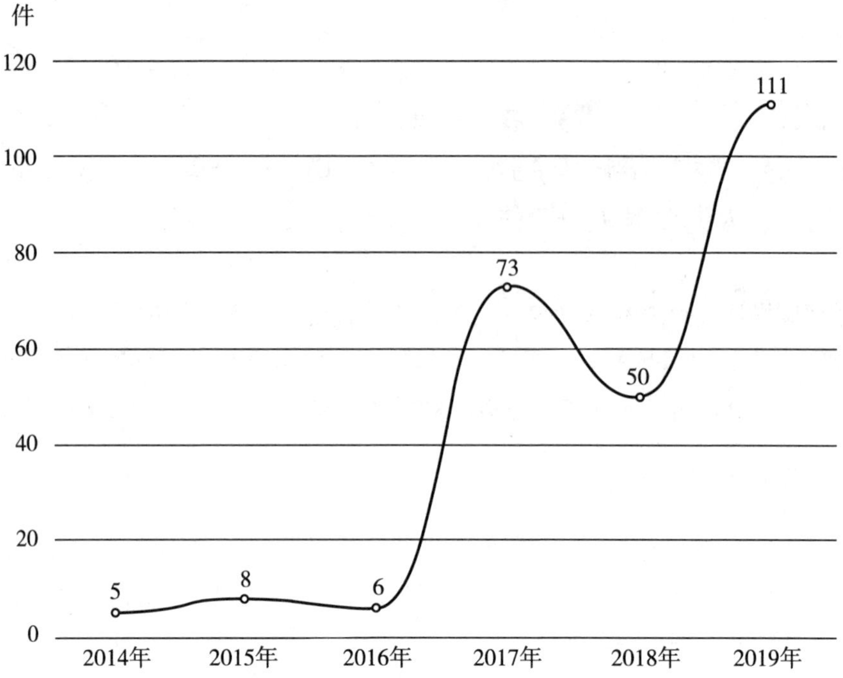

图 18-2 案件年份分布情况

如图 18-3 所示,从案件地域主要分布情况来看,当前案例主要集中在河北省、广东省、山东省,分别占比为 28.46%、24.51%、20.55%。其中,河北省的案件量最多,达到 72 件。

图 18-3 案件地域主要分布情况

如图 18 –4 所示，从案件案由分类情况可以看出，当前的案由分布由多至少分别是与公司、证券、保险、票据等有关的民事纠纷，合同、无因管理、不当得利纠纷。

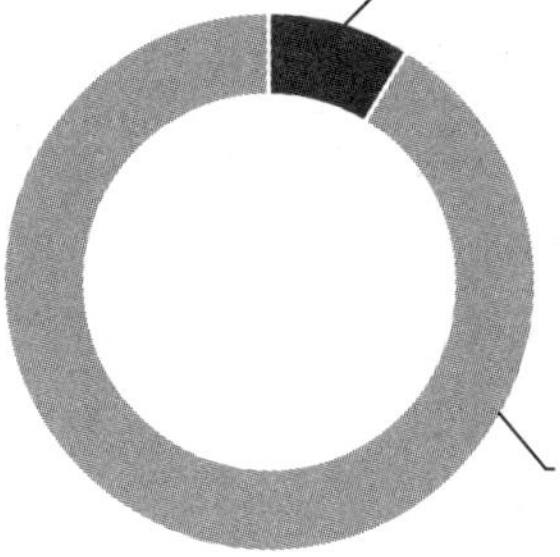

图 18 –4　案件案由分类情况

二、可供参考的例案

例案一　深圳市佩奇进出口贸易有限公司与湖北银行股份有限公司宜昌南湖支行、华诚投资管理有限公司破产债权确认纠纷案

【法院】

最高人民法院

【案号】

(2012)民申字第 386 号

【当事人】

申请再审人(案外人)：湖北银行股份有限公司宜昌南湖支行(原宜昌市商业银行南湖支行)

被申请人(一审原告、二审上诉人)：深圳市佩奇进出口贸易有限公司

被申请人(一审被告、二审被上诉人)：华诚投资管理有限公司

【基本案情】

1994 年 6 月 26 日，深圳市佩奇进出口贸易有限公司(以下简称佩奇公司)在广东省深圳市依法注册成立。1998 年 9 月 29 日，经深圳市工商行政管理局核准，公司股东发生变更，佩奇公司注册资本从 1800 万元增加至 6600 万元。其中，华诚投资管理有限公司(以下简称华诚公司)应注资 3300 万元，持有佩奇公司 50% 股权。但华诚公司资本金并未足额到位，实际只投入 1900 万元，欠缴注册资本金

1400万元。

2000年4月3日,湖北省宜昌市中级人民法院作出(2000)宜中经初字第6号民事判决书,判决佩奇公司等向宜昌市商业银行股份有限公司南湖支行(以下简称南湖支行)偿还本金及利息。2000年7月28日,宜昌市中级人民法院作出(2000)宜中执字第110号民事裁定书,责令佩奇公司等履行生效判决所确定的债务。2001年9月4日,宜昌市中级人民法院作出(2000)宜中执字第110-4号民事裁定书,裁定追加华诚公司为本案被执行人,其应在1400万元投资不实的范围内向申请执行人承担责任。

2008年5月19日,广东省深圳市中级人民法院依法受理佩奇公司破产申请。2008年9月22日,深圳市中级人民法院以(2008)深中法民七清算字第5-1号民事裁定书依法裁定宣告佩奇公司破产清算。2008年7月28日,华诚公司出具《关于对偿还财物通知书的复函》,载明:"……二、我公司向深圳佩奇公司应投入的注册资本为3300万元,实际投资1900万元,尚有1400万元注册资本未能实际投入情况属实。我公司尚欠的1400万元注册资本金事项,贵管理人可在我公司实施政策性破产时予以债权登记。"2009年5月26日,北京市第二中级人民法院依法受理华诚公司破产申请。同年6月29日,该院以(2009)二中民破字第11094-2号民事裁定,依法裁定宣告华诚公司破产。2009年6月,南湖支行向华诚公司管理人申报债权,华诚公司管理人依法审核并确认南湖支行债权12,360,939.06元。2009年8月6日,佩奇公司管理人向华诚管理人申报债权33,539,111.01元。其中,包括华诚公司欠付佩奇公司注册资金本金1400万元及利息10,015,775元。

2009年11月20日,华诚公司管理人出具债权复核意见书,确认佩奇公司债权金额为本金1400万元,利息债权为5,479,775元(按中国人民银行五年期存款利率计算),合计19,479,775元。华诚管理人在扣除确认的南湖支行债权额12,360,939.06元后,确认佩奇公司债权为7,118,835.94元。

2010年3月,佩奇公司管理人向北京市第二中级人民法院提起诉讼,请求增加确认被扣除的债权。

【案件争点】

讼争1400万元破产债权的归属问题。

【裁判要旨】

一审法院认为:根据宜昌中院作出的(2000)宜中经初字第6号民事判决书及(2000)宜中执字第110-4号民事裁定书,华诚公司应在其投资不足的范围内向南湖支行承担责任。根据上述生效的民事判决书及民事裁定书，该案在华诚公司、佩奇公司破产清算前已经进入执行阶段，故南湖支行系华诚公司的债权人。有限责任公司的股东应以其认缴的出资额为限对公司承担责任，且根据最高人民法院《执行工作规定(试行)》，被执行人的开办单位已经在注册资金范围内或接受财产的范围内向其他债权人承担了全部责任的，人民法院不得裁定开办单位重复承担责任。华诚公司在其出资不足的范围内已对南湖支行承担了12,360,939.06元的债务责任，故佩奇公司主张华诚公司应增加确认佩奇公司破产债权12,360,939.06元的诉讼主张不能成立，法院不予支持。综上，佩奇公司的诉讼理由及请求于法无据，法院不予支持。依照《公司法》第3条、第28条，最高人民法院《关于人民法院执行工作若干问题的规定(试行)》第80条、第82条的规定，法院判决驳回原告佩奇公司的诉讼请求。

二审法院认为：本案案由应为破产债权确认纠纷，对于华诚公司管理人在欠缴出资1400万元范围内认定南湖支行破产债权金额12,360,939.06元，余额认定为佩奇公司破产债权的确认意见，二审法院认为，(2000)宜中执字第110-4号民事裁定将佩奇公司的债务人华诚公司追加为被执行人，并未改变华诚公司向佩奇公司因出资形成的法律责任关系。现佩奇公司已经进入破产清算程序，故包括未足额缴纳的公司注册资本在内的所有公司财产均应归入佩奇公司破产财产，向佩奇公司所有债权人进行公平清偿，不应以公司资产对公司个别债权人进行清偿。一审法院判决关于支持华诚公司管理人在扣除南湖支行债权额12,360,939.06元后，确认佩奇公司享有7,118,835.94元欠缴出资债权的认定，不符合《企业破产法》相关规定，二审法院予以纠正。该1400万元欠缴出资所产生的破产债权应当由佩奇公司享有，归入佩奇公司破产财产后，公平分配给包括南湖支行在内的所有佩奇公司的债权人。因此，一审法院判决认定事实有误，适用法律不当，二审法院依法予以改判。根据《企业破产法》第16条、第17条第1款、第30条、第35条，《民事诉讼法》第153条第1款第2项、第3项之规定，判决撤销北京市第二中级人民法院上述一审民事判决；并确认佩奇公司对华诚公司享有欠缴出资债权1400万元及相应的利息债权。

再审法院认为：南湖支行和佩奇公司对华诚公司均享有债权，且两债权产生的原因关系是相同的，即均基于华诚公司对佩奇公司出资不到位而应承担补足出资的责任。现争议的焦点在于讼争1400万元破产债权的归属问题。1.根据宜昌中院作出的(2000)宜中经初字第6号民事判决以及(2000)宜中法执字第110-4号民事裁定,华诚公司应在其出资不足的范围内向南湖支行承担责任,但该执行程序在人民法院受理破产案件后尚未执行完毕。由于破产程序是对债务人全部财产进行的概况执行,注重对所有债权的公平受偿,具有对一般债务清偿程序的排他性。因此,在佩奇公司、华诚公司先后被裁定宣告破产后,对华诚公司财产已采取保全措施和执行措施的,包括依据宜昌中院(2000)宜中法执字第110-4号民事裁定所采取执行措施的,都属于未执行财产,均应当依法中止执行。破产财产应在破产清算程序中一并公平分配。2.注册资本系公司对所有债权人承担民事责任的财产保障。在股东出资不到位的情况下,如公司被裁定宣告进入破产程序,根据《企业破产法》第35条"人民法院受理破产申请后,债务人的出资人尚未完全履行出资义务的,管理人应当要求该出资人缴纳所认缴的出资,而不受出资期限的限制"的规定,作为股东的华诚公司应首先向佩奇公司补缴出资。依据《企业破产法》第30条的规定,该补缴的出资应属于佩奇公司破产财产的组成部分,只能用于向佩奇公司所有债权人进行公平清偿,而不能向个别债权人清偿,否则就与《企业破产法》第16条"人民法院受理破产申请后,债务人对个别债权人的债务清偿无效"规定相悖,侵害了佩奇公司其他债权人的合法利益。故二审判决将讼争破产债权确认归佩奇公司享有符合《企业破产法》的规定精神,南湖支行可向佩奇公司申报自己的破产债权并参与分配。综上所述,南湖支行关于二审判决认定华诚管理人不应确认南湖支行的债权,实际上剥夺了南湖支行申报债权的权利,以及二审判决适用法律错误等申请理由均不能成立。

例案二 贵州省安顺市川惠投资股份有限公司与安顺市鼎城房地产开发有限公司商品房预售合同纠纷案

【法院】

最高人民法院

【案号】

(2017)最高法民申3088号

【当事人】

原告:贵州省安顺市川惠投资股份有限公司

被告:安顺市鼎城房地产开发有限公司

【基本案情】

2010年9月17日，安顺市鼎城房地产开发有限公司（以下简称鼎城公司）取得其开发的建博国际广场商品房屋预售许可证。2011年12月15日，贵州省安顺市川惠投资股份有限公司（以下简称川惠公司）与鼎城公司签订商品房买卖合同及合同补充协议。商品房买卖合同约定："买受人（川惠公司）购买出卖人（鼎城公司）开发的建博国际广场第一栋和第八栋一层房屋（商业），房屋的建筑面积为3082.13平方米，房屋每平方米的单价为5191.22元，总价为1600万元。出卖人交房时间为2012年12月30日前。"合同补充协议约定："出卖方有权在本合同期内按照本合同签订时的出卖价回购铺面，在此期间不备案登记。"合同、合同补充协议签订后，川惠公司于2011年12月16日通过银行向鼎城公司转账付款1600万元。2012年3月，鼎城公司将出卖给川惠公司的房屋转卖给第三人。2012年5月30日，川惠公司、鼎城公司经协商签订建博国际商品房买卖合同补充协议（以下简称补充协议），约定："一、变更购买的标的甲（鼎城公司）乙（川惠公司）双方在主合同第三条中约定的乙方购买的商业为第壹栋和第八栋（壹屋），因甲方在与乙方签订购房合同后又将该房错卖给第三方，已构成违约且致使乙方不能实现合同目的，为此，甲乙双方同意按以下方式处理：1. 乙方向甲方购买商业的位置变更为：建博国际广场D栋商业3～4层，面积约为5,839m^2（详见附图），总价仍为1600万元不变（已付清）。2. 双方于2011年12月15日签订的商品房买卖合同除本补充协议另有约定的外，仍然履行。3. 就此次违约，甲方一次性向乙方支付违约金200万元，于2012年7月15日前一次性支付给乙方。二、将主合同第8条修改为：甲方应当在2012年7月15日前，根据相关规定将符合交房条件的商品房交付给乙方使用。三、将主合同第9条修改为：若甲方未按本合同规定的期限将主合同约定的商品房交付乙方使用的，乙方有权选择下列方式之一，要求甲方履行相应义务：1. 乙方选择继续履行购房合同的，甲方仍应将乙方所购房屋交付给乙方，每逾期1日，按乙方已支付甲方购房款的0.3%向乙方支付违约金，直至该商品房符合交房条件并交付给乙方使用为止。2. 乙方有权单方解除购房合同，自乙方解除购房合同的书面通知送达甲方之日，甲乙双方签订的商品房买卖合同及本补充协议终止，甲方应于3日内将乙方已支付的1600万元购房款一次性退还给乙方，并按乙方支付购房款的20%向乙方支付违约金（不包括甲方因一房二卖应当支付给乙方的违约金）。在乙方未决定单方解除购房合同之前，甲方仍应按上述本条第1项的约定履行交房义务并承担违约责任。"2012年12月31日，川惠公司委托贵州黔策律师事务所向鼎城公司发出律师函，要求鼎城公司在收到律师函起3日内交付房屋。鼎城公司收函后未履行交房义务，川惠公司于2014年1月27日向一审法院起诉，请求：1.判令鼎城公司履行商品房买卖合同、建博国际商品房买卖合同补充协议约定的义务，办理商品房买卖合同备案登记并交付房屋；2.判令鼎城公司支付川惠公司卖房违约金200万元；3.判令鼎城公司支付川惠公司延期交房违约金（按川惠公司已付房款总额0.3%/日计算，从2012年7月15日起至交付房屋为止）；4.诉讼费由鼎城公司承担。

2014年3月5日，一审法院受理鼎城公司的破产申请。2014年7月8日，川惠公司向鼎城公司管理人申报债权5256万元。鼎城公司开发的建博国际广场D栋房屋已设置在建工程抵押，抵押权人为中国农业银行股份有限公司安顺黔中支行。

【案件争点】

涉案财产是否属于债务人的财产。

【裁判要旨】

一审法院认为：双方签订商品房买卖合同、补充协议，川惠公司按合同履行义务，鼎城公司未按约履行义务，导致川惠公司提起诉讼，川惠公司的诉讼请求是要求鼎城公司继续履行合同，为其办理商品房买卖合同备案登记和交付房屋及支付卖房违约金、延期交房违约金。审理中，一审法院受理鼎城公司破产申请，并就本案向川惠公司进行释明，川惠公司认为变更诉讼请求将导致其蒙受巨大经济损失，坚持不变更诉讼请求。双方签订的商品房买卖合同、补充协议已解除，根据《合同法》第91条、第97条之规定，川惠公司、鼎城公司之间的合同权利义务终止，川惠公司请求判令鼎城公司继续履行合同已无事实和法律依据。一审判决：1.驳回川惠公司诉讼请求；2.案件受理费22,800元，由川惠公司负担。

二审法院认为：因鼎城公司已进入破产程序，且案涉房屋产权已被案外人合法取得，故双方签订的商品房买卖合同客观上履行不能，因此，川惠公司可通过债权确认之诉向鼎城公司申报债权，使其成为普通债权参加破产分配，以保护其合法权益。川惠投资公司的上述请求不能成立。遂判决驳回上诉，维持原判。

再审法院认为：《破产案件若干问题规定》系为正确适用《企业破产法（试行）》所制定的司法解释，而随着2007年6月1日《企业破产法》的施行，《企业破产法（试行）》已经废止，针对该部法律所制定的司法解释原则上应不再适用。尤其是《企业破产法》施行后发布的最高人民法院《破产法解释二》第2条对不应认定为破产财产的情形，作出了不同于《破产案件若干问题规定》第 71 条的规定。即使在《破产案件若干规定》尚未明确废止的情况下，根据“新法优于旧法”的法律适用规则，本案亦应适用《破产法解释二》认定案涉房产是否属于破产财产。本案案涉房产不应排除在债务人财产之外，应属于鼎城公司的债务人财产。此外，认定案涉房产属于鼎城公司的债务人财产也符合物权法确定的不动产物权变动登记生效原则。《物权法》第 9 条规定，不动产物权的设立、变更、转让和消灭，经依法登记，发生效力；未经登记，不发生效力，但法律另有规定的除外。《企业破产法》第 30 条规定，破产申请受理时属于债务人的全部财产，以及破产申请受理后至破产程序终结前债务人取得的财产，为债务人财产。案涉商品房尚未变更登记至川惠公司名下，不产生物权变动的效力，所有权仍归属于鼎城公司，应为鼎城公司的债务人财产。川惠公司关于案涉房产不属于鼎城公司债务人财产的再审主张，依据不足。

关于二审判决驳回川惠公司诉讼请求是否错误的问题。川惠公司继续履行案涉合同以及支付违约金的主张，实质上是要求鼎城公司对其原有债权在破产程序之外给予全额、个别清偿。对于破产企业而言，其在进入破产程序后债权人参与分配破产财产前，破产财产这一集合财产不得被随意处分，以保证债权人能够公平受偿。案涉合同如果继续履行，将构成个别清偿，并对鼎城公司其他债权人的利益造成损害，有违《企业破产法》第 16 条有关人民法院受理破产申请后，债务人对个别债权人的债务清偿无效之规定。《工程价款批复》对交付购买商品房全部或者大部分款项的消费者予以优先保护是基于生存利益大于经营利益的社会政策原则，为保护消费者的居住权而设置的特殊规定，在适用中应对其范围予以严格限制，不宜做扩大解释。消费者购房应是为了满足生活居住需要，而非用于经营或其他原因。本案中，川惠公司购买的案涉房产性质为商铺，并非为了居住所需，并无获得优先保护的特殊利益，其主张优先于其他债权人个别清偿，依据不足。二审判决虽认定案涉房产已被案外人合法取得证据不足，但判决结果并无不当。本案不符合《民事诉讼法》第 200 条规定的应当再审情形。裁定驳回川惠公司的再审申请。

例案三　广东银一百创新铝业有限公司等诉中国建设银行股份有限公司佛山市分行等普通破产债权确认纠纷案

【法院】

广东省高级人民法院

【案号】

(2017)粤民终638号

【当事人】

上诉人(一审被告):广东银一百创新铝业有限公司

被上诉人(一审原告):中国建设银行股份有限公司佛山市分行

原审被告:邝某鸿

【基本案情】

原告中国建设银行股份有限公司佛山市分行(以下简称建行佛山分行)向一审法院起诉广东一百铜业有限公司、一百投资公司、广东银一百创新铝业有限公司(以下简称银一百铝业公司)、邝某鸿等人金融借款合同纠纷案件,经一审法院受理并审理终结,于2015年2月9日出具(2015)佛中法民二初字第28号《民事调解书》,上述《民事调解书》确认各方达成的调解协议第1条为银一百铝业公司确认尚欠建行佛山分行贷款本金66,000,000元及利息366,006.67元(利息暂计至2015年1月20日,以后另计)、律师费人民币100,000元、案件受理费人民币187,424元,第2条为一百投资公司、邝某鸿等对上述协议第1条确定的债务向建行佛山分行承担连带清偿责任,第3条为一百投资公司、邝某鸿等向建行佛山分行偿还第1条确定的债务的具体方式。同日,一审法院出具(2015)佛中法民二初字第29号《民事调解书》,《民事调解书》确认各方达成的调解协议第1条为广东一百铜业有限公司确认尚欠建行佛山分行贷款本金142,600,000元及利息781,324元及有关的罚息、律师费人民币200,000元、案件受理费、财产保全费人民币384,670元,第2条为一百投资公司、银一百铝业公司、邝某鸿等对上述协议第1条确定的债务向建行佛山分行承担连带清偿责任,第3条为广东一百铜业有限公司、银一百铝业公司、一百投资公司、邝某鸿等向建行佛山分行偿还第1条确定的债务的具体方式。上述调解书生效后,因各被告没有履行生效法律文书确定的义务,原告建行佛山分行于2015年2月12日向一审法院申请强制执行,一审法院依法立案受理,执行另查明,2015年1月4日,被告邝某鸿向被告银一百铝业公司出具《确认书》,内容如下:"贵公司因银根收紧缺乏流动资金,经营困难,拟申请破产重整。本人自愿同意本人对雄鹰基金的43%的出资及其所有权益(含出资及投资等)确认给贵公司享有,列入破产重整财产,以清偿债务,以促进贵公司重整成功。"被告银一百铝业公司以资不抵债、不能清偿到期债务为由向一审法院申请破产重整,一审法院于2015年3月16日作出(2015)佛中法民二破字第14-5号民事裁定书,裁定受理银一百铝业公司的破产重整申请,并指定广东天地正律师事务所作为该司的破产管理人。一审法院于2015年3月27日,根据上述书面确认以及管理人的申请作出(2015)佛中法民二破字第14-15号民事裁定书,裁定冻结邝某鸿在雄鹰基金持有的43%出资及其所有者权益。后因重整计划草案未获得债权人会议的通过,2016年4月14日,一审法院作出(2015)佛中法民二破字第14-49号民事裁定书,裁定终止银一百铝业公司的重整程序,宣告银一百铝业公司破产。

【案件争点】

邝某鸿对于雄鹰基金所享有的出资份额及投资权益能否作为银一百铝业公司的破产财产。

【裁判要旨】

一审法院认为:第一,《企业破产法》第30条规定:"破产申请受理时属于债务人的全部财产,以及破产申请受理后至破产程序终结前债务人取得的财产,为债务人财产。"《破产法解释二》第1条规定:"除债务人所有的货币、实物外,债务人依法享有的可以用货币估价并可以依法转让的债权、股权、知识产权、用益物权等财产和财产权益,人民法院均应认定为债务人财产。"《企业破产法》第107条第2款规定:"债务人被宣告破产后,债务人称为破产人,债务人财产称为破产财产,人民法院受理破产申请时对债务人享有的债权称为破产债权。"即债务人在破产受理时或破产受理后至破产终结前依法持有的合伙出资份额,应当认定为债务人的财产权益,在债务人被宣告破产后才能成为破产财产。涉案的合伙出资份额登记为邝某鸿享有。《合伙企业法》第13条规定:"合伙企业登记事项发生变更的,执行合伙事务的合伙人应当自作出变更决定或者发生变更事由之日起十五日内,向企业登记机关申请办理变更登记。"第66条规定:"有限合伙企业登记事项中应当载明有限合伙人的姓名或者名称及认缴的出资数额。"《执行异议和复议规定》第25条第5项规定:"其他财产和权利,有登记的,按照登记机构的登记判断;无登记的,按照合同等证明财产权属或者权利人的证据判断。"从上述法律规定可以看出,除非有相反的证据,认定有限合伙企业出资份额的持有者一般应当以工商行政管理机关的登记和企业信用信息公示系统公示的信息作为判断的标准。虽然邝某鸿与银一百铝业公司在破产重整前签订《确认书》,将涉案出资份额及其投资权益确认给银一百铝业公司享有,列入破产重整财产以清偿债务,但银一百铝业公司的破产重整最终并未成功,后转入破产清算,双方并无明确约定涉案出资份额及其投资权益可以作为银一百铝业公司破产清算的财产,涉案出资份额及其投资权益转让的实现条件并不具备,并不能依据《确认书》认定涉案出资份额及投资权益在破产清算期间的归属当然发生了变动。第二,参照《民法通则》第59条规定:"下列民事行为,一方有权请求人民法院或者仲裁机关予以变更或者撤销:(一)行为人对行为内容有重大误解的;(二)显失公平的。被撤销的民事行为从行为开始起无效。"邝某鸿在明知对建行佛山分行负有巨额债务并应当以其名下的财产履行清偿义务的情况下,没有收取任何对价将涉案的出资份额及其投资权益确认给银一百铝业公司作为破产重整财产,虽然建行佛山分行也有可能在银一百铝业公司的破产程序中实现部分债权,但明显剥夺了其对涉案出资份额及其投资权益申请强制执行并在执行程序中直接受偿的权利,该针对涉案出资份额及其投资权益的转让行为显失公平,损害了其他债权人的利益,不具有合法性,依法不应予以确认。

二审法院认为:

一、关于涉案出资确认为银一百铝业公司的破产财产是否损害建行佛山分行的权益问题。

邝某鸿和银一百铝业公司是互为独立的不同主体,如果将邝某鸿的资产无偿转移到银一百铝业公司,势必降低邝某鸿在市场中的信誉和履约能力,与此相应就增加了邝某鸿债权人的受偿风险。而建行佛山分行作为邝某鸿的债权人,其债权的实现由此也必然受到影响。在本案中,尽管建行佛山分行均为邝某鸿及银一百铝业公司的债权人,将涉案出资及其投资权益确认为银一百铝业公司破产财产,在法律和形式上建行佛山分行同样可以受偿,但实际上能否得到受偿及所受偿的比例等都将受到更大的影响和损害。银一百铝业公司认为涉案出资及其投资权益确认为银一百铝业公司破产财产没有损害建行佛山分行的权益且有利于全体债权的理由不能成立。建行佛山分行提出如将涉案出资及其投资权益确认为银一百铝业公司的破产财产必然会使其就争议出资份额及其投资权益变现款分配比例大大降低、合法权益遭受严重损害有理,本院予以采信。

二、关于能否依《确认书》认定涉案出资及其投资权益为银一百铝业公司的破产财产问题。

《企业破产法》第30条规定:"破产申请受理时属于债务人的全部财产,以及破产申请受理后至破产程序终结前债务人取得的财产,为债务人财产。"《破产法解释二》第1条规定:"除债务人所有的货币、实物外,债务人依法享有的可以用货币估价并可以依法转让的债权、股权、知识产权、用益物权等财产和财产权益,人民法院均应认定为债务人财产。"《企业破产法》第107条第2款规定:"债务人被宣告破产后，债务人称为破产人，债务人财产称为破产财产，人民法院受理破产申请时对债务人享有的债权称为破产债权。”依据上述规定可知，涉案出资及其投资权益要成为银一百铝业公司的破产财产，其前提是银一百铝业公司必须依法享有。事实上，涉案的出资是登记在邝某鸿名下，并非由银一百铝业公司享有。尽管邝某鸿出具《确认书》将涉案出资及其投资权益确认给银一百铝业公司，但该《确认书》只是一百投资公司和银一百铝业公司双方的意思表示，在法律上并不必然产生银一百铝业公司享有该出资及其投资权益的效力。双方须到政府相关登记部门转让登记在银一百铝业公司名下后，才能确定涉案出资及其投资权益为银一百铝业公司享有。然而，这一过程可能有着许多不确定的因素出现，这些因素将会导致涉案出资无法完成转让登记：如《确认书》是否存在损害包括建行佛山分行在内的第三人利益等从而影响该书效力、由此又可能引起第三人要求撤销《确认书》的情形、政府相关登记部门对涉案出资转让除双方合意之外的其他条件（如审批等）双方有否满足等等。据此，原审法院认定涉案出资及其投资权益不属于银一百铝业公司的破产财产并无不当。银一百铝业公司仅以《确认书》主张涉案出资及其投资权益为其破产财产，既与事实不符，也缺乏法律依据，本院予以驳回。

三、裁判规则提要

破产申请受理时属于破产企业的全部财产均为破产财产，破产企业不得对个别债权人的债务进行清偿。《企业破产法》第 30 条规定：“破产申请受理时属于债务人的全部财产，以及破产申请受理后至破产程序终结前债务人取得的财产，为债务人财产。”《破产法解释二》第 1 条规定：“除债务人所有的货币、实物外，债务人依法享有的可以用货币估价并可以依法转让的债权、股权、知识产权、用益物权等财产和财产权益，人民法院均应认定为债务人财产。”《企业破产法》第 107 条第 2 款规定：“债务人被宣告破产后，债务人称为破产人，债务人财产称为破产财产，人民法院受理破产申请时对债务人享有的债权称为破产债权。”由于破产程序是对债务人全部财产进行的概况执行，注重对所有债权的公平受偿，具有对一般债务清偿程序的排他性。在公司被裁定宣告破产后，对公司财产已采取保全措施和执行措施的，都属于未执行财产，均应当依法中止执行。

四、辅助信息

高频词条:

《企业破产法》

第16条 人民法院受理破产申请后,债务人对个别债权人的债务清偿无效。

第30条 破产申请受理时属于债务人的全部财产,以及破产申请受理后至破产程序终结前债务人取得的财产,为债务人财产。

破产纠纷案件裁判规则第 19 条：
法院裁定确认破产管理人提交的债权表，在破产债权分配前，破产企业债权人对债权表有异议可以向受理破产申请法院提起诉讼

〔**规则描述**〕：法院裁定确认破产管理人提交的债权表，在破产债权分配前，破产企业债权人对债权表有异议能够以破产企业为被告提起诉讼，即在破产债权分配前，债权人可以向破产申请法院提出债权确认异议之诉。

一、类案检索大数据报告

时间：2020 年 1 月 9 日之前，案例来源：Alpha 案例库，案件数量：153 件，数据采集时间：2020 年 1 月 9 日。本次检索获取了 2020 年 1 月 9 日前共 153 篇裁判文书，整体情况如图 19－1 所示。从是否认同法院裁定确认破产管理人提交的债权表，在破产债权分配前，破产企业债权人对债权表有异议可以向受理破产申请法院提起诉讼的角度来看，认同的案件 9 件，占比约 5.89%；不认同的案件 9 件，占比约 5.89%；重复的案件 8 件，占比约 5.23%；不相关案件 126 件，占比约 82.99%。

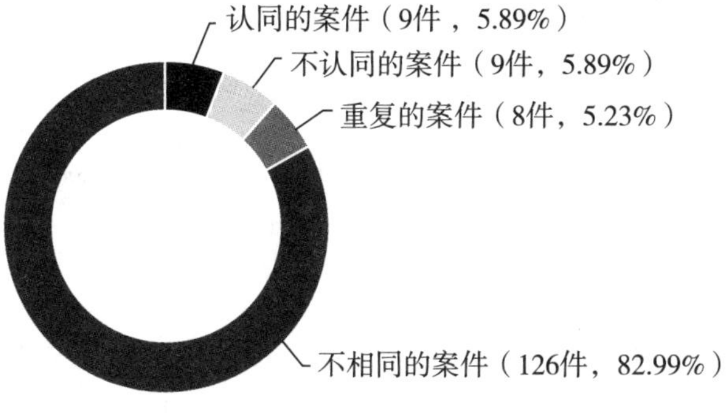

图 19－1　是否认同法院裁定确认破产管理人提交的债权表，在破产债权分配前，破产企业债权人对债权表有异议可以向受理破产申请法院提起诉讼

如图 19－2 所示，从案件年份分布情况可以看出当前条件下破产债权确认纠纷案例数量的变化趋势。

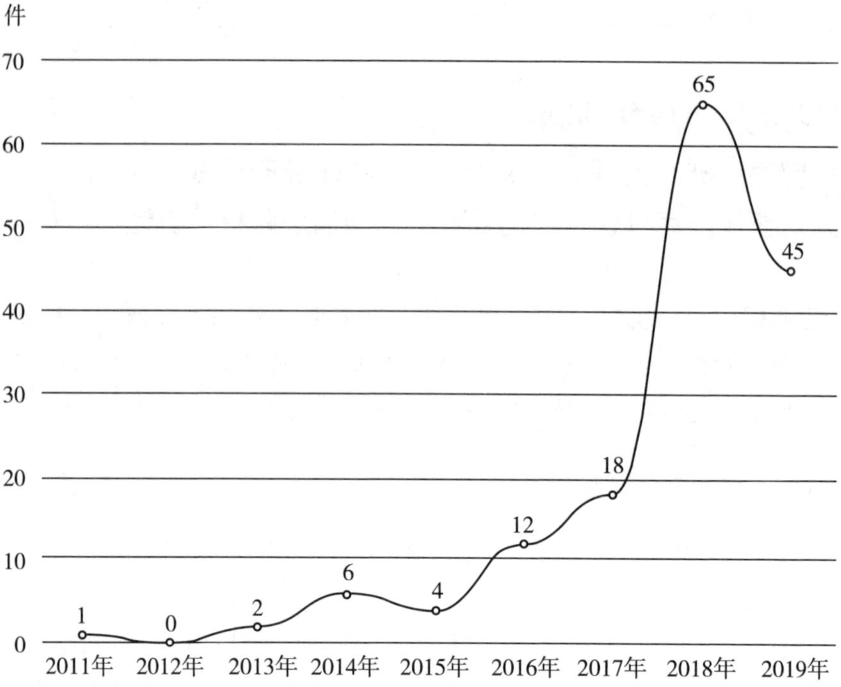

图 19-2　案件年份分布情况

如图 19-3 所示,从案件地域主要分布情况来看,当前破产债权确认纠纷案例主要集中在湖北省、江苏省、浙江省,分别占比为 30.07%、14.38%、12.42%。其中,湖北省的案件量最多,达到 46 件。

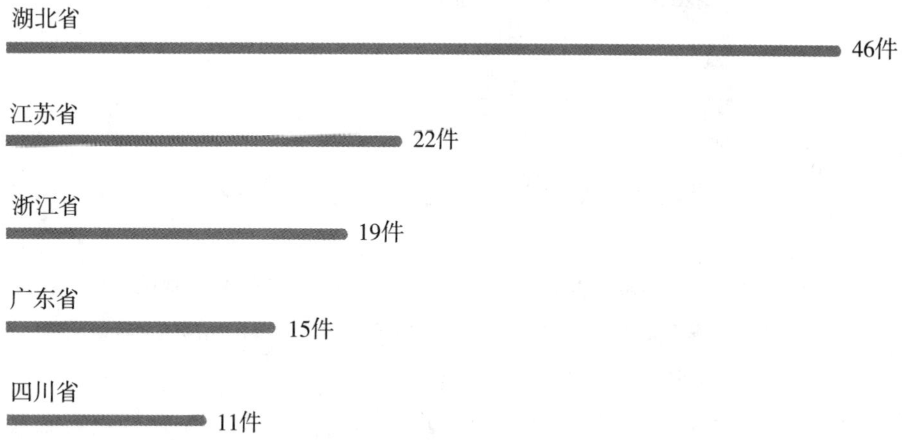

图 19-3　案件地域主要分布情况

如图19－4所示，从案件案由分类情况可以看出，破产债权确认纠纷当前最主要的案由是其他破产债权确认纠纷，有110件，占一半以上，其次是普通破产债权确认纠纷，职工破产债权确认纠纷。

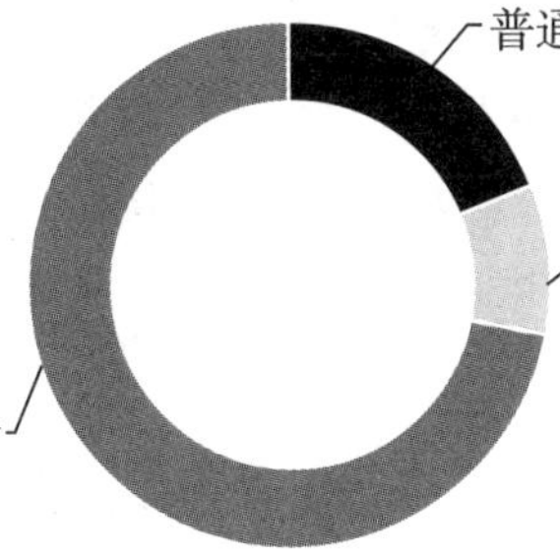

图19－4　案件案由分类情况

二、可供参考的例案

例案一　国家开发银行股份有限公司、佛山市南海耐诗五金包装有限公司因与佛山市南海华达模具塑料有限公司普通破产债权确认纠纷案

【法院】

广东省高级人民法院

【案号】

(2017)粤民终648号

【当事人】

上诉人(原审第三人)：国家开发银行股份有限公司

上诉人(原审原告)：佛山市南海耐诗五金包装有限公司

被上诉人(原审被告)：佛山市南海华达模具塑料有限公司

【基本案情】

2013年6月9日，国家开发银行股份有限公司(以下简称国家开发银行)与佛山市南海华达模具塑料有限公司(以下简称华达公司)签订了《人民币资金借款合同》(合同编号:44××87)及《应收账款质押合同》《应收账款质押登记协议》，约定:华达公司因销售货物而自2013年6月9日起享有的全部收入(包括但不限于货款本金、利息、违约金等)作为应收账款为《人民币资金借款合同》项下的2000万元债权向国家开发银行提供质押担保，借款期限1年，担保范围包括主合同项下

全部借款本金、利息(包括法定利息、约定利息、罚息、复利)、补偿金、违约金、损害赔偿金、实现质权和主债权的费用(包括但不限于诉讼费用、律师费用、公证费用、执行费用、财产保全费、评估费、拍卖费、送达费、公告费、差旅费)等一切合理费用,出质人担保的范围是前述债权的100%。第6条还约定,华达公司应在国家开发银行指定的中国农业银行股份有限公司南海××支行开立结算账户(未经国家开发银行书面同意,不得更改或开立其他账户),用于归集合同项下出质标的的资金。2013年6月21日,国家开发银行就上述内容在中国人民银行征信中心办理质押登记。

2014年8月13日,华达公司向国家开发银行发出《关于使用回笼货款解决劳资问题的说明函》,告知华达公司将2014年5月12日至7月25日期间公司回笼的应收账款811.56万元用于支付遣散员工的工资及相关补偿,若法院通过司法强制程序或华达公司进入司法重整阶段后由管理人依法处置土地、厂房、设备或其他一切华达公司有权处分的合法资产的,国家开发银行可依法向法院或管理人主张从上述处置价款中优先受偿。

2014年9月22日,原审法院作出(2014)佛中法民二破字第28－5号民事裁定,受理华达公司破产重整申请,并于同日作出(2014)佛中法民二破字第28号至第29－7号指定管理人决定书,指定广东禅都律师事务所为华达公司管理人。

2014年11月13日,华达公司管理人出具《关于债权申报初步审查意见的报告》,初步确认国家开发银行申报的18,645,426.60元的债权数额,该债权有机器设备抵押和应收账款质押。

2014年12月12日,国家开发银行向华达公司管理人发出《关于要求将我行被挪用质物811.56万元应收账款对应的债权优先清偿的函》,要求管理人应将国家开发银行被挪用于支付员工工资及相关补偿的811.56万元应收账款担保的债权优先受偿。

2014年12月26日,华达公司管理人向各债权人发出《债权最终审查结果的通知》,确认国家开发银行申报债权中的811.56万元系用于垫付经济补偿、工人工资等,今后在处置财产所得款项中优先受偿。该通知注明"债权人如对管理人的最终审查结果全部或者部分有异议的,请于2015年1月12日(本通知公告后的15日内,因遇节假日顺延)前就有异议部分向佛山市中级人民法院提起诉讼,逾期管理人将依法处理"。

2015年1月27日,原审法院作出(2014)佛中法民二破字第28号至第29－15

号民事裁定，确认上述《债权最终审查结果的通知》中债权表记载的债权。

2015 年 5 月 25 日，佛山市南海耐诗五金包装有限公司（以下简称耐诗公司）向华达公司管理人提交《关于国开行不应优先受偿 8,115,600 元的意见》，认为国家开发银行未提供证据证明其实际垫付工人工资及经济补偿金等 811.56 万元，且该费用发生在人民法院受理华达公司破产重整之前，不属于共益债务，不应优先受偿，申请华达公司管理人依法复核国家开发银行的债权。华达公司管理人经复核后认为国家开发银行提供的证据无法证明其对 811.56 万元优先受偿的主张，故在 2015 年 6 月 19 日编制的《重整计划（草案）》第八章第 6 条第 1 项中记载“2015 年 6 月，管理人经复核认为：国家开发银行主张其垫付 811.56 万元用于支付职工经济补偿金和工人工资缺乏事实和证据，不予支持。管理人已依法通知国家开发银行上述决定。若国家开发银行对此有异议，可依法向佛山市中级人民法院提起诉讼。管理人将依法提存 811.56 万元。最终视国家开发银行是否起诉或生效判决，再依法进行分配”。2015 年 7 月 8 日，原审法院裁定批准上述重整计划。耐诗公司遂以华达公司为被告，国家开发银行为第三人提起诉讼。

2016 年 5 月 6 日，原审法院作出（2015）佛中法民二初字第 191 号民事判决：一、确认第三人国家开发银行对被告华达公司享有 6,509,159.31 元职工债权，在被告华达公司《重整计划》所提存的 811.56 万元中按照职工债权的受偿顺序清偿；二、驳回原告耐诗公司的其他诉讼请求。后国家开发银行、施耐公司不服提起上诉。

诉争的 811.56 万元款项具体情况：

一、广东蒙特××莱空气处理设备有限公司、东芝××电器制造（南海）有限公司、佛山市南海××仕达空调配件厂、TCL 德龙××电器（中山）有限公司四笔合计 5,335,177.48 元的应收账款，直接汇入佛山市南海区里水镇××社区居民委员会的账户，并将其中 5,279,159.31 元用以支付华达公司于 5 月发放的工人工资和经济补偿金，剩余款项用于支付该居委会的管理费。

二、TCL××（中山）有限公司 1,343,394.47 元的应收账款，已于 2014 年 5 月 21 日支付给国家开发银行广东省分行用以清偿借款，国家开发银行在庭审中亦确认已收到该笔账款。

三、广东美的××设备有限公司（顺德工厂）于 2014 年 5 月 12 日将合计为 152 万元的款项分别以 100 万元、34.5 万元、17.5 万元三笔汇入了华达公司账号为 80××49 的佛山农村商业银行股份有限公司××支行账户，华达公司于同日将

152万元分别以100万元、52万元两笔汇入了明德公司账号为44××68的中国农业银行股份有限公司南海××支行账户,在华达公司将该款项汇入前,明德公司的账户余额为631.13元,且在当天明德公司上述账户未有其他款项入账。明德公司收到152万元后,于同日又将其中的123万元分别以29万元、92万元、2万元三笔汇入华达公司在中国农业银行的账户,用于支付华达公司的工人工资及经济补偿金。2014年5月13日,明德公司的上述账户再汇出28.6万元,用途性质为往来款,此后明德公司该账户存在多次大额款项的进出。

【案件争点】

法院裁定确认破产管理人提交的债权表,在破产债权分配前,破产企业债权人对债权表有异议能否以破产企业为被告提起诉讼。

【裁判要旨】

一审法院认为,破产程序为非诉讼程序,除根据《企业破产法》第12条所规定的不受理破产申请及驳回破产申请的裁定外,本案所涉及的破产裁定均不能提起上诉或再审。根据《企业破产法》第58条第3款"债务人、债权人对债权表记载的债权有异议的,可以向受理破产申请的人民法院提起诉讼",及第81条"重整计划草案应当包括下列内容……(三)债权调整方案……"的规定,华达公司管理人在起草重整计划草案时,可经复核后对相关债权方案作出调整,耐诗公司作为华达公司的债权人,其对债权表记载的债权有异议的,依法可向法院提起诉讼。故耐诗公司起诉要求撤销华达公司管理人在《债权最终审查结果的通知》中认定国家开发银行就垫付的811.56万元工人工资及经济补偿金享有优先受偿权的结果,并确认国家开发银行对《重整计划》提存的811.56万元款项不享有优先受偿权,符合法律规定,原审法院应对本案作出实体处理。

二审法院认为,根据《破产法》第58条规定:"债务人、债权人对债权表记载的债权有异议的,可以向受理破产申请的人民法院提起诉讼。"虽然没有债权人在该通知要求的期限前提出异议或向人民法院提起诉讼,而且原审法院作出裁定确认了上述《债权最终审查结果的通知》中债权表记载的债权,但施耐公司提出异议之后,华达公司管理人经复核后在《重整计划(草案)》明确国家开发银行主张其垫付的811.56万元用于支付职工经济补偿金和工人工资缺乏事实和证据,并告知债权人可依法向人民法院提起诉讼并且法律并未明确规定债权人对债权表记载的债权提出异议的期限,所以,在破产债权分配前,施耐公司提起本案诉讼,原审法院立法受理,并无违反法律规定。

故本案一审二审法院均认定，法院裁定确认破产管理人提交的债权表，在破产债权分配前，破产企业债权人对债权表有异议能够以破产企业为被告提起诉讼。

例案二 | 湖北聚兴建设有限公司、湖北建浩科技有限公司破产债权确认纠纷案

【法院】

孝感市中级人民法院

【案号】

(2018)鄂09民终1212号

【当事人】

上诉人(原审原告)：湖北聚兴建设有限公司

被上诉人(原审被告)：湖北建浩科技有限公司

【基本案情】

湖北建浩科技有限公司(以下简称建浩公司)于2017年6月26日经法院裁定进入破产重整。随后，湖北聚兴建设有限公司(以下简称聚兴公司)向建浩公司破产管理人申报了债权。建浩公司破产管理人对聚兴公司等债权人申报的债权审查后编制了债权表，提交第一次债权人会议核查。2017年10月20日，建浩公司第一次债权人会议召开，聚兴公司参加了第一次债权人会议。2017年11月1日，聚兴公司向建浩公司破产管理人提出书面异议，请求确认聚兴公司对建浩公司的二期1#、2#厂房的工程价款享有优先受偿权。建浩公司破产管理人对该异议审查后认为，聚兴公司申报的债权不应列为优先受偿的债权范围，遂于2017年12月4日书面回复了聚兴公司。2017年12月18日，一审法院作出(2017)鄂0921破1号之一民事裁定书，确认孝昌县财政局等146位债权人的债权，并宣告“本裁定自即日起生效”。上述裁定，建浩公司破产管理人已寄送给聚兴公司，一审法院亦经由全国企业破产重整案件信息网(2017年12月19日)发布。2018年4月23日，聚兴公司向一审法院提起诉讼，请求确认聚兴公司对建浩公司的二期1#、2#厂房的工程价款享有优先受偿权。

【案件争点】

法院裁定确认破产管理人提交的债权表，在破产债权分配前，破产企业债权人对债权表有异议能否以破产企业为被告提起诉讼。

【裁判要旨】

一审法院认为,2017年12月18日,一审法院作出(2017)鄂0921破1号之一民事裁定书,确认孝昌县财政局等146位债权人的债权(详见无争议债权表)并宣告"本裁定自即日起生效"。上述裁定管理人已寄送给聚兴公司,一审法院亦经由全国企业破产重整案件信息网(2017年12月19日)发布。债权表经人民法院裁定确认,其确认具有与生效判决同等法律效力。聚兴公司再次以破产重整债务人建浩公司为一审被告提起债权确认诉讼是生效裁判已确认的事项,故属重复诉讼,应予驳回。遂依照《企业破产法》第57条、第58条,《民事诉讼法》第119条、第154条第1款第3项,《民事诉讼法解释》第208条第3款、第247条第2款之规定,裁定:驳回聚兴公司的起诉。

二审法院认为,本案中,聚兴公司对债权表记载的债权有异议,并在第一次债权人会议之后向建浩公司破产管理人提出了书面异议,依照《企业破产法》第58条第3款的规定,聚兴公司对债权表记载的债权有异议的,可以向受理破产申请的人民法院即一审法院提起诉讼,故聚兴公司向一审法院提起本案诉讼,请求确认聚兴公司对建浩公司的二期1#、2#厂房的工程价款享有优先受偿权,一审法院应予受理并进行审理。一审法院以建浩公司破产管理人对聚兴公司所提的债权异议已进行了书面答复,一审法院已对债权表裁定予以了确认,该裁定已送达生效,聚兴公司提起本案诉讼属于重复诉讼为由,驳回聚兴公司的起诉,剥夺了法律赋予债务人、债权人对债权表记载的债权有异议时有权提起诉讼的权利。一审驳回聚兴公司的起诉不当,本院予以纠正。

本案中,一审法院以裁定具有既判力,认定债权人对债权表有异议而提起的诉讼属于重复诉讼,根据"一事不再理原则"应当驳回起诉。然二审法院责任定,法院裁定债权表无异议并不能剥夺异议债权人的诉权,故要求一审法院重新受理。这表明,现实司法实践中对于破产债权确认裁定的性质认定存在较大的差异。

例案三 | 杨某国与无锡市恒生富通置业有限公司管理人破产债权确认纠纷案

【法院】

无锡市中级人民法院

【案号】

(2017)苏02民终3448号

【当事人】

上诉人（原审原告）：杨某国

被上诉人（原审被告）：无锡市恒生富通置业有限公司

【基本案情】

杨某国向一审法院起诉请求：撤销无锡市恒生富通置业有限公司（以下简称恒生富通公司）破产清算案中191户购房债权人的优先受偿权。

2014年9月15日，一审法院作出（2014）澄商破字第0009－1号民事裁定书，裁定受理夏某芳对恒生富通公司的破产清算申请。

2015年1月23日，恒生富通管理人在恒生富通公司破产清算案第一次债权人会议上，提交其编制的债权表，记载消费性购房债权人享有优先受偿权，消费性购房债权人为191户，债权金额为84,901,931.8元；杨某国在第一次债权人会议上，对自己的债权未被列入优先受偿范围等提出了异议，但未针对前述191户购房债权人的优先受偿权提出异议。

2015年7月21日，一审法院作出（2014）澄商破字第0009－5号民事裁定书，确认恒生富通公司购房债权人为208户，债权金额为209,656,886.1元，其中对特定财产享有优先受偿权的消费性购房债权人为191户，债权金额为84,901,931.8元等。而后杨某国不服，提起上诉。

【案件争点】

法院裁定确认破产管理人提交的债权表，在破产债权分配前，破产企业债权人对债权表有异议能否以破产企业为被告提起诉讼。

【裁判要旨】

一审法院认为，《企业破产法》第58条规定："依照本法第五十七条规定编制的债权表，应当提交第一次债权人会议核查。债务人、债权人对债权表记载的债权无异议的，由人民法院裁定确认。债务人、债权人对债权表记载的债权有异议的，可以向受理破产申请的人民法院提起诉讼。"对恒生富通管理人编制的债权表中关于涉案债权的确认，杨某国在第一次债权人会议上未提出异议，后一审法院又予以了裁定确认。现杨某国要求撤销恒生富通公司破产清算案中191户购房债权人的优先受偿权，属于对生效裁定书确认的事项提起的诉讼，故应驳回杨某国的起诉。据此，一审法院依照《企业破产法》第58条、《民事诉讼法》第154条第1款第3项之规定，裁定驳回杨某国的起诉。

二审法院认为，本案的争议焦点是，第一，债权人对管理人编制的债权提出异议的期限,是否限于第一次债权人会议。第二,债权人对管理人编制的债权表的诉权,能否为一审法院债权确认裁定所否认。《企业破产法》第58条规定:"依照本法第五十七条规定编制的债权表,应当提交第一次债权人会议核查。债务人、债权人对债权表记载的债权无异议的,由人民法院裁定确认。债务人、债权人对债权表记载的债权有异议的,可以向受理破产申请的人民法院提起诉讼。"据此赋予了债权人对管理人编制的债权表的异议权以及诉权。前述诉权系法定权利,只能由权利人自主处分,不能由他人予以否决。

从法律规定的角度,《企业破产法》第56条规定:"在人民法院确定的债权申报期限内,债权人未申报债权的,可以在破产财产最后分配前补充申报。"也即只要在破产财产最后分配前,债权人都可以申报债权。举重以明轻,只要在破产财产最后分配前,债权人都可以对债权表记载的债权提出异议。并且,从法定权利合理行使期限的角度,债权人在第一次债权人会议当时才收到管理人编制的债权表,对关乎切身利益的债权核查重大事项,尚未能够行使充分的知情权,即要求其当场提出异议及其理由,显然不符合程序正义。从当事人约定的角度,恒生富通公司破产清算案第一次债权人会议并未对债权人的异议期作出限制,并未说明债权人的异议仅限于会议现场或会后一定期限内提出;更未得到债权人同意债权人异议期受限的允诺。据此,关于杨某国作为债权人对管理人编制的债权表提出异议的期限,在无当事人约定的情况下,遵照法律规定,尚未超过异议期,也即诉权尚未丧失。故撤销一审裁定,指令原审法院继续审理。

三、裁判规则提要

(一)破产程序中,受理破产法院裁定确认破产管理人所交债权表,若债权人对债权表记载的债权有异议的,可以向受理破产申请的人民法院提起诉讼

债权人对经法院裁定的登记表记载内容有异议能否继续诉讼在我国《企业破产法》中并未有明文规定。司法裁判对此也态度各异,通过案例文献检索,可以看出司法实践存在两种观点。第一种认为,经法院裁定确认的债权表具有既判力,其内容已经生效,根据《民事诉讼法》第124条第5款规定:"对判决、裁定、调解书已经发生法律效力的案件,当事人又起诉的,告知原告申请再审,但人民法院准许撤诉的裁定除外。"《民事诉讼法解释》第381条规定:"当事人认为发生法律效力的不予受理、驳回起诉的裁定错误的,可以申请再审。"综上,经法院确认的债权表裁定及不可以上诉也不可以申请再审。第二种司法实践认为,根据《企业破产法》第

58 条第 3 款之规定:“认定债权人依然可以向受理　申请法院提起诉讼。”法条并未排除债权人对已经法院裁定认定债权表提出异议诉讼的权利,因此债权人仍然可以提出债权异议之诉。并且根据现实实际情况,若仅因错误诉讼期限未提起诉讼而排除债权人提出异议之诉的权利,不利于社会未定,综上,经法院确认的债权表的裁定,债权人对其有异议的仍然可以向受理申请破产的法院提出异议之诉。由于《企业破产法》第 58 条第 3 款规定过于简单,在适用时仍需进行解释。

第一,破产债权确认裁定非诉讼程序性裁定,且《企业破产法》中并未有援引规范,并没有明确文字规定为前提,因此不宜适用《民事诉讼法》相关规定及司法解释。退一步,假使能够适用《民事诉讼法》之规范,认定经法院裁定的债权表即生效不可再诉,则与《企业破产法》第 58 条第 3 款规范含义相悖,因此不可直接套用民事诉讼法之规范。

第二,从《企业破产法》本身规范上看,《企业破产法》只规定人民法院不受理破产申请裁定和驳回申请裁定可以提起上诉,根据反向推理可以解释为“其他破产裁定均不能提起上诉或再审”,因此为保障债权人之权益,应当认定债权人对法院债权确认裁定有异议的仍然可以提起异议之诉。

第三,2019 年 3 月 28 日颁布的《破产法解释三》第 8 条规定:“债务人、债权人对债权表记载的债权有异议的,应当说明理由和法律依据。经管理人解释或调整后,异议人仍然不服的,或者管理人不予解释或调整的,异议人应当在债权人会议核查结束后十五日内向人民法院提起债权确认的诉讼。”该规定明确自 3 月 28 日开始后,债权确认之诉多了一个前置条件,即“管理人解释或调整后”仍不服或其“不予解释或调整时”,异议人方可提起诉讼。该条款同时规定了一个期限即 15 日。有人认为此为法院债权确认裁定存在既判力之依据。笔者认为这是一种误解,首先,既判力是对债权人权利义务的确定而言的,如果存在既判力时,所有当事人包括法院都应当受到相应判决的拘束,当事人在其他诉讼中提出的与该判决效力相反主张时法院不予支持,法院也不得作出与该判决冲突的裁判。然该解释允许异议人在一定期限内继续对法院的债权表裁定提出债权确认诉讼,显然表明该裁定不具有既判力。

综上所述,应当认为法院的债权确认裁定并不具有既判力,债权人对已经法院裁定确认的债权登记表登记内容有异议的,仍然可以向受理人民法院提起诉讼符合破产法规定。此与《企业破产法》第 58 条规定对债权表存有异议即可提出诉讼立法本意相符,对裁定确认的债权表存有异议提出诉讼仍然符合法律规定。

(二)债权人可以以破产企业为债权确认异议之诉的诉讼主体

《企业破产法》第58条并未明确规定债权确认异议之诉的诉讼主体,是以债务人为被告还是以其他债权人为被告,或者是以管理人为被告,法律均没有明确规定,在法律实践中缺少法律依据。笔者认为,究其目的破产债权确认之诉是对债权人与债务人之间是否存在债权债务关系,债务人对债权债务的种类、性质、金额的异议之诉,因此应当由债务人参加诉讼。管理人承担对申报债权的审查工作,作为债务人的诉讼代表人参加诉讼,便于法院通过诉讼查明案件事实,定分止争。由于管理人与异议处理结果并没有实体上的利害关系,也不享有破产债权确认之诉的利益,因此不应当成为债权确认之诉的当事人。所以债权人可以以破产企业为债权确认异议之诉的诉讼主体。

(三)债权确认的异议之诉的对象是经债权人会议审核、人民法院裁定确认之债权表

《企业破产法》第58条规定,管理人制定的债权表要"提交第一次债权人会议核查。债务人、债权人对债权表记载的债权无异议的,由人民法院裁定确认。债务人、债权人对债权表记载的债权有异议的,可以向受理破产申请的人民法院提起诉讼。"异议人提起债权确认诉讼时的异议,应当是针对经债权人会议审核,人民法院裁定确认之债权表,而非仅由管理人制定、确认乃至解释或调整后债权表。我们不能忽视债权人会议对债权的核查权利,尤其是在其核查结果与管理人认定结果不同时仅以管理人的认定为准。如《企业破产法》本意是管理人有完全的债权确认权,就不应规定债权人会议有核查权利,而只需规定管理人向债权人会议通报债权确认结果,在管理人的职权中应明确规定其确认债权权利,并取消法院对债权表的裁定。因此可以看出管理人自行确认的债券表并非最终确认,管理人不具有此权利,由此管理人或者债权人会议所自行规定的异议期限对其他债权人并不具有拘束力。3月28日最高法解释颁布前,曾有法院裁定将管理人规定期限作为审查债权人提起异议之诉期限是否超过的衡量因素之一,此种做法不无道理,但法院裁定尚不具有既判力,管理人或债权人会议所定期限对其他债权人也不具有拘束力。

(四)在破产债权分配前,债权人可以向破产申请法院提出债权确认异议之诉

破产债权确认之诉是否有期限限制问题源于《企业破产法》未有明文规定。有

观点认为应当适用民事诉讼时效规定，然适用存在两个问题：首先，《企业破产法》与《民事诉讼法》之间把并未有明确的问题规定，可以相互援引。其次，若适用民事诉讼时效规定，会使异议之诉期限过长，不符合破产程序的顺利进行。但债权确认之诉应当具有期限限制。实践中多数法院做法承认债权人可以在破产债权分配前提出债权确认异议之诉，原因在于若分配之后提起诉讼，诉讼利益已不存在。因此债权人在破产债权分配前可以向破产申请法院提出债权确认异议之诉。

随着2019年3月28日《破产法解释三》的生效，申请债权确认异议之诉需要满足一定前提条件。第8条规定："债务人、债权人对债权表记载的债权有异议的，应当说明理由和法律依据，经管理人解释或调整后，异议人仍然不服的，或者管理人不予解释或调整的，异议人应当在债权人会议核查结束后十五日内向人民法院提起债权确认之诉。"该规定引发该15日是诉讼时效还是除斥期间又或是引导性质规定之争议，司法实践中存在差异。

笔者认为，该期间的规定应当是与《企业破产法》债权申报期限相同性质的附不利后果承担的引导性规定，而不能理解为诉讼时效或者是除斥期间。将这一期限理解为诉讼时效，是对民法总则时效制度及异议人诉讼权利的重大修正，必须有明确文字规定为前提，而且司法解释是否具有此项权利应当受到质疑。从立法对相关权利的保护看，《企业破产法》明确规定，债权人逾期仍可补充申报债权获得赔偿（逾期申报的债权也可能不被确认并提起债权确认诉讼），债权人只需要承担一些不利后果。提起债权确认诉讼只是对债权申报权利的延续行使，逾期申报债权者立法都未剥夺其权利，司法解释更无权规定剥夺债权人提起债权确认诉讼权利的特别时效。因此如果在债权确认时，如果债权人只是在15日期限内为提起债权确认诉讼而就被剥夺债权受偿权利及救济途径，这不合理。其次，若将15日理解为诉讼时效明细那不合理，且无法公正实施。规定要求异议人在管理人解释或调整后仍不服或其不予解释或调整时，方可提起债权确认诉讼，而在实践中，这一要求与将该期限理解为诉讼时效存在实践冲突。实践中，债权人在债权确认表中往往不附有详细理由，其解释或调整需延后一定时间，确定其不予解释或调整也需经过一定期间，往往最后确定的结果并非债权人会议核查结束后即具有结果，如果将15日理解为诉讼时效，则从债权人会议结束当天即开始计算，必然会出现大部分异议人起诉期间不足。此外，部分债权人可能未参加债权审核的债权人会议，并不知债权确认结果，虽其放弃参加债权人会议的权利，但不能以此推定其也放弃提起债权确认诉讼的权利。如将15日期间理解为诉讼时效，就必须规定管理人在债权人会议核查债权后负有当天立即向所有申报登记的债权人通知到债权确认结果的义务,以使其能及时行使权利。管理人如未做到,影响债权人诉权行使,要承担赔偿责任。综上可以看出该15日并非诉讼时效,更不应该认为除斥期间。因此法院不应当因此在债权人超过该15日期限,而认定债权人无异议从而不允许债权人提出异议之诉,否则会严重损害异议人的法定权利。

综上所述,在破产债权分配前,债权人可以向破产申请法院提出债权确认异议之诉。

四、辅助信息

高频词条:

《企业破产法》

第21条 人民法院受理破产申请后,有关债务人的民事诉讼,只能向受理破产申请的人民法院提起。

第46条 未到期的债权,在破产申请受理时视为到期。

附利息的债权自破产申请受理时起停止计息。

第48条 债权人应当在人民法院确定的债权申报期限内向管理人申报债权。

债务人所欠职工的工资和医疗、伤残补助、抚恤费用,所欠的应当划入职工个人账户的基本养老保险、基本医疗保险费用,以及法律、行政法规规定应当支付给职工的补偿金,不必申报,由管理人调查后列出清单并予以公示。职工对清单记载有异议的,可以要求管理人更正;管理人不予更正的,职工可以向人民法院提起诉讼。

第56条 在人民法院确定的债权申报期限内,债权人未申报债权的,可以在破产财产最后分配前补充申报;但是,此前已进行的分配,不再对其补充分配。为审查和确认补充申报债权的费用,由补充申报人承担。

债权人未依照本法规定申报债权的,不得依照本法规定的程序行使权利。

第58条 管理人收到债权申报材料后,应当登记造册,对申报的债权进行审查,并编制债权表。

债权表和债权申报材料由管理人保存,供利害关系人查阅。

《合同法》

第58条 合同无效或者被撤销后,因该合同取得的财产,应当予以返还;不能返还或者没有必要返还的,应当折价补偿。有过错的一方应当赔偿对方因此所受到的损失，双方都有过错的，应当各自承担相应的责任。

第60条 当事人应当按照约定全面履行自己的义务。

当事人应当遵循诚实信用原则，根据合同的性质、目的和交易习惯履行通知、协助、保密等义务。

第107条 当事人一方不履行合同义务或者履行合同义务不符合约定的，应当承担继续履行、采取补救措施或者赔偿损失等违约责任。

第286条 发包人未按照约定支付价款的，承包人可以催告发包人在合理期限内支付价款。发包人逾期不支付的，除按照建设工程的性质不宜折价、拍卖的以外，承包人可以与发包人协议将该工程折价，也可以申请人民法院将该工程依法拍卖。建设工程的价款就该工程折价或者拍卖的价款优先受偿。

《担保法》

第20条 一般保证和连带责任保证的保证人享有债务人的抗辩权。债务人放弃对债务的抗辩权的，保证人仍有权抗辩。

抗辩权是指债权人行使债权时，债务人根据法定事由，对抗债权人行使请求权的权利。

第33条 本法所称抵押，是指债务人或者第三人不转移对本法第三十四条所列财产的占有，将该财产作为债权的担保。债务人不履行债务时，债权人有权依照本法规定以该财产折价或者以拍卖、变卖该财产的价款优先受偿。

前款规定的债务人或者第三人为抵押人，债权人为抵押权人，提供担保的财产为抵押物。

《物权法》

第172条 设立担保物权，应当依照本法和其他法律的规定订立担保合同。担保合同是主债权债务合同的从合同。主债权债务合同无效，担保合同无效，但法律另有规定的除外。

担保合同被确认无效后，债务人、担保人、债权人有过错的，应当根据其过错各自承担相应的民事责任。

《工程价款批复》

第4条 建设工程承包人行使优先权的期限为六个月，自建设工程竣工之日或者建设工程合同约定的竣工之日起计算。

《未审结破产案件规定》

第9条 债权人对债权表记载债权有异议，向受理破产申请的人民法院提起诉讼的,人民法院应当依据企业破产法第二十一条和第五十八条的规定予以受理。但人民法院对异议债权已经作出裁决的除外。

债权人就争议债权起诉债务人,要求其承担偿还责任的,人民法院应当告知该债权人变更其诉讼请求为确认债权。

《破产法解释三》

第8条 债务人、债权人对债权表记载的债权有异议的,应当说明理由和法律依据。经管理人解释或调整后,异议人仍然不服的,或者管理人不予解释或调整的,异议人应当在债权人会议核查结束后十五日内向人民法院提起债权确认的诉讼。当事人之间在破产申请受理前订立有仲裁条款或仲裁协议的,应当向选定的仲裁机构申请确认债权债务关系。

破产纠纷案件裁判规则第 20 条：
建设工程承包人行使优先权的期限为 6 个月，自建设工程竣工之日或者建设工程合同约定的竣工之日起计算，优先权人应当提供证据证明其确实以催告或其他形式行使了权利

〔**规则描述**〕：建设工程承包人享有的工程优先受偿权的期限为 6 个月，自建设工程竣工之日或者建设工程合同约定的竣工之日起计算，优先权人应当在 6 个月的除斥期间内行使优先权或向人民法院起诉或向债权人通知行使权利，同时应当提供证据证明其确实以催告或其他形式行使了权利。

一、类案检索大数据报告

时间：2020 年 1 月 9 日之前，案例来源：Alpha 案例库，案件数量：432 件，数据采集时间：2020 年 1 月 9 日。本次检索获取了 2020 年 1 月 9 日前共 432 篇裁判文书，整体情况如图 20 - 1 所示，从是否认同建设工程承包人行使优先权的期限为 6 个月，自建设工程竣工之日或者建设工程合同约定的竣工之日起计算，优先权人应当提供证据证明其确实以催告或其他形式行使了权利的角度来看，认同的案件 346 件，占比约 80.09%；不认同的案件 34 件，占比约 7.87%；不相关案件 52 件，占比约 12.04%。

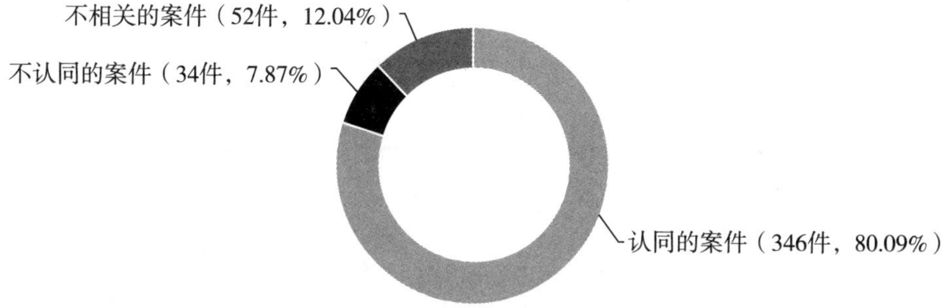

图 20 - 1　是否认同建设工程承包人行使优先权的期限为 6 个月，自建设工程竣工之日或者建设工程合同约定的竣工之日起计算，优先权人应当提供证据证明其确实以催告或其他形式行使了权利

如图 20－2 所示,从案件年份分布情况可以看出当前条件下案例数量的变化趋势。

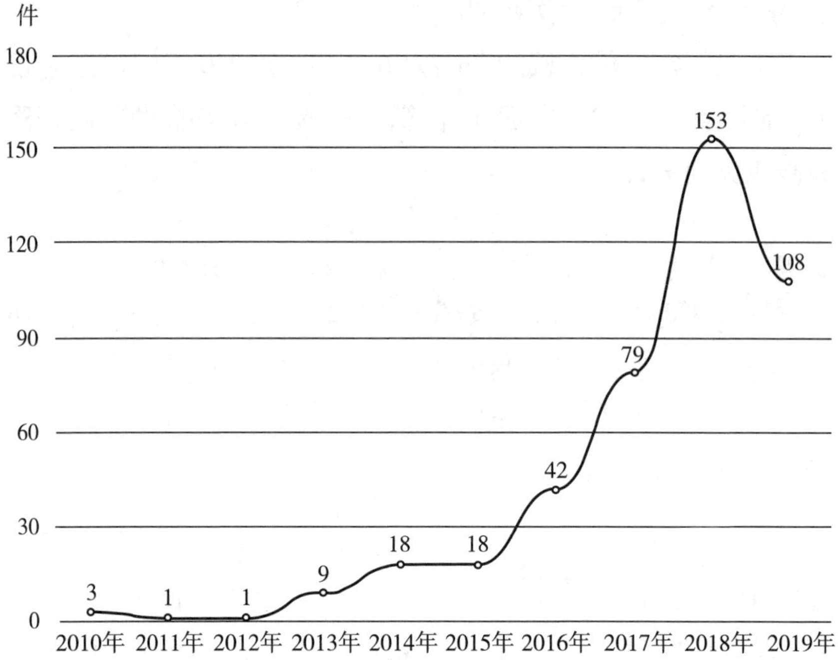

图 20－2　案件年份分布情况

如图 20－3 所示,从案件地域主要分布情况来看,当前案例主要集中在浙江省、江苏省、安徽省,分别占比为 17.59%、17.36%、12.27%。其中,浙江省的案件量最多,达到 76 件。

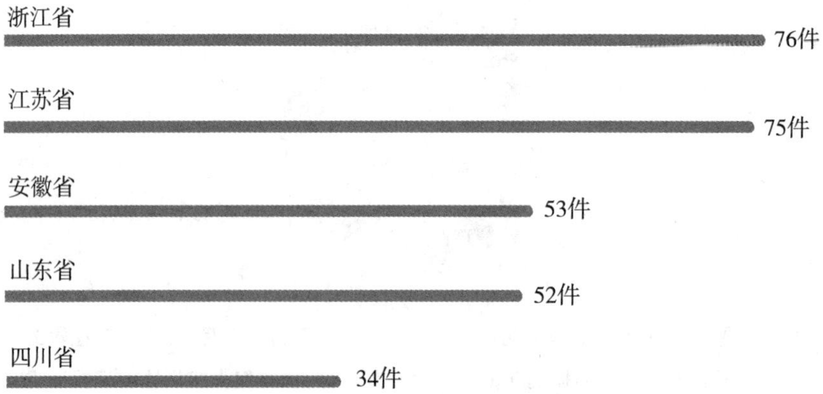

图 20－3　案件地域主要分布情况

如图 20 -4 所示,从案件案由分类情况可以看出,当前最主要的案由是与公司、证券、保险、票据等有关的民事纠纷,有 357 件,占一半以上,其次是合同、无因管理、不当得利纠纷,适用特殊程序案件案由。

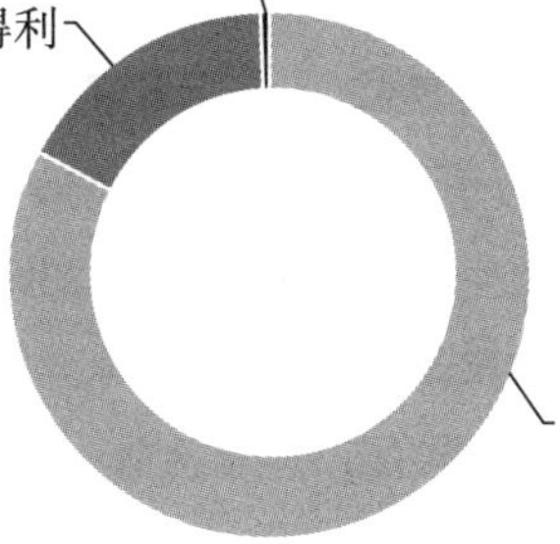

图 20 -4　案件案由分类情况

二、可供参考的例案

例案一　浙江中成建工集团有限公司等诉浙江玻璃股份有限公司破产债权确认纠纷案

【法院】

浙江省绍兴市中级人民法院

【案号】

(2014)浙绍商终字第 124 号

【当事人】

上诉人(原审原告):浙江中成建工集团有限公司

被上诉人(原审被告):浙江玻璃股份有限公司

【基本案情】

2004 年,浙江玻璃股份有限公司(以下简称浙江玻璃)、浙江中成建工集团有限公司(以下简称中成公司)签订一份《建设工程施工合同》,约定工程名称为涉案工程,内容为土建施工图纸。开工日期为 2004 年,竣工日期为工业厂房安装结束 1 个月内完成全部工程。竣工验收通过后 100 天内承包人提供完整资料和决算报告,在双方认可情况下,发包人收到结算报告后 100 天内审计完毕,工程款总额结算以审计报告为准等。

2009年12月25日,经绍兴县悦耿工程投资咨询有限公司审计,确定涉案工程定案价为32,705,251元。扣除浙江玻璃已支付的进度款,尚拖欠工程尾款7,477,870.58元。

2012年6月28日,绍兴市中级人民法院根据中国建设银行股份有限公司绍兴支行的申请裁定受理对浙江玻璃重整一案,并于同日指定浙江越光律师事务所为浙江玻璃管理人。中成公司就涉案工程已向浙江玻璃破产管理人申报债权,其申报的本息数额为8,685,866.28元。同时,中成公司还主张工程优先受偿权。

原审法院认为:依据《工程价款批复》第4条的规定:“建设工程承包人行使优先权的期限为六个月,自建设工程竣工之日或者建设工程合同约定的竣工之日起计算。”事实表明,根据中成公司提供的施工合同内容以及双方举证情况,目前无法确定涉案工程的实际竣工期日或者约定的竣工期日,但中成公司所完成的涉案工程造价已于2009年12月25日经审计确定为32,705,251元的事实清楚,表明了中成公司对浙江玻璃所享有的工程款债权数额。再结合施工合同中“竣工验收通过后100天内承包人提供完整资料和决算报告,在双方认可情况下,发包人收到结算报告后100天内审计完毕”的约定,该院可以推定中成公司所完成的涉案工程竣工日期应早于审计的时间。据此,结合前述批复意见,该院认定中成公司在申报涉案工程破产债权的同时所主张的工程优先受偿权,已超过法定6个月期限,故而该院对于中成公司的诉求,依法不予支持。

中成公司不服原审法院上述民事判决提起上诉,认为2009年12月25日的审计是阶段性审计,而非竣工验收后决算审计,否则应存在竣工验收报告。被上诉人浙江玻璃答辩称审计报告系决算审计。

二审法院审理认为,2009年12月25日,绍兴县悦耿工程投资咨询有限公司出具的《审计报告》,表明对浙江玻璃-浙玻150T/D超薄浮法玻璃生产线工程(浙玻二线冷修维修工程)决算进行了审计,上诉人中成公司在该审计报告处签章确认。依据《建设工程施工合同》,可认定涉案工程竣工日期早于审计日期。故上诉人主张优先受偿权,已经超过了行使优先受偿权的法定期限。原审判决并无不当,本院应予以支持。

【案件争点】

中成公司对涉案工程是否享有优先受偿权。

【裁判要旨】

一审法院认为,建设工程承包人行使优先权的期限为6个月,自建设工程竣工之日或者建设工程合同约定的竣工之日起计算。中成公司所完成的涉案工程造价已于2009年12月25日经审计确定为32,705,251元的事实清楚，结合施工合同中“竣工验收通过后100天内承包人提供完整资料和决算报告，在双方认可情况下，发包人收到结算报告后100天内审计完毕”的约定，可以推定中成公司所完成的涉案工程竣工日期应早于审计的时间。据此，中成公司在申报涉案工程破产债权的同时所主张的工程优先受偿权，已超过法定6个月期限，不能主张优先受偿权。

二审法院认为，建设工程承包人行使优先权的期限为6个月，自建设工程竣工之日或者建设工程合同约定的竣工之日起计算。中成公司所完成的涉案工程造价已于2009年12月25日经审计确定为32,705,251元的事实清楚，结合施工合同中“竣工验收通过后100天内承包人提供完整资料和决算报告，在双方认可情况下，发包人收到结算报告后100天内审计完毕”的约定，可以推定中成公司所完成的涉案工程竣工日期应早于审计的时间。据此，中成公司在申报涉案工程破产债权的同时所主张的工程优先受偿权，已超过法定6个月期限，不能主张优先受偿权。维持原判。

例案二 | 重庆市北兴工程建设开发有限责任公司诉重庆龙诚房地产开发有限公司建设工程施工合同纠纷案

【法院】

重庆市高级人民法院

【案号】

(2008)渝高法民终字第251号

【当事人】

上诉人(原审第三人):重庆农村商业银行股份有限公司渝北支行

被上诉人(原审原告):重庆市北兴工程建设开发有限责任公司

被上诉人(原审被告):重庆龙诚房地产开发有限公司

【基本案情】

2001年2月28日，重庆市北兴工程建设开发有限责任公司(以下简称北兴公司)与重庆龙诚房地产开发有限公司(以下简称龙诚公司)签订了《建设工程施工合同》，约定北兴公司承建龙诚巴黎世家A栋C型、B栋工程项目(现名瑞迪荣都)。该工程完工后，其工程价款经重庆市竣通工程造价咨询有限公司审核为

18,384,224.09元。瑞迪荣都裙楼商业用房于2005年12月28日竣工,龙诚公司在2006年1月16日就裙楼、非住宅部分申请新建登记。2007年6月30日,龙诚公司向北兴公司出具“瑞迪荣都”工程欠款及承诺书,承诺前述工程款总额为18,384,224.09元,截至2007年6月30日龙诚公司已付款金额为9,283,059.29元,尚欠工程款金额为9,101,164.80元,于2008年3月底前付清。

龙诚公司曾向重庆市渝北区农村信用合作联社王家信用社(于2008年6月25日更名为重庆农村商业银行股份有限公司渝北支行)提供抵押担保,抵押物为重庆市江北区建新东路243号名义层负一层、物理层第四层建筑面积为1348.94平方米的2号商场、名义层负三层、物理层第二层建筑面积为3398.60平方米的车库(1~58、62~80、90~101),并办理了抵押登记,王家信用社曾就借款合同纠纷及抵押物优先受偿权诉至重庆市第一中级人民法院,该院于2008年3月28日以(2007)渝一中法民初字第306号民事判决,对王家信用社就抵押担保物的优先受偿权予以了确认,该判决已发生法律效力。

北兴公司于2006年1月17日向龙诚公司发出催告函件,声明若龙诚公司未在2006年2月前付款或制订有可操作性的付款计划,北兴公司将依据法律规定行使工程款优先权,以其承建的该项目进行拍卖或协商折价的方式抵偿工程款。

2008年4月,北兴公司以龙诚公司未按承诺书支付工程款为由,向一审法院提起诉讼。一审诉讼中,北兴公司表示其建设工程价款优先权针对的是王家信用社抵押权部分的房屋。

一审法院认为:本案中,工程竣工最后期限为2005年12月28日,北兴公司在2006年1月17日向龙诚公司发出《关于要求清算拖欠工程款及主张建设工程款优先受偿权的催告函》,认为其有权以承建的工程拍卖或折价的价款优先受偿,并请求龙诚公司将巴黎世家(现瑞迪荣都)工程拍卖或折价后优先偿付工程款900余万元。由此可见,北兴公司在法律规定的期限内行使了建设工程价款优先权,故北兴公司要求对其承建的瑞迪荣都工程享有建设工程价款优先权的诉讼请求亦予以支持。

一审宣判后,重庆农村商业银行股份有限公司渝北支行(以下简称渝北支行)不服,向重庆市高级人民法院提起上诉。

北兴公司答辩请求驳回上诉,维持原判。理由:根据我国《合同法》第286条的规定,行使优先权可以向法院起诉,也可以与发包方协商。其在2006年1月17日向龙诚公司发出的催告函,能证明北兴公司在法律规定的期限内行使了建设工程价款优先权。

龙诚公司答辩称，根据《工程价款批复》的规定，承包人行使优先权的期限为 6 个月，该 6 个月为除斥期间，北兴公司虽催告，但 6 个月内未向法院起诉，故优先权不应成立。

二审中，渝北支行向法院提交中国银行业监督管理委员会银监复〔2008〕244 号《中国银监会关于重庆农村商业银行股份有限公司开业的批复》，证明王家信用社于 2008 年 6 月 25 日更名为重庆农村商业银行股份有限公司渝北支行。

二审另查明：在一审质证过程中，龙诚公司对北兴公司在 2006 年 1 月 17 日向龙诚公司发出的《关于要求清算拖欠工程款及主张建设工程款优先受偿权的催告函》的真实性无异议，但认为因该催告函是复印件，不能作为证据使用，且该证据证明北兴公司明知有建设工程价款优先权，但没有在法定期间内行使，已丧失优先权。

因渝北支行在二审申请对《关于要求清算拖欠工程款及主张建设工程款优先受偿权的催告函》的形成时间进行鉴定，经重庆市高级人民法院询问，北兴公司表示只有复印件，无原件。龙诚公司也称无原件。从而无法就形成时间进行司法鉴定。

二审开庭后，北兴公司向重庆市高级人民法院提交了重庆市江北区人民法院（2008）江法民执字第 632、635 号民事裁定书，证明该院已于 2008 年 11 月 3 日，根据当事人的申请，解除了王家信用社对重庆市江北区建新东路 243 号“瑞迪荣都”大厦名义层负一层 2 号商场（1348.94 平方米）及负三层 1～58、62～80、90～101 共 89 个车位（3398.60 平方米）的抵押，故渝北支行的抵押权已于起诉前丧失。经重庆市高级人民法院询问，渝北支行认可已申请解除上述抵押，同时指出，申请解除抵押，是为了法院对“瑞迪荣都”相关案件的统一执行。2008 年 10 月 29 日，重庆市江北区人民法院以（2007）江法民执字第 791 号、（2008）江法民执字第 632、635 号民事裁定书，将“瑞迪荣都”大厦名义层负二层商场（2491.46 平方米）作价 25,226,073 元给重庆农村商业银行股份有限公司南岸支行、渝北支行及曾国平、陈晓漫、周瑞林、付丽娅抵偿债务。渝北支行的抵债金额为 8,110,949 元。之后，渝北支行才申请解除了对抵押物的抵押。对渝北支行出示的重庆市江北区人民法院（2007）江法民执字第 791 号、（2008）江法民执字第 632、635 号民事裁定书，北兴公司和龙诚公司均予以认可。北兴公司认为，渝北支行既已申请解除对抵押物的抵押，就不能以损害第三人利益为由提出上诉。

二审再查明:涉及"瑞迪荣都"的相关案件由重庆市江北区人民法院根据重庆市高级人民法院的指示统一执行。二审查明的其他事实与一审查明一致。

二审法院认为:本案所涉工程的竣工日期为2005年12月28日,按照上述司法解释的规定,北兴公司应在2006年5月28日之前与龙诚公司协议将工程折价或向人民法院提起诉讼,才能表示其在法律规定的期限内行使了建设工程价款优先权。本案中,北兴公司举证证明其在2006年1月17日向龙诚公司发出《关于要求清算拖欠工程款及主张建设工程款优先受偿权的催告函》,虽然龙诚公司认可北兴公司曾发出该催告函,但因利害关系人渝北支行提出异议,并请求鉴定,故北兴公司有义务提交原件。因北兴公司无法提交催告函原件,重庆市高级人民法院认为,北兴公司未尽足够的举证义务,其举示的《关于要求清算拖欠工程款及主张建设工程款优先受偿权的催告函》系复印件,不能证明其在法律规定的期限内行使了建设工程价款优先权。故渝北支行请求撤销北兴公司对其承建的瑞迪荣都工程享有建设工程价款优先权的上诉请求应予支持。

【案件争点】

北兴公司是否享有建设工程价款优先权。

【裁判要旨】

一审法院认为,北兴公司作为具有相应资质的建筑施工企业,其与龙诚公司签订的《建设工程施工合同》系双方的真实意思表示,且符合法律有关规定,属有效协议,故对北兴公司要求龙诚公司支付下欠工程款9,101,164.80元的诉讼请求予以支持。北兴公司在2006年1月17日向龙诚公司发出《关于要求清算拖欠工程款及主张建设工程款优先受偿权的催告函》,认为其有权以承建的工程拍卖或折价的价款优先受偿,并请求龙诚公司将巴黎世家(现瑞迪荣都)工程拍卖或折价后优先偿付工程款900余万元,龙诚公司也认可该事实。由此可见,北兴公司在法律规定的期限内行使了建设工程价款优先权,故北兴公司要求对其承建的瑞迪荣都工程享有建设工程价款优先权的诉讼请求亦予以支持。

二审法院认为,根据我国《合同法》第286条的规定,承包人行使优先权有两种方式:一种是与发包人协议将工程折价,另一种是向人民法院提起诉讼的方式。《工程价款批复》第4条规定:"建设工程承包人行使优先权的期限为六个月,自建设工程竣工之日或者建设工程合同约定的竣工之日起计算。"上述司法解释规定承包人行使优先受偿权的除斥期间为6个月,本案所涉工程的竣工日期为2005年12月28日,按照上述司法解释的规定,北兴公司应在2006年5月28日之前与龙诚公司协议将工程折价或向人民法院提起诉讼，才能表示其在法律规定的期限内行使了建设工程价款优先权。本案中，北兴公司举证证明其在 2006 年 1 月 17 日向龙诚公司发出《关于要求清算拖欠工程款及主张建设工程款优先受偿权的催告函》，虽然龙诚公司认可北兴公司曾发出该催告函，但因利害关系人渝北支行提出异议，并请求鉴定，故北兴公司有义务提交原件。因北兴公司无法提交催告函原件，重庆市高级人民法院认为，北兴公司未尽足够的举证义务，其举示的《关于要求清算拖欠工程款及主张建设工程款优先受偿权的催告函》系复印件，不能证明其在法律规定的期限内行使了建设工程价款优先权。故渝北支行请求撤销北兴公司对其承建的瑞迪荣都工程享有建设工程价款优先权的上诉请求应予支持。

例案三　上海住陆建筑发展有限公司、长兴同人置业有限公司建设工程施工合同纠纷案

【法院】

浙江省湖州市中级人民法院

【案号】

（2019）浙 05 民终 268 号

【当事人】

上诉人（原审原告）：上海住陆建筑发展有限公司

被上诉人（原审被告）：长兴同人置业有限公司

【基本案情】

2012 年 10 月 18 日，承包人上海住陆建筑发展有限公司（以下简称上海住陆公司）与发包人长兴同人置业有限公司（以下简称同人公司）签订《建设工程施工合同》一份，约定发包人将“长兴经济开发区总部经济园总部大厦工程—同人大厦”的建筑、水电安装、室内部分装修等工程发包给住陆公司。合同约定开工日期为 2012 年 10 月 20 日（具体以开工报告为准），竣工日期为 2015 年 4 月 6 日。合同工期总日历天数 900 日历天。合同第三部分（专用合同条款）第 6 条第 26 项对工程款（进度款）支付方式和保修金金额进行了约定，该补充协议对包括“长兴经济开发区总部经济园总部大厦工程——同人大厦”工程在内的总部经济园温州路北侧地块写字楼建设项目建筑、安装工程中有关工程计价、人工费调差、付款方式、审计期限、工程保修金、工程款利息等内容做了补充约定，其中约定发包方未按工程款

支付节点支付工程款的,按年利息18%支付利息给承包方,并约定工程保修金为工程结算造价的5%,竣工验收合格后满1年1个月内支付工程结算审核造价的2%,满2年后1个月内支付工程结算审核造价的2%,满3年支付工程结算审核造价的0.5%,留工程结算审核造价的0.5%,5年期满后付清。

2014年10月,湖州广信工程咨询有限公司对长兴经济开发区经济园总部大厦桩基(同人、白溪)工程造价、长兴县经济开发区经济园总部大厦基坑围护工程造价分别进行审核,湖州广信工程咨询有限公司分别出具了湖信咨询字(2014)156号、湖信咨询字(2014)155号基本建设工程结算审核报告书。其中长兴经济开发区经济园总部大厦桩基(同人、白溪)核定造价为16,194,650元,同人公司应承担同人大厦桩基款8,097,325元。长兴县经济开发区经济园总部大厦基坑围护工程造价为13,033,090元,同人公司应承担同人大厦基坑围护款3,258,272.5元。2017年12月18日,同人公司委托浙××元工程咨询有限公司对长兴经济开发区总部经济园总部大厦3号楼工程造价审定,浙××元工程咨询有限公司于2017年12月18日出具的浙华元长审(2017)第99号工程结算审核报告书认定,长兴经济开发区总部经济园总部大厦3号楼工程(同人大厦)审定工程价款为43,732,101元。前述工程款总计55,087,698.5元。截至2018年4月2日,同人公司已经支付给住陆公司工程款53,398,003.26元。2016年9月28日,综合验收结论为合格。

住陆公司于2018年9月12日提起诉讼,要求同人公司支付工程款并主张法定优先受偿权。

一审法院认为,双方合同对付款方式及期限的约定,实质上是对建设工程优先受偿期限的变更。根据《工程价款批复》,建设工程承包人行使优先受偿权的期限为6个月,该6个月性质上属于除斥期间,是法定期间,当事人不得依约定变更。本案涉案工程最后的竣工验收之日为2016年9月28日,已经超过6个月的期限。对住陆公司主张建设工程价款优先受偿的诉请,不予支持。

住陆公司不服一审判决,提起上诉。二审法院认为:《建设工程纠纷解释二》于2019年2月1日起施行,本案应适用该司法解释的规定,该解释第22条规定:"承包人行使建设工程价款优先受偿权的期限为六个月,自发包人应当给付建设工程价款之日起算。"在建设工程施工合同中,当事人通常对工程价款结算事项予以约定,包括预算工程价款、工程进度款、竣工价款、质量保修金等支付方式、数额等,应以竣工总价款的应付款时间作为建设工程优先受偿权的起算时间。质量保修金系建设单位与施工单位在建设工程承包合同中约定,在建设工程竣工验收交付使用后，从应付的建设工程款中预留的用于维修建筑工程在保修期间和保修范围内出现的质量缺陷的资金，该款项系为保障工程质量而缴纳的，不属于上述司法解释规定的应付工程款。故本案不应以同人公司返还质量保修金的时间作为应付工程款的认定时间，而应以竣工总价款的应付款时间即双方确认结算报告的时间 2017 年 12 月 18 日起算建设工程优先受偿权，住陆公司于 2018 年 9 月 12 日起诉，亦已超过 6 个月期限，故住陆公司就此提出的上诉请求，法院不予支持。

【案件争点】

住陆公司是否对案涉工程的剩余工程款有优先受偿权。

【裁判要旨】

一审依据《工程价款批复》第 4 条“建设工程承包人行使优先权的期限为六个月，自建设工程竣工之日或者建设工程合同约定的竣工之日起计算”之规定，自案涉工程竣工验收之日即 2016 年 9 月 28 日起算，认定住陆公司行使优先受偿权超过法定期限并无不当。

二审法院认为，本案的争议焦点为，住陆公司是否对案涉工程的剩余工程款有优先受偿权。一审时，《建设工程纠纷解释二》尚未施行，一审依据《工程价款批复》第 4 条“建设工程承包人行使优先权的期限为六个月，自建设工程竣工之日或者建设工程合同约定的竣工之日起计算”之规定，自案涉工程竣工验收之日即 2016 年 9 月 28 日起算，认定住陆公司行使优先受偿权超过法定期限并无不当。《建设工程纠纷解释二》于 2019 年 2 月 1 日起施行，本案应适用该司法解释的规定，该解释第 22 条规定：“承包人行使建设工程价款优先受偿权的期限为六个月，自发包人应当给付建设工程价款之日起算。”在建设工程施工合同中，当事人通常对工程价款结算事项予以约定，包括预算工程价款、工程进度款、竣工价款、质量保修金等支付方式、数额等，应以竣工总价款的应付款时间作为建设工程优先受偿权的起算时间。质量保修金系建设单位与施工单位在建设工程承包合同中约定，在建设工程竣工验收交付使用后，从应付的建设工程款中预留的用于维修建筑工程在保修期间和保修范围内出现的质量缺陷的资金，该款项系为保障工程质量而缴纳的，不属于上述司法解释规定的应付工程款。故本案不应以同人公司返还质量保修金的时间作为应付工程款的认定时间，而应以竣工总价款的应付款时间即双方确认结算报告的时间 2017 年 12 月 18 日起算建设工程优先受偿权，住陆公司于 2018 年 9 月 12 日起诉，亦已超过 6 个月期限，故住陆公司就此提出的上诉请求，法院不予支持。

住陆公司提出的,在(2017)浙0522民初1238号案件中,其已主张过案涉工程款的优先受偿权的问题,法院认为,虽然该案中住陆公司提出过对案涉工程的拍卖、折价或转让的价款享有优先受偿权的诉请,但在(2017)浙0522民初1238号民事调解书中仅确认住陆公司对该案中处理的进度款11,071,900元范围内享有优先受偿权,同时住陆公司与同人公司明确剩余工程结算款另案处理,并放弃该案的其他诉讼请求,故住陆公司要求以其在该案中主张优先受偿权的时间作为本案中认定住陆公司主张优先受偿权是否超过除斥期间的依据,法院不予支持。

三、裁判规则提要

《工程价款批复》第4条规定:"建设工程承包人行使优先权的期限为六个月,自建设工程竣工之日或者建设工程合同约定的竣工之日起计算。"因此,优先权人应当在6个月的除斥期间内行使优先权或向人民法院起诉或向债权人通知行使权利。优先权人以催告或其他形式通知债权人行使建设工程价款优先权的,利害关系人对优先权人是否在规定期限内行使建设工程价款优先权提出异议,优先权人应当提供证据证明其确实以催告或其他形式行使了权利,不能提供证据证明或证据不充分的,即便在债权人无异议的情形下,也不应认定优先权人行使了权利,优先权除斥期间内未行使,则归于消灭。

四、辅助信息

高频词条:

《合同法》

第286条 发包人未按照约定支付价款的,承包人可以催告发包人在合理期限内支付价款。发包人逾期不支付的,除按照建设工程的性质不宜折价、拍卖的以外,承包人可以与发包人协议将该工程折价,也可以申请人民法院将该工程依法拍卖。建设工程的价款就该工程折价或者拍卖的价款优先受偿。

《企业破产法》

第18条 人民法院受理破产申请后,管理人对破产申请受理前成立而债务人和对方当事人均未履行完毕的合同有权决定解除或者继续履行,并通知对方当事人。管理人自破产申请受理之日起二个月内未通知对方当事人,或者自收到对方当事人催告之日起三十日内未答复的,视为解除合同。

管理人决定继续履行合同的,对方当事人应当履行;但是,对方当事人有权要求管理人提供担保。管理人不提供担保的，视为解除合同。

第 46 条 未到期的债权，在破产申请受理时视为到期。

附利息的债权自破产申请受理时起停止计息。

第 58 条 依照本法第五十七条规定编制的债权表，应当提交第一次债权人会议核查。

债务人、债权人对债权表记载的债权无异议的，由人民法院裁定确认。

债务人、债权人对债权表记载的债权有异议的，可以向受理破产申请的人民法院提起诉讼。

第 113 条 破产财产在优先清偿破产费用和共益债务后，依照下列顺序清偿：

（一）破产人所欠职工的工资和医疗、伤残补助、抚恤费用，所欠的应当划入职工个人账户的基本养老保险、基本医疗保险费用，以及法律、行政法规规定应当支付给职工的补偿金；

（二）破产人欠缴的除前项规定以外的社会保险费用和破产人所欠税款；

（三）普通破产债权。

破产财产不足以清偿同一顺序的清偿要求的，按照比例分配。

破产企业的董事、监事和高级管理人员的工资按照该企业职工的平均工资计算。

《工程价款批复》

第 1 条 人民法院在审理房地产纠纷案件和办理执行案件中，应当依照《中华人民共和国合同法》第二百八十六条的规定，认定建筑工程的承包人的优先受偿权优于抵押权和其他债权。

第 3 条 建筑工程价款包括承包人为建设工程应当支付的工作人员报酬、材料款等实际支出的费用，不包括承包人因发包人违约所造成的损失。

第 4 条 建设工程承包人行使优先权的期限为六个月，自建设工程竣工之日或者建设工程合同约定的竣工之日起计算。

《建设工程纠纷解释》

第 1 条 建设工程施工合同具有下列情形之一的，应当根据合同法第五十二条第（五）项的规定，认定无效：

（一）承包人未取得建筑施工企业资质或者超越资质等级的；

（二）没有资质的实际施工人借用有资质的建筑施工企业名义的；

（三）建设工程必须进行招标而未招标或者中标无效的。

第2条 建设工程施工合同无效,但建设工程经竣工验收合格,承包人请求参照合同约定支付工程价款的,应予支持。

第14条 当事人对建设工程实际竣工日期有争议的,按照以下情形分别处理:

(一)建设工程经竣工验收合格的,以竣工验收合格之日为竣工日期;

(二)承包人已经提交竣工验收报告,发包人拖延验收的,以承包人提交验收报告之日为竣工日期;

(三)建设工程未经竣工验收,发包人擅自使用的,以转移占有建设工程之日为竣工日期。

第17条 当事人对欠付工程价款利息计付标准有约定的,按照约定处理;没有约定的,按照中国人民银行发布的同期同类贷款利率计息。

第18条 利息从应付工程价款之日计付。当事人对付款时间没有约定或者约定不明的,下列时间视为应付款时间:

(一)建设工程已实际交付的,为交付之日;

(二)建设工程没有交付的,为提交竣工结算文件之日;

(三)建设工程未交付,工程价款也未结算的,为当事人起诉之日。

破产纠纷案件裁判规则第 21 条：
名为买卖实则借贷的合同视为无效，订立时缴纳的保证金与利益损失均不计入破产债权

〔**规则描述**〕：借买卖为名实际内容为借贷的合同应视为无效，同时该合同订立时所缴纳的保证金及造成的利益损失不计入破产债权。

一、类案检索大数据报告

时间：2020 年 1 月 9 日之前，案例来源：Alpha 案例库，案件数量：76 件，数据采集时间：2020 年 1 月 9 日。本次检索获取了 2020 年 1 月 9 日前共 76 篇裁判文书，整体情况如图 21 －1 所示。从是否认同名为买卖实则借贷的合同视为无效，订立时缴纳的保证金与利益损失均不计入破产债权的角度来看，认同的案件 2 件，占比约 2.63%；不认同的案件 0 件；不相关案件 74 件，占比约 97.37%。

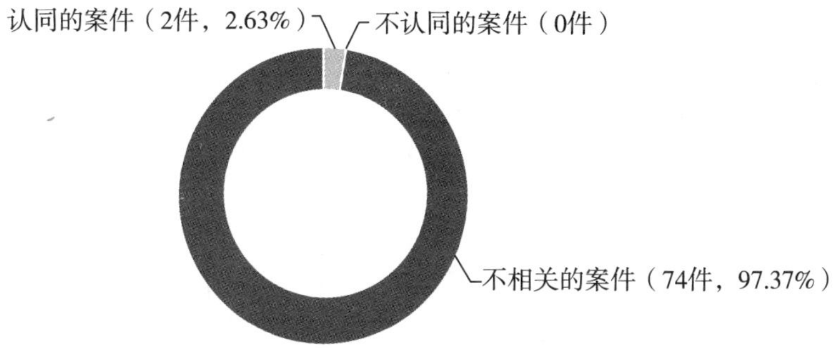

图 21 －1　是否认同名为买卖实则借贷的合同视为无效，订立时缴纳的保证金与利益损失均不计入破产债权

如图 21 －2 所示，从案件年份分布情况可以看出当前条件下案例数量的变化趋势。

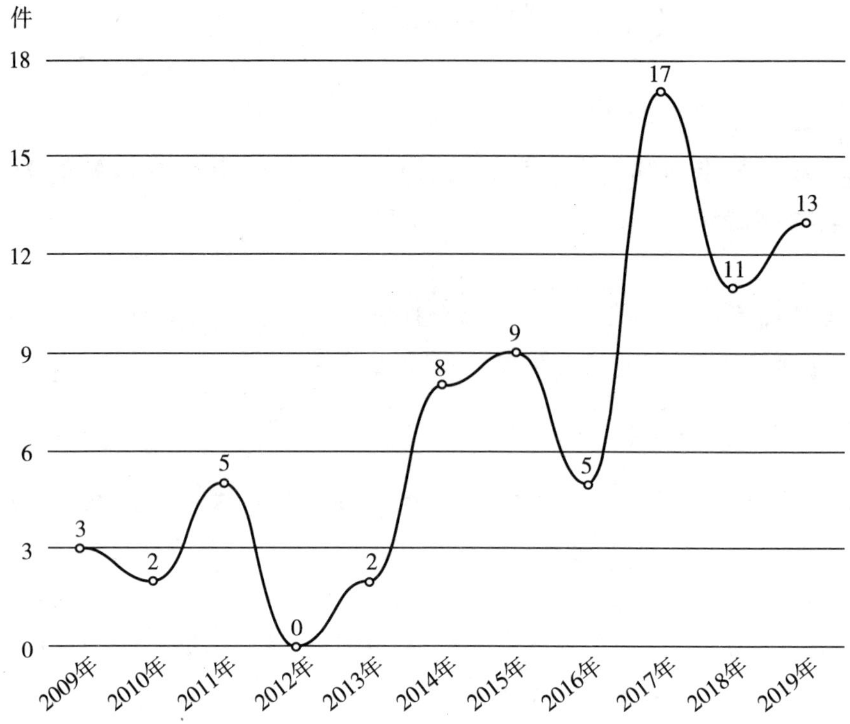

图 21－2　案件年份分布情况

如图 21－3 所示,从案件地域主要分布情况来看,当前案例主要集中在广东省、上海市、江苏省,分别占比为 21.05%、11.84%、7.89%。其中,广东省的案件量最多,达到 16 件。

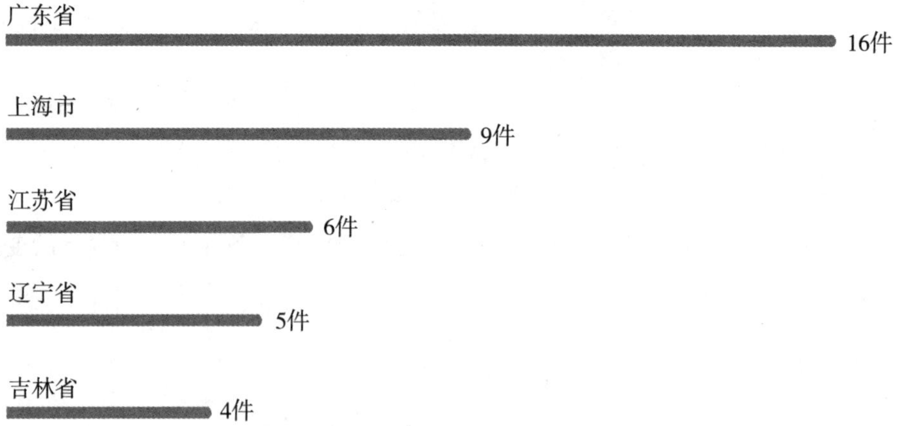

图 21－3　案件地域主要分布情况

如图21-4所示,从案件案由分类情况可以看出,当前最主要的案由是合同、无因管理、不当得利纠纷,有73件,占一半以上,其次是物权纠纷,与公司、证券、保险、票据等有关的民事纠纷。

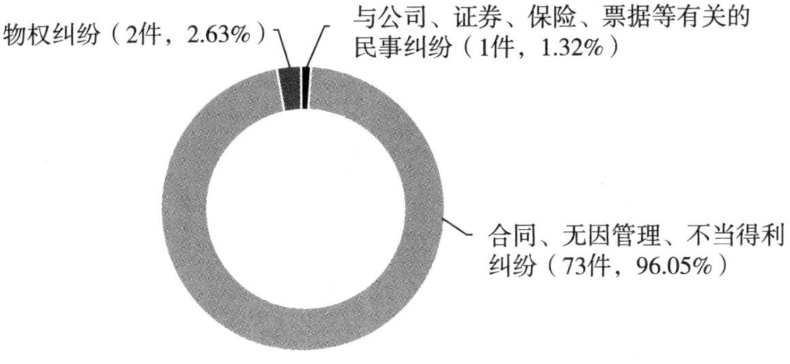

图21-4 案件案由分类情况

二、可供参考的例案

例案一 上诉人本钢集团国际经济贸易有限公司与被上诉人马鞍山马钢裕远物流有限公司、一审第三人张家港南港钢铁进出口有限公司、上海灏影物资有限公司破产债权确认纠纷案

【法院】

安徽省高级人民法院

【案号】

(2016)皖民终446号

【当事人】

上诉人(一审原告):本钢集团国际经济贸易有限公司

被上诉人(一审被告):马鞍山马钢裕远物流有限公司

一审第三人:张家港南港钢铁进出口有限公司

一审第三人:上海灏影物资有限公司

【基本案情】

2012年1月6日,马鞍山马钢裕远物流有限公司(以下简称马钢裕远公司)与张家港南港钢铁进出口有限公司(以下简称张家港南港公司)签订《2012马钢钢材

直供协议》一份,2012年5月23日马钢裕远公司与上海灏影物资有限公司(以下简称上海灏影公司)签订《2011马钢钢材直供协议》一份,约定马钢裕远公司授予张家港南港公司、上海灏影公司“二〇一二年马钢钢材直供单位”资格,马钢裕远公司对张家港南港公司、上海灏影公司优惠供应钢材,张家港南港公司、上海灏影公司则每月向马钢裕远公司订购6000~7000吨螺线卷板。2012年2月16日,本钢集团国际经济贸易有限公司(以下简称本钢国贸公司)、马钢裕远公司分别与上海灏影公司和张家港南港公司签订了《三方协议》,约定本钢国贸公司作为垫资方,每月分别与马钢裕远公司、上海灏影公司、张家港南港公司签订《采购合同》和《销售合同》,其只承担垫资的责任和义务,上海灏影公司、张家港南港公司自愿承担订购及履行合同中的一切风险,且年度履约保证金由上海灏影公司、张家港南港公司支付,如因上海灏影公司、张家港南港公司在执行《马钢钢材直供协议》中违约而被扣除上述保证金,其责任与本钢国贸公司无关,本钢国贸公司不再向其返还此款项。

本钢国贸公司与张家港南港公司在2012年6月20日签订了合同编号为SDQH-201206-02的《销售合同》,2012年7月23日签订了合同编号为SDQH-201207-02的《销售合同》,2012年8月22日签订了合同编号为SDQH-201208-02的《销售合同》。本钢国贸公司与上海灏影公司2012年7月5日合同编号为SDQH-201207-01的《销售合同》,2012年8月7日签订了合同编号为SDQH-201208-01的《销售合同》。上述《销售合同》均约定了结算价格为在马钢裕远公司与本钢国贸公司实际结算价格基础上,本钢国贸公司向张家港南港公司/上海灏影公司加价销售,即张家港南港公司/上海灏影公司在本钢国贸公司付马钢裕远公司货款后30天内付款赎货加价1%,31~40天内付款赎货加价1.35%,41~50天内付款赎货加价1.7%,51~60天内付款赎货加价2%,61~75天内付款赎货加价2.5%;张家港南港公司/上海灏影公司应在本钢国贸公司付马钢裕远公司货款后75天内,付清全部货款(含加价款)及运费等相关费用;张家港南港公司/上海灏影公司应在合同签订当日向本钢国贸公司支付货款总值20%的履约保证金,如张家港南港公司/上海灏影公司无违约行为,履约保证金在合同项下最后一笔货款结算时冲抵货款或相关费用;如张家港南港公司/上海灏影公司发生逾期付款,张家港南港公司/上海灏影公司应向本钢国贸公司支付逾期付款违约金及承担其他违约责任,本钢国贸公司有权自行处理货物,二者交付的保证金即归本钢国贸公司所有,张家港南港公司/上海灏影公司不得要求返还保证金或将保证金用于冲抵货款或相关费用。《销售合同》还约定:鉴于供货厂商(马钢裕远公司)由张家港南港公司/上海灏影公司指定，本钢国贸公司与张家港南港公司、上海灏影公司分别作如下特别约定，1. 张家港南港公司/上海灏影公司对马钢裕远公司资信负责，并对马钢裕远公司与本钢国贸公司之间合同项下对本钢国贸公司所有债务承担连带保证责任，马钢裕远公司出现违约情况后，一经本钢国贸公司书面通知，张家港南港公司/上海灏影公司应立即向本钢国贸公司支付货款本金及马钢裕远公司应承担的违约金、利息、赔偿金等。2. 若马钢裕远公司向本钢国贸公司主张权利，则在本钢国贸公司承担相应责任后，由张家港南港公司/上海灏影公司对本钢国贸公司进行补偿，补偿金额不得低于本钢国贸公司向马钢裕远公司承担责任的数额。3. 对所有本钢国贸公司与马钢裕远公司已经和将要签订的购销合同内容（包含但不限于：货物的品质、规格、数量、价格、交货期限、结算方式、异议条款等）及相关文书，张家港南港公司/上海灏影公司均不持异议，无论马钢裕远公司是否按期、足量或足额交货，在本钢国贸公司对马钢裕远公司付款后 75 天内，张家港南港公司/上海灏影公司应将全部货款、加价款（未按期、未足量或未足额交货部分的加价款按付款额 2.5% 计算）及各项费用付至本钢国贸公司指定账户。4. 因马钢裕远公司实际结算价格低于订货价格等原因而向本钢国贸公司退还余款，退款部分本钢国贸公司将按资金占用时间每月向张家港南港公司/上海灏影公司加价 1%（不足 1 个月按 1 个月计算），并在对张家港南港公司/上海灏影公司结算价格中体现或另行收取。

本钢国贸公司与马钢裕远公司于 2012 年 6 月 20 日签订了合同编号为 SDCG－201206－02《钢材购销合同》，2012 年 7 月 5 日签订了合同编号为 SDCG－201207－01《钢材购销合同》，2012 年 7 月 23 日签订了合同编号为 SDCG－201207－02《钢材购销合同》，2012 年 8 月 7 日签订了合同编号为 SDCG－201208－01《钢材购销合同》，2012 年 8 月 20 日签订了合同编号为 201208020 的《钢材购销合同》，2012 年 8 月 22 日签订了合同编号为 SDCG－201208－02《钢材购销合同》。张家港南港公司与马钢裕远公司于 2012 年 6 月 19 日签订了合同编号为 201206020 的《钢材购销合同》，2012 年 7 月 20 日签订了合同编号为 201207020 的《钢材购销合同》，2012 年 8 月 20 日签订了合同编号为 201208020 的《钢材购销合同》。上海灏影公司与马钢裕远公司于 2012 年 7 月 5 日签订了合同编号为 20120705 的《钢材购销合同》，2012 年 8 月 7 日签订合同编号为 20120803 的《钢材购销合同》。2012 年 6 月至 8 月，张家港南港公司支付给本钢国贸公司保证金合计 16，000，800 元；上海灏影公司支付给本钢国贸公司保证金合计 13，713，000 元。本钢国贸公司支付给马钢裕远公司共计 122，174，000 元。马钢裕远公司收到本钢国贸公司支付的款项后共计支付给张家港南港公司、上海灏影公司121,796,200元。

此后,张家港南港公司、上海灏影公司一直未向马钢裕远公司交付钢材,马钢裕远公司也未能向本钢国贸公司交付钢材,本钢国贸公司也未向张家港南港公司、上海灏影公司交付钢材。

2012年9月18日,江苏海港公司、张家港南港公司、上海灏影公司的实际控制人游某康因涉嫌合同诈骗罪被辽宁省本溪市公安局溪钢分局监视居住,2012年11月2日被辽宁省本溪市人民检察院批准逮捕。2013年12月13日,辽宁省本溪市人民检察院以游某康涉嫌合同诈骗罪、虚开增值税专用发票罪,向辽宁省本溪市中级人民法院提起公诉。辽宁省本溪市中级人民法院查明,游某康在合同履行期间,为隐瞒张家港南港公司、上海灏影公司无货的真相,利用其是江苏海港公司实际控制人的便利,伪造北京中储公司的公章及监管人签名,制作虚假的进仓单和出仓单,并在本钢国贸公司到江苏海港公司仓库查验货物时,采用将他人存放在江苏海港公司仓库的钢材插上本钢国贸公司牌子的方式,骗取本钢国贸公司正常履行合同。每一份钢材销售、钢材采购合同都没有实际的货物交付,只是象征性的转交货权凭证,三方之间系非钢贸易业务。游某康将本钢国贸公司的货款未用于购货,而是用于偿还欠款及公司经营的亏损等。截至2012年9月4日,游某康因没有资金按期赎货,还有5组购销合同没有履行,造成本钢国贸公司经济损失共计8,551万余元。

2012年9月21日,马钢裕远公司认为其与张家港南港公司、上海灏影公司签订了合同编号为20120705、201207020、20120803、201208020的《钢材购销合同》,并支付货款97,136,200元,但张家港南港公司、上海灏影公司未交付钢材,遂诉至一审法院,要求张家港南港公司、上海灏影公司退还其货款,并由张家港保税区昊洲物流有限公司承担连带保证责任。案件审理过程中,马钢裕远公司又变更诉请,认为合同编号为201,206,020的《钢材购销合同》也未履行,要求张家港南港公司再退还货款24,660,000元。2014年5月12日,马钢裕远公司与张家港南港公司、上海灏影公司、昊洲物流公司达成调解,终止履行合同编号为201206020、20120705、201207020、20120803、201208020的《钢材购销合同》,扣除张家港南港公司、上海灏影公司支付给本钢国贸公司的保证金29,713,800元,张家港南港公司、上海灏影公司退还马钢裕远公司92,142,400元,昊洲物流公司对该债务连带清偿。一审法院以(2012)马民二初字第00092号、(2012)马民二初字第00093号、(2012)马民二初字第00094号民事调解书对此予以确认。

2012年10月8日，马钢裕远公司以不能清偿到期债务且明显丧失清偿能力可能为由向一审法院申请重整。一审法院于2012年10月12日裁定受理其重整申请。因重整计划草案未获得通过，且马钢裕远公司管理人在与债权人协商后，仍不能提交新的重整计划草案，一审法院于2014年7月31日裁定终止马钢裕远公司重整程序，宣告马钢裕远公司破产。

【案件争点】

1. 本钢国贸公司与马钢裕远公司之间法律关系的性质；

2. 本钢国贸公司对马钢裕远公司享有的债权是多少。

【裁判要旨】

一审法院认为，《三方协议》中约定的本钢国贸公司有权要求张家港南港公司、上海灏影公司"立即向本钢国贸公司支付货款本金及马钢裕远公司应承担的违约金、利息、赔偿金"已经超出一般情况下垫资双方的权利义务范围。在各方合同还没有签订之前，本钢国贸公司提前将与合同价款一致的金额支付给马钢裕远公司，本钢国贸公司作为国企在没有具体合同依据的情况下付款，不符合常理。并且，本钢国贸公司在与马钢裕远公司、上海灏影公司签订《三方协议》时，却没有注意到作为《三方协议》附件的《2011马钢钢材直供协议》标题书写有误。本钢国贸公司作为垫资人却没有对如此重要的基础性协议标题书写错误提起相应的注意，与本钢国贸公司签订合同过程中一贯的细致谨慎不符。此外，还存在多次未发出钢材但本钢国贸公司确认收货的情况。另外，在本钢国贸公司与张家港南港公司、上海灏影公司签订的5份《销售合同》中对合同价款结算方式的约定，更像是一种借贷关系中对借贷利息的约定，即利息按月利率1%计算，最长借期不超过75天。因此，马钢裕远公司、张家港南港公司、上海灏影公司均提出案涉纠纷并非正常买卖合同纠纷，实为融资纠纷的情况下，本钢国贸公司虽辩称其不知情，但本钢国贸公司在整个交易履行过程中一系列的瑕疵举措，足以证明其对整个交易情况早已知晓。据此认定本钢国贸公司、马钢裕远公司、张家港南港公司、上海灏影公司之间的所谓钢材贸易系融资行为，本钢国贸公司作为出资人，在收取了用资人张家港南港公司、上海灏影公司支付的20%左右保证金后，另行筹集80%左右的资金，将全部钱款支付给中间人马钢裕远公司，马钢裕远公司在扣除一定比例的手续费后，将剩余钱款全部转付给张家港南港公司、上海灏影公司，张家港南港公司、上海灏影公司最终再以月利率1%的利息向本钢国贸公司连本带息清偿，从而完成整个融资交易。游某康是江苏海港公司、张家港南港公司、上海灏影公司的实际控制人，江苏海港公司开具出的货权凭证只是配合各方之间的买卖合同使用,并没有相应的钢材,最终由张家港南港公司、上海灏影公司向本钢国贸公司赎单收回。各方所签订的《销售合同》《钢材购销合同》均是以合法形式掩盖非法目的,所有的合同均系无效合同。本案融资行为,本钢国贸公司、马钢裕远公司均有过错,本钢国贸公司由此产生的利息损失应由其自行承担,其无权再向马钢裕远公司主张利息损失。

二审法院认为,从本钢国贸公司与张家港南港公司、上海灏影公司签订的协议内容上看,当事人明确约定本钢国贸公司为张家港南港公司、上海灏影公司与马钢裕远公司之间的钢材交易承担垫资的责任与义务;本钢国贸公司只承担为张家港南港公司、上海灏影公司垫付资金的义务及享有到期收回垫付资金及利润的权利,虽然其与马钢裕远公司、张家港南港公司、上海灏影公司分别签订有销售合同和钢材购销合同,但不承担两份合同中买方和卖方的权利、义务,无论马钢裕远公司是否履行合同,张家港南港公司、上海灏影公司均应支付全部货款;本钢国贸公司向张家港南港公司、上海灏影公司结算货款以其向马钢裕远公司支付的钢材货款为基数自支付之日起按不同期限收取相应比例的加价款,与一般转售合同的计价方式不同,而类似于借贷合同的结算方式。从案涉合同的履行情况看,本钢国贸公司与马钢裕远公司、张家港南港公司、上海灏影公司共发生 11 笔钢材交易(6 笔已结算完毕),每笔交易中马钢裕远公司、本钢国贸公司、张家港南港公司/上海灏影公司相互之间均签订买卖合同,6 笔已结算完毕的交易均以江苏海港公司开具的虚假的货权凭证在马钢裕远公司——本钢国贸公司——张家港南港公司/上海灏影公司之间流转实现货物交付,实际并无真实的货物交付。根据本钢国贸公司陈述的交易流程,其与北京中储公司签订监管协议,委托该公司对马钢裕远公司交付的钢材进行监管,马钢裕远公司向江苏海港公司仓库交付钢材及本钢国贸公司向张家港南港公司、上海灏影公司交付钢材,均需通知北京中储公司。因此,如按监管协议履行,每笔交易马钢裕远公司是否实际交付钢材本钢国贸公司向北京中储公司一经核实即能确定,但在张家港南港公司、上海灏影公司并未向本钢国贸公司提交货权凭证情况下,本钢国贸公司均加盖印章确认收货,足以反映本钢国贸公司在合同履行中并不在意马钢裕远公司是否交付合同约定的货物。故,涉案合同属于无实际钢材交付的循环买卖合同的形式进行融资的借贷合同。因相关国有企业不能做融资业务,所以该合同系出于规避法律进行融资牟利,故借贷行为因违反金融法律法规而应认定为无效。订立合同时缴纳的保证金应视为提前收取的利息,应从本金中扣除。本钢国贸公司、马钢裕远公司对于合同的无效均有过错,因此本钢国贸公司的利息损失自行承担。上诉请求不能成立，驳回上诉，维持原判。

例案二 上诉人广西威林木业有限公司与被上诉人中铁物贸能源有限公司企业借贷纠纷案

【法院】

最高人民法院

【案号】

(2019)最高法民终101号

【当事人】

上诉人(原审被告，反诉原告)：广西威林木业有限公司

被上诉人(原审原告，反诉被告)：中铁物贸能源有限公司

原审被告：紫荆控股有限公司

【基本案情】

中铁物贸能源有限公司(以下简称中铁公司)2013年8月13日更名前为中铁物贸安徽能源有限公司。中铁物贸安徽能源有限公司于2013年3月25日通过编号027号的《木片购销合同》以1082元/绝干吨的价格出售给广西威林木业有限公司(以下简称威林公司)14.5万绝干吨/年，合同总价款为15,689万元，如遇价格变动，双方另行协商；中铁公司逾期供货的，每逾期一天向威林公司支付迟供货款总额2‰的违约金，直至交货完毕之日止，威林公司逾期支付款项的，每逾期一天向中铁公司支付拖欠款总额2‰的违约金，直至货款付清之日止。2013年7月25日，双方签订027号《补充协议》木片供货数量由14.5万绝干吨/年调整为20万绝干吨/年，合同总价由原来的15,689万元调整为21,640万元。

2013年3月27日，紫荆控股有限公司(以下简称紫荆公司)通过编号为036号《木片采购合同》向中铁物贸安徽能源有限公司以1057元/绝干吨的价格出售14.5万绝干吨/年木片，总金额为15,326.5万元/年，供货期限由具体的订单确定，如遇价格变动，双方另行协商；合同生效后中铁物贸安徽能源有限公司向紫荆公司预付3000万元货款，预付款支付后3个月内，紫荆公司应确保充足供货并完全充抵货款，该笔货款充抵完后，下期付款时间另行商定；货款按实际发生的贸易额每月结算一次。2013年7月17日，双方签订036号《补充协议》木片供货数量由14.5万绝干吨/年调整为20万绝干吨/年，合同总价由原来的15,326.5万元调整为

21,140万元。合同签订后,中铁公司于2013年6月13日至2014年6月13日向紫荆公司付款共计19,611.5万元。

2013年3月18日,南宁锦胜川公司通过编号为0318号《木片长期购销合同》以1050元/绝干吨的价格出售给紫荆公司14.5万绝干吨/年,总金额为1.5225亿元,如遇价格变动,双方另行协商;合同生效后紫荆公司向南宁锦胜川公司预付货款,预付款金额为1500万元,预付款由紫荆公司在双方商定的预付款支付后3个月内一次性直接充抵货款,货款按实际发生的贸易额每月结算一次。该合同特别约定,紫荆公司根据南宁锦胜川公司的转款请求转出的预付货款,不管转至何处,南宁锦胜川公司均对该预付货款承担担保责任,如因货款接收方不供货或不退款造成紫荆公司损失,由南宁锦胜川公司承担紫荆公司全部损失的赔偿责任。根据业务需要,在实际的购销活动中,如紫荆公司与南宁锦胜川公司指定的具体供货商签订买卖合同的,南宁锦胜川公司为该供货商的合同义务承担连带担保责任,担保范围包括货款、损失、违约金等,担保期限自签订具体买卖合同之日起至供货商履行完全部义务及民事责任时止,如供货商不供货或不退还已收取的货款,紫荆公司可直接要求南宁锦胜川公司履行供货义务或承担货款返还责任。2013年7月1日,双方共同出具《关于0318号购销合同失效的声明》,改合同编号为0701,供应量从14.5万绝干吨/年改为20万绝干吨/年。紫荆公司自2013年4月11日至2013年9月11日向南宁锦胜川公司、岳阳茂森公司等四公司付款共计12,150万元。合同附件载明指定供应商为:岳阳茂森公司、藤县锦胜川公司、岳阳兴松公司、岳阳荣祥商贸有限公司。后紫荆公司、南宁锦胜川公司分别与上述四家指定供应商签订除供应数量不同外,其他内容基本相同的《产品购销合同》,价格均为1050元/绝干吨,供货期限均自2013年3月18日至2014年3月18日。南宁锦胜川公司、岳阳茂森公司等四公司收到上述款项后,通过相互转款的形式最后由岳阳茂森公司和岳阳兴松公司向威林公司转款共计7538.5322万元。另有部分款项转入邱某梅、毛某琼、蒋某梅、农某铎、郑某异账户中。

中铁公司因威林公司未履行072号《木材销售合同》起诉,安徽省合肥市中级人民法院于2016年7月19日作出(2015)合民二初字第00381号民事判决,确认072号《木材销售合同》项下有真实的货物销售,判决威林公司向中铁公司支付货款22,530,920.45元及违约金。2016年7月11日,南宁市公安局对威林公司涉嫌虚开增值税专用发票案立案侦查,发现027号《木材购销合同》及027号《补充协议》项下无真实的货物交付,所涉181张增值税专用发票属无货虚开情形。各方签订合同的目的是通过财务走账的方式虚增贸易额，增加银行授信，获取银行贷款，并在完成任务后获得一定收益。

【案件争点】

1.原审对案涉合同性质及效力的认定是否正确；

2.原审对威林公司与南宁锦胜川公司间关系以及威林公司应偿还欠款数额的认定是否正确。

【裁判要旨】

一审法院认为，本案涉及合同签订的时间相近、购买货物的种类和数量相同、履行期间相同。资金流向为中铁公司转入紫荆公司、紫荆公司转入南宁锦胜川公司及其指定的岳阳茂森公司等四公司、南宁锦胜川公司及岳阳茂森公司等四公司又将款项转入威林公司、邱某梅等相关人员账户，最后通过威林公司将资金返还至中铁公司账户，上述合同和资金流向客观上构成了一系列关联关系。从南宁市公安局对威林公司涉嫌虚开增值税专用发票一案的侦查结果和相关证据看，本案当事人签订合同的真实意思并非买卖货物，且合同项下亦无真实的货物交付，仅有资金流转，因此，本案案由不应确定为买卖合同纠纷。中铁公司时任总经理谭某远在接受公安机关询问时虽称中铁公司与威林公司之间系融资性贸易关系，但融资性贸易的落脚点应是通过融资的方式进行真实的货物交易，而本案中仅有资金流转，并无真实的货物交易，故本案法律关系的性质亦非融资性贸易。中铁公司、紫荆公司、威林公司三方通过签订意思表示不真实的买卖合同进行资金流转，紫荆公司、威林公司实际收到并占用了中铁公司资金，且谭某远证实中铁公司在其中获得收益，该行为符合企业间借贷的法律关系特征，故本案案由应确定为企业借贷纠纷。以虚增贸易额获取银行授信，套取银行贷款的目的，通过买卖合同的形式为对方提供资金并从中获得收益，属于名为买卖实为借贷，是以合法形式掩盖非法目的且违反法律、行政法规强制性规定的情形，威林公司收到资金后亦无证据证明系用于生产经营，故该借贷合同无效。本案中，从合同的磋商及财务的管理及款项的偿还来看，南宁锦胜川公司与威林公司实质上是作为同一方主体参与借贷行为，故对中铁公司而言，南宁锦胜川公司的收款行为即代表威林公司的收款行为，威林公司应承担相应的还款责任。由于中铁公司、紫荆公司、威林公司对案涉合同的签订目的均为明知，且紫荆公司并未和威林公司共同占有使用该款项，故对中铁公司要求紫荆公司与威林公司共同偿还欠款的诉讼请求，该院不予支持。因本案存在数次转款行为，且考虑到各方对合同无效均具有过错，故对中铁公司主张的利息损失分别从紫荆公司和威林公司最后一次收到款项的次日开始,按照银行同期贷款利率计算至款清之日止,其中紫荆公司以7461.5万元为基数从2014年6月14日开始计算利息,威林公司以27,311,429.61元为基数从2013年9月11日开始计算利息。

二审法院认为,本案已查明的事实足以证明紫荆公司、威林公司实际收到并占用了中铁公司资金,中铁公司亦在其中获得收益,双方的行为符合企业间借贷的法律关系特征,故原审确定本案案由为企业借贷纠纷正确。此外,原审也已查明,南宁市公安局对谭某远的询问笔录显示,本案当事人在签订合同时均有通过订立买卖合同虚增贸易额获取银行授信,套取银行贷款的目的,案涉合同和资金流向客观上形成了一个闭合链条,农积铎的询问笔录也显示威林公司和中铁公司之间的买卖合同未有产品物流、仓储、收货等实物交易的事实,亦证明威林公司签订案涉合同的目的并非进行货物买卖。本案中,中铁公司以虚增贸易额获取银行授信,套取银行贷款的目的,通过买卖合同的形式为威林公司提供资金并从中获得收益,威林公司对此亦明知,双方之间的法律关系名为买卖实为借贷,属于以合法形式掩盖非法目的且违反法律、行政法规强制性规定的情形。依据南宁市公安局对原中铁公司董事、副董事长彭某、原中铁公司总经理谭某远、中铁公司副总经理欧某浩的询问笔录可知,在中铁公司和威林公司就案涉合同进行业务洽谈的过程中,邱某梅以威林公司总经理的身份参与,并由某育远和邱某梅谈妥回款账期,而邱某梅同时也是南宁锦胜川公司的负责人。此外,威林公司的会计工作亦由南宁锦胜川公司的工作人员农某铎处理。而且,案涉027号《木片购销合同》、027号《补充协议》均以威林公司的名义签订,威林公司也向中铁公司偿还过部分款项,故原审认定南宁锦胜川公司与威林公司实质上作为同一方主体参与借贷行为具有事实依据。案涉借贷关系的双方分别是威林公司和中铁公司,紫荆公司作为中间人占用了中铁公司的部分资金。而南宁锦胜川公司、岳阳茂森公司等四公司仅是涉及资金在其账户上的流动,故原审未将该5家公司列为本案当事人,并无不当。威林公司的上诉请求缺乏相应的证据支持和法律依据不能成立,法院予以驳回;原判决认定事实清楚,适用法律正确,审判程序合法,法院予以维持。

例案三 | 查某莉与杭州天恒实业有限公司企业借贷纠纷再审案

【法院】

最高人民法院

【案号】

(2010)民提字第110号

【当事人】

申请再审人(一审被告、二审上诉人):查某莉

被申请人(一审原告、二审被上诉人):杭州天恒实业有限公司

一审被告:上海豫玉都钢铁贸易有限公司

一审被告:常熟科弘材料科技有限公司

【基本案情】

2008年8月7日,供方杭州天恒实业有限公司(以下简称天恒公司)与需方上海豫玉都钢铁贸易有限公司(以下简称豫玉都公司)、担保方查某莉签订编号为TH080807的《代理采购协议》一份,约定天恒公司代理豫玉都公司订购常熟科弘材料科技有限公司(以下简称科弘公司)镀锌钢卷,数量4490吨,单价(含税)7800元,含税总金额3502.2万元;天恒公司按对科弘公司KH08SC070101合同项下货物所支付银行承兑汇票金额的0.8%(含税)收取代理费;豫玉都公司于合同签订前支付总货款的43%,计约1500万元给天恒公司,作为豫玉都公司购货保证金,出货时豫玉都公司交齐余款后提货,保证金用于最后一笔货款;在收到豫玉都公司保证金2个工作日内,天恒公司履行KH08SC070101合同,以银行承兑汇票方式一次性付清该合同项下所购全部货款给科弘公司;不论钢厂是否交货,豫玉都公司应于天恒公司出票日期87天内付清全部货款,不得以任何理由延付或拒付,钢厂的信誉风险全部由豫玉都公司承担;查某莉承担该业务的无限责任担保等。

科弘公司于2008年8月6日向天恒公司出具自愿为豫玉都公司在TH080807号合同项下的所有债务承担连带保证责任的《担保函》一份。《代理采购协议》签订当日,豫玉都公司向天恒公司支付合同保证金1500万元,天恒公司与科弘公司签订了编号为KH08SC070101的《销售合同》,约定天恒公司按与豫玉都公司之间签订的代理采购协议的约定向科弘公司购买镀锌钢卷,含税单价7800元,总金额3502.2万元等。查某莉与豫玉都公司法定代表人张某学系夫妻关系。并且,查某莉是豫玉都公司本案所涉业务的负责人,是代表豫玉都公司和天恒公司签订《代理

采购协议》的经办人。

2008年8月7日,豫玉都公司、科弘公司签订了豫玉都080807号《代理采购合同》,约定科弘公司委托豫玉都公司代理采购钢卷,规格、尺寸、数量同TH080807号《代理采购协议》、KH08SC070101号《销售合同》一致,单价8015元,总金额35,987,350元。天恒公司于2008年8月8日以银行承兑汇票方式向科弘公司支付3500万元。后科弘公司资金链断裂停产并拒绝对任何客户发货。以科弘公司、星岛公司为骨干企业的常熟"科弘系"5家关联企业,因2008年10月7日台籍高管突然集体返台,导致了"科弘事件",五家企业随之停工停产,进入司法破产重整程序。

涉案合同经办人常熟星岛新兴建材有限公司王某玲被常熟市公安局依法逮捕,向常熟市公安局供述本案所涉委托合同、销售合同均为科弘公司融资的无效合同,科弘公司采用"托盘"方式与包括天恒公司在内的融资对象进行虚假贸易以融资的操作流程,本案中科弘公司、豫玉都公司、天恒公司的交易模式与王某玲所述交易模式完全相同。自2007年8月至2008年5月,科弘公司、豫玉都公司、天恒公司已先后完成了4笔相同业务(另有两笔参与人为案外人)。在诉讼前的一年多时间里,三方确曾采用与本案雷同的方式进行过两次交易。在查某莉与天恒公司法定代表人赵某的电话录音中,查某莉多次提到三方之间进行融资交易的情况,赵某并不否认,并且明确认可业务做了一年多这一事实。

【案件争点】

1. 案涉交易的性质及相关合同的效力问题;

2. 查某莉、豫玉都公司、天恒公司的责任问题。

【裁判要旨】

一审法院认为,天恒公司与豫玉都公司及查某莉签订的代理采购协议,当事人意思表示真实,内容不违反法律、行政法规的禁止性规定,应认定为合法有效。协议签订后,天恒公司和豫玉都公司都积极履行了协议约定的义务,豫玉都公司向天恒公司支付了保证金1500万元,天恒公司则与科弘公司签订销售合同并向科弘公司支付货款3500万元。豫玉都公司、查某莉及科弘公司以不存在实物交易等为由主张代理采购协议实为融资性质应认定为无效的抗辩意见不能成立。查某莉作为代理采购协议的担保方,承诺为该业务承担无限责任担保,科弘公司同样自愿为豫玉都公司在TH080807号合同项下的所有债务提供连带保证责任,根据《担保法》第19条"当事人对保证方式没有约定或者约定不明确的,按照连带责任保证承担保证责任”，第21条第2款“当事人对保证担保的范围没有约定或者约定不明确的，保证人应当对全部债务承担责任”的规定，天恒公司要求查某莉、科弘公司对豫玉都公司应支付的全部款项承担连带保证责任应予以支持。

二审法院认为，案涉合同不应认定为无效合同。第一，豫玉都公司与天恒公司签订代理采购协议及天恒公司与科弘公司签订销售合同时，豫玉都公司、科弘公司并未告知天恒公司他们之间存有代理采购关系，合同内容也反映不出豫玉都公司、科弘公司之间存有代理采购关系，且没有证据证明天恒公司明知豫玉都公司与科弘公司间存有代理采购合同。科弘公司出具的《担保函》不能证明企业拆借资金融资的事实。天恒公司与豫玉都公司签订的代理采购协议与天恒公司和科弘公司签订的销售合同对标的物、规格及数量的约定内容相同，签约日期也相同，结合本案相关事实可以明确，天恒公司与科弘公司签订销售合同的目的正是为了履行其与豫玉都公司代理采购协议所约定的采购义务。第二，从付款方式看，代理采购协议约定，天恒公司在收到豫玉都公司支付的1500万元起的2个工作日内，履行其与科弘公司的销售合同，以银行承兑汇票方式一次性向科弘公司付清合同项下所购全部货款。以银行承兑汇票方式支付本案合同项下的货款，是当事人自行选择的付款方式，法律法规对此也无禁止性规定。第三，天恒公司向科弘公司支付全额货款后，科弘公司也开具了相应的增值税发票。天恒公司将该增值税发票交付给豫玉都公司，豫玉都公司对此也未提出异议。第四，查某莉上诉认为本案合同约定的镀锌钢卷价格与市场行情不符可以证明本案是融资。但天恒公司系受豫玉都公司的委托向科弘公司购买约定数量及价格的镀锌钢卷，只要天恒公司向科弘公司购买的镀锌钢卷单价不超出代理采购协议约定的价格即可。至于镀锌钢卷价格是否符合行情，天恒公司作为受托方并没有审查的法定义务。第五，从天恒公司垫付货款后取得的收益数额上分析，其仅收取代理费28万元，若本案系资金融资，天恒公司获取的利息远远高于28万元。综上，天恒公司与豫玉都公司签订的代理采购协议及天恒公司与科弘公司签订的销售合同，当事人意思表示真实，内容不违反法律、行政法规的禁止性规定，依法应确认有效。本案代理采购协议及销售合同合法有效，担保合同亦合法有效，并不适用合同无效的处理原则。查某莉提出的相应上诉理由缺乏事实和法律依据，不能成立。

再审法院认为，案涉合同载明，一天之内科弘公司既委托豫玉都公司为其购买钢卷，又向豫玉都公司出售相同规格和数量的钢卷（由天恒公司代理采购），高买低买，净亏965,350元，违背商业常理。在我国，镀锌钢卷的买卖并不存在专营或者限制经营的情况,本案中科弘公司和豫玉都公司之间也不存在联系沟通方面的障碍,豫玉都公司一面接受科弘公司委托采购钢卷,另一面又额外支付28万元代理费委托天恒公司向科弘公司购买镀锌钢卷,这种循环采购行为有悖交易惯例。KH08SC070101号销售合同应签订于《代理采购协议》之前,即天恒公司尚未得到委托授权就对外签订了购销合同。2008年8月6日,科弘公司向天恒公司出具《担保函》,承诺自愿为豫玉都公司在《代理采购协议》项下的所有债务承担连带保证责任,而此时《代理采购协议》却尚未签订。根据上述事实可知,天恒公司关于其对融资交易知情。王某玲的询问笔录、天恒公司已完成交易明细、查某莉与天恒公司法定代表人赵某的电话录音及2007年8月20日、2008年2月20日三方之间的两次交易合同等证据材料,构成了一个完整的证据链,共同印证了本案中所涉的钢卷买卖,是科弘公司、豫玉都公司、天恒公司以货物买卖形式掩盖的企业间的融资交易。天恒公司并不具有从事融资贷款业务的资质,其与豫玉都公司、科弘公司采用虚假贸易形式进行的借贷活动,违反了国家相关金融法规的禁止性规定,属于以合法形式掩盖非法目的行为,合同无效。根据其过错程度,按照公平原则,查某莉、豫玉都公司应当对于科弘公司不能清偿天恒公司的损失部分,各承担1/3的赔偿责任,天恒公司自行承担1/3的损失。

三、裁判规则提要

(一)名为买卖实则借贷的合同,属于以合法形式掩盖非法目的

判断合同的性质不能只从意思自治的角度出发,仅判断当事人是否意思表示真实,是否违反法律法规、行政规范不足以全面认定合同性质。除判断合同表面的成立要件外,还要多方考虑实际情况,例如,合同下是否有真实的货物、违约金计算的方式是否类似于借贷合同的计算方式、是否显然违背该行业中买卖合同的商业惯例、签订合同的方式是否有悖常理或违背某一方的交易习惯。若出借企业不具有融资资格或以方便转移出借方资金为目的的借贷合同违反了国家相关金融法规的禁止性规定,属于《合同法》第52条第3款规定的"以合法形式掩盖非法目的",合同无效。同时,若存在合同双方当事人利用该虚假贸易额获取银行授信,套取了银行贷款的情形,还可以通过《民间借贷司法解释》第14条第1款"套取金融机构信贷资金又高利转贷给借款人,且借款人事先知道或者应当知道的"来认定合同无效。

（二）双方均有过错时，利息损失不计入债权总金额

《合同法》第 58 条规定："合同无效或被撤销后，因该合同取得的财产，应当予以返还；不能返还或者没有必要返还的，应当折价补偿。有过错的一方应当赔偿对方因此所受到的损失，双方都有过错的，应当各自承担相应的责任。"名为买卖实则借贷的合同属于当事人通谋虚假的行为，其在主观上均有过错，对合同无效造成的损失均应承担相应的责任。责任分配虽按公平责任分配，但不以参与的法人或个人的数量作为划分标准，而是分为贷款方与借款方，同一主体下的法人或个人共同承担该部分的赔偿责任，通常体现为利息损失不计入债权总金额。若存在担保方，根据《担保法解释》第 8 条的规定："主合同无效而导致担保合同无效，担保人无过错的，担保人不承担民事责任；担保人有过错的，担保人承担民事责任的部分，不应超过债务人不能清偿部分的三分之一。"根据担保人是否具有主观故意来判断其是否承担债务人不能清偿部分的 1/3 的赔偿责任。

四、辅助信息

高频词条：

《合同法》

第 52 条　有下列情形之一的，合同无效：

（一）一方以欺诈、胁迫的手段订立合同，损害国家利益；

（二）恶意串通，损害国家、集体或者第三人利益；

（三）以合法形式掩盖非法目的；

（四）损害社会公共利益；

（五）违反法律、行政法规的强制性规定。

第 56 条　无效的合同或者被撤销的合同自始没有法律约束力。合同部分无效，不影响其他部分效力的，其他部分仍然有效。

第 58 条　合同无效或者被撤销后，因该合同取得的财产，应当予以返还；不能返还或者没有必要返还的，应当折价补偿。有过错的一方应当赔偿对方因此所受到的损失，双方都有过错的，应当各自承担相应的责任。

《担保法》

第 5 条　担保合同是主合同的从合同，主合同无效，担保合同无效。担保合同另有约定的，按照约定。

担保合同被确认无效后,债务人、担保人、债权人有过错的,应当根据其过错各自承担相应的民事责任。

《担保法解释》

第8条 主合同无效而导致担保合同无效,担保人无过错的,担保人不承担民事责任;担保人有过错的,担保人承担民事责任的部分,不应超过债务人不能清偿部分的三分之一。

破产纠纷案件裁判规则第 22 条：
债权人于债务人破产程序期间起诉担保人，法院应当受理；法院可径行判决担保人于破产程序终结后对未清偿部分承担连带清偿责任，但不可判决由担保人直接清偿债务

〔**规则描述**〕：法院应当受理破产程序期间债权人对于担保人提起的诉讼，在具体审理并认定担保人应承担连带责任的金额时，可在扣除债权人在债务人破产程序中可以分得的部分的情况下径行判决担保人承担责任。但担保人承担责任的起始时间点未破产程序终结后，为避免债权人重复受偿，法院无权判决担保人直接承担责任。

一、类案检索大数据报告

时间：2020 年 1 月 9 日之前，案例来源：Alpha 案例库，案件数量：38 件，数据采集时间：2020 年 1 月 9 日。本次检索获取了 2020 年 1 月 9 日前共 38 篇裁判文书，整体情况如图 22－1 所示。从是否认同债权人于债务人破产程序期间起诉担保人，法院应当受理；法院可径行判决担保人于破产程序终结后对未清偿部分承担连带清偿责任，但不可判决由担保人直接清偿债务的角度来看，认同的案件 15 件，占比约 39.47%；不认同的案件 0 件；不相关案件 23 件，占比约 60.53%。

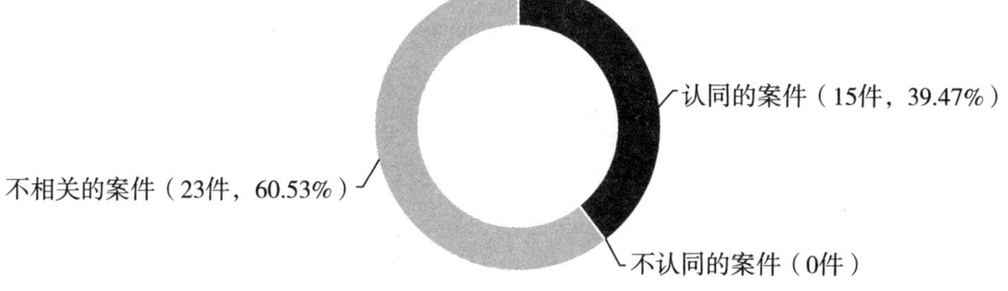

图 22－1 是否认同债权人于债务人破产程序期间起诉担保人，法院应当受理；法院可径行判决担保人于破产程序终结后对未清偿部分承担连带清偿责任，但不可判决由担保人直接清偿债务

如图 22－2 所示,从案件年份分布情况可以看出当前条件下破产债权确认纠纷案例数量的变化趋势。

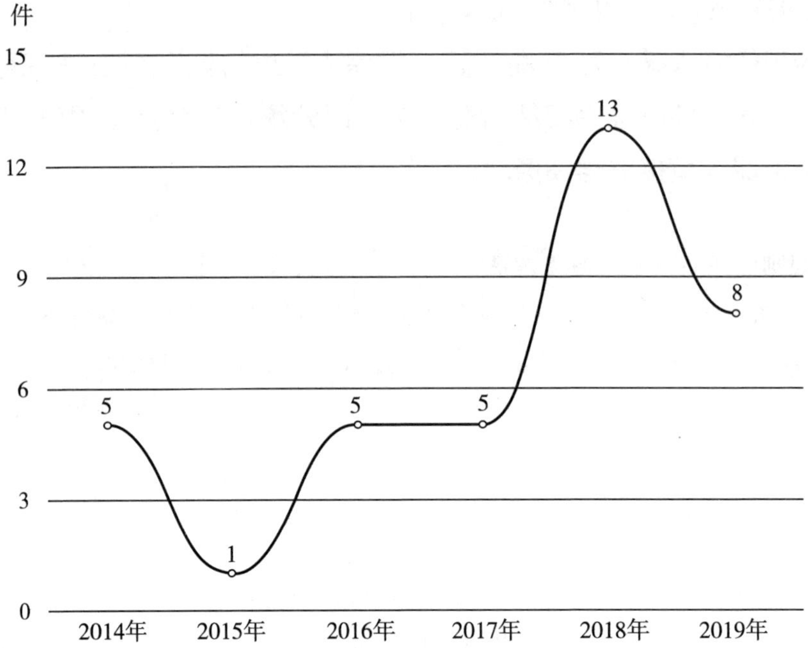

图 22－2 案件年份分布情况

如图 22－3 所示,从案件地域主要分布情况来看,当前破产债权确认纠纷案例主要集中在浙江省、广东省、江苏省,分别占比为 55.26%、13.16%、10.53%。其中,浙江省的案件量最多,达到 21 件。

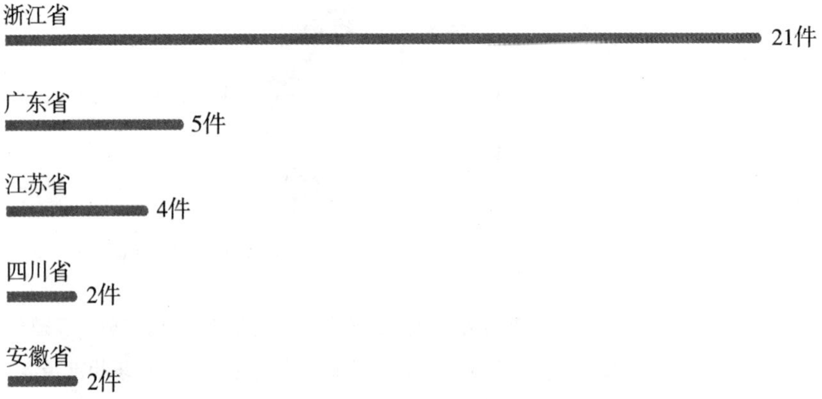

图 22－3 案件地域主要分布情况

如图22－4所示，从案件案由分类情况可以看出，破产债权确认纠纷当前的案由分布由多至少分别是其他破产债权确认纠纷，普通破产债权确认纠纷。

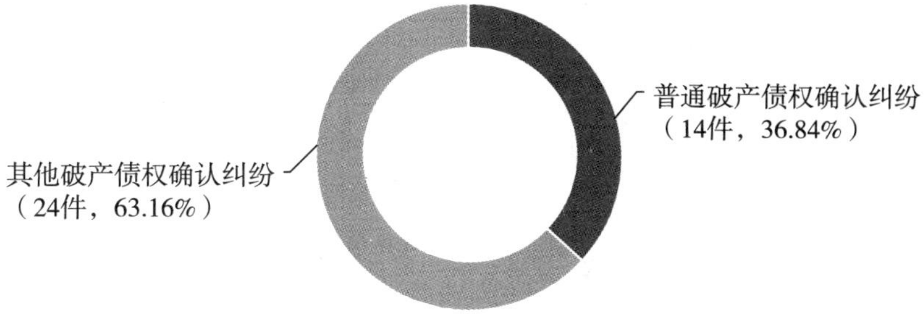

图22－4　案件案由分类情况

二、可供参考的例案

例案一　星展银行（中国）有限公司天津分行与天津市天宇橡塑制品有限公司合同纠纷上诉案

【法院】

浙江省温州市中级人民法院

【案号】

（2016）浙03民终2727号

【当事人】

上诉人（原审原告）：浙江省浙商资产管理有限公司

被上诉人（原审被告）：浙江庄吉船业有限公司

被上诉人（原审被告）：温州庄吉集团工业园区有限公司

被上诉人（原审被告）：庄吉集团有限公司

被上诉人（原审被告）：马某春

被上诉人（原审被告）：莫某生

被上诉人（原审被告）：郑某忠

【基本案情】

2010年11月24日中国银行股份有限公司温州市分行（以下简称中行温州分行）与浙江庄吉船业有限公司（以下简称庄吉船业公司）签订一份《开立保函/备用信用证合同》，双方约定由中行温州分行为庄吉船业开立保函，由浙江省浙商资产管理有限公司(以下简称浙商资产公司)为其垫付超出账户支付额度的索赔款项,如若为其垫付外币,将在基础利率之上加收20%利息。同日,浙商资产公司与温州庄吉集团工业园区有限公司(以下简称温州庄吉公司)、庄吉集团有限公司(以下简称庄吉集团公司)、马某春、莫某生、郑某忠各签订一份《保函和备用信用证反担保保证合同》,约定温州庄吉公司、庄吉集团公司、马某春、莫某生、郑某忠自愿对庄吉船业公司的上述《开立保函/备用信用证合同》及其修订或补充项下产生的债务承担连带保证责任。双方于2011年5月6日签订新《开立保函/备用信用证合同》,在原有合同基础上约定出现外币垫付,浙商资产公司将在收取基础利率上加20%利息之外,自垫款之日按月计收复利。同日浙商资产公司与上述保证人各签订反担保合同。

2012年1月12日,中行温州分行经庄吉船业公司申请,将保函有效期延长至2012年12月11日,各反担保人均在《保函/备用信用证修改申请书》上签字。

2012年庄吉船业公司与浙商资产公司为担保上述债务签订《最高额抵押合同》,标的物为庄吉船业公司享有的位于浙江省乐清市磐石镇附近海域的二处海域使用权(海域使用权证号:国海证073300263号、073300264号),担保的金额分别为人民币29,000万元、2240万元。合同签订后,双方办理了抵押登记手续。海域使用权证号为国海证073300263号海域使用权的使用终止期限至换发土地证之日止,海域使用权证号为国海证073300264号海域使用权的使用终止期限至2014年3月14日。直至起诉时,国海证号073300264号海域使用权已经到期,庄吉船业公司破产管理人已向行政管理机关申请续期,但还未获批准。

2010年12月10日,中行温州分行依据2010年785字175号开立保函/备用信用证合同向Prettymastershippings. a. 公司(以下简称Pretty公司)开立了不可撤销还款保函。2012年11月15日Pretty公司向中行温州分行发送《要求信》要求中行温州分行垫付退还预付款及其利息,中行温州分行以本保函因涉及仲裁而停止支付为理由发文拒绝支付。2013年4月2日Pretty公司再次向中行温州分行发送缴款通知书,并告知中行温州分行其与庄吉船业公司的仲裁已经裁决要求退还预付款及支付利息。故中行温州分行于2013年4月19日向Pretty公司垫付预付款和利息7,562,099.05美元。后庄吉船业公司于2013年12月30日偿清了该笔垫款本金。截至2013年12月29日,尚欠保函垫款利息454,053.99美元。2014年6月17日,中行温州分行从庄吉船业公司账户划扣了人民币5,610,595.16元。

2014年8月22日,中行温州分行将上述主债权及主债权下的全部从属权利打包转让给浙商资产公司，并在《浙江法制报》刊登了《债权转让通知暨债务催收联合公告》。2015年2月27日，温州市中级人民法院裁定受理了庄吉船业公司、温州庄吉公司、庄吉集团公司的重整申请。

浙商资产公司请求一审法院判令债务人庄吉船业公司及保证人温州庄吉公司、庄吉集团公司、马某春、莫某生、郑某忠支付含复利在内的垫资利息及律师费；如若不能实现债权，则要求拍卖两处海域使用权以清偿债款。

一审法院认为浙商资产公司涉案债权合法有据，应予支持，但认为加收20%利息已是追究债务人未能及时还款的违约责任，再处复利有违法律规定，因此对复利不予支持，判决庄吉船业公司偿付浙商资产公司垫资利息垫款利息454,053.99美元，保证人温州庄吉公司、庄吉集团公司、马某春、莫某生、郑某忠在破产重整程序终结后15日内对庄吉船业公司未清偿部分承担连带清偿责任。国海证号073300264号海域使用权已经到期，而庄吉船业公司未能对该海域的使用权予以续期，已丧失对该海域的有效使用权，故浙商资产公司对该海域使用权主张抵押优先受偿权依据不足，一审法院仅支持浙商资产公司对国海证号073300263号海域使用权具有优先受偿权，总受偿额以29,000万为限。庄吉船业公司处于破产重整程序，虽然还未形成重整计划，但是债权人浙商资产公司可向破产管理人申报债权，等待分配，诉讼并非实现债权的必要手段，因此律师费用也非为实现债权的必要支出，对债权人要求债务人支付律师费用的请求不予支持。

浙商资产公司由于不服一审判决，上诉至二审浙江省温州市中级人民法院。请求法院判决：(一)其对国海证号073300264号海域使用权由优先受偿权；(二)保证人不立即支付垫付利息454,053.99美元；(三)律师费14,286元由主债务人庄吉船业公司及保证人温州庄吉公司、庄吉集团公司、马某春、莫某生、郑某忠支付。

庄吉船业公司认为：本案债权可通过破产债权确认的方式得到认可并参与分配，无须通过诉讼造成诉累。如撤回对主债务人以及温州庄吉公司、庄吉集团公司的诉讼，在债权申报同时积极配合管理人提交证据材料，协助管理人审查债权，不仅可以避免浙商资产公司不必要的实现债权费用的支出，更有利于减少破产费用，提升全体债权人的清偿比例。

【案件争点】

债权人在破产重整程序中起诉主债务人和保证人，法院能否径行判决保证人承担责任？因此支出的费用是否属于破产程序中的必要费用？

【裁判要旨】

一审法院认为:浙商资产公司涉案债权合法有据,应予支持,但认为加收20%利息已是追究债务人未能及时还款的违约责任,再处复利有违法律规定,因此对复利不予支持,判决庄吉船业公司偿付浙商资产公司垫资利息垫款利息454,053.99美元,保证人温州庄吉公司、庄吉集团公司、马某春、莫某生、郑某忠在破产重整程序终结后15日内对庄吉船业公司未清偿部分承担连带清偿责任。

国海证号073300264号海域使用权已经到期,而庄吉船业公司未能对该海域的使用权予以续期,已丧失对该海域的有效使用权,故浙商资产公司对该海域使用权主张抵押优先受偿权依据不足,一审法院仅支持浙商资产公司对国海证号073300263号海域使用权具有优先受偿权,总受偿额以29,000万元为限。

庄吉船业公司处于破产重整程序,虽然还未形成重整计划,但是债权人浙商资产公司可向破产管理人申报债权,等待分配,诉讼并非实现债权的必要手段,因此律师费用也非为实现债权的必要支出,对债权人要求债务人支付律师费用的请求不予支持。

浙商资产公司不服一审判决,上诉至浙江省温州市中级人民法院,请求不变。

二审法院认为国海证073300264号海域使用权证书中记载的批准使用终止日期至2014年3月14日,现浙商资产公司虽主张庄吉船业公司管理人已向浙江省海洋与渔业局申请续期,但并无证据证明该海域使用权已获相关行政主管部门的续期,故本案中无法就该海域使用权的抵押优先受偿权作出认定。如浙商资产公司另有证据证明该海域使用权依然有效,可另案主张抵押优先受偿权。

根据《担保法解释》第44条、《担保期间答复》第2条,法院在扣除债权人在债务人破产程序中可以分得的部分之后,可径行判决保证人承担责任。二审法院维持原判,支持一审法院判决保证人在破产重整程序终结后15日内对未清偿部分承担连带清偿责任。

由于债权人可以通过可通过破产程序或破产确认之诉实现债权,因此律师费并非被诉的、进入破产程序的主债务人和保证人的必要费用。债权人可通过向进入破产程序的庄吉船业公司、温州庄吉公司、庄吉集团公司申报债权的方式受偿,但在本案中,债权人仅能请求其他保证人清偿诉讼相关费用。最终根据债权人的请求,法院判决律师费由马某春、莫某生、郑某忠三人共同负担。

例案二 | 星展银行(中国)有限公司天津分行与天津市天宇橡塑制品有限公司合同纠纷上诉案

【法院】

天津市第一中级人民法院

【案号】

(2018)津01民终13号

【当事人】

上诉人(原审原告):星展银行(中国)有限公司天津分行

被上诉人(原审被告):天津市天宇橡塑制品有限公司

【基本案情】

2014年11月,星展银行(中国)有限公司天津分行(以下简称星展银行)因与天津市麒麟造纸有限公司(以下简称麒麟公司)、黄某群、单某兰、邵某(以下简称四债务人)金融借款合同纠纷,诉至天津市和平区人民法院,后天津市和平区人民法院依法作出(2014)和民三初字第1088号民事判决,判令四债务人向星展银行承担相应清偿责任。判决生效后案件进入执行程序,星展银行与四债务人及天津市天宇橡塑制品有限公司(以下简称天宇公司)达成《执行和解协议》,约定四债务人自2015年3月起,于每月28日向星展银行天津分行偿还债务150,761元,直至所有债务清偿完毕,并由天宇公司就四债务人的前述还款义务向星展银行承担连带保证责任。但《执行和解协议》签订后,四债务人并未如约履行还款义务,天宇公司也仅于2015年4月29日代四债务人向星展银行清偿30,000元,此后未再向星展银行进行任何清偿。

因此星展银行诉至一审法院。一审法院认为,四债务人中的麒麟公司破产清算申请已于2015年8月24日被天津市武清区人民法院受理,而星展银行也于同年9月22日向麒麟公司破产管理人申报债权。现由于麒麟公司清算工作尚未完成,星展公司从债务人麒麟公司分得的受偿额尚不明确,因此其保证人天宇公司承担保证责任的数额不确定。此时星展银行向保证人主张权利,不符合《担保法解释》第44条第2款"债权人申报债权后在破产程序中未受清偿的部分,保证人仍应当承担保证责任。债权人要求保证人承担保证责任的,应当在破产程序终结后6个月内提出"的规定,因此,星展银行(中国)有限公司天津分行向保证人主张权利的条件尚不具备。

【案件争点】

1.《担保法解释》第44条第2款,债权人在破产重整程序中起诉主债务人和保证人,法院能否径行判决保证人承担责任?

2.是否必须等待重整程序结束才可以要求保证人承担责任?

【裁判要旨】

一审法院认为由于麒麟公司清算工作尚未完成,星展公司从债务人麒麟公司分得的受偿额尚不明确,因此其保证人天宇公司承担保证责任的数额不确定。此时星展银行向保证人主张权利,不符合《担保法解释》第44条第2款"债权人申报债权后在破产程序中未受清偿的部分,保证人仍应当承担保证责任。债权人要求保证人承担保证责任的,应当在破产程序终结后6个月内提出"的规定,因此,星展银行(中国)有限公司天津分行向保证人主张权利的条件尚不具备,驳回其起诉。

二审法院认为,一审法院对《担保法解释》第44条第2款的理解有误。其中"债权人要求保证人承担保证责任的,应当在破产程序终结后六个月内提出"的规定应当结合第44条第1款进行解释。《担保法解释》第44条第1款的规定"保证期间……债权人既可以向人民法院申报债权,也可以向保证人主张权利",是星展银行起诉保证人天宇公司的请求权基础。因此,第2款中"应当在破产程序终结后六个月内提出"的规定并不是针对星展银行诉权的限制,而是对其实体请求权的限制。即债权人有权请求法院要求保证人承担责任,但承担责任的起始期限应为破产程序终结后的6个月内。

一审法院以麒麟公司清算工作尚未完成,保证人天宇公司承担保证责任数额不确定为由否定星展银行的请求权也是没有法律根据的。现星展银行向天津市武清区人民法院提起诉讼,要求天宇公司承担保证责任。案件事实清楚证据充分,天宇公司作为保证人负有偿还麒麟公司对星展银行债务的连带责任,权责明确。天津市武清区人民法院无须等待重整程序结束,可径行判决保证人在重整程序结束后对未受清偿部分承担责任。

因此,二审法院判决撤销一审判决,指令天津市武清区人民法院重新审理本案。

例案三 | 中国农业银行股份有限公司金华分行与杨某雄等金融借款合同纠纷上诉案

【法院】

浙江省金华市中级人民法院

【案号】

(2017)浙07民终3817号

【当事人】

上诉人(原审原告)：中国农业银行股份有限公司金华分行

被上诉人(原审被告)：杨某雄

被上诉人(原审被告)：胡某滋

【基本案情】

2013年11月15日，中国农业银行股份有限公司金华分行(以下简称农行金华分行)(抵押权人)与杨某雄、胡某滋(抵押人)签订编号为3310×××0048961的《最高额抵押合同》，合同约定，杨某雄、胡某滋自愿以其位于杭州市下城区的房产设定最高额抵押，为主债务人莱恩(中国)动力有限公司(以下简称动力公司)自2013年11月15日起至2016年11月14日，在农行金华分行处办理的各类业务实际形成的债权在最高余额折合人民币3061万元的范围内提供抵押担保，抵押担保的范围包括主合同项下借款本金、利息、罚息、复利、违约金等费用。当日，农行金华分行与杨某雄、胡某滋对抵押物在房屋产权管理部门进行了抵押登记，房屋他项权证号为：杭房他证字第××号，房屋他项权利人为农行金华分行。2015年4月17日、11月9日、11月17日，农行金华分行与向动力公司分别签订《流动资金借款合同》3份，动力公司分别向农行金华分行借款680万元、800万元、620万元，借款本金共计2100万元，借款到期日分别为2016年4月16日、2016年11月8日、2016年11月16日，借款执行利率分别为6.42%、5.22%、5.22%。合同约定，借款利息按月结息，到期还本，三笔贷款均由编号为3310×××0048961的《最高额抵押合同》提供抵押担保。但动力公司未按期向农行金华分行归还该2100万元借款本金，并自2016年2月21日开始拖欠利息，截至2016年4月29日，共计拖欠利息246,120.33元。2016年4月29日，金华市中级人民法院受理动力公司破产清算案件。同年，农行金华分行向破产管理人申报共计57,259,480元债权，其中，由杨某雄、胡某滋提供抵押担保的部分主债权本金为2100万元、利息246,120.33元

(利息已计算至2016年4月29日企业破产前),合计21,246,120.33元。

原审法院认为,合法的借贷关系受法律保护。对动力公司向农行金华分行借款2100万元至今未还的事实,予以确认。借款人应当按约定归还借款本金及利息,其逾期不还,已构成违约,应承担违约责任。农行金华分行与杨某雄、胡某滋签订的《最高额抵押合同》系双方真实意思表示,内容不违反法律、行政法规的禁止性规定,应认定为有效,受法律保护,农行金华分行依法对抵押物享有优先受偿权。由于农行金华分行已经向动力有限公司管理人申报上述债权,现农行金华分行同时又起诉作为抵押人的杨某雄、胡某滋。根据《破产法》相关规定,抵押人应承担的抵押保证范围应当为农行金华分行在动力公司破产程序中未受清偿的部分。另外,由于动力公司已进入破产清算程序,根据上述规定,附利息的债权自破产申请受理时起停止计算。

农行金华分行不服一审判决,上诉至浙江省金华市中级人民法院,要求立即对抵押人的抵押物进行拍卖变卖,在最高额3061万元的额度内受偿债权本金2100万元、利息246,120.33元。

【案件争点】

抵押担保人杨某雄、胡某滋是否应立即清偿担保之债。

【裁判要旨】

一审法院认为,合法的借贷关系受法律保护。对动力公司向农行金华分行借款2100万元至今未还的事实,予以确认。借款人应当按约定归还借款本金及利息,其逾期不还,已构成违约,应承担违约责任。农行金华分行与杨某雄、胡某滋签订的《最高额抵押合同》系双方真实意思表示,内容不违反法律、行政法规的禁止性规定,应认定为有效,受法律保护,农行金华分行依法对抵押物享有优先受偿权。由于农行金华分行已经向动力有限公司管理人申报上述债权,现农行金华分行同时又起诉作为抵押人的杨某雄、胡某滋。根据《破产法》相关规定,抵押人应承担的抵押保证范围应当为农行金华分行在动力公司破产程序中未受清偿的部分。另,由于动力公司已进入破产清算程序,根据上述规定,附利息的债权自破产申请受理时起停止计算。

农行金华分行不服一审判决,认为其对抵押人的请求权与对主债务人的请求权分别独立,可选择任意一方偿还债款21,246,120.33元。因此上诉至浙江省金华市中级人民法院,要求立即对抵押人的抵押物进行拍卖变卖,在最高额3061万元的额度内受偿债权本金2100万元、利息246,120.33元。

二审法院认为，根据《担保法解释》第44条第1款的规定"保证期间……债权人既可以向人民法院申报债权，也可以向保证人主张权利"，农行金华分行有权起诉抵押人杨某雄、胡某滋要求其承担责任。但根据《担保法解释》第44条第2款以及《企业破产法》第124条，保证人杨某雄、胡某滋只对债权人依照破产清算程序未受清偿的债权，依法继续承担清偿责任。即农行金华分行可要求抵押人承担责任的时间点是在破产清算程序终结之后，债权人无权要求抵押人在破产程序结束之前立即还款。

三、裁判规则提要

破产案件中，债权人在向破产管理人申报债权之后，有权向法院起诉同一笔债权的担保人，其诉权不受重整计划或者清算程序的影响。法院在具体审理并认定担保人应承担连带责任的金额时，可在扣除债权人在债务人破产程序中可以分得的部分的情况下径直判决担保人承担责任。但担保人承担责任的起始时间点未破产程序终结后，为避免债权人重复受偿，法院无权判决担保人直接承担责任。

四、辅助信息

高频词条：

《企业破产法》

第46条 未到期的债权，在破产申请受理时视为到期。

附利息的债权自破产申请受理时起停止计息。

第58条 依照本法第五十七条规定编制的债权表，应当提交第一次债权人会议核查。

债务人、债权人对债权表记载的债权无异议的，由人民法院裁定确认。

债务人、债权人对债权表记载的债权有异议的，可以向受理破产申请的人民法院提起诉讼。

第109条 对破产人的特定财产享有担保权的权利人，对该特定财产享有优先受偿的权利。

第113条 破产财产在优先清偿破产费用和共益债务后，依照下列顺序清偿：

（一）破产人所欠职工的工资和医疗、伤残补助、抚恤费用，所欠的应当划入职工个人账户的基本养老保险、基本医疗保险费用，以及法律、行政法规规定应当支付给职工的补偿金；

(二)破产人欠缴的除前项规定以外的社会保险费用和破产人所欠税款;

(三)普通破产债权。

破产财产不足以清偿同一顺序的清偿要求的,按照比例分配。

破产企业的董事、监事和高级管理人员的工资按照该企业职工的平均工资计算。

《合同法》

第79条 债权人可以将合同的权利全部或者部分转让给第三人,但有下列情形之一的除外:

(一)根据合同性质不得转让;

(二)按照当事人约定不得转让;

(三)依照法律规定不得转让。

第80条 债权人转让权利的,应当通知债务人。未经通知,该转让对债务人不发生效力。

债权人转让权利的通知不得撤销,但经受让人同意的除外。

第107条 当事人一方不履行合同义务或者履行合同义务不符合约定的,应当承担继续履行、采取补救措施或者赔偿损失等违约责任。

第205条 借款人应当按照约定的期限支付利息。对支付利息的期限没有约定或者约定不明确,依照本法第六十一条的规定仍不能确定,借款期间不满一年的,应当在返还借款时一并支付;借款期间一年以上的,应当在每届满一年时支付,剩余期间不满一年的,应当在返还借款时一并支付。

第206条 借款人应当按照约定的期限返还借款。对借款期限没有约定或者约定不明确,依照本法第六十一条的规定仍不能确定的,借款人可以随时返还;贷款人可以催告借款人在合理期限内返还。

第207条 借款人未按照约定的期限返还借款的,应当按照约定或者国家有关规定支付逾期利息。

《担保法》

第14条 保证人与债权人可以就单个主合同分别订立保证合同,也可以协议在最高债权额限度内就一定期间连续发生的借款合同或者某项商品交易合同订立一个保证合同。

第18条 当事人在保证合同中约定保证人与债务人对债务承担连带责任的,为连带责任保证。

连带责任保证的债务人在主合同规定的债务履行期届满没有履行债务的，债权人可以要求债务人履行债务，也可以要求保证人在其保证范围内承担保证责任。

第 21 条 保证担保的范围包括主债权及利息、违约金、损害赔偿金和实现债权的费用。保证合同另有约定的，按照约定。

当事人对保证担保的范围没有约定或者约定不明确的，保证人应当对全部债务承担责任。

第 33 条 本法所称抵押，是指债务人或者第三人不转移对本法第三十四条所列财产的占有，将该财产作为债权的担保。债务人不履行债务时，债权人有权依照本法规定以该财产折价或者以拍卖、变卖该财产的价款优先受偿。

前款规定的债务人或者第三人为抵押人，债权人为抵押权人，提供担保的财产为抵押物。

《物权法》

第 170 条 担保物权人在债务人不履行到期债务或者发生当事人约定的实现担保物权的情形，依法享有就担保财产优先受偿的权利，但法律另有规定的除外。

第 173 条 担保物权的担保范围包括主债权及其利息、违约金、损害赔偿金、保管担保财产和实现担保物权的费用。当事人另有约定的，按照约定。

第 176 条 被担保的债权既有物的担保又有人的担保的，债务人不履行到期债务或者发生当事人约定的实现担保物权的情形，债权人应当按照约定实现债权；没有约定或者约定不明确，债务人自己提供物的担保的，债权人应当先就该物的担保实现债权；第三人提供物的担保的，债权人可以就物的担保实现债权，也可以要求保证人承担保证责任。提供担保的第三人承担担保责任后，有权向债务人追偿。

破产纠纷案件裁判规则第 23 条:

债权人在破产申请受理前对债务人负有债务的,原则可以向管理人主张抵销,但是,在一定条件下,管理人可以请求人民法院撤销破产申请受理前 6 个月内,债务人对个别债权人进行的债务抵销

〔**规则描述**〕:若债权人对债务人负担的债务,是在已知债务人不能清偿到期债务情况下负担的,债务人在破产申请受理前 6 个月内对该债权人进行的债务抵销,应视为个别清偿。因此,为了公平清理债权债务,保护广大债权人的利益,管理人有权请求人民法院予以撤销。

一、类案检索大数据报告

时间:2020 年 1 月 17 日之前,案例来源:Alpha 案例库,案件数量:25 件,数据采集时间:2020 年 1 月 17 日。本次检索获取了 2020 年 1 月 17 日前共 25 篇裁判文书,整体情况如图 23 - 1 所示。从是否支持在一定条件下,管理人可以请求人民法院撤销破产申请受理前 6 个月内,债务人对个别债权人进行的债务抵销,其中支持、部分支持的案件 8 件,占比约 32%;全部驳回的案件 4 件,占比约 16%;不相关的案件 13 件,占比约 46%。

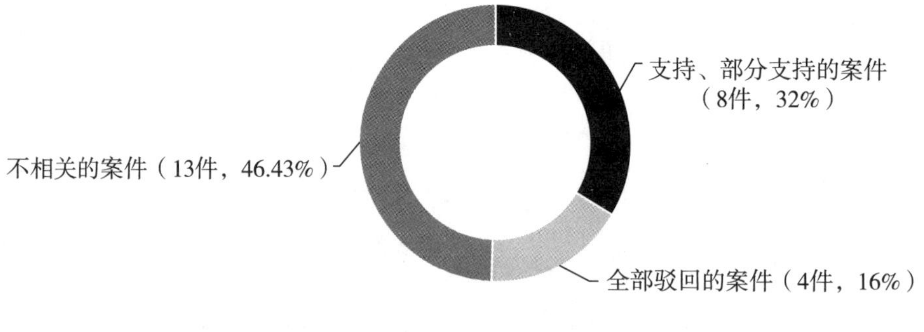

图 23 - 1 是否支持在一定条件下,管理人可以请求人民法院撤销破产申请受理前 6 个月内,债务人对个别债权人进行的债务抵销

如图 23 - 2 所示,从案件年份分布情况可以看出当前条件下案例数量的变化趋势。

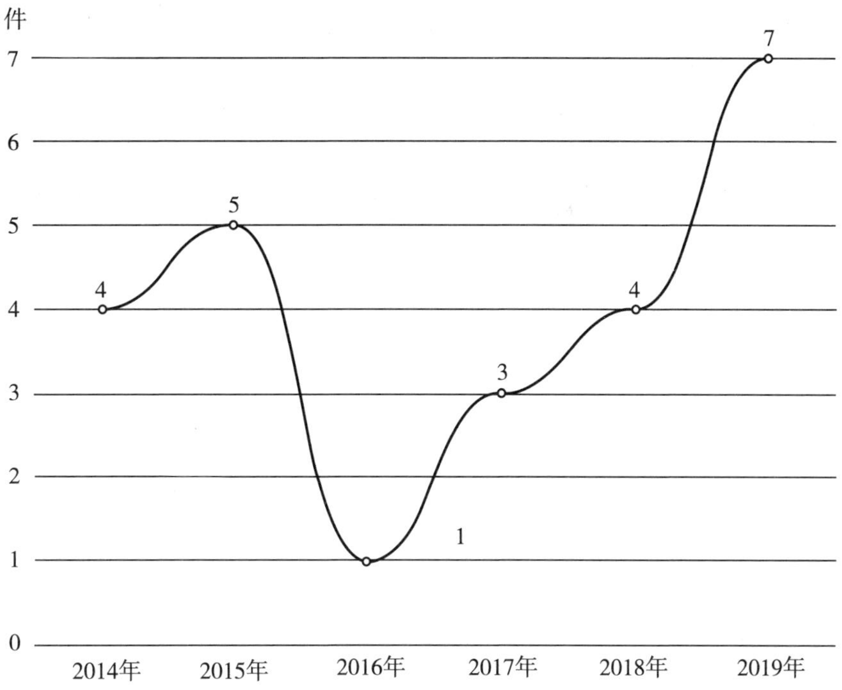

图 23－2　案件年份分布情况

如图 23－3 所示，从案件地域主要分布情况来看，当前案例主要集中在浙江省、江苏省、辽宁省，分别占比为 60.00%、20.00%、8.00%。其中，浙江省的案件量最多，达到 15 件。

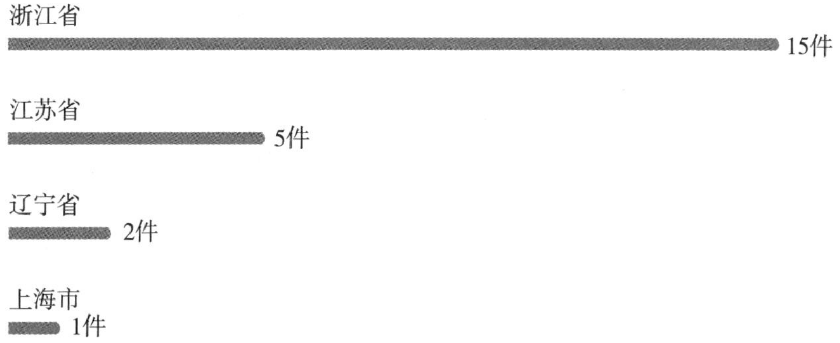

图 23－3　案件地域主要分布情况

如图 23－4 所示，从案件案由分类情况可以看出，当前的案由分布由多至少分别是与公司、证券、保险、票据等有关的民事纠纷，合同、无因管理、不当得利纠纷。

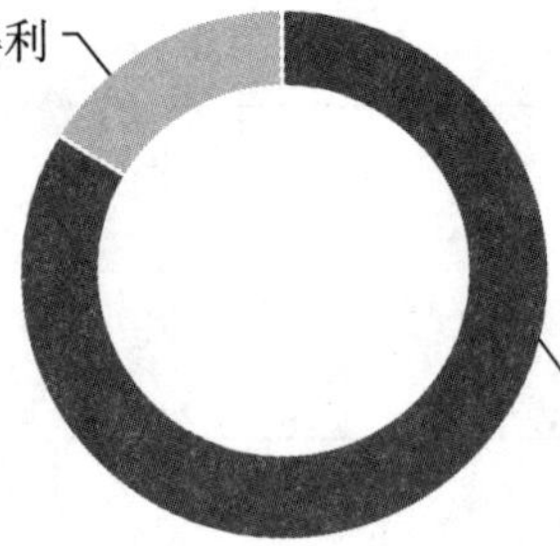

图 23-4 案件案由分类情况

二、可供参考的例案

例案一 | 广西华美纸业集团有限公司破产清算案

【法院】

广西高级人民法院

【案号】

(2018)桂破2号

【当事人】

申请人:龚某明

【基本案情】

广西华美纸业集团有限公司(以下简称华美纸业集团)是一家生产生活用纸的龙头企业,成立于2009年3月,注册资本2亿元,拥有8家全资或控股子公司,专业生产经营生活用纸、纸浆等产品,拥有比较完整的质量管理体系,其"碧海"牌卫生纸、纸巾纸、厨房用纸、擦手纸等系列中档生活用纸和原纸的销售一度覆盖全国16个省份及东盟地区。但因整个生活用纸行业产能过剩,加之扩张太快,2015年3月初华美纸业集团资金链断裂,华美集团及其下属子公司生产经营逐步停摆,公司失去造血能力,无法清偿到期债务,随后被多家债权人起诉。华美纸业集团母公司及下属子公司为被执行人的案件达165件之多,经法院强制执行不能清偿到期债务,已明显缺乏清偿能力,具备破产原因。2018年8月3日,广西壮族自治区高级人民法院(以下简称广西高院)作出(2018)桂破申2号《民事裁定书》,裁定受理申请人龚某明对华美集团的破产清算申请。

受理破产清算申请后,广西高院指定北京大成(南宁)律师事务所担任管理人开展全面接管工作，逐步摸清华美纸业集团的基本情况。华美纸业集团没有货币资金，财务等资料残缺不全，员工早已离岗另谋生路。截至债权申报截止日，共有 60 多位债权人向管理人申报债权，申报的债权总金额为人民币 11.57 亿元。另华美纸业集团拖欠 93 名职工的工资、福利共计 320 万元。

华美纸业集团的资产除两层已经抵押给债权人且早已用于出租抵债的两层办公楼（建筑面积合计不足 3200 平方米）外，没有其他有效资产。由于管理人没有接收到华美集团公司的任何货币资金，且上述两层办公楼为抵押物，拍卖所得价款均应由抵押权人优先受偿（拍卖款合计 3520 万元，尚不足以清偿抵押权人的优先债权）。其所持下属 8 个子公司的股权因相应的子公司已经全部停摆且资不抵债（不少子公司在当地已经进入破产清算程序），没有清偿价值。因此，华美集团没有任何资金来清偿破产费用、共益债务、职工债权、税款债权及普通债权，似乎属于“无产可破”的案件，

为了切实依法保护债权人债务人及职工的合法权益，本着司法为民的宗旨，合议庭指导管理人反复摸排华美纸业集团的资产、抵押法律关系、办公楼租赁法律关系等核心事实及法律适用问题，在此基础上与原有的承租人、以租金抵债的债权人进行充分沟通协商。最终，承租人同意向管理人支付人民法院受理破产申请后一年多来未付租金，同时，依法撤销受理破产申请前 6 个月债权人已经用租金冲抵的债务，债权人同意重新支付该部分租金。此外，由于华美集团上述两层办公楼均已抵押并出租，管理人在拍卖处置该办公楼时附加“成交后 1 年的租金收益权由华美纸业集团继续享有，购买人一次性支付成交后 1 年内的租金”条件。通过以上述三个措施，增加了可用于支付破产费用、共益债务和职工债权的破产财产。

通过上述努力，管理人获得 420 万元货币资金可用于支付破产费用、共益债务和清偿职工债权，在支付完破产费用后，拖欠多年的职工债权获得 100% 清偿，职工的生存权益得到了保障。

【案件争点】

人民法院受理破产申请前 6 个月债权人已经用租金冲抵的债务能否予以撤销。

【裁判要旨】

广西高院经审查认为，本案债务人华美纸业集团 2015 年 3 月初因资金链断裂，集团公司及其下属子公司生产经营逐步“停摆”，公司失去“造血”能力，华美纸业集团母公司及下属子公司为被执行人的案件达 165 件之多，经法院强制执行不

能清偿到期债务,已明显缺乏清偿能力。债权人强荣置业公司在明知华美集团已资不抵债、明显缺乏清偿能力的情况下,主张以对涉案办公楼的租金抵销部分债务。因此,债务人在破产申请受理前6个月内对该债权人进行的债务抵销,该抵销不符合《企业破产法》第40条"债权人在破产申请受理前对债务人负有债务的,可以向管理人主张抵销。但是,有下列情形之一的,不得抵销:……(二)债权人已知债务人有不能清偿到期债务或者破产申请的事实,对债务人负担债务的;但是,债权人因为法律规定或者有破产申请一年前所发生的原因而负担债务的除外"的规定,根据《企业破产法》第32条"人民法院受理破产申请前六个月内,债务人有本法第二条第一款规定的情形(不能清偿到期债务,并且资产不足以清偿全部债务或者明显缺乏清偿能力),仍对个别债权人进行清偿的,管理人有权请求人民法院予以撤销"的规定,该抵销属于对个别债权人进行清偿,人民法院对管理人的撤销请求予以支持。

例案二 | 长治八一水泥厂破产管理人与长治市瑞丰水泥有限公司不当得利纠纷案

【法院】

山西省高级人民法院

【案号】

(2016)晋民终653号

【当事人】

上诉人(原审原告):长治八一水泥厂

被上诉人(原审被告):长治市瑞丰水泥有限公司

【基本案情】

2009年10月29日,法院裁定受理长治八一水泥厂(以下简称八一水泥厂)破产申请,2010年6月30日,裁定宣告长治八一水泥厂破产还债。2011年3月21日,原告通过长治市商业银行故县支行向被告以"往来"为由汇款1000万元。

2014年5月14日,山西省高级人民法院(2013)晋民终字第198号民事判决书认定:2011年3月21日,中房投资控股有限责任公司(以下简称中房投资公司)与长治市瑞丰水泥有限公司(以下简称瑞丰水泥公司)、长治钢铁(集团)瑞丰煤气净化有限公司(以下简称瑞丰煤气公司)签订了《借款协议》,中房投资公司并没有依约将1000万元打入协议指定账户。后中房投资公司给八一水泥厂破产管理人出具《委托付款函》，委托八一水泥厂破产管理人向瑞丰水泥公司汇款1000万元，八一水泥厂亦认可此笔汇款为委托付款，但从本案实际情况分析：首先，八一水泥厂破产管理人作为特殊民事主体，其无权对外借款，八一水泥厂破产管理人亦无证据证明此笔借款经过了《企业破产法》规定的严格审核程序；其次，八一水泥厂破产管理人虽认可此笔借款为受中房投资公司委托借款，但八一水泥厂作为中房投资公司的下属单位，其破产工作亦受中房投资公司领导，中房投资公司在委托八一水泥厂破产管理人向上诉人（瑞丰水泥公司和瑞丰煤气公司）出借款前，并未将相应委托款项支付于八一水泥厂破产管理人；最后，中房投资公司虽是八一水泥厂的上级主管单位，但中房投资公司和八一水泥厂均为独立的企业法人，双方签订的借款协议是无效的，双方均无权主张履行该借款协议。破产财产和破产费用的分配有着严格的审核程序，虽然上诉人（本案被告）曾承诺向中房投资公司还款，但由于借款协议无效及八一水泥厂破产管理人民事行为的无效，原审判决瑞丰水泥公司和瑞丰煤气公司向中房投资公司归还1000万元借款是错误的，中房投资公司亦无权向上诉人（瑞丰水泥公司和瑞丰煤气公司）主张还款。至于长治市八一水泥厂破产管理人与上诉人（本案被告和瑞丰煤气公司）之间的借款及业务往来纠纷，长治市八一水泥厂破产管理人可以另案诉讼。

2015年9月6日，原告以其向被告汇款1000万元系不当得利为由，向长治市中级人民法院提起诉讼，请求判决被告向原告返还1000万元及相应利息损失。

长治市中级人民法院一审认为，原告长治八一水泥厂破产管理人以被告瑞丰水泥公司收取其于2011年3月20日通过支行所汇1000万元没有合法依据为由，依照《民法通则》第92条的规定，要求被告返还汇款1000万元并支付相应利息。关于原告所提的返还请求，应否得到支持，本院进行以下评析。

首先，关于汇款1000万元的事实，原告称依据是中房投资公司给其出具的《委托付款函》，系受中房投资公司委托付款给被告。山西省高级人民法院（2013）晋民终字第198号民事判决书对该委托付款行为的认定是："首先，八一水泥厂破产管理人作为特殊民事主体，其无权对外借款，八一水泥厂破产管理人亦无证据证明此笔借款经过了《破产法》规定的严格审核程序；其次，八一水泥厂破产管理人虽认可此笔借款为受中房投资公司委托借款，但八一水泥厂作为中房投资公司的下属单位，其破产工作亦受中房投资公司领导，中房投资公司在委托八一水泥厂破产管理人向上诉人（瑞丰水泥公司和瑞丰煤气公司）出借款前，并未将相应委托款项支付于八一水泥厂破产管理人;最后,中房投资公司虽是八一水泥厂的上级主管单位,但中房投资公司和八一水泥厂均为独立的企业法人,双方签订的借款协议是无效的,双方均无权主张履行该借款协议。”该生效判决认定该委托付款行为系中房投资公司与本案原告长治八一水泥厂破产管理人之间达成了“借款协议”,双方之间系借款关系,该借款关系因长治八一水泥厂破产管理人系特殊民事主体,“双方签订的借款协议是无效的”。山西省高级人民法院(2013)晋民终字第198号民事判决书系生效的民事判决书,其认定的事实本院应予确认,故对原告所称委托行为,实际构成借款关系,因其无效,并不产生其所期望的法律后果,应当依照《合同法》第58条的规定处理,即合同无效或者被撤销后,因该合同取得的财产,应当予以返还;不能返还或者没有必要返还的,应当折价补偿。有过错的一方应当赔偿对方因此所受到的损失,双方都有过错的,应当各自承担相应的责任。由于该无效合同的双方当事人为原告和长治八一水泥厂破产管理人,财产返还应在二者之间,现原告起诉要求被告返还,依法不应支持。

其次,原告起诉,是基于山西省高级人民法院(2013)晋民终字第198号民事判决书驳回了中房控股有限责任公司的还款请求,以及该判决的认定:“至于长治市八一水泥厂破产管理人与上诉人(本案被告和瑞丰煤气公司)之间的借款及业务往来纠纷,长治市八一水泥厂破产管理人可以另案诉讼”,法院认为,该判决提到八一水泥厂破产管理人与被告瑞丰水泥公司和瑞丰煤气公司之间的借款及业务往来纠纷,被告不限于瑞丰水泥公司,原告选择起诉了被告瑞丰水泥公司,就原告的起诉,被告瑞丰水泥公司抗辩称本案原告在进入破产程序前后,共计向原告以及长治八一水泥厂提供借款1400余万元。《民法通则》第92条规定,没有合法依据,取得不当利益,造成他人损失的,应当将取得的不当利益返还受损失的人。原告向被告汇款1000万元,依据是中房投资公司的委托,该委托行为的性质前文已作评述,并非原告破产过程中的个别清偿行为,故不适用《破产法》第16条的规定,认定无效,对于原告所提被告取得原告汇款构成不当得利,应予返还的请求,不应支持。关于被告所提原告汇款系归还其借款的主张,本院不予采纳。被告所主张的借款,属于普通破产债权,破产费用,还是共益债权,应当依照《企业破产法》第113条的规定,在破产程序中按顺序清偿,与本案并非同一法律关系,本案不宜一并处理,其可另案诉讼。

综上所述,原告所提要求被告返还汇款1000万元以及相应利息的请求,因其依据不足,予以驳回。

长治市中级人民法院判决如下：驳回原告长治八一水泥厂破产管理人的诉讼请求。

一审法院宣判后，八一水泥厂破产管理人不服，山西省高级人民法院提起上诉。

另查明，长治市公安局刑警支队对原中房集团公司副总经理张某2014年1月20日的询问笔录，"问：你讲一下长治市瑞丰水泥有限公司从中房投资控股公司借款1000万的事情？答：2008年长治八一水泥厂准备政策性破产，大概是2009年就找到长治市瑞丰水泥有限公司合作，前期由于中房投资管理公司以及中房投资控股公司没有足够的财力来补贴长治八一水泥厂的日常运转等费用，长治市瑞丰水泥有限公司就在前期垫付了一部分资金来维持八一水泥厂的日常运转。2010年11月八一水泥厂拍卖之后拍卖了3400多万元，2011年三四月瑞丰水泥有限公司的负责人于某民说他们的资金非常紧张，连家里边的日常开支都维持不了了，要求我们将他（于某民）垫付的资金还给他们。由于我们也需要继续和于某民合作，而且当时于某民需要资金比较急，来不及核算具体的垫付资金，后经中房投资管理公司开会决定先以借款的方式借款于某民1000万元，随后核算具体的垫付资金再和借款抵销。问：长治市瑞丰水泥有限公司垫付了多少资金？答：据瑞丰水泥有限公司称垫付了1000多万元，具体多少钱还没有核算，具体的数额应该大于1000万元，要不然我们也不会借给于某民1000万元"。

2014年1月17日长治市公安局刑警支队对原中房投资控股有限责任公司总经理梁某玮的询问笔录，"问：你之前说的韩某刚因为于某民没有偿还借款的1000万元，拒不交付土地出让金，你把这1000万元的情况讲一下？答：这个1000万元实际上是在长治八一水泥厂破产管理人成立之前，国资委已经批准长治八一水泥厂破产，当时破产管理人还没有成立，中房投资管理公司就对长治八一水泥厂寻找合作伙伴，当时是由闫某民、曹某山、石某负责这个事情，先是找到了长治市水泥厂，但是长治市水泥厂只想出400万元，后来也没谈成，最后就找到了民营企业于某民当合作伙伴，因为当时的长治八一水泥厂已经没钱了，为了维护正常的工作生产秩序，并承担相应的社会责任，先后向于某民借款用于支付日常开销，在长治八一水泥厂破产管理人成立之前，长治八一水泥厂向于某民借款大概是485万元，用于职工的工资，水电暖等费用，在长治八一水泥厂破产管理人成立后，以破产管理人的身份向于某民借款600万元，前后总计1000多万元，后来于某民向长治八一水泥厂破产管理人要求偿还这1000万元，但是当时中房投资管理公司没有同意还这1000万元,正好于某民也急用钱,就多次向中房投资管理公司索要,后来中房投资管理公司经过集体讨论决定,先借款给于某民1000万元,并在借款合同中注明了在长治八一水泥厂破产清算后,土地正常过户后,于某民再偿还借款这1000万元,我们认为公司与公司之间相互的借款时不合法的,但是考虑到之前我们破产管理人和长治八一水泥厂先后向于某民借过1000万元,就通过集体讨论,借给于某民1000万元”。

【案件争点】

瑞丰公司收取八一水泥厂破产管理人汇款1000万元是否构成不当得利。

【裁判要旨】

山西省高级人民法院经审理认为,不当得利是指没有合法根据而取得利益,致使他人遭受损失。本案中八一水泥厂在破产前后,陆续向瑞丰公司借款1000余万元,用于破产期间支付职工的工资、电费、取暖费等费用,以维持其日常运转,庭审中八一水泥厂破产管理人对向瑞丰借款的事实予以认可。且长治市公安局刑警支队对原中房集团公司副总经理张某2014年1月20日的询问笔录及2014年1月17日对原中房投资控股有限责任公司总经理梁某玮(长治八一水泥厂破产管理负责人)的询问笔录的内容,证实了八一水泥厂破产管理人以借款的名义偿还瑞丰公司借款1000万元,待核算八一水泥厂破产前后向瑞丰公司的具体借款数额后再与该1000万元相抵销的事实。法院认为,2011年3月21日八一水泥厂破产管理人通过长治市商业银行故县支行向瑞丰公司汇款1000万元,实为偿还其对瑞丰公司的欠款,上诉人以不当得利为由请求被上诉人返还该1000万元证据不足。因此,瑞丰公司收取该1000万元并未构成不当得利,故上诉人提出的该上诉理由不能成立,不予支持。

例案三 烟台银行股份有限公司与烟台金属材料交易中心有限公司欠款纠纷再审案

【法院】

最高人民法院

【案号】

(2013)民提字第18号

【当事人】

申请再审人（一审原告、二审上诉人）：烟台银行股份有限公司

被申请人（一审被告、二审被上诉人）：烟台金属材料交易中心有限公司

【基本案情】

烟台市金属材料公司（以下简称金属材料公司）、金属材料交易中心（以下简称交易中心）、交易公司基本情况。1.金属材料公司系1981年3月注册成立的国有企业，注册资本3355万元，杨某涛自1998年10月至2004年11月任该公司经理、法人代表，主营有色金属、黑色金属，住所地芝罘屯路73号（原芝罘屯路20号），隶属于烟台商业物资控股有限公司（职工554人）。金属材料公司呈报烟台市劳动和社会保障局文件（烟金字〔2003〕第6号）载明，1999～2003年8月金属材料公司交纳的职工三金中包括交易中心职工交纳三金347,604.57元。2.交易中心系1999年3月注册成立的国有企业，注册资本100万元，杨某涛自1999年3月至2004年11月任交易中心经理、法人代表，主营金属材料、化工产品、机电产品，住所地芝罘屯路73号（原芝罘屯路20号），隶属于烟台商业物资控股有限公司（职工23～368人）。交易中心拟改制整体资产评估报告书（烟嘉会评报字〔2003〕第026号）载明，该公司所用的水、电、电话未单独设立交费账户，每月按实际使用情况交费于金属材料公司。该公司2001年以前实现利润由金属材料公司合并缴纳，2002年以后独立纳税。3.交易公司系杨某涛等49名自然人出资100万元于2004年11月注册成立的有限公司，法人代表庄某辉，主营金属材料、化工产品、机电产品，将金属材料公司及交易中心的职工全部予以接收，住所地芝罘屯路73号（原芝罘屯路20号）。

交易中心改制情况。2004年10月8日，烟台市财贸办公室、烟台市经济体制改革办公室、烟台市发展计划委员会、烟台市国有资产管理局、烟台市财政局联合下发了（2004）60号对烟台市交易中心整体改制进行了批复。2004年10月18日烟台商业物资国有控股有限公司与杨某涛等49人签订了产权转让合同。

交易中心2003年度审计报告会计表附注表明：交易中心与金属材料公司往来账项中，交易中心应付金属材料公司期末余额为10,023,855.90元。该审计报告还载明：交易中心2001年以前实现利润由金属材料公司合并缴纳，2002年以后独立纳税。

金属材料公司、交易中心协议抵销情况（财务往来账项情况）。（2008）烟抵债凭字1号民事裁定，依据（2004）烟民二初字第6号判决，债权人交通银行烟台分行

对金属材料公司所享有的借款保证合同债权,依法转让给中国信达资产管理公司济南办事处—烟台市国有资产经营公司—交易公司。2008 年 2 月 4 日,交易公司与金属材料公司签订协议,交易公司所欠金属材料公司借款、货款(滚动借款、应付金属材料公司账户而付款至交易中心账户货款)11 笔计 11,294,618.91 元与其对金属材料公司所持有的债券 12,339,910.58 元互相抵销,抵销后,金属材料公司还欠交易公司人民币 1,045,291.67 元。

金属材料公司财产情况。金属材料公司财产主要有房产、股权、国有土地使用权及办公用品。(2002)烟执字第 342 号民事裁定载明,金属材料公司坐落于芝罘屯路 20 号房产(烟房权证字第 42262 号)被交易中心以 100 万元的价格竞拍,用以偿付中国光大银行烟台支行的债务。(2001)烟执字第 523-3 号民事裁定载明,金属材料公司坐落于芝罘屯路 20 号房产(烟房权证号第 42261 号、建筑面积 2383.28 平方米)被交易中心以 161 万元的价格竞拍,用以偿付交通银行烟台分行的债务。金属材料公司坐落于芝罘屯路 20 号房产(烟房字第 20224 号、建筑面积 5226.27 平方米)被交易中心以 415 万元的价格竞拍,金属材料公司坐落于芝罘区珠中路房产(烟房证第 600340 号、建筑面积 2522.12 平方米)被交易中心以 85 万元的价格竞拍,用以偿付金属材料公司所欠债务。1999 年 12 月 16 日、2002 年 1 月 1 日金属材料公司与交易中心签订股权转让协议,分别将金属材料公司所持唐钢股份法人股 28.5 万股以 4.12 元每股、将金属材料公司所持石家庄钢铁股份有限公司 200 万股股份以 1 元每股转让给交易中心。2003 年 5 月 8 日金属材料公司与交易中心签订股权转让协议,金属材料公司将所持烟台金通物资再生利用有限公司 70% 股权以 334,460 元的价格转让给交易中心。烟台市人民政府(烟政函〔1999〕44、45 号)关于收回金属材料公司部分国有土地使用权的函载明,芝罘区芝罘屯路 20 号 50,112 平方米中的 34,290 平方米国有土地使用权收回,余 15,822 平方米重新办理土地使用权变更登记手续;芝罘区珠矶路 51,775.2 平方米国有土地使用权收回;该收回的国有土地使用权交易中心于 1999 年 4 月 12 日与烟台市土地管理局签订了国有土地使用权租赁合同;交易公司于 2006 年 6 月 12 日与烟台市国土资源局签订了国有土地使用权出让合同。

另查明:(1998)烟经初字第 298 号烟台市商业银行诉烟台市燃料总公司、金属材料公司借款保证合同纠纷一案,业经调解处理,金属材料公司对烟台市燃料总公司 1500 万元借款本金及自 1998 年 12 月 22 日至 2000 年 12 月 22 日按人民银行贷款基准利率上浮 20% 支付利息承担连带清偿责任。(2003)烟民二初字第 103 号烟台市商业银行诉金属材料公司、烟台市燃料总公司借款担保合同纠纷案，已发生法律效力。金属材料公司偿还烟台市商业银行借款本金 1630 万元及利息 808,363 元。(2003)烟民二初字第 105 号烟台市商业银行诉烟台市燃料总公司、金属材料公司借款保证合同纠纷案，已发生法律效力。金属材料公司对烟台市燃料总公司借款本金 170 万元及利息 66,597.74 元承担连带清偿责任。(2008)烟刑二初字第 38 号刑事判决，已发生法律效力。该案审理查明，被告人杨某涛任金属材料公司经理，1998 年 11 月成立交易中心，其性质为国有企业，被告人杨某涛同时又担任该中心的法定代表人，金属材料公司与交易中心实际上系一套班子两块牌子。2004 年 11 月，交易中心改制为交易公司，法定代表人为杨某涛，同时金属材料公司的法定代表人变更为当时担任交易公司的财务科长王某青，但并没有实际性交接，公司也没有给王某青刻制法人代表印章。金属材料公司的领用及签字权仍系被告人杨某涛。该案判决杨某涛犯贪污罪、受贿罪、挪用公款罪有期徒刑 16 年，贪污所得 150 万元、挪用的本金及孳息 1,282,255.41 元予以追缴，发还金属材料公司。(2006)莱执字第 239、276、277－1 号民事裁定，申请执行人烟台市商业银行、被执行人金属材料公司，莱山区人民法院以交易公司与金属材料公司系同一公司两块牌子、财产混同、人员混同为由，裁定追加交易公司为被执行人。(2009)烟执复字第 40 号执行裁定，烟台中院认为认定人格混同须有充分的事实与证据前提下依照法律规定通过法定程序方能确认，一审法院认定两公司人格混同证据不充分，理由不成立，2009 年 9 月 21 日裁定撤销莱山区人民法院(2006)莱执字第 239、276、277－1 号裁定。

(2009)烟民破字第 5－1 号民事裁定，金属材料公司于 2009 年 11 月 5 日向烟台中院提出破产还债申请，烟台中院于 2009 年 11 月 7 日裁定受理破产还债申请。截至 2010 年 3 月 10 日金属材料公司管理人确认本案烟台银行申报的债权为 32,110,177 元。2010 年 1 月 5 日烟台银行向烟台中院提起诉讼，请求判令交易公司偿付金属材料公司所欠其的 3200 万元债务；诉讼费用由被告承担。

烟台中院审理认为：本案双方当事人争执的焦点有三个。1. 关于交易中心改制中资产转让的效力。交易中心作为国有公司须对财产进行评估并办理审批和财产转移手续，本案的交易中心整体改制业经烟台永大会计事务所有限公司的审计及烟台嘉信有限责任会计师事务所的评估，业经烟台市国有资产管理局等主管部门的批准，转让合同当事人主体合格，意思表示真实明确，不违反法律法规的规定，无证据证明国有资产存在损失的情形，也不存在程序瑕疵，应当认定有效。2. 关于抵销协议书的效力。债权人交通银行烟台分行对金属材料公司所享有的借款保证合同债权,依法转让给中国信达资产管理公司济南办事处(2004 年 8 月)后,又经烟台市国有资产经营公司(2007 年 12 月)转让给交易公司,几次转让均在《大众日报》等报纸进行了债权转让公告,不具备不良债权转让合同无效的情形。交易公司系 2008 年 1 月受让了上述债权,并于 2008 年 2 月与金属材料公司签订了抵销协议书,业已得到烟台商业物资控股有限公司许可,不违反法律法规的规定,烟台中院(2008)烟执债凭字第 1 号民事裁定也给予了确认,应当依法认定有效。3. 关于金属材料公司与交易中心是否构成经营业务混同、公司财产混同。交易中心 2003 年度审计报告会计报表载明,交易中心与金属材料公司往来账项中,交易中心应付金属材料公司期末余额为 10,023,835.90 元。而 2008 年 2 月 4 日交易中心与金属材料公司签订的抵销协议,烟台中院(2008)烟执债凭字第 1 号民事裁定给予了确认。金属材料公司与交易公司财会账簿所反映的系借用关系,两公司的经营业务也不尽相同,因此,现有证据不能证明金属材料公司与交易中心两公司资金在其之间随意流转,也不能证明金属材料公司与交易中心构成了经营业务混同。金属材料公司名下主要财产有房产、股权、国有土地使用权及办公用品,从上述查明的本案事实可知,该宗财产的产权变更均履行了相应的司法程序(竞拍、裁定偿债)及行政审批和过户手续,不存在金属材料公司名下的财产被交易中心随意处分的情形;资金流向有始有终,公司的财会账簿已有记载,公司的营业场所、设备及办公用品也未难分彼此,故而金属材料公司与交易中心不构成财产混同。另外,金属材料公司系烟台地区物资局 1981 年 3 月依财政拨付注册成立的,而交易中心系烟台市物资局于 1999 年 3 月注册成立的,股权结构不同,现有证据不能证明两公司的高级管理人员统一调配、统一任命、相互兼任,公司的办公场所、设备及办公用品,彼此明确,故而也不能认定金属材料公司与交易中心组织机构混同。关于(2008)烟刑二初字第 38 号刑事判决载明的金属材料公司与交易中心实际上系"一套班子两块牌子"(附属名称)的问题,两公司是否人格混同,应当在公司的组织机构、经营业务和公司财产上予以实体审查来确认,杨某涛自认的事实系基于诉讼处分权的行使而形成的,没有经过当事人充分的质证,不具有在本诉中免除烟台银行的举证责任之后果。综上,本案从查明的事实及现有证据分析,烟台银行所提供的证据,不能认定金属材料公司与交易中心构成人格混同,故烟台银行请求交易公司承担偿还欠款的诉讼请求不能支持。该院判决驳回烟台银行的诉讼请求,案件受理费 201,800 元、保全费 5000 元,由烟台银行负担。

烟台银行不服烟台中院上述民事判决，向山东高院提起上诉。

山东高院经审理认为：2009年11月17日，烟台中院裁定受理了金属材料公司的破产还债申请，烟台银行已申报债权，2010年1月5日，烟台银行以交易中心和交易公司与金属材料公司构成法人人格混同为由，向烟台中院提起诉讼，要求交易公司承担偿付责任，其追索的实际上是债务人金属材料公司的破产财产。依照《企业破产法》的有关规定，烟台银行不能提起要求交易公司直接向其清偿之诉，其有权向受理破产案件法院提起的是债权人代表诉讼，所以本案应裁定驳回烟台银行的起诉。该院经审判委员会研究，依照《民事诉讼法》第108条、第153条第1款第2项、第204条，《民事诉讼法意见》第186条之规定，裁定：撤销烟台中院（2010）烟商初字第8号民事判决，驳回烟台银行的起诉。

烟台银行不服山东高院上述民事裁定，向最高人民法院申请再审。

【案件争点】

烟台银行诉请交易公司偿付金属材料公司所欠其的3200万元债务。

【裁判要旨】

最高人民法院经审理认为，根据《企业破产法》的规定，破产申请受理时属于债务人的全部财产，以及破产申请受理后至破产程序终结前债务人取得的财产，甚至破产程序终结后发现的债务人的应当供分配的其他财产，均为破产财产。人民法院受理破产申请后，管理人应当依法追收所有破产财产并在破产程序中依法管理和处分，公平保护全体债权人利益。基于破产财产的个别清偿行为均为无效。烟台银行在人民法院受理其债务人金属材料公司破产申请后，以本案原审被告交易公司与案外人金属材料公司人格严重混同、人员财产无法区分为由，请求法院判令交易公司以其财产直接偿付金属材料公司所欠其3200万元债务的诉讼请求，不符合法律规定。如烟台银行关于交易公司与金属材料公司人格严重混同的主张成立，则交易公司的财产当属金属材料公司破产财产的一部分，应当由管理人通过实体合并破产等有关制度将其纳入破产财产中一并管理和处分，而不能仅以此部分破产财产优先满足于个别债权人受偿，否则，将与破产法公平受偿的基本原则相违背。虽然，在认定交易公司与金属材料公司人格严重混同后追收回来的破产财产，在清偿破产费用、共益债务、职工债权、税收债权等后，尚有剩余时可以按比例清偿烟台银行及其他普通破产债权人的相关债权，但是，由于人格严重混同追收回来的破产财产与烟台银行之间仅为间接的利害关系，而非直接利害关系。烟台银行在金属材料公司破产申请受理后，无权要求以金属材料公司的破产财产单独清偿其个别债权。因此,原审法院裁定驳回烟台银行起诉并无不当,烟台银行关于原审法院驳回其起诉不当的再审理由,不予支持。烟台银行如认为交易公司与金属材料公司确实构成人格严重混同的,可以在金属材料公司破产程序中,通过债权人会议或者债权人委员会监督管理人依法对人格严重混同的交易公司的财产进行追收。管理人无正当理由拒绝追收的,债权人会议可以依据《企业破产法》第 22 条的规定,申请人民法院更换管理人。管理人不予追收的,烟台银行也可代表全体债权人提起相关诉讼进行追收,但因此追回的财产性质上仍为破产财产,不得用于烟台银行个别债权的优先清偿。如因管理人不依法履行追收职责给烟台银行造成损失的,烟台银行也可以要求管理人承担相应的民事责任。

三、裁判规则提要

在破产案件审理中,部分民营企业由于已停摆多年,公司没有正常的办公场所、没有正常上班的职工,更没有货币资金和容易变现的非抵押财产。这类情形,在民营企业集团的破产案件中,具有一定的典型意义。但如何保障民生、如何保障破产案件的基础工作顺利完成,给债权人一个依法依理的交代,就成为摆在受案法院面前的棘手问题。对此类看似"无产可破"的案件,应深入分析破产企业的资产抵押、出租等法律关系,充分利用企业破产法赋予管理人的合同解除权、撤销权等作为谈判基础,与抵押权人、债权人进行充分的沟通协商,尽可能获取一定的资金以支付破产费用以及清偿职工债权。人民法院对债务人在破产申请受理前 6 个月内抵销的部分债务予以撤销,就是其中的一种途径。

《企业破产法》第 40 条"债权人在破产申请受理前对债务人负有债务的,可以向管理人主张抵销。但是,有下列情形之一的,不得抵销:……(二)债权人已知债务人有不能清偿到期债务或者破产申请的事实,对债务人负担债务的;但是,债权人因为法律规定或者有破产申请一年前所发生的原因而负担债务的除外"的规定,根据《企业破产法》第 32 条"人民法院受理破产申请前六个月内,债务人有本法第二条第一款规定的情形(不能清偿到期债务,并且资产不足以清偿全部债务或者明显缺乏清偿能力),仍对个别债权人进行清偿的,管理人有权请求人民法院予以撤销"的规定,若债权人对债务人负担的债务,是在已知债务人不能清偿到期债务情况下负担的,债务人在破产申请受理前 6 个月内对该债权人进行的债务抵销,应视为个别清偿。因此,为了公平清理债权债务,保护广大债权人的利益,管理人有权请求人民法院予以撤销。

四、辅助信息

高频词条：

《企业破产法》

第 2 条 企业法人不能清偿到期债务，并且资产不足以清偿全部债务或者明显缺乏清偿能力的，依照本法规定清理债务。

企业法人有前款规定情形，或者有明显丧失清偿能力可能的，可以依照本法规定进行重整。

第 16 条 人民法院受理破产申请后，债务人对个别债权人的债务清偿无效。

第 17 条 人民法院受理破产申请后，债务人的债务人或者财产持有人应当向管理人清偿债务或者交付财产。

债务人的债务人或者财产持有人故意违反前款规定向债务人清偿债务或者交付财产，使债权人受到损失的，不免除其清偿债务或者交付财产的义务。

第 18 条 人民法院受理破产申请后，管理人对破产申请受理前成立而债务人和对方当事人均未履行完毕的合同有权决定解除或者继续履行，并通知对方当事人。管理人自破产申请受理之日起二个月内未通知对方当事人，或者自收到对方当事人催告之日起三十日内未答复的，视为解除合同。

管理人决定继续履行合同的，对方当事人应当履行；但是，对方当事人有权要求管理人提供担保。管理人不提供担保的，视为解除合同。

第 31 条 人民法院受理破产申请前一年内，涉及债务人财产的下列行为，管理人有权请求人民法院予以撤销：

（一）无偿转让财产的；

（二）以明显不合理的价格进行交易的；

（三）对没有财产担保的债务提供财产担保的；

（四）对未到期的债务提前清偿的；

（五）放弃债权的。

第 32 条 人民法院受理破产申请前六个月内，债务人有本法第二条第一款规定的情形，仍对个别债权人进行清偿的，管理人有权请求人民法院予以撤销。但是，个别清偿使债务人财产受益的除外。

第 40 条 债权人在破产申请受理前对债务人负有债务的，可以向管理人主张抵销。但是，有下列情形之一的，不得抵销：

(一)债务人的债务人在破产申请受理后取得他人对债务人的债权的;

(二)债权人已知债务人有不能清偿到期债务或者破产申请的事实,对债务人负担债务的;但是,债权人因为法律规定或者有破产申请一年前所发生的原因而负担债务的除外;

(三)债务人的债务人已知债务人有不能清偿到期债务或者破产申请的事实,对债务人取得债权的;但是,债务人的债务人因为法律规定或者有破产申请一年前所发生的原因而取得债权的除外。

第44条 人民法院受理破产申请时对债务人享有债权的债权人,依照本法规定的程序行使权利。

《合同法》

第99条 当事人互负到期债务,该债务的标的物种类、品质相同的,任何一方可以将自己的债务与对方的债务抵销,但依照法律规定或者按照合同性质不得抵销的除外。

当事人主张抵销的,应当通知对方。通知自到达对方时生效。抵销不得附条件或者附期限。

《破产法解释二》

第44条 破产申请受理前六个月内,债务人有企业破产法第二条第一款规定的情形,债务人与个别债权人以抵销方式对个别债权人清偿,其抵销的债权债务属于企业破产法第四十条第(二)、(三)项规定的情形之一,管理人在破产申请受理之日起三个月内向人民法院提起诉讼,主张该抵销无效的,人民法院应予支持。

破产纠纷案件裁判规则第 24 条：

1. 破产案件原则上由债务人住所地也即债务人的主要办事机构所在地的基层或中级人民法院管辖，高级人民法院在一定条件下受理破产案件，提高了破产案件的审级管辖，探索新的破产审判工作机制，加强对辖区破产案件的针对性，对全国高级法院受理破产案件做出有利示范。2. 单个企业独立法人进入重整程序，其关联公司的职工生存权益问题在一定条件下可以附带解决

〔**规则描述**〕：1. 法院受理破产案件，通常为基层人民法院一般管辖县、县级市或者区的工商行政管理机关核准登记企业的破产案件；中级人民法院一般管辖地区、地级市（含本级）以上的工商行政管理机关核准登记企业的破产案件，高级法院主要对辖区法院的破产案件进行监督指导，一般不直接受理破产案件。但《企业破产法》第 4 条"破产案件审理程序，本法没有规定的，适用民事诉讼的有关规定"及《民事诉讼法》第 38 条第 1 款"上级人民法院有权审理下级人民法院管辖的第一审民事案件……"的规定，成为高级法院对辖区影响重大疑难复杂破产案件进行审理的法律依据，广西壮族自治区高级人民法院同时成为 2007 年《企业破产法》实施以来全国法院第一个直接受理破产案件的高级法院。2. 单个企业法人进入破产重整程序，虽然从法律上并无对其关联公司职工权益问题解决的责任承担规定，但基于破产程序中，具有债权人、债务人可就相关利益问题进行协商，并以权利减让方式达成共识，最终以债权人会议表决通过方式进行确定的特点，从维护社会稳定和职工生存权益出发，关联公司的职工权益问题同样可以在债务人企业的破产重整程序中以债权人会议的表决通过方式进行解决，并不违反相关法律精神。

一、类案检索大数据报告

时间：2020 年 1 月 17 日之前，案例来源：Alpha 案例库，案件数量：16 件，数据采集时间：2020 年 1 月 17 日。本次检索获取了 2020 年 1 月 17 日前共 16 篇裁判文书。

如图 24 – 1 所示，从案件年份分布情况可以看出当前条件下案例数量的变化

趋势。

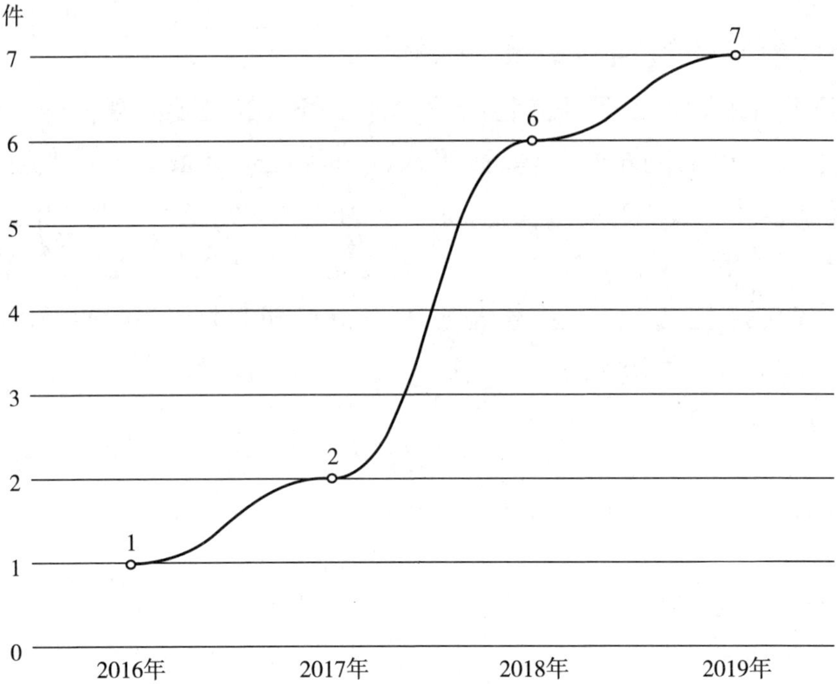

图 24-1　案件年份分布情况

如图 24-2 所示,当前案例主要集中在山东省、江苏省、湖南省,分别占比为 37.50%、12.50%、12.50%。其中,山东省的案件量最多,达到 6 件。

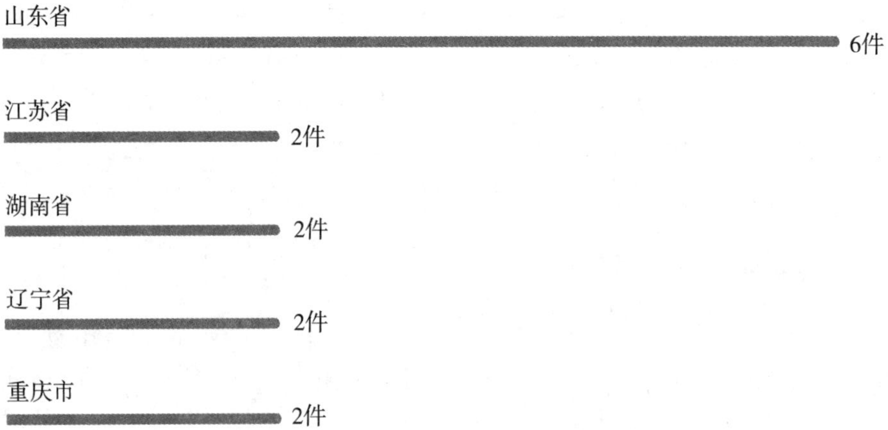

图 24-2　案件地域主要分布情况

如图 24 -3 所示,当前最主要的案由是与公司、证券、保险、票据等有关的民事纠纷,有 9 件,占一半以上,其次是合同、无因管理、不当得利纠纷,物权纠纷,侵权责任纠纷,劳动争议、人事争议。

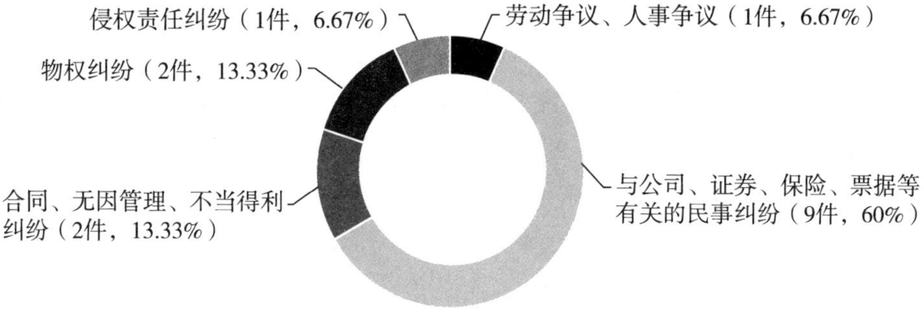

图 24 -3　案件案由分类情况

如图 24 -4 所示,当前的行业分布主要集中在房地产业、制造业、租赁和商务服务业、批发和零售业、金融业。

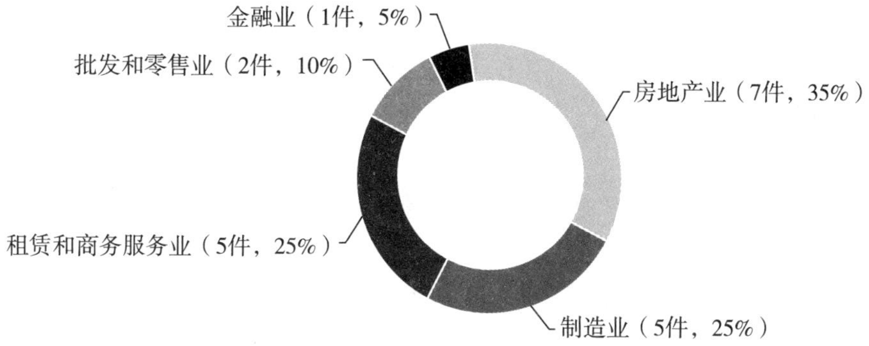

图 24 -4　案件行业分布情况

二、可供参考的例案

《印象·刘三姐》原运营公司桂林广维文华旅游文化产业有限公司破产重整案

【法院】

广西高级人民法院

【案号】

(2017)桂破申1号

【当事人】

申请人:桂林广维文华旅游文化产业有限公司

【基本案情】

桂林广维文华旅游文化产业有限公司(以下简称广维公司)制作了全球第一部山水实景演出剧目《印象·刘三姐》,开创山水实景演出的先河。从2004年正式公演以来,每年演出500多场,年接待国内外观众100多万人次,是广西旅游的活名片,极大地带动了阳朔县乃至桂林市的旅游、地产、宾馆住宿、餐饮、交通运输和艺术教育等相关产业的发展,社会效益巨大。然而,在企业发展过程中,因不当的为股东及其关联控制人代偿或担保债务而陷入债务危机,成为数十起民事、执行案件的被告或被执行人,涉及债务总额超过15亿元(广维公司资产经评估为173,639,300元),部分案件已经进入执行程序,公司处于将被拆分的边缘。2017年8月,因不能清偿到期债务且资产不足以清偿全部债务,广维公司向广西壮族自治区高级人民法院(以下简称广西高院)提出破产重整申请。2017年8月15日,广西高院裁定受理本案,同日指定广西同望律师事务所为破产重整管理人,并于9月1日发布公告。在重整期间,高院指导监督管理人对破产重整工作进行全面接管,债权申报期满,管理人在14日内完成债权审核工作。管理人采取邀请招标方式并经公开评标程序,综合广维公司经营的特殊性,确定北京天创文投演艺有限公司(以下简称文投公司)以7.5亿元人民币出资额为重整投资方,制定重整计划草案,于11月8日召开第一次债权人会议,设对特定财产享有担保权的债权组、普通债权组、职工债权组对重整计划草案进行表决,设出资人组对重整计划草案的出资人权益调整方案进行表决。出席会议地对特定财产享有担保权的债权组1家,代表债权金额275,892,800.36元,该组表决通过重整计划草案;出席会议的普通债权组9家,代表债权金额984,648,653.71元,其中同意重整计划草案的债权人7家,代表债权金额761,128,974.33元,债权人过半数同意,其代表的债权额占该组债权总额的77.30%,超过2/3以上;不同意债权人1家、弃权债权人1家,不同意及弃权债权人代表债权金额223,519,679.38元,其代表的债权额占该组债权总额的22.70%,该组表决通过重整计划草案;职工债权组3人,代表债权金额76,593.74元,该组未出席会议,视为同意重整计划草案。广维公司有两名股东,广西维尼纶集团有限责任公司(持有广维公司67%的股权)和广西文华艺术有限责任公司(持有广维公司 33% 的股权）均参加债权人会议，表决意见均为不同意，出资人组表决未通过重整计划草案。12 月 4 日，广西高院裁定批准该重整计划草案，终止广维公司重整程序。管理人根据所有申报债权的审查情况，合并编制了《广维公司债权人债权受偿金额分配表》，于 2018 年 1 月 4 日提交第二次债权人会议核查，1 月 26 日，裁定确认柳州银行股份有限公司等 15 位债权人的债权（共1,469,526,673.18元）及广维公司债权人债权受偿金额分配（共 589,207,646.36 元）。基于文投公司已全额支付 7.5 亿元人民币，管理人也完成了对相关债权人的受偿金额分配。2 月 1 日，裁定确认广维公司股东及股权结构比例变更为：北京天创文投演艺有限公司持股 100%。目前该案的重整计划全部执行完毕。

【案件争点】

1. 高级法院受理破产案件的法律依据；

2. 债务人企业的破产重整程序是否可以一并解决关联企业的职工权益问题。

【裁判要旨】

本案广西高院为全国首个直接裁定受理破产重整案件的高级法院，虽然我国《企业破产法》规定破产案件由债务人住所地人民法院管辖，但高院依据《企业破产法》第 4 条“破产案件审理程序，本法没有规定的，适用民事诉讼法的有关规定”及《民事诉讼法》第 38 条第 1 款“上级人民法院有权审理下级人民法院管辖的第一审民事案件……”将本案作为全区重大有影响案件裁定立案受理程序合法。本案为维护债权人和债务人的合法权益，确保公平公正和统筹协调，综合考虑广维公司在推动广西旅游业发展方面的特殊贡献、涉及大量区内外诉讼案件情况、现在及将来的营运价值、社会效益及重整必要性和可行性，由高院受理更有利于企业拯救和重整的顺利进行，对今后该类案件的审理起很好地示范带头作用。

广维公司的关联公司广维集团公司是 2000 年由国有企业改制为全体员工持股的有限责任公司，该集团改制至今，仍承担 243 名未参加改制退休人员的全部费用。2008 年 8 月 26 日，因集团子公司发生生产安全事故，21 名职工死亡，46 名职工伤残。目前，死亡职工的亲属子女及伤残职工的医治补助费用仍由广维集团公司负责。2012 年 4 月 26 日，广西红树林投资有限责任公司及其母公司广西恒升集团有限公司收购维尼纶集团股东（出资人）个人所持的股权，承诺对员工进行安置并对相关待遇维持不变。但多年来，在丁某（桂林广维文华公司原实际控制人）控制下，本应由红树林公司和恒升公司承担的对维尼纶集团原相关职工的安置费用、基本生活费，事实上非法由独立法人资格的桂林广维文华公司承担。广西高院本着案件处理公平公正原则,充分考虑前述职工和工亡职工亲属情况的特殊性,考虑在职职工的生存权,从维护当地社会稳定的实际出发,指导并监督管理人与重整投资方、债权人沟通,取得投资方和债权人理解和谅解,从重整投资方7.5亿元的重整资金中先拿出5000万元专门用以解决维尼纶集团548名职工的遗留问题。该事项写入重整计划草案中,并获债权人会议表决高票通过,从而"一揽子"彻底解决遗留职工安置生存问题,平息了职工不断集体上访的激动情绪,妥善排除了随时可能爆发的社会不稳定隐患。

本案广西高院主动指导监督力度大,审理效率高。为确保《印象·刘三姐》剧目演出不受破产重整影响,在重整过程中实行演出相关业务自行经营、管理人监督、法院总协调的模式,公司正常经营得到保证,各项收入不减反。管理人及时完成债权审核工作,招募符合条件的重整投资人,制定可行有效的重整计划草案,召开债权人会议,做好债权人、出资人的法律释明工作,引导债权人正确认识公司重整的意义和作用,环环紧扣,使大部分债权人支持重整计划草案,为法院裁定重整计划草案打下基础,也使案件在3个月21天得以顺利终结重整程序进入重整计划执行阶段。督促重整投资人及时履行付款义务,7.5亿元重整资金比原计划6个月期限提前5个月全部到位并及时分配,债权人的合法权益得到了保障,顺利完成公司股东变更,保证了公司持续营运并加大升级改造力度。同时,本案也是司法积极保护,府院联动到位的典型,广维公司摆脱债务困境重焕活力,确保了800多名演职人员的就业机会也解决关联公司548名职工安置问题,为全国法院解决关联企业类似职工问题提供了可复制的参考经验。

三、裁判规则提要

(一)高级法院可提级审理影响重大、具有示范性作用的破产案件

在本案中,广西高院成为全国首个直接裁定受理破产重整案件的高级法院。关于破产案件的管辖问题,主要依据《企业破产法》第3条规定进行处理。而破产案件作为民事案件的类型之一,其管辖问题也应适用于民事诉讼的一般规则。即民事诉讼中的法定管辖如地域管辖、级别管辖与特殊管辖如协议管辖、指定管辖、管辖权转移等规定均可予以适用。管辖权转移是法院内部对管辖调整的方式,包括从下至上的转移和从上至下的转移。管辖权从下至上的转移可分为两种情况,一是上级法院决定把本来由下级法院管辖的案件提到本院来进行审理,上级法院就能取得对该特定案件的管辖权;另一种情况则是下级法院报请把自己对特定案

件的管辖权转移到上级法院，两种情形均可称为提级管辖。提级管辖作为民事诉讼管辖制度中的重要组成内容，应充分发挥在解决重大、疑难、复杂和新型案件上的重要作用。

破产法律制度体系的构建及完善既对市场经济社会有广泛而深远的影响，同时其又受到市场环境的制约。在供给侧结构性改革、优化营商环境大背景下，构筑市场化、法治化、常态化、信息化的破产审判工作，推动完善各项配套制度，形成市场主体有序高效的拯救和退出的良性循环机制，发挥市场重新配置资源的作用，成为法院破产审判工作的重要内容。自2007年《企业破产法》施行以来，全国法院破产案件逐年上升，至2019年全国法院审结公司清算、企业破产等案件达1.6万件，而广西法院的破产案件也由2015年的16件上升到2019年的772件，破产案件的增多，类型的复杂化，审理难度的加大，审理效果的差异，与优化营商环境的高要求不匹配。因此，在特定条件下，高级法院根据个案情况通过提级管辖方式具体审理破产案件，既有利于统筹解决案件本身由于跨地域、涉及法律关系复杂、债权人人数众多等因素而存在的难题；也有利于发挥高级法院在法律适用上的示范效应，创新的解决方法，不仅加大对下级法院审理指导力度，同时作为可复制的经验可以成为全国法院审理类似案件的参考。

本案中的破产企业为广维公司，其所经营的项目为全球首个大型实景演出《印象·刘三姐》剧目，对广西旅游业、地方经济影响巨大，是广西乃至全国旅游的活名片。广维公司在进入破产重整前，所有资产被区内外十多家法院查封、涉及职工人数众多且法律关系复杂。鉴于此，广西高院提级审理该案，为确保《印象·刘三姐》剧目演出不受破产重整影响，在该案中实行演出相关业务自行经营、管理人监督、法院总协调的模式，确保重整期间公司正常经营，各项收入不减反增。该案也在短短的3个月21天中顺利终结并进入重整计划执行阶段，广维公司摆脱债务困境获得重生，800多名演职人员就业机会得以确保，关联公司的548名职工安置问题得以一并解决。相关产业通过《印象·刘三姐》项目实现升级改造，推动了地方经济发展。本案中，广西高院对于具有价值较高核心资产的文化企业所采取的创新式处理模式以及对关联公司职工安置问题的特殊处理的解决方案在全区乃至全国范围内成为可复制经验。

（二）关联公司的职工问题可以一并在单个企业破产重整程序中解决

单个企业法人进入破产重整程序，虽然从法律上并无对其关联公司职工权益问题解决的责任承担规定,但基于破产程序中,具有债权人、债务人可就相关利益问题进行协商,并以权利减让方式达成共识,最终以债权人会议表决通过方式进行确定的特点,从维护社会稳定和职工生存权益出发,关联公司的职工权益问题同样可以在债务人企业的破产重整程序中以债权人会议的表决通过方式进行解决,并不违反相关法律精神。本案基于关联公司中职工和工亡职工亲属情况的特殊性,考虑在职职工的生存权,从维护当地社会稳定的实际出发,尽可能兼顾经济效益与社会效应最大化目的,指导并监督管理人与重整投资方、债权人沟通,取得投资方和债权人理解和谅解,从重整投资方重整资金中安排专门款项作为救助款用以解决关联公司548名职工的遗留问题。该事项写入重整计划草案中,并获债权人会议表决高票通过,从而"一揽子"彻底解决遗留职工安置生存问题,平息了职工不断集体上访的激动情绪,妥善排除了随时可能爆发的社会不稳定隐患。

本案做法是法院在当前破产案件审理涉及的社会保障制度不完善的情况下,在遵循法定程序的基础上,以问题为导向,妥善地将社会性问题在破产案件中集中处理,为全国法院解决关联公司类似职工问题提供了可复制的参考经验。

四、辅助信息

高频词条:

《执行异议和复议规定》

第29条 金钱债权执行中,买受人对登记在被执行的房地产开发企业名下的商品房提出异议,符合下列情形且其权利能够排除执行的,人民法院应予支持:

(一)在人民法院查封之前已签订合法有效的书面买卖合同;

(二)所购商品房系用于居住且买受人名下无其他用于居住的房屋;

(三)已支付的价款超过合同约定总价款的百分之五十。

《企业破产法》

第30条 破产申请受理时属于债务人的全部财产,以及破产申请受理后至破产程序终结前债务人取得的财产,为债务人财产。

第53条 管理人或者债务人依照本法规定解除合同的,对方当事人以因合同解除所产生的损害赔偿请求权申报债权。

《商品房买卖合同纠纷解释》

第6条 当事人以商品房预售合同未按照法律、行政法规规定办理登记备案手续为由,请求确认合同无效的,不予支持。

当事人约定以办理登记备案手续为商品房预售合同生效条件的，从其约定，但当事人一方已经履行主要义务，对方接受的除外。

《破产法解释二》

第 1 条　除债务人所有的货币、实物外，债务人依法享有的可以用货币估价并可以依法转让的债权、股权、知识产权、用益物权等财产和财产权益，人民法院均应认定为债务人财产。

第 2 条　下列财产不应认定为债务人财产：

（一）债务人基于仓储、保管、承揽、代销、借用、寄存、租赁等合同或者其他法律关系占有、使用的他人财产；

（二）债务人在所有权保留买卖中尚未取得所有权的财产；

（三）所有权专属于国家且不得转让的财产；

（四）其他依照法律、行政法规不属于债务人的财产。

《民事诉讼法解释》

第 90 条　当事人对自己提出的诉讼请求所依据的事实或者反驳对方诉讼请求所依据的事实，应当提供证据加以证明，但法律另有规定的除外。

在作出判决前，当事人未能提供证据或者证据不足以证明其事实主张的，由负有举证证明责任的当事人承担不利的后果。

破产纠纷案件裁判规则第 25 条:

1. 企业法人不能清偿到期债务,并且资产不足以清偿全部债务从而被法院裁定进入破产重整程序,同时又与关联企业存在资产、负债、人员、业务等人格高度混同,导致各自财产无法区分,法院可对相关企业进行实质合并重整,债权人应按法定程序申报债权,并以债务人的全部财产进行概括清偿。2. 已经生效判决确定对债务人债务承担连带保证责任或已与债权人签订书面保证合同的保证人,在重整程序中,在一定条件下,经债权人同意,保证人的连带保证责任得以免除

〔**规则描述**〕:1. 根据《企业破产法》相关规定,法院在审理破产案件时,应当尊重企业法人人格的独立性,以适用单个破产程序为基本原则。当关联企业成员之间存在法人人格高度混同、区分各关联企业成员财产的成本过高、严重损害债权人公平清偿利益时,可例外适用关联企业实质合并破产方式进行审理。2. 在债务人进入破产重整程序前,债权人为保障债权的实现,会对其债权设定相应担保,当债务人不能清偿到期债务,而保证人又依法应承担连带保证责任,债权人通常情形下不会免除保证人的保证责任。但在进入破产重整程序后,出现债务人利用职工的"依附"关系,通过职工代持股份、成立空壳公司等方式向多家金融机构借款融资,使自然人在没有实际用款、受益的前提下,因债务人不能清偿到期债务,从而背负了巨额连带担保责任情形时,基于对此类自然人生存权益的保护,在充分尊重债权人意思自治的前提下,有条件取得债权人同意,从而免除相关自然人的连带保证责任,并由受理法院以民事裁定形式对该免除行为予以合法性确认,为我国个人破产立法提供实践经验。

一、类案检索大数据报告

时间:2020 年 1 月 17 日之前,案例来源:Alpha 案例库,案件数量:4 件,数据采集时间:2020 年 1 月 17 日。本次检索获取了 2020 年 1 月 17 日前共 4 篇裁判文书,均为不相关的案件,其中重复的案件 2 件。

如图 25 - 1 所示,从案件年份分布情况可以看出当前条件下案例数量的变化

趋势。

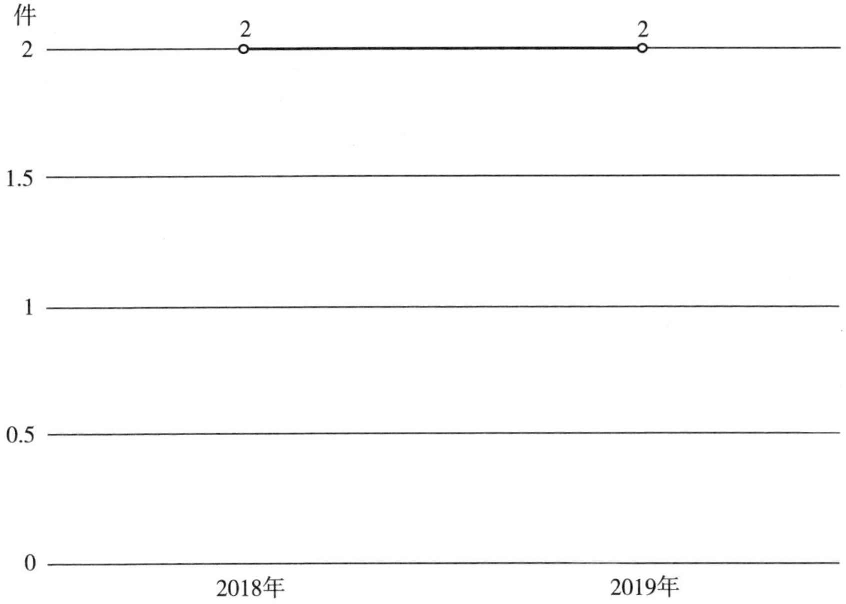

图 25－1　案件年份分布情况

如图 25－2 所示，当前案例主要集中在上海市、江西省，分别占比为 50.00%、50.00%。上海市和江西省的案件量持平，均为 2 件。

图 25－2　案件主要地域分布情况

如图 25－3 所示，当前的案由分布由多至少分别是借款合同纠纷，融资租赁合同纠纷。

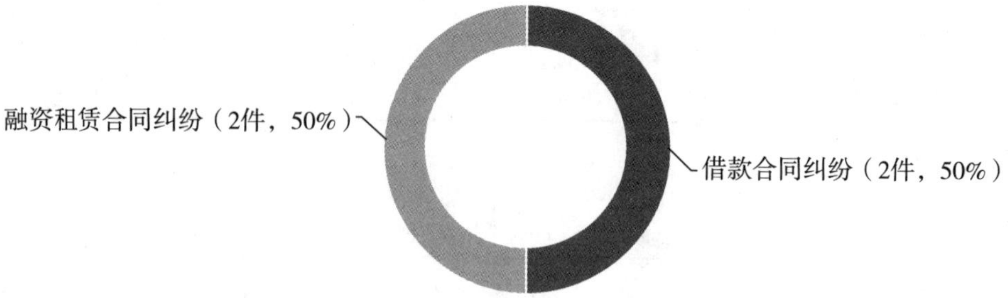

图 25－3　案件案由分类情况

如图 25－4 所示,当前的行业分布主要集中在制造业,租赁和商务服务业,交通运输、仓储和邮政业,农、林、牧、渔业,批发和零售业。

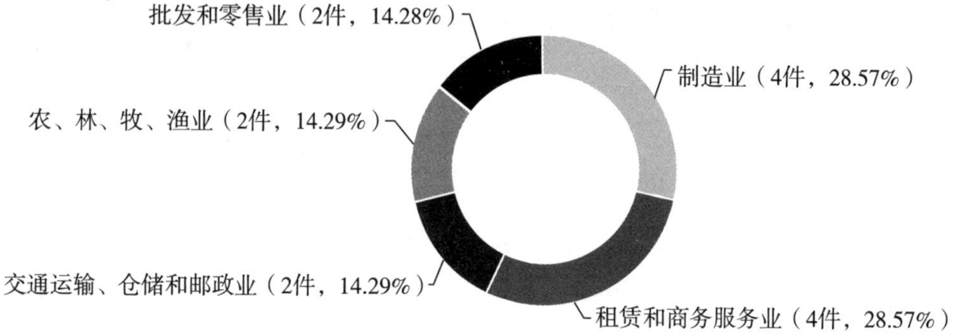

图 25－4　案件行业分布情况

二、可供参考的例案

柳州正菱集团及 53 家关联企业实质合并重整案

【法院】

广西高级人民法院

【案号】

(2018)桂破申 1 号

【当事人】

申请人:柳州正菱集团有限公司、柳州市柳南区汽车配件有限公司、柳州市仁隆物资贸易有限公司、柳州桂泰车辆有限责任公司、柳州市汽车齿轮总厂、柳州市八菱柴油机配件厂、柳州正菱重型数控机床有限公司、广西柳州市冠鑫进出口贸易有限公司、广西正菱融资性担保有限公司、柳州市荣昌房地产开发有限责任公司、柳州市荣盛房地产开发有限责任公司、柳州市德华房地产开发有限公司、柳州市昌盛建筑工程有限责任公司、柳州市九菱贸易有限责任公司、柳州正菱传动机械有限公司、柳州正菱机器有限公司、柳州正菱桂林机床有限公司、柳州市东风汽车配件总厂、柳州市汽车钢圈厂、柳州市汽车传动轴厂、桂林正菱英山柴油机有限公司、桂林正菱第二机床有限责任公司、广西大象投资有限公司、柳州正菱汽车有限公司、广西卓华投资有限公司、广西柳州万象投资有限公司、桂林正菱机床制造有限责任公司、贺州市正菱大酒店有限公司、广西华泰机器有限公司、北海天歌工贸有限公司、柳州子江科技有限公司、柳州市涵蕴贸易有限公司、柳州市舒曼贸易有限公司、柳州市菱淳贸易有限公司、柳州市豪海贸易有限公司、柳州市陶硕贸易有限公司、柳州市墨帆贸易有限公司、柳州市书骏贸易有限公司、柳州市涵桂贸易有限公司、柳州市宛然贸易有限公司、柳州市清迈贸易有限公司、柳州市财团贸易有限公司、柳州市钢鸿贸易有限公司、柳州市宝都贸易有限公司、柳州市冠文贸易有限公司、柳州市得远物资贸易有限责任公司、柳州市炜力科贸有限公司、柳州晶泰玻璃有限公司、柳州市俊重汽车板簧厂、柳州市纳捷机械制造有限公司、柳州正菱鹿寨水泥有限公司、福建凯鲍汽车制造有限公司、徐州凯莫尔重工科技有限公司、徐州合众路桥机械设备有限公司、柳州市昌盛混凝土有限责任公司、柳州市鹿寨顺通混凝土有限公司

【基本案情】

成立于 2003 年的柳州正菱集团有限公司（以下简称正菱集团）是一家立足于柳州、跨区域发展、多元化经营的综合性大型民营企业。由于集团公司经营扩张过快，导致公司经营资金断裂，企业经营亏损，2014 年年初开始爆发严重债务危机，集团公司与 53 家关联公司陷入大量诉讼纠纷，资产全部被查封，严重资不抵债，不能清偿到期债务。为解决危机可能引发的社会问题，柳州市党委政府及相关部门多年来采取了积极应对措施，但未能取得预期效果。2018 年 6 月 29 日，正菱集团向本院提交重整申请，2018 年 7 月 6 日，广西壮族自治区高级人民法院（以下简称广西高院）裁定予以受理；7 月 13 日，广西高院裁定受理 53 家关联公司与正菱集团的合并重整申请；7 月 27 日，裁定准许其中 2 家关联公司撤回重整申请；9 月 27 日，裁定受理 2 家关联公司与正菱集团及 51 家关联公司合并重整申请。指定广西同望律师事务所为管理人。2018 年 11 月 15 日，第一次债权人会议对《债务人财产管理方案》进行审议并高票通过，债权申报人数达 1500 人。12 月 6 日，广西高院

裁定确认管理人将广西金融投资集团城建发展有限公司(以下简称金投城建公司)确认为本案重整投资人程序合法;裁定确认了正菱集团及53家关联公司的财产范围。2019年1月9日,第二次债权人会议召开,债权申报人达到2039人,管理人核定职工债权人数1917人,确认债权总额193亿元。会议对《正菱集团"建材板块四公司"重整投资草案》《正菱集团"建材板块四公司"以外的其他50家公司合并重整计划草案》进行审议并表决。其中,担保债权人组、普通债权人组、税收债权人组、劳动债权人组均高票通过,仅出资人组未通过对其权益进行调整的表决。金投城建公司作为重整方共计投入36亿元用以清偿本案各类债务和费用。其中,24亿元用于清偿本案担保债权,清偿率约32%;12亿元和其他应收款用于清偿非担保债权,其中破产重整费用、共益债务、建设工程债权、职工劳动债权、税收债权均得到全额清偿,即清偿率100%;其他普通债权10万元以下部分得到全额清偿,超过10万元以上部分的清偿率不低于4%。2019年1月28日,广西高院裁定批准重整计划草案并终止重整程序的条件,同时确认无争议债权表与债权受偿分配表;同日,裁定确认桂林银行免除188名自然人连带担保责任;2019年6月12日,裁定确认柳州银行免除56名自然人连带担保责任。

本案是全国首例由高级法院受理的关联债务人实质合并重整案件。在最高法院的正确指导与广西壮族自治区党委政府大力支持及广西高院党组的领导下,广西高院仅用6个月26天时间成功审结该案。目前已进入重整计划执行阶段,投资方已按期支付首期16亿元投资款(总额36亿元),债权人已获第一期分配清偿款。本案成功化解债务总额约354亿元,涉及各类债权人数逾4000人;盘活破产企业资产价值约150亿元;化解诉讼案件超470件,涉案金额超77亿元;解决执行案件2300余件,为基本解决执行难提供了新路径;涉案26家金融机构债权全额或高额清偿,地区金融安全得到维护;税务债权全额清偿,国家税收和税源得到保障;职工债权全额清偿,职工基本生存权得以保障;10万元以下债权全额清偿,确保每个债权人都有所收获感受到司法温暖;在全国法院范围内首次以裁定形式依法确认金融债权人免除共计244名自然人连带保证责任。本案得到广西党委政府及社会各界高度认可,本案作为典型案例借鉴被广西工信厅以文件形式下发全区政府学习实践,该案为深入促进供给侧改革与危困企业有效拯救、僵尸企业有序出清贡献了司法智慧。

【案件争点】

1. 正菱集团与关联企业间是否符合实质合并重整条件;

2. 承担连带保证责任的自然人保证责任是否可以免除。

【裁判要旨】

广西高院经审查认为，申请人为正菱集团控股或实际控制的关联公司。申请人提交的会计报表等材料表明，截至 2018 年 4 月 30 日，大部分申请人已经不能清偿到期债务，且全部财产不足以清偿全部债务，已具备重整受理条件。部分申请人虽从财务报表上未体现资不抵债的状况，但该报表并未将民间借贷债务、各类贷款利息以及关联企业间的保证责任债务等计算在内。经查，这部分申请人的实际资产负债率已处于资不抵债的情形。综上，申请人已具备重整受理条件。

关于是否合并受理申请人的重整申请的问题。首先，根据《财务混同专项报告》，正菱集团与 53 家申请人间的人员、业务、财务等已高度混同并存在紧密的关联关系，导致各自财产无法区分，构成人格混同。其次，申请人与主要债权人均向高院明确表示合并受理符合债权人整体利益并书面请求合并受理。再次，本案涉及债权人、债务人众多且分布地域广，申请人的住所地分布在柳州市、桂林市、北海市、贺州市、百色市、南宁市及广西区外等地。综上，合并受理申请人与正菱集团的重整申请，更有利于公平保护债权人合法权益，有利于资源整合，降低成本，提高企业重整的司法效率，确保重整顺利进行，故高院对申请人的合并重整申请予以支持。

自然人担保责任是否可以免除的问题，应综合分析：第一，《柳州正菱集团“建材板块四公司”合并重整投资草案》《柳州正菱集团“建材板块四公司”以外的其他 50 家公司合并重整草案》的高票通过符合债权人自治原则。企业破产案件具有私权纠纷的属性和特点，因此，本案的审理严格坚持债权人自治原则，充分尊重债权人运用破产程序实现其合法权益的选择权。广西金控资产管理有限公司、桂林银行股份有限公司作为本案同时具有担保债权和普通债权的债权人，在本案相关信息完全公开透明情况下，充分行使了知情权、异议权和表决权，对上述两个草案均投票表决同意，也即对草案中关于对因本案债务人而为相关金融机构提供了连带保证责任的相关主体责任的减免进行合并处理，借重整程序免除相关人员连带保证责任的内容予以认可和支持。第二，根据 2018 年 12 月 4 日，国家发展改革委、工业和信息化部、财政部、人力资源和社会保障部、自然资源部、人民银行、国资委、税务总局、市场监管总局、银保监会、证监会 11 个部门联合发布《关于进一步做好“僵尸企业”及去产能企业债务处置工作的通知》（发改财金〔2018〕1756 号）规定，“……三、处置方式（三）企业和债权人可自主协商一致后免除或部分免除企业集团或第三方的担保责任,其中为去产能企业担保形成的担保债务可依据所去产能在去产能企业集团总产能中的占比等因素予以部分解除”,广西金控资产管理有限公司、桂林银行股份有限公司作为国有企业同时又为本案债权人,可以根据文件精神,结合本案自然人担保责任承担的具体情况,对是否免除及如何免除进行自主选择和决定。第三,本案公平对待债务人和所有债权人。对债权人,各债权人平等行使债权申报权,作为债权人会议成员,相关债权人均充分行使了知情权、表决权、异议权和监督权,对债务人财产严格按照《企业破产法》相关规定的清偿顺序按比例受偿。对债务人,公平维护重整申请权,公平调整出资人的股权权益,保护企业的营运价值和再生能力。而对为本案债务人融资需要通过多种方式而成为多家金融机构借款合同连带保证责任人的职工等,在实际贷款并非其使用的情况下,本案重整程序既要充分尊重债权人债务人既有的债权债务关系,也应依法保护企业职工合法权益,应允许其在重整程序中有表达和期待债权人和债务人协商减免连带保证责任的机会和结果。第四,由于本案涉及债权人人数众多,法律关系复杂,矛盾尖锐,从公平及提高司法效率出发,对具有可减免连带保证责任情形的自然人,申请人根据其实际承担保证责任的情况及重整草案的执行情况分批制定名单向本院提出申请,确保草案相关内容得以执行。第五,法院就本案自然人承担连带保证责任及是否免除相关自然人保证责任的情况分别向广西壮族自治区国有资产监督管理委员会、广西金融投资集团有限公司、广西金控资产管理有限公司、桂林银行股份有限公司发出司法建议书,同时附上管理人经过严格核查整理出的承担连带保证责任但需免除的自然人名单,广西金融投资集团有限公司、广西金控资产管理有限公司、桂林银行股份有限公司结合《关于进一步做好“僵尸企业”及去产能企业债务处置工作的通知》精神,以国有企业的社会责任和担当,依法维护社会民生,保护公民生存权,回函均积极配合法院做好相关工作,确保每一个公民真正感受到司法的公平正义和温暖。

本案系多家关联企业实质合并重整案,正菱集团是柳州市实体经济中规模最大的民营企业,在广西乃至全国有较大影响力,正菱集团及53家关联公司涉债总额超过380亿元,资产涉及广西多个地市、县及江苏、福建等地,案件影响重大,矛盾尖锐。本案除金融机构债权人外,还涉及普通民间借贷债权人逾千人,法律关系极其复杂,涉及刑事与民事案件的交叉认定。如何对54家关联公司进行实质合并重整,同时解决超过351名承担连带保证责任自然人的保证责任问题,成为本案的重点和难点问题,也使本案的创新审理具有典型性和可复制性。在审理中,法院应严格把握实质合并企业审理的原则，即对关联企业统一制定重整计划草案，并以关联企业的资产统一对债权人的债权进行清偿，注意把握关联企业间的实质合并重整并非组织意义上的合并重整，同时厘清破产程序与刑事判决间的关系，确保同类债权人的同一清偿标准。在对承担连带保证责任的自然人保证责任的免除问题上，一定要在依据《企业破产法》规定，尊重债权人意思自治的基础上，综合考虑承担连带保证责任自然人的实际情况，从保护自然人的生存权益出发，允许在重整计划草案中写明对承担连带保证责任的自然人保证责任的免除问题，并由债权人会议进行表决，同时进一步与债权人充分沟通协商，必要时通过司法建议形式，取得债权人的免责同意，由法院以民事裁定形式进行合法性确认，最终实现案件审理法律效果与社会效果的高度统一。

三、裁判规则提要

（一）关联企业实质合并破产程序

1. 实质合并破产的概念

即使企业进入破产程序，原则上仍应尊重企业法人人格的独立性，以对关联企业成员的破产原因进行单独判断并适用单个破产程序为基本原则。但是，在集团企业的运营过程中，可能出现因控制权的不当行使、过度一体化经营等原因，使各关联企业在资产、负债、管理、经营、财务、人事等多方面出现人格严重混同，以至于在发生破产原因后失去独立进行破产程序的基础，此时就必须通过实质合并以实现破产法的公平清偿等立法目标。关联企业的实质合并破产，是指将两个及两个以上的关联企业视为一个单一企业，合并资产与负债，即各关联企业成员之间的债权债务归于消灭，各成员的财产作为合并后统一的破产财产，由各成员的债权人在同一程序中按照法定顺序公平受偿；①具体包括实质合并重整或清算，各企业的法人人格在破产程序中不再维持独立；采用实质合并方式重整的，重整计划草案中应当制定统一的债权分类、债权调整和债权受偿方案。②

与实质合并相区分的是程序合并。程序合并是多个破产案件程序的合并审理，又称为协调审理，体现为对不同法院管辖的多个企业破产案件的程序并案审

---

① 参见朱黎：《论实质合并破产规则的统一适用——兼对最高人民法院司法解释征求意见稿的思考》，载《政治与法律》2014年第3期。

② 参见最高人民法院发布的《全国法院破产审判工作会议纪要》（法〔2018〕53号）第36条。

理、整体重整或破产，通过统一制订集团各企业相互协调衔接的重整计划乃至整个集团企业合一的整体重整计划，达到企业挽救目的，或使破产财产实现更高的价值。但在程序合并中，各关联企业仍保持法人人格的独立，资产与债务清偿比例等分别确定，这是与实质合并的根本区别。①

2. 实质合并重整后的法律效果

实质合并重整程序结束后，各关联企业的法人资格应如何处理？首先对于实质合并清算就无须考虑这一问题，因为所有的破产清算企业都是要注销的，无论是否强调应保持独立人格，其最终效果实际相同，对司法实践的影响不大。但对于重整程序，各关联企业将存续并继续运营，故认定各家企业的独立人格地位极为关键。

本书认为，破产法上的实质合并不等同于公司法等组织法上的企业合并。实质合并破产中的“合并”，不是公司法、企业法上的组织合并。当法院作出实质合并破产的裁定时，并不具有对所涉各关联企业在破产程序中启动公司法上组织合并程序的效力，即使是在维持企业持续存在与经营的重整程序中也是如此。实质合并破产的各企业的法人人格，仅仅是在破产程序中不再视为独立。也就是说，这是一种以对资产与负债统一公平处理为目的的法人人格拟制合并，目标是解决以资产与负债混同为关键特征的法人人格混同造成的不当法律后果。虽然在破产程序中，实质合并对各关联企业的资产与负债产生实体法意义上的合并法律效力。但在重整程序结束，经过实质合并重整的法律处置，消除了各企业法人人格混同的不当后果，也就是修复其独立的法人人格后，各企业自然应当恢复原正常的独立状态。其中的理由在于：实质合并破产的实体法基础是公司人格否定制度，而当相关企业通过重整程序恢复各自人格独立性的，应当在程序终结后保持各自企业的独立地位，交由重整计划予以整合处理。在我国的司法实践中，适用关联企业实质合并重整最典型的事由或许也是目前唯一的事由，是法人人格严重混同。《公司法》第20条第3款规定：“公司股东滥用公司法人独立地位和股东有限责任，逃避债务，严重损害公司债权人利益的，应当对公司债务承担连带责任。”在司法实践中，法院在目前没有相关立法的情况下，主要就是参照《公司法》这一有关“法人人格否认”的规定，解读出关联企业实质合并破产适用的制度空间。但无论是在公司法上还是在破产法上，法人人格的混同并不是认定对各混同企业进行组织合并的法

① 参见王欣新：《关联企业的实质合并破产程序》，载《人民司法应用》2016年第28期。

律理由，也不产生企业组织合并的法律效力与后果。在公司法上，"揭开公司面纱"，并由股东对公司债务承担连带责任，并不意味着合并企业。同样在破产法上，实质合并破产是对各企业的资产与负债统一处置，也不是组织合并企业。因此，在法律上对法人人格混同的处置措施，是超越企业独立人格、纠正人格混同不当行为产生的各种不当法律后果，而不是组织合并，解决的是债务清偿的法律责任问题，而不是组织调整问题。因为只要在重整程序中通过实质合并纠正了各关联企业法人人格混同的所有不当后果，各个关联企业之间便不再存在人格混同，根本不存在进行组织合并的理由和需要。这时，各个关联企业的独立法人人格与组织独立应当得到法院与社会的充分尊重。相反，强行要求适用实质合并规则的各关联企业必须合并为一个企业，是没有法律依据的。

3. 适用实质合并破产的标准

当关联企业成员之间存在法人人格高度混同、区分各关联企业成员财产的成本过高、严重损害债权人公平清偿利益时，可例外适用关联企业实质合并破产方式进行审理。在目前我国的实践中，实质合并主要以各关联企业资产与负债严重混同导致法人人格混同为适用条件。但值得注意的是，人格高度混同并不是唯一的判定标准。这是法人人格混同理论与实质合并破产理论的区别，也是公司法与破产法的区别。从公司法的角度看，只有在法人人格混同的情况下才可以打破法人人格独立的壁垒，适用"揭开公司面纱"处理。但在破产法领域探讨实质合并破产的标准时，除了考虑公司法上的法人人格混同理论外，必然还会有从破产法的立法目的和价值角度的特殊考量，权衡破产费用成本、债权人收益、企业重整挽救成功等相关问题，才可能适应破产法上制度的特殊需要，更好地发挥出实质合并的效用，解决司法实际问题。[①] 而在我国目前的理论与实践中，较为普遍的看法是将法人人格的混同作为判断应否适用实质合并破产的唯一标准，完全局限于对公司法制度的借鉴，这种观念与其他大多数国家实质合并破产的适用范围相比就显得有些狭窄，未能从破产法角度做全面考虑。

判定关联企业的人格混合是否达到严重程度的关键标准之一，是资产和债务的混同以及进行区分是否会发生过度的费用或迟延。当清理资产与债务混同的费用足以吞噬债权人尤其是无担保的普通债权人可能受偿的大部分甚至全部财产，这时继续寻求以企业法人人格独立作为破产程序进行的基础就丧失了意义，与"实

① 参见徐阳光：《论关联企业实质合并破产》，载《中外法学》2017 年第 3 期。

现债务人资产价值最大化”的破产立法与司法目标相冲突了。此外,对债权人的清偿还应当考虑到过度迟延而造成的时间损失以及清偿的折现损失如利息损失等。

(二)破产企业的保证人责任免除

1. 保证人责任的法律基础

司法实践中,对于《企业破产法》第92条第3款规定的“债权人对债务人的保证人和其他连带债务人所享有的权利,不受重整计划的影响”与第94条规定的“按照重整计划减免的债务,自重整计划执行完毕时起,债务人不再承担清偿责任”(同理,在和解与清算程序中也有类似规定,见第101条、第106条、第124条)之间的关系容易产生误解,有的法院可能难以理解:既然针对主债务人的主债权经破产程序后已消灭,那么基于从合同且作为从债权的保证责任又凭何得以存续?

本书认为,回答这一问题就涉及对破产程序的法律效果的理解。如果企业经过破产(清算)程序后最终走向消亡,那么主债务关系中失去了债务人,主债务消灭自不待言;若企业通过重整或和解程序成功延续的,那么在法律效力上也应发生与清算一样的割断效果,债务人不再承担原有债务,此时主债务也如同消灭一样。因此,主债务或主债权是否消灭,并非债权人可以继续针对保证人或其他物上担保人主张从债权的根本原因,真正原因在于:担保制度的本意就在于增加主债务人的清偿能力,对其不能清偿的部分承担责任,而破产程序的完结则意味着作为法人主体的债务人已经以其全部财产用于清偿债务,有限责任制对其成员的保护开始起效,此时主债务人所不能清偿的部分已明确固定下来,这使保证人或其他物上担保人的担责范围也明确固定下来,其不仅应对该不能清偿的部分承担清偿义务,同时也不再具有向债务人追偿的可能性,这就是担保制度(包括人保与物保)的应有之义与风险内容。

2. 保证责任免除的实践方法

正菱集团案中所涉及的保证人免责措施,并非基于破产法或其他实体法的直接规定。无论是保证人还是其他物上担保人,其与债权人的关系都是独立完整的,正如上所述,破产程序不具备直接干预担保关系的效力,反而是为担保制度起到明确责任范围的作用。因此,该案所谓保证人免责,实际上是债权人基于其权利人行使处分权所产生的实际效果,即金融机构债权人基于意思自治的前提下,主动免除相关自然人的连带保证责任,同时通过受理法院以民事裁定形式对该免除行为予以合法性确认,进一步利于其自身以及相关监督机构的内部审查机制。

至于采取何种方法促使债权人作出免除债务的处分行为，则须由多方共商努力、多角度考虑各方利益、综合个案具体情况予以确定。当保证责任人涉及生存权问题、民生问题、稳控问题、涉众问题等，或当债权人已在破产程序中获得较高程度的清偿时，或当个案出现保证责任人完全没有用款事实或完全属于无偿行为时，经过综合考量各类因素，受理法院可以充分利用府院联动，通过协商、谈判以及司法建议等形式，促成债权人施以责任减免的意愿。

四、辅助信息

高频词条：

《担保法》

第26条 连带责任保证的保证人与债权人未约定保证期间的，债权人有权自主债务履行期届满之日起六个月内要求保证人承担保证责任。

在合同约定的保证期间和前款规定的保证期间，债权人未要求保证人承担保证责任的，保证人免除保证责任。

《企业破产法》

第16条 人民法院受理破产申请后，债务人对个别债权人的债务清偿无效。

第46条 未到期的债权，在破产申请受理时视为到期。

附利息的债权自破产申请受理时起停止计息。

后　记

法治是最好的营商环境。当前,全国各级人民法院根据破产案件具体情况和经济社会发展形势,特别是在当前统筹推进新冠肺炎疫情防控和经济社会发展工作的形势下,协同地方政府、破产管理人和行业协会等,充分发挥破产重整、破产和解、破产清算等不同程序的制度功能,依法确认破产债权的效力,将提高办理破产案件能力和案件质量贯穿于市场主体必要拯救和及时清算退出等过程中,助推营造公平的法治营商环境。

2020 年 5 月 25 日,周强院长在第十三届全国人民代表大会第三次会议上所作最高人民法院工作报告中提出:“充分发挥司法解释、指导性案例作用,推行类案与关联案件强制检索机制,完善审判委员会工作机制,促进裁判尺度统一。”按照最高人民法院关于“完善类案和新类型案件强制检索报告工作机制”的统一部署,从 2018 年 8 月起,中国应用法学研究所开展了“中国法院类案检索与裁判规则”专项研究,随即成立由首席专家牵头组成专家组,着手撰写规则,收集典型案例。

本书由最初收集整理相关案例到裁判规则的出炉,历时一年有余,由民商法专家曹守晔高级法官担任首席专家,中国政法大学教授陈景善担任副主编,破产纠纷案件裁判规则专家组成员包括广西高院庭长蒋太仁、副庭长周家开、高级法官李娜、审判员韦志勇、高级法官助理潘玮璘和钟瑛嫦,厦门市中级法院副院长傅远平、浙江省江山市人民法院副院长徐根才、重庆一中院法官王晓利、中国政法大学教授陈夏红、北京市怀柔法院法官张泽华、北京邮电大学副教授潘静、河南卫辉法院法官杨俊芳。该专家组成员既有最高法院和部分地方法院资深破产审判法官,又有高校破产法学教授,实现法学理论与审判实践的结合,发挥案例指导作用,促进法律统一正确实施。本书致力于破产类案同判,是案例指导制度在具体和微观层面的体现,应当充分发挥其积极作用。希望通过对破产债权确认类案裁判规则的总结归纳来推动“类案同判”,提升破产法官群体的共识和主导性思维,统一类案同判审理思路,增强当事人对破产裁决的可预测性,提升当事人对裁判的信服度。

本书每一条裁判规则都由各编写专家与首席专家几经讨论确定，同时专家组安排专人从中国裁判文书网和其他大数据检索平台精心挑选整理近些年较有影响的、优秀的破产案例作为裁判规则参考的例案，编写中专家组多次开会讨论，几易其稿，最终成型。我们相信并期待，本书的出版能够在提高破产案件审判水平和效率、统一破产法律适用标准、提高办案质量和司法公信力诸方面发挥积极作用。在成果即将出版之际，其中的艰辛、收获和感悟，此刻如潮水般涌来。在此，谨向专家组的每位成员、出版社的编辑和大数据检索平台的工作者表示最衷心的感谢，谢谢你们的宝贵意见与辛苦付出！

2019 年 12 月

图书在版编目(CIP)数据

破产纠纷案件裁判规则. 一，破产债权效力与破产财产 / 曹守晔主编. -- 北京 : 法律出版社，2021
ISBN 978-7-5197-4870-8

Ⅰ. ①破… Ⅱ. ①曹… Ⅲ. ①企业-破产-经济纠纷-审判-案例-中国 Ⅳ. ①D922.291.925

中国版本图书馆 CIP 数据核字(2020)第 157089 号

破产纠纷案件裁判规则(一):破产债权效力与破产财产
POCHAN JIUFEN ANJIAN CAIPAN GUIZE(YI):
(POCHAN ZHAIQUAN XIAOLI YU POCHAN CAICHAN)

曹守晔 主编

责任编辑 程 岳 韩梦超
装帧设计 李 瞻

出版 法律出版社
总发行 中国法律图书有限公司
经销 新华书店
印刷 固安华明印业有限公司
责任印制 胡晓雅

编辑统筹 司法实务出版分社
开本 710 毫米×1000 毫米 1/16
印张 21.5
字数 375 千
版本 2021 年 1 月第 1 版
印次 2021 年 1 月第 1 次印刷

法律出版社/北京市丰台区莲花池西里 7 号(100073)
网址/www. lawpress. com. cn
投稿邮箱/info@ lawpress. com. cn
举报维权邮箱/jbwq@ lawpress. com. cn
销售热线/400-660-8393
咨询电话/010-63939796

中国法律图书有限公司/北京市丰台区莲花池西里 7 号(100073)
全国各地中法图分、子公司销售电话:
统一销售客服/400-660-8393/6393
第一法律书店/010-83938432/8433
西安分公司/029-85330678
重庆分公司/023-67453036
上海分公司/021-62071639/1636
深圳分公司/0755-83072995

书号:ISBN 978-7-5197-4870-8
定价:55.00 元
(如有缺页或倒装,中国法律图书有限公司负责退换)